《华中学术》第 49 辑编委会

国家“双一流”建设学科“华中师范大学中国语言文学”资助项目
中文社会科学引文索引（CSSCI）来源集刊
华中师范大学文学院　主办

華中學術

Central China Humanities

第49辑

主编　汤江浩

2025／1
VOL.17 NO.1

華中師範大學出版社

新出图证(鄂)字 10 号

图书在版编目(CIP)数据

华中学术. 第 49 辑 / 汤江浩主编. -- 武汉 ：华中师范大学出版社，2025. 3.
ISBN 978-7-5769-0994-4

Ⅰ. C53

中国国家版本馆 CIP 数据核字第 202552M889 号

华中学术(第 49 辑)

©汤江浩　主编

责任编辑:王中宝　　**责任校对:**骆　宏　　**封面设计:**罗明波

编 辑 室:学术出版分社　　**电话:**027-67863280

出版发行:华中师范大学出版社

社址:湖北省武汉市洪山区珞喻路 152 号　　**邮编:**430079

电话:027-67863426(发行部)

传真:027-67863291

网址:https://press.ccnu.edu.cn　　**电子邮箱:**press@mail.ccnu.edu.cn

印刷:湖北新华印务有限公司　　**督印:**刘　敏

字数:399 千字

开本:787mm×1092mm　1/16　　**印张:**17. 75

版次:2025 年 3 月第 1 版　　**印次:**2025 年 3 月第 1 次印刷

定价:71. 00 元

欢迎上网查询、购书

敬告读者:欢迎举报盗版,请打举报电话 027-67867353

目　录

【学缘漫忆】

郭沫若致李瑾、钱远铎的两通遗札考述

黄发忠

（海关总署，北京，100730）

内容摘要： 本文首次披露郭沫若致李瑾、钱远铎的两份遗札，同时对其背景及来龙去脉进行了考论，对郭沫若与容庚、李瑾、钱远铎等人的书信交往过程进行了梳理，并对容庚、李瑾和黄建中及黄发忠三代的师承关系以及他们与郭沫若的文字笔墨情缘进行了阐述。

关键词： 郭沫若；容庚；李瑾；钱远铎；书信；考述

笔者手中有两通郭沫若先生遗札的复制件，是李瑾(瑜甫)师1983年亲手赠予我的。

李瑾(1930—2003)，字瑜甫，号韦堂，四川自贡人，著名古文字学家、考古学家。1956年考入中山大学古文字学副博士研究生，师从容庚、商承祚教授研治甲骨学、金文及青铜器断代。瑜甫师一生勤勉治学，成果丰硕，除参编《汉语大字典》(8卷本，收列汉字5.6万个)外，还出版专著《殷周考古论著》(38万字)，并发表学术论文48篇，尚有未刊书稿《殷商方国地理志》(40万字)。

图一　李瑾

图二　《殷周考古论著》

1960 年，瑜甫师因人事档案及特殊时期的师生恩怨而影响分配，遂留中山大学古文字研究室。1962 年，经郭沫若函介，分配至湖北省教师进修学院工作。1970 年，因学校撤并加入华中师范学院。瑜甫师在华师中文系工作 17 年，前期被选派参与编写《汉语大字典》，并担任编委兼收字组组长，主要组织制定收字条例及收录楷化甲、金、篆、隶字及出土文物新字细则，整理字形笔形对照表、新字字表、异体字表及中国古代简体字和日本简略汉字表，审定部首表及字目表等。20 世纪 80 年代初期担任中文系汉语史专业硕士研究生导师，1985 年与黄建中师合招“殷周文献与考古”研究方向硕士研究生，陈代兴兄与笔者有幸成为开门弟子。

当时我去瑜甫师家请学时，瑜甫师经常谈到郭老的学问及其与导师容庚和自己的交往轶事，言谈间不时流露出对郭老的敬佩、感恩之情，还出示两封郭老的亲笔信和郭老签名赠书《读随园诗话札记》，并详述其来历。瑜甫师见我爱不释手，遂赠送给我两封信的复制件。

这是两封与瑜甫师相关的私信，我如获至宝，时常拿出来观赏。后来去海南又去北京，跨时四十余年，这两份复制件一直珍藏在身边。

我查阅了《郭沫若书信集》（中国社会科学出版社 1992 年 12 月第 1 版），这两封书信并未收入。我不知道这两封信的原件是否存世，但无论从学术角度、文献角度还是书法角度，均应将之公诸于世，嘉惠学林，同时也补《郭沫若书信集》之缺失。

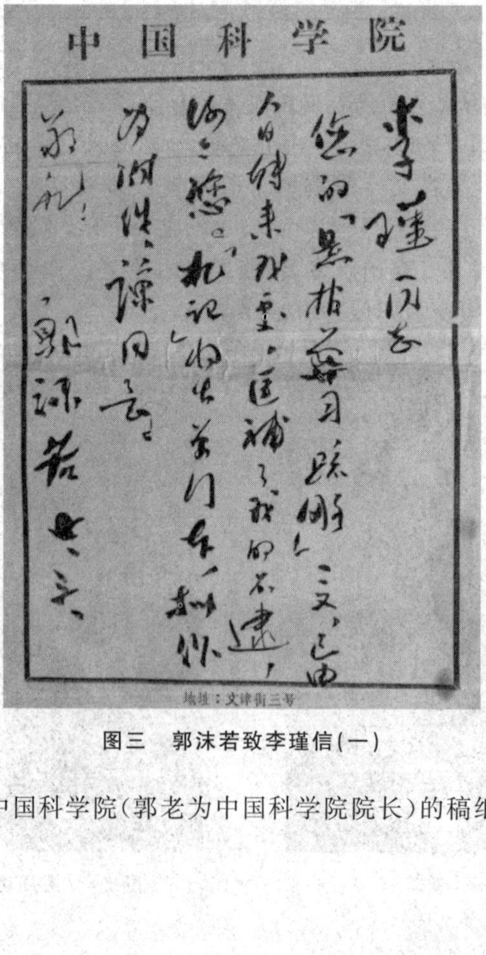
中国科学院

地址：文津街三号

图三　郭沫若致李瑾信(一)

第一封信用的是中国科学院（郭老为中国科学院院长）的稿纸。内容如下：

李瑾同志

您的《悬棺葬刁疏略》一文，已由人日转来我处，匡补了我的不逮，谢谢您。《札记》将出单行本，拟作为附件，谅同意。

敬礼！郭沫若　七、三、

经查，郭沫若所著《读随园诗话札记》(作家出版社 1962 年 9 月)，其附录确有《悬棺葬式疏略》一文。该书《后记》提道："关于广西全州的石棺和福建武夷山的虹桥板(第四十五则)，我因未曾目验，不知为何物。有中山大学古文字学研究生李瑾，寄了一篇《悬棺葬式疏略》来，以为都是少数民族的悬棺葬或风葬。这种习俗在国内分布很广，《楚辞·招魂》中也有所咏述。国外则中南半岛、印度尼西亚、菲律宾、琉球群岛等地都有。其俗先将死尸盛于船棺、悬于高山绝壁，听其风化。然后将遗骨纳入罐内，置于岩穴中，穴外有栏杆或窗帘围护，名曰'鬼堂'。所说殆得其实际。"

郭老在书中点名"中山大学古文字学研究生李瑾"，并肯定"所说殆得其实际"，对瑜甫师而言是无上的荣光和莫大的鼓励。

由此可见，郭老此信应写于 1962 年 7 月 3 日。用了尊称"您"，还称赞其"匡补了我的不逮"，并拟将所寄文章作为附件出版，这对一个在校研究生来说是多么高的待遇和评价！这无疑是瑜甫师的高光时刻，也预示其学术研究有了高的起点！

瑜甫师收到郭老第一封信后，迅即回信以致谢意，并表示同意拙文作为附件。1962 年 9 月《读随园诗话札记》在作家出版社出版，10 月瑜甫师即收到郭老寄赠的样书，郭老在样书(现存河南大学涂白奎教授处)扉页用毛笔写有

李瑾同志

郭沫若　一九六二、十、八

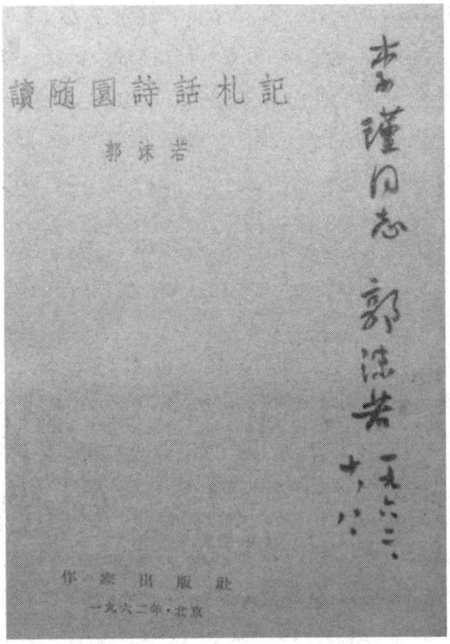

图四　郭沫若致李瑾信(二)

瑜甫师随即给郭老写信，除表示感谢外，还详细介绍自己的学习研究情况、毕业分配遇到的问题以及远在武汉的未婚妻的现况，并恳请郭老帮忙介绍到武汉工作。

郭老接信后同情其处境，欣赏其才华，决定施以援手，很快写了下面这通介绍函。

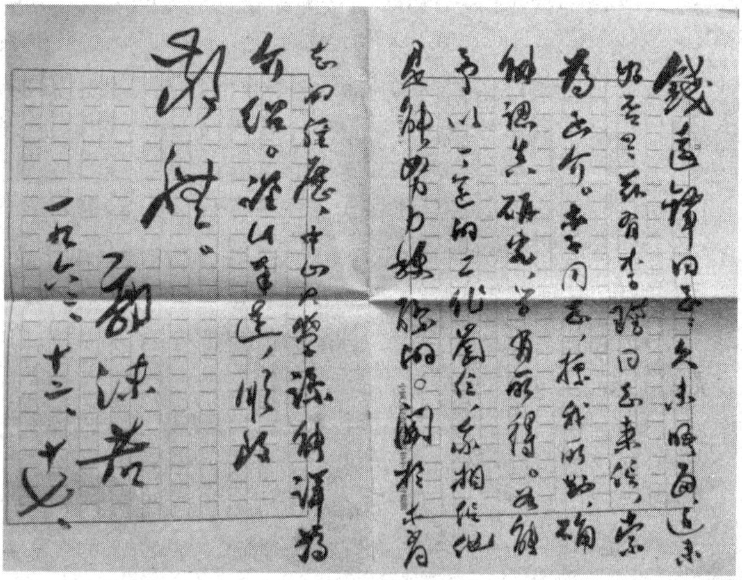

图5　郭沫若致钱远铎信

第二封信用的是中国人民保卫世界和平委员会(郭老任该委员会主席)的稿纸。其内容为：

> 钱远铎同志：久未晤面，近来好否？兹有李瑾同志来信，索为函介。李同志，据我所知，确能认真研究，学有所得。如能予以一定的工作岗位，我相信他是能够努力称职的。关于李同志的经历，中山大学谅能详为介绍。谨此奉达，顺致
>
> 敬礼。
>
> 郭沫若
>
> 一九六二、十二、十七、

收信人钱远铎，是中共早期革命理论家、社会活动家、“红色教授”钱亦石之长子，“人民音乐家”冼星海之大舅哥。抗战时期钱老曾在郭老任厅长的国民党军事委员会政治部第三厅从事宣传工作。中华人民共和国成立后钱老曾任湖北省文教厅督学、湖北省参事室秘书主任、民革湖北省委员会副主任委员等职，时任湖北省文化局副局长。

图六　钱远铎

信中郭老所言“李同志，据我所知，确能认真研究，学有所得”，对瑜甫师是一个非常高的评价。“如能予以一定的工作岗位，我相信他是能够努力称职的”，话虽委婉，但对于身居开国副总理、全国人大常委会副委员长、全国政协副主席等高位的郭老而言，能够口开尊言已经是难能可贵了。

钱老接到郭老这封信后，旋即向湖北省教育厅推荐，省教育厅明确表示可以考虑接收，但因不是湖北毕业生必须征得广东省高教局同意，否则无法解决户口问题，后中大出面与广东高教局做工作，瑜甫师才于 1963 年以应届毕业生身份顺利分配到湖北省教师进修学院任教员。

作为郭老的四川同乡，瑜甫师说“私淑郭鼎堂先生有年”，其介绍人就是其导师容庚先生。容老与郭老结交几十年，情谊甚笃，从 1929 年到 1962 年，郭老写给容老的私信达 60 封。容老时常教诲容门弟子，要多读郭老的书，从中领悟治学之道，学习他“抓题目”的本领。1959 年夏，容老带领助手和研究生北上考察，郭老在家中接见，瑜甫师遂与郭老结识。1978 年 6 月郭老逝世，容老在《怀念郭沫若同志》中提道：“一九五九年我带着助手、研究生到北京参观学习，郭沫若同志得悉后，立即拨冗接见，除和我讨论有关问题外，还亲切地询问我的助手及研究生们的学习情况，解答他们提出的问题。”后来容老命曾宪通先生编注并出版《郭沫若书简——致容庚》一书。

瑜甫师对郭老、容老的敬仰之情时常流露笔端。“在我国殷周青铜器研究中，以郭沫若和容希白先生的成就最大，本表无论在材料出处方面还是持论方面，多取自郭、容二先生著作，在此，谨向两位先生表示感谢。”(《楚国铜器著录表稿》)1982 年，瑜甫师发表著名论文《汉语殷周语法问题检讨》有个附记：“作者忝列本师容希白教授门墙，从治殷周古文字，又私淑郭鼎堂先生有年；对于王力先生殷周语法问题颇有异见。本文作于 1963 年，尝寄呈鼎堂先生寓目，斧削手泽，墨渖犹新，而先生忽忽已归道山。今复董理此文，把笔临纸，不胜唏嘘之至!”

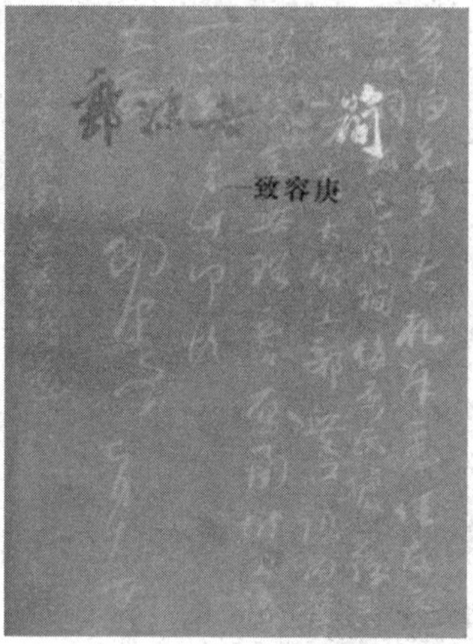

图七 《郭沫若书简——致容庚》

图八 容庚

1986年，论文选题时，瑜甫师和我商定研究郭老的《殷契粹编》，并说这部书是郭老在日本十年甲骨文研究集大成的总结性著作，书中精品极多，研究进去会对以后的研究大有帮助。之后我按照瑜甫师的提点，先积累资料再整理研究，两年内首先对书中甲骨拓片全部摹写一遍，然后潜心苦读所能见到的甲骨文论著，对涉及《殷契粹编》的论点进行摘录，并按一片一页的格式对书中所有甲骨拓片进行汇总，装订成厚厚一大本，并在此基础上展开分类研究。

在瑜甫师及黄建中师的悉心指导下，笔者于1988年初写成《郭沫若〈殷契粹编〉读校》一文，建中师即带我赴京拜访著名甲骨学家、中国社会科学院历史所胡厚宣先生和中华书局赵诚先生，并奉上硕士论文恭请两位先生评审。不久学校收到胡老亲笔填写的《学位论文评阅表》，其"学术评语"是"本文首先论述郭沫若《殷契粹编》一书在甲骨学上的重要价值，然后对郭老未释之字予以增补，对郭老误释之字予以校正，最后对《殷契粹编》所收新字，提出了自己的见解。用心细密，并有创发，是一篇较好的论文，可以提供答辩，并建议授予硕士学位"。有胡老的评语做后盾，建中师又恭请著名历史文献学家、华中师范大学文献所张舜徽先生担任答辩委员会主席，论文答辩顺利通过。该文后刊发于胡老和建中师主编的《甲骨语言研讨会论文集》（华中师范大学出版社1993年）。

由此看来，与郭老的情分真可谓：一门三代缘，延绵一甲子。

我的中国古代小说研究之路

王齐洲

（华中师范大学文学院/湖北文学理论与批评研究中心，湖北武汉，430079）

我从事中国古代小说研究迄今已近半个世纪，在这个领域里筚路蓝缕，跋山涉水，耕耘爬梳，艰苦备尝。有过“横看成岭侧成峰，远近高低各不同”的疑惑，也有过“山重水复疑无路，柳暗花明又一村”的惊喜。虽然时有斩获，但也不免常留遗憾。2024年，是我在这个研究领域收获最多的一年，也是基本实现我青年时期的学术梦想的一年。回望所走过的道路，怀想给我指引道路之人，不禁感慨系之。

2024年9月20日，国家社科规划办公示2024年《国家哲学社会科学成果文库》入选名单，拙著《中国古代小说观念发展史》成功入选，我将刚得到的消息报告给人民文学出版社古典部主任葛云波编审，他短信回复说：“王老师，我也刚看到，正要向您道喜呢！这与前边获得国家出版基金项目一起，就是好事成双了！”他所说的项目，是指2023年9月由他们申报国家出版基金的拙著《二十五史艺文经籍志著录小说总目提要》于2024年4月获得通过，这也是一个国家级大项目。我衷心感谢人民文学出版社对我的信任和支持，尤其感谢云波编审对我的关心与指导。拙著《中国古代文学观念发生史》2013年入选《国家哲学社会科学成果文库》，也是在人民文学出版社出版的，2021年获教育部第八届高等学校科研成果奖（人文社会科学）。2024年人民文学出版社又推荐为《国家哲学社会科学成果文库》典藏系列，他们对我的信任和支持，是诚挚而持久的。

2024年获得国家支持的这两项成果，对于我之所以重要，是因为它们是我从事中国古代小说研究近五十年的一次总结，是对我持之以恒努力的一种肯定。其实，还有一项成果在2024年也得到了学术界的肯定，也具有同样的意义。4月30日，我与武汉大学出版社签订了《委托代理版权授权书》，同意授权他们代理拙著《中国通俗小说史》与德国施普林格・自然集团（Springer Nature）旗下的帕尔格雷夫・麦克米伦出版公司（Palgrave Macmillan）签订了英文出版合同，此书现正组织学者翻译，有望很快出版。如果加上这本小说研究著作，我对中国古代小说研究的三根支柱就稳固地树立起来了，我几十年前的梦想也就基本上实现了。

2024年基本实现我的学术梦想，其实肇始于20世纪70年代末80年代初那个充满激情的火热年代。

1978年2月，我作为荆州师范专科学校（今长江大学）青年教师到武汉师范学院中文系（今湖北大学文学院）进修，参加了中文系青年教师培训班，听张国光老师讲庄子、《水浒》、金圣叹，听郁沅老师讲文艺理论，后来又旁听了中文系首届元明清文学研究生班的一些课程，听朱祖延老师讲文字学和《楚辞》、严学宭老师讲音韵学、王陆才老师讲戏曲、李悔吾老师讲小说。这些学习，不仅增长了知识，扩大了视野，也让我的学习欲望空前高涨。在此期间，我每个星期天都陪张国光老师到湖北省图书馆古籍库专家服务部看书，很少例外。古籍库专家服务部向高校讲师以上教师开放，当时湖北高校教授、副教授甚少，讲师享受专家待遇，可以借阅馆藏一切古籍，包括善本书，只是不准借走。每次到馆，张老师就将准备好的书单交给图书管理员，管理员依据书目将这些书从书库里取出摆在书桌上，我可以任意阅读，有不懂的就向张老师请教。如果我有要看的书，也可以通过张老师向管理员索要。中午我和张老师轮流外出吃饭，留一人看守，下午下班时将图书清点还回。这样的读书生活坚持了一年有余，直到1979年7月我进修期满离开武汉为止。通过这样的读书，我知道了不同书籍、不同版本承载着不同的文化信息，有不同的文化内涵，什么样的书才是好书，自己应该读什么书以及如何读书。那时的张老师，忙于筹备成立中国《水浒》学会，组织全国性的《水浒》研讨会和创办《水浒争鸣》刊物，我也自觉地参与其中，生活紧张而充实。而张老师对《水浒》和金圣叹的看法则深刻地影响了我，使我对研究《水浒》和金圣叹产生了浓厚兴趣。在离开武汉时，我对《水浒》和金圣叹已经有了自己的独立看法，虽不同于张老师，却得到了张老师的大力支持，他鼓励我将自己的想法写成文章发表出来。回到荆州，我把在武汉写出的初稿进行修改加工完善，撰写成《宋江是地主阶级的革新派》《〈水浒传〉是描写农民起义的作品吗？》《明代对〈水浒传〉的推崇与禁毁》《金圣叹小说理论初探》《论“动心说”——金圣叹小说理论再探》等文，分别发表于《文学评论丛刊》第五辑（1981）、《水浒争鸣》第一辑（1982）、《江汉论坛》1983年第2期、《社会科学研究》1981年第5期、《争鸣》1983年第2期。张老师对我的研究一直非常关注，不时来信勉励。1991年，我的第一部专著《四大奇书与中国大众文化》出版，张老师赞赏有加；1993年，我的第一本论文集《古典小说新探》出版，张老师亲自作序，以为“通过这本书可以使读者和老一代的古典小说和古代小说理论研究家由此看出一位青年研究家如何通过自己的刻苦钻研，在这样一个能够充分展示自己才华的学术领域脱颖而出的过程，看出他成长的轨迹和发展的前景。还可以由一斑而窥全豹，通过本书看出我国古典小说和古代小说理论研究今后只会加强不会削弱的大趋势”。序言中提到我与他的学术观点“不尽一致，甚至还有彼此矛盾者”，尤其是关于《水浒》主旨和宋江形象，但他仍然“为它的出版感到由衷的高兴”，因为他“十分欣赏儒家的‘道并行而不相悖，万物并育而不相害’的治学态度”。张老师对学术的执着和敬畏，对晚辈的关照与提携，体现了老一代学者的博大胸襟和无私情怀，今天想来，仍然令我感动。张老师早已仙去，每念及此，不禁泫然！

《金圣叹小说理论初探》发表后，我和《社会科学研究》杂志的胡邦炜编辑联系多了，发现彼此有相同的学术梦想，通过反复切磋，我们决定合作编撰一本《中国古代小说理论批评史》。我自告奋勇地答应草拟一份编写提纲，作为讨论的基础，然后再商量下一步如何合作。经过一段时间的搜索、阅读和思考，我发现面前有一座需要逾越的大山，不逾越这座大山，就看不清前方的道路，更难以追溯历史的走向。研究中国古代小说理论批评史，首先要回答什么是古代小说，哪些理论是小说理论，哪些批评是小说批评。鲁迅《中国小说史略》固然为我们勾画了一幅简明的中国小说历史图景，但细绎文献，却发现这幅图景多有残缺，不尽完美，有些地方还留下了拼接的痕迹，不能全面反映中国古代小说的历史原貌。例如，魏晋志怪、志人和唐宋传奇之后，接以宋元话本、拟话本，再接以明清章回体通俗小说，似乎体现着古代小说的发展进化。然而，唐宋以降，历代都有志怪、志人、传奇之作，其中不乏佳作，明清时期的志怪、志人、传奇作品体量更是远超魏晋，其成就也不输魏晋。尽管《中国小说史略》第二十二篇《清之拟晋唐小说及其支流》对此有所补救，但仅此一篇，如何能够反映一千三百多年古体小说的发展历史？更为重要的是，话本、拟话本、章回小说并不是由志怪、志人、传奇等发展而来，它们自有来源，其源头并不晚于志怪、志人、传奇的源头。鲁迅将小说源头追溯到神话与传说，并在《中国小说史略》中专门列为一篇，这与他接受将小说等同于“虚构的故事”的西方近代小说观念有关。他在《中国小说的历史的变迁》的演讲中也提到，小说“倒是起于休息的”，因为先民劳动间歇会彼此谈论故事，“而这谈论故事，正就是小说的起源”。然而，在以笔记为代表的中国古体小说理论和小说批评中，“故事”并非中心话语，因为有许多小说根本就没有“故事”，而“虚构”则常常被一些小说理论家和批评家抨击，那么，这些理论和批评算不算小说理论和小说批评？中国古代本有“故事”一词，人们为何要称志怪、志人、传奇等为“小说”而不称其为“故事”？我们为何要用今人的标准去规范古人，而不能站在古人的立场去理解他们？难道历代正史艺文经籍志所著录的小说书目都是错误的，只有今人按照西方的小说观念确定的小说书目才是正确的？难道中国古代小说理论和小说批评就不是小说理论和小说批评，只有今人按照西方标准认可的小说理论和小说批评才算小说理论和小说批评？这样的问题，指不胜屈。我自然不赞成今人的这些判断，于是，决定放弃编撰《中国古代小说理论批评史》的想法，先去弄清楚中国古代小说是如何发生的，历代专家学者以什么为小说，有哪些代表性小说作品，各个历史时期主流的小说观念是什么，又有哪些发展变化，相互之间究竟是什么关系，如此等等。总之一句话，我们要将中国小说的历史还给中国小说，将古代的小说理论和小说批评的图景真实地呈现在今人面前，不能墨守成规，故步自封，更不能人云亦云。只有这样，才会有我们的学术贡献，才不辜负我们这个时代。我将这些想法报告给胡邦炜编辑，得到了他的理解，决定放弃合作编撰《中国古代小说理论批评史》的计划。

经过两三年的探索、思考、写作、修改，我终于完成近两万字的长文《中国小说起源探迹》，投给《文学遗产》，算是对前几年学术经验的一次总结。当时老一代学者有不少健在，学术刊物又很少，期刊版面十分紧张，《文学遗产》不仅接受了拙稿，而且很快将全文刊登在1985年第1期上。一个专科学校的青年教师能够在《文学遗产》发表长文，且放在显著位置，这就是20世纪80年代的学术氛围，是老一辈期刊编辑的职业坚守，也是我一直难以忘怀的温馨记忆。在此文中，我明确将中国古代小说分为文言笔记小说和白话通俗小说两大系列，认为它们各有自己的发生源头和发展进程，虽然时有交叉，互有影响，但不应该故意混淆或强行归并。并且强调，神话传说不是小说的起源，“神话是一种独立的体裁，它必然产生并只能产生于一定的历史阶段。我们并不否认神话对于后来小说的影响，甚至可以把它视为小说产生的一个来源。然而，来源并不等于起源，因为这里有着本质的区别：起源标示着某一事物的诞生，而来源却只表明构成这种事物的某种因素，这种因素完全可以来自不同性质的别一事物”。我在这段话下面特地加上重点号，以期引起学界重视。我后来几十年的研究，其实都是围绕这一思路展开的，只是更加深入、更加细致、更加具体而已。当然，后来我也对此文中那些表述不够严谨或不够完善的地方做了补充修正，除了对两类小说起源的文献进行更加严谨细致的考察，对两类小说观念的具体内涵进行更为科学合理的界定之外，将研究重点放在探讨两类小说之间的相互影响、相互融合的历史，以及探讨这两类小说所反映的两种小说观念之间的相互影响、相互融合的历史。

为了真正理解中国古代小说的思想和观念，必须对文言笔记小说和白话通俗小说做完整、准确、全面的调查和清理，“没有调查就没有发言权”。为此，我前后带领数十名硕士生、博士生，花了近 20 年时间，对二十五史艺文志或经籍志所著录的小说进行资料收集整理，定期召开读书报告会，讨论小说文献和小说观念中碰到的棘手问题，最终编纂成 9 卷 35 册 1800 万字的《二十五史艺文经籍志著录小说资料集》，现正在分卷陆续出版中。在此基础上，我撰写了 200 万字的《二十五史艺文经籍志著录小说总目提要》，2024 年获得国家出版基金资助，即将出版。为了全面了解中国通俗小说和通俗小说观念，我又花了数年时间，清理以前阅读通俗小说的笔记，补充阅读那些以前未读的作品，检讨已经出版的通俗小说研究著作，思考通俗小说和通俗小说观念的发展与演变，撰成 78 万字的《中国通俗小说史》，此书已经再版。在梳理两类小说文献的基础上，我将有关小说观念的材料进行清理并撰写成论文，在一些重要期刊上先后发表了 40 多篇。2021 年在《南京大学学报》上发表的《中国社会结构的变迁与传统小说观念的演进》一文上网后，数据显示，点击阅读人数接近 100 万；同年在《江西师范大学学报》上发表的《中国小说观念在近代的发展》上网后，点击阅读量也超过 60 万人。这种现象说明，在中国学术界、读书界和广大文学爱好者中，仍然有不少人关注中国古代小说观念的发展变化，希望从中得到一些启示，以促进当下中国小说的进步与发展。这对我是巨大的鼓舞。

2024 年，我将自己对中国古代小说观念的理解进行整理，撰写成《中国古代小说观念发展史》，通过人民文学出版社申报《国家哲学社会科学成果文库》，获得成功。中国古代小说观念发展史是一个基础性研究，既涉及理论，也涉及文献。搞理论研究的学者以思维见长，逻辑严密，常常能够揭示事物的某些本质规律，其论证也注意自洽，却往往容易忽视基本文献，或者对相关文献本来就不熟，虽然谈得好像头头是道，总难免隔靴搔痒，郢书燕说。弄文献的学者则以严谨见长，字斟句酌，锱铢必较，注重文献的可靠性，有一分材料说一分话，强调无一字无来历、无一语无根据，却往往容易忽视自身理论修养，难以发现文献中掩藏的思想文化信息，以及不同文献之间的学术联系。我自知没有理论家的聪颖，也缺乏文献学家的执着，但将二者有机结合起来形成自己的学术优势，却具有得天独厚的条件。我在华中师范大学文学院带古典文献学硕士生和博士生，和他们一起读胡克家本《文选》，读十三经注疏本《礼记》，咬文嚼字，一字一句地抠，连标点也不放过，既训练学生也训练我自己；同时也带古代文学硕士生和博士生，和他们讨论文学的生产与消费、传播与接受、审美与教化，分析作品的意象与情感、意境与比兴、能指与所指，鼓励不同学术观点的争鸣。在同门例会上，我常常引导学生们将理论思考和文献阐释互相渗透，让他们多向对方靠拢，也多从对方学习如何让二者融通的方法和途径，我自己也从中获得启发。因此，在中国古代小说观念发展史的研究中，我既不做没有文献支撑的纯理论研究，也不做没有思想内涵的纯文献考辨，但又绝不抛弃理论，也绝不忽视文献，而是在充分掌握文献的基础上扎实地推进理论研究，以期找到解决中国古代小说观念发展史研究的方法和途径。《国家哲学社会科学成果文库》入选本书，表明专家学者们也赞赏这样的研究，认可了我的努力。

我之所以能够在中国古代小说研究领域取得一点成绩，得益于前辈学者手把手地教诲给予我学术底蕴和治学方法，得益于改革开放的文化环境给予我追求理想的学术勇气，得益于图书资料的便利和信息技术的普及给予我追根溯源、竭泽而渔的能力，而和平安定和相对富庶的生活让我具备持之以恒的物质条件，不慕虚名不逐俗利的心态则使我能够获得相对充裕的研究时间。我深知，《中国通俗小说史》《二十五史艺文经籍志著录小说资料集》《二十五史艺文经籍志著录小说总目提要》都只是中国古代小说研究的某一方面的成果，《中国古代小说观念发展史》也只是“中国古代小说理论批评史”的学术基础，我实际上只完成了自己青年时期梦想的一部分。要实现当时的全部梦想，以我现在的年龄，已经比较困难了，但我仍愿竭尽绵薄，继续做我力所能及的工作。我更真诚希望，我的研究能够启发年轻学者，站在中华文化本位的立场，善待民族文化，尊重古哲先贤，将中国古代小说理论和批评的研究引向深入，为人类贡献中华民族的文学思想瑰宝。

【马克思主义文学批评经典重铸与当代拓展研究】

建设中国特色马克思主义文论课程

——山东师范大学李衍柱教授访谈

李衍柱　段　超

（山东师范大学文学院，山东济南，250014；山东师范大学文学院，山东济南，250014）

段超(以下简称“段”)：李老师，您好！首先感谢您抽时间接受访谈！作为新中国培养的第一批马克思主义文艺理论家之一，您为马列文论(或马克思主义文论)课程建设作出了重要贡献。您可否简单回忆一下您参与马列文艺论著研究会和马列文论课程建设的情况？

李衍柱(以下简称“李”)：全国马列文艺论著研究会组织开展的“中国高校马列文论课程开设和建设情况”访谈这项工作选题很有学术价值。对于我们国家的马列文论课程的开设，华中师范大学文学院起到了重要的组织和推动作用，可以说功不可没。改革开放之初，1978 年 12 月 24 日在华中师大召开了第一次马列文艺论著学术研讨会，并在这次会上成立了全国马列文艺论著研究会。在学会成立的前一年，华中师大的王先霈、周伟民、周乐群三位教授走遍大半个中国调研马列文论教学和研究情况。他们事先编了一个马列文论研究文章的索引和问卷，其中也选了我的文章。他们来山东师大调研期间，我的论文《试谈黑格尔所说的“这一个”——学习马克思恩格斯论文典型问题札记》正准备在学报发表，经他们推荐，后来发表在华中师大主办的《外国文学研究》创刊号上，这是我在改革开放之后发表的第一篇学术论文。他们的这次调研为成立全国马列文艺论著研究会创造了必要条件。在成立大会上，周伟民同志就调研情况以及华中师大马列文论教学与研究的做法做了报告，给我留下很深的印象。会后，研究会委托南京大学等多所高校编写了一本《马列文论百题》，为马列文论教学提供了很好的参考书。现任学会副会长胡亚敏教授，在 1979 年 9 月至 1980 年 6 月来山东师大随我做访问学者。我作为研究会理事、山东师大作为会员单位，积极参加研究会工作，前十几次会我几乎年年参加。去年 9 月，山东师大还与全国马列文艺论著研究会联合主办了理事会议暨“‘两个结合’与新时代中国马克思主义文论研究”学术论坛，办得很成功。

段：那么，您是怎样走上马克思主义文论研究之路的呢？

李：我真正走上马克思主义文论研究之路，还要从就读人大文研班说起。1959年，为了培养马克思主义文艺理论批评的骨干，建立马克思主义文艺理论批评队伍，周扬提出并亲自指导创办了文学理论研究班（简称文研班），由中国人民大学和中国社会科学院文学研究所合办，学制三年。我是1961年7月，经学校推荐参加考试，被录取为第三届"文研班"的研究生，1964年7月毕业。第一学年由何其芳给我们讲毛泽东《在延安文艺座谈会上的讲话》，第二学年由马奇给我们讲马克思《1844年经济学哲学手稿》，这两门课对于马列文论进课堂是具有开创性的。第三学年，在蔡仪先生指导下，我完成了毕业论文《学习马克思恩格斯论文学中的典型问题》。在蔡先生的影响下，我一直抓住典型问题不放，为自己掘了一口井。我体会到，以锲而不舍的精神，抓住一点，触类旁通，联系实际，深入系统地进行研究，不失为一种行之有效的科学研究方法。典型问题的研究是我从事马克思主义文论研究的起点。

段：您在毕业论文基础上写成的《马克思主义典型学说概述》是该领域我国研究典型问题的第一部学术专著，该书修订版被国家学位委员会研究生教育工作办公室推荐为"研究生教学用书"，为马列文论课程教学提供了扎实的参考书。请问您对于马列文论课程建设有怎样的认识，或者说马列文论这门课在您的认识当中具有什么样的地位？

李：如何认识马列文论课程建设，这个问题非常重要。人文学科课程体系建设是一个培根铸魂工程，与培养什么样的人有特别密切的关系。作为社会主义国家的师范大学中文系的一个学科，文艺学的一个最基本的任务就是培养学生树立马克思主义文艺观。同时，还要培养学生如何运用马克思主义的立场、观点和方法去研究中外文学和艺术问题，基于这样一个认识，我们把马列文论这门课看作在中文课程体系中具有统摄地位的一个课程。不仅学生要学习，而且中文系各个学科的老师都应该研读马克思主义经典作家的文艺论著。马列文论不是一般的课程，它对中文系各种课程具有统摄性和渗透性，这是我们对于这门课程的一个基本认识。

段：山东师大的马列文论课程开设和发展是一个怎样的过程，都使用了哪些教材？

李：新中国的马列文论课程的建设经历了一个由点到面的过程，这里面离不开马列文论研究会的组织和推动，也离不开全国各个高校的实践与探索。山东师大开设马列文论课程在全国应该说是比较早的，发展至今，大致经历了几个阶段。

第一个阶段是初创期，从1971年"文化大革命"期间工农兵学员入校到1978年改革开放之前。这个阶段主要是讲毛泽东《在延安文艺座谈会上的讲话》，这篇讲话是我们马列文论课程的核心教材。正如周扬对《讲话》评价的那样："毛泽东同志的《在延安文艺座谈会上的讲话》给革命文艺指示了新方向，这个讲话是中国革命文学史、思想史上的一个划时代的文献，是马克思主义文艺科学与文艺政策的最通俗化、具体化的一个概括，因此又是马克思主义文艺科学与方针政策结合得最好的课本。"[1]除了讲话，我们的辅助教材还有四卷本的《马克思恩格斯论文艺》（人民文学出版社，1960—1964年）和《马克思恩格斯论文学》（中国人民大学出版社1962年版）等。

第二个阶段是改革期，从1978年改革开放以后到1984年我们开始招收文艺学硕士研究生。作为本科的必修课，每周讲三到四个课时，一直坚持到1984年开始招收文艺学硕士研究生。这个阶段的新变化主要是通过解放思想和破除个人崇拜的迷信，我们对于马列文论有了更加科学的认识。在第一个阶段，我们把毛主席的讲话看作唯一的真理，一句顶一万句，这就过了。毛泽东是伟大的马克思主义者，伟大的诗人，通晓文艺的特点和规律，但是“毛泽东的文艺思想”不等于“毛泽东文艺思想”，即便是后者也和时代有密切的关系，要服务于解决当时的主要矛盾。比如文艺从属于政治、文艺为政治服务等观点，在当时历史条件下起到了一定的积极作用，但弱化了文艺本身的特性和规律，弱化了文艺的审美属性。在第二个阶段，我们加强了对马克思、恩格斯、列宁等经典作家文艺论述的教学与研究。在解放思想和破除迷信的基础上，我们编写了《马克思主义文艺论著选讲》，通过学校印刷厂印刷，作为教材使用。辅助参考教材有陆梅林辑注的《马克思恩格斯论文学与艺术》(人民文学出版社1982年版)、杨炳编的《马克思恩格斯论文艺和美学》(文化艺术出版社1982年版)和纪怀民、陆贵山、周忠厚、蒋培坤编著的《马克思主义文艺论著选讲》(中国人民大学出版社1982年版)等。

第三个阶段是深化期，从1984年招收研究生到2002年。这一阶段的马列文论课程主要通过两种方式展开，一是作为本科生的专业必修选修课(即限选课)，二是作为研究生的专业必修课。其中，作为研究生必修课，除了讲解马列文论的经典文本，我们还进一步深化到对马克思主义文论范畴的研究，出版了《马克思主义典型学说史纲》《文学理想论》《毛泽东文艺思想概论》《文艺学范畴论》《经典文本与文艺学范畴研究》和《马克思主义文艺思想的发展与传播》等一系列著作，作为参考教材运用到教学中。

第四个阶段是综合期，从2002年至今。这一阶段的课程名称为“马克思主义文论与美学专题”，突出对马克思主义文艺思想中的文艺学与美学两种学科面向的综合，课程旨趣强调马克思主义文论与中西方文论的综合创新，建构中国化马克思主义文艺学。教材方面也与时俱进地使用新的版本。这个阶段也是文学院快速发展的阶段，师资力量不断增强，招生规模不断扩大，办学水平不断提升。

段：说到师资和招生规模，您可否谈一下任课教师和学生的发展情况？

李：教过这门课的教师，除了我之外，还有夏之放教授、周均平教授、杨守森教授、孙书文教授等。杨存昌教授虽然没教过这门课，但他主编的《中国美学三十年》、参编的《马克思主义文艺理论在中国》，都与这门课密切相关。夏之放教授于1963年至1964年在中国人民大学文学进修班学习，师从马奇先生，夏教授后来出版了《异化的扬弃——〈1844年经济学哲学手稿〉的当代阐释》(花城出版社2000年版)一书。周均平教授、杨存昌教授和孙书文教授先后出任文学院院长，对于进一步加强马克思主义文论课程建设起到了重要作用。目前讲授这门课的有杨光教授、邹强副院长、任传霞副教授和韩存远副教授等，涵盖70后、80后和90后，可以说年富力强，处于学术发展黄金期，对于他(她)们我是满怀期望的。

学生方面比较突出的有北京师范大学的赵勇教授和季广茂教授、北京外国语大学李建盛教授、上海大学的齐爱军教授等，他们都已是全国知名的学者。此外还有

1994级本科生鲁太光，他后来考取了北京大学的硕士和博士研究生，现任中国艺术研究院马克思主义文艺理论研究所所长、《文艺理论与批评》编辑部主编、研究生院中国语言文学系主任。研究生有崔柯，是杨存昌教授2002级的硕士生，后来考取了北京大学董学文先生的博士生，现任中国艺术研究院马克思主义文艺理论研究所副所长、《文艺理论与批评》编辑部副主编。

段：在马列文论的教学过程中，有没有令您印象比较深刻的学生或事情？

李：在教学过程中，老师和学生是相互促进的。《礼记·学记》说："学然后知不足，教然后知困。知不足然后能自反也，知困然后能自强也。故曰教学相长也。"让我印象最深的一件事，同我前面谈到的《试谈黑格尔所说的"这一个"——学习马克思恩格斯论文典型问题札记》那篇文章有关。"文革"结束恢复高考制度以后，我给本科生讲马列文论课。有一节课讲恩格斯于1885年11月26日致敏娜·考茨基的信。信中写道："对于这两种环境里的人物，我认为您都用您平素的鲜明的个性描写手法给刻画出来了；每个人都是典型，但同时又是一定的单个人，正如老黑格尔所说的，是一个'这个'，而且应当是如此。"[2]有学生就此提问：应该如何理解信中提到的黑格尔所说的"这个"(《马克思恩格斯论艺术》中译作"这一个")？黑格尔是在哪里提出了"这个"？这个问题虽然在读研究生期间已经注意过，学生的提问让我更加意识到，恩格斯的这段话不仅提出了马克思主义关于文学典型的一个最基本的观点，而且指明了马克思主义典型学说的直接理论前提。因此，如何理解黑格尔所说的"这一个"就成了我们理解马克思主义典型学说所必须解决的一个问题。课后，我查阅了国内外众多学者关于恩格斯这封信的论文，他们对"这一个"的出处和内涵都语焉不详。为了彻底搞清楚这个问题，我以此为契机，下功夫阅读了黑格尔的《逻辑学》《小逻辑》《历史哲学》《哲学史讲演录》和《美学》等著作，最后在《精神现象学》上卷中找到了黑格尔对"这一个"的详细阐释。于是，我反复研读这部被马克思恩格斯称为"黑格尔的圣经"的著作，从马列文论的视角撰写了《试谈黑格尔所说的"这一个"——学习马克思恩格斯论文典型问题札记》，发表在1978年《外国文学研究》的创刊号上。论文首先梳理了黑格尔在《精神现象学》对"这一个"的最初论述所包含的丰富辩证法思想，然后考察了黑格尔在《美学》中对"这一个"的具体运用和发挥，从而全面系统地阐释和评价了"这一个"的基本内涵和思想价值。并在此基础上，具体而翔实地分析马克思恩格斯是如何对"这一个"思想去其唯心论糟粕、取其辩证法精华，将其革命性地改造为马克思主义典型学说的直接理论前提的。1978年10月，第一届全国文艺理论学术研讨会在上海召开，蒋孔阳先生做大会发言时郑重地向参会专家们推荐了该文。受到著名文艺理论家的肯定和鼓励，我当时是十分激动的。也正是通过对"这一个"问题的研究，我理清了马克思恩格斯的文艺思想与德国古典美学的关系，以及黑格尔"这一个"的语义内容、方法论意义和美学价值，为我以后进一步研究典型问题打下了坚实的基础。

段：这的确是一件教学相长的典型案例。在教学方式上，山东师大的马列文论课都有哪些特点？

李：马列文论课的教学上，我们主要有以下几个特点。

第一，注重与当下文艺实践相结合。为了加深对理论的认识、提高教学效果，我们密切关注中国当下的文艺创作，将理论与作品相互验证。比如，我们组织学生去《大刀记》作者郭澄清的家乡山东宁津，访问他本人和一些贫下中农，郭澄清是地地道道的农民作家。我们还请《煤城怒火》的作者李向春来学校做报告，与学生展开交流。2010年组织研究生阅读和评论孙皓晖的长篇小说《大秦帝国》；2011年9月教研室老师去高密参加莫言长篇小说《蛙》研讨会，组织学生阅读和评论《蛙》及莫言的创作。这类活动使同学们收获很大。

段：今年上半年，我们还邀请了新一届茅盾文学奖获得者、《雪山大地》的作者杨志军来学校作报告，来自中国社科院、北京大学、山东大学等高校和科研院所的学者参与了研讨，这种联合研讨会的形式也深受同学们欢迎。

李：很好，这种好的传统要发扬下去。教学上的第二个特点就是与社会调查相结合。譬如在上面提到的在第一个阶段初创期，讲毛泽东《在延安文艺座谈会上的讲话》，我们就专门组织老师和研究生到延安去访问，参观毛泽东当时住的窑洞，写作《讲话》的地点，了解前后的背景，采访参加过延安文艺座谈会的文艺工作者等等。那次调查加深了师生对于《讲话》意义的认识，收获还是很大的。

第三个特点是和科研相结合，出版学术著作。主要体现为第三阶段深化期以来的系列研究成果，发掘整理出了马克思主义文艺理论的范畴体系。这些成果都是教学与科研相结合的产物。其中，我主编的《马克思主义文艺理论在中国》（山东文艺出版社1990年初版，1992年再版）是山东省“七五”计划重点项目成果，与李戎教授合著的《毛泽东文艺思想概论》（山东文艺出版社1991年版）是国家新闻出版署“八五”计划重点选题成果，我主编的《文艺学范畴论》（山东文艺出版社1996年版）是山东省“八五”计划重点项目，参编的《马克思主义文艺学概论》（中国人民大学出版社2001年版）是“九五”国家社科基金组项目，我和林宝全、潘必新主编的《马克思主义文艺思想的发展与传播》（广西师范大学出版社1995年版），是国家重大课题“马克思主义文艺思想及其发展”的主要成果。此外，我参与编写的《马克思主义文艺学思想发展史教程》（中国人民大学出版社2002年版）和《马克思主义文艺论著选讲》（中国人民大学出版社1982年版）以及孙书文撰写的《文学与革命：周扬文艺思想研究》（山东文艺出版社2006年版）等，这些都起到了教学和科研相辅相成的效果。

段：范畴研究是山东师大文艺学的一大特色，当初为什么选择文艺学范畴研究这一领域？范畴研究对于马克思主义文论课程建设有什么意义？

李：我一直强调从事学术研究不要追风逐浪、唯时尚是瞻，有许多所谓热点虽一时喧闹，但往往是过眼烟云。学术问题无所谓新旧之分，只有研究的深浅之别，真正有价值的研究体现在研究者对于这一课题做了什么推进。康德毕生致力于思考四个基本问题：我能够知道什么？我应当做什么？我可以希望什么？人是什么？其中“人是什么”的问题既是人类学的核心问题，也是一切人文学科的基本理论问题。马克思说：“理论只要彻底，就能说服人。所谓彻底，就是抓住事物的根本。但是，人的根本就是人本身。”[3]文学是人学，美学也是人学，抓住了“人是什么”问题的研究，就是抓住了打开文学和美学殿堂的大门、探寻美的王国的一把“总钥匙”。典型范畴就是直接回应文学中的“人是什么”这个问题的，对于文学、文艺学和美学研究具有基础性意义。

基于这个认识，我为山东师大文艺学与美学规划了基本理论范畴研究的大方向。经过多年坚持不懈的努力，范畴研究带动了整个学科的发展，山东师大文艺学于1986年获硕士学位授予权，1991年被评为省级重点学科，2000年获博士学位授予权，2001年被批准为省级强化重点学科，2011年被批准为省级特色重点学科。

就意义而言，范畴研究是马克思主义文论课程建设乃至话语体系建设的基础。体系是由一系列范畴组成的，没有范畴的体系是不存在的。马列文论思想本身是一个有机系统，但将其体系化为一种课程的形态却经历了一个建构的过程。在马列文论课程建立之前，学界曾经流行一个观点，认为马克思主义文艺理论是“片言碎语，不成体系”。马列文艺思想是马列主义思想体系的有机组成部分，马列文论不是片言只语的集合，只有从唯物史观出发，从基本精神和基本范畴出发，结合文艺实践，在马列主义思想的整体视野中进行研究，才能完整全面地理解和阐释马克思主义文艺思想体系。在《马克思主义文艺思想的发展与传播》中，我们系统梳理了马克思主义经典文论中涉及的文艺学范畴，尽可能按照他们的原意从方法论范畴、本体论范畴等九个方面进行阐释，驳斥了“马克思恩格斯的文艺思想没有体系”的错误观点。

段：学界对山东师大的范畴研究有何代表性的评价？

李：我们的范畴研究受到学界高度评价。蒋孔阳先生不但为《马克思主义典型学说概述》写序，还在《光明日报》发表了书评，给予充分肯定。我们文艺学获得硕士点和博士点都是蒋孔阳先生在全国学科评议会上介绍的。对于在《毛泽东文艺思想概论》中提出的毛泽东文艺思想提出的十对范畴，童庆炳先生评价：“这十对范畴、概念的归纳整理及其精到深入的阐释，使毛泽东文艺思想的系统性、完备性和体系性完全突现出来。”胡经之先生评价：“这些不同层次范畴的阐发、论证，使我们不仅对马克思主义文艺学的众多范畴有个全面的掌握，而且对马克思主义文艺学的宏大体系有了更为具体的理解。这对于建设和发展中国特色的当代马克思主义文艺学，必将是一种推进。”

段：作为山东师大马列文论课程建设主要推动者，您在此过程中体会较深的是什么？

李：我感觉到建设马列文论课程的过程，就是一个解放思想、实事求是、破除迷信、寻求真理的过程。在这个过程中，我们走出了教条主义的误区，认识到任何具体文本都是特定历史的产物，不能奉为教条顶礼膜拜，而应中国化、时代化。马克思主义文艺思想是个历史形成的完整体系，这包括马克思和恩格斯的贡献、列宁的贡献、普列汉诺夫的贡献、鲁迅和瞿秋白的贡献、毛泽东的贡献以及其他一些理论家的贡献。对于任何一个都要进行全面的具体的分析。作为中国化马克思主义文艺思想，毛泽东文艺思想是中国马克思主义者集体智慧的结晶，而不等同于毛泽东个人的文艺思想，它既包括那些经实践证明正确的毛泽东的文艺思想，也包括中国共产党其他主要领导人如周恩来和邓小平的正确的文艺思想。只有实事求是地吸取教训、总结经验，才能不断丰富、发展毛泽东文艺思想，这不但不损害毛泽东文艺思想的科学性，而且还有利于发展马列文论和毛泽东文艺思想。

如何在马列文论课程建设过程中走出苏联文艺学存在的误区，是一个必须重视的问题。苏联文艺学基本观点认为文艺是一种认识，这就把文学完全理性化了，这是片面的。改革开放以后，我们对文艺的看法更加全面了。文艺不仅是一个理性的认识，而且还有感性的体验；有意识层面，也有无意识层面。像灵感、想象这些问题，不光是理性认识的问题。比如西马理论家马尔库塞，就特别强调以想象力为核心的审美能力对于人的解放的作用，是对苏联“文艺是一种认识”的观点还是具有一定的纠偏意义。对于不同的文艺理论观点，我们应该持一种实事求是的科学态度，取其精华去其糟粕，批判地吸收，这样才能不断向前进步。我相信，文学不会消亡，文学理论也要继续发展，这都需要一代代理论工作者继续探索下去。

段：学界有一种说法是中国马克思主义文论、苏联马克思主义文论与西方马克思主义文论三足鼎立。您如何看待西方马克思主义对于马列文论课程建设的作用？

李：马克思主义文论是一个开放的体系。改革开放之后学界翻译了许多西马理论家如卢卡奇、马尔库塞、阿多尔诺、萨特、阿尔都塞、哈贝马斯、杰姆逊、伊格尔顿等人的著作，当时有一种观点认为“西马非马”，将其排斥在马克思主义之外。对于这种观点要具体分析。西方马克思主义是在西方新的历史条件下出现的，这些理论家和经典马克思主义作家有不同的特点，他们从不同的现实和理论立场出发，对丰富和发展马克思主义文艺思想做出了自己的贡献。当然，“西马”也存在一些问题，其中最大的问题是孤立地去研究文学艺术，而不将其与社会实践相结合。这里面当然有其具体的历史原因，但是对我们认识文艺的特点和规律还是很有参考价值。比如萨特试图将存在主义与马克思主义相结合，弘扬人的主体价值，就有助于深化我们对“文学是人学”这一命题的认识。西方理论家对于马克思一直是非常重视的，德里达就说过：“不能没有马克思，没有马克思，没有对马克思的记忆，没有马克思的遗产，也就没有将来：无论如何得有某个马克思，得有他的才华，至少得有他的某种精神。”[4]这种态度也是值得肯定的。总之，对待“西马”“后马”“新马”以及不同程度地受马克思主义影响的女权主义批评、新历史主义批评、后殖民主义批评等西方当代文论，我们应该持一种科学的态度，批判地吸收，而不是一味否定和排斥，只有这样，才能不断丰富马克思主义文艺思想，更好地建构中国特色马克思主义文论话语体系。

段：您对于马列文论教材的使用有何建议？对其下一步的发展有什么样的展望？

李：我们社会主义国家的人文学科坚持马克思主义，是特色，也是本色，这个旗帜不能丢，只能不断充实、不断发展。这里面首先要注意两点：第一要避免教条主义，第二要避免虚无主义。要以一个开放的心态来海纳百川，进一步吸收古今中外优秀的理论成果，结合新时代新文艺实践来丰富和发展马克思主义文艺思想。

具体来讲，首先是进一步加强马列文论经典文本原著的选读、赏读和精读。马列文论的原著不仅包含着丰富深刻的文艺学美学思想，而且其语言行文本身就很精彩，具有很强的文学性和美学风格，可以说做到了思想性与文学性的有机结合。比如马克思恩格斯论典型的五封信、《关于费尔巴哈的提纲》，列宁的《党的组织和党的文学》《列夫·托尔斯泰是俄国革命的镜子》，毛泽东的《实践论》《矛盾论》和《在延安文艺座谈会上的讲话》等写得都很精彩。对本科生研究生来说，只有从原著文本入手，才能全面、立体、深入理解马列文论的思想内涵。

其次是可以开展系统的马克思主义文艺思想史的研究，包括对经典作家以及中国、苏联和西方马克思主义文论家的研究。目前关于马列文论的概论、专题研究已经比较多，对个别理论家的研究也为思想史的研究创造了条件。这里尤其要注重对中国特色马克思主义文艺思想史的研究，马克思主义中国化是一个历史过程，不同时代有不同的理论成果和代表人物，从毛泽东、周恩来、邓小平一直到习近平，对他们的文艺思想要联系起来研究，完整呈现中国特色马克思主义文艺思想的历史与逻辑。

再次是进一步加强与当前文艺实践、文艺形势相结合。文艺批评是运动着的美学，是第十位缪斯。马列文论的不断丰富和发展离不开对文艺实践的观察和研究，要从文艺实践中来，到文艺实践中去。文学理论和批评只有与文学实践相联系，同步互动向前发展，才能不断找到自己的新的生长点。胡亚敏教授的《马克思主义文学批评中国形态的当代建构》(人民出版社 2020 年版)就是一部马列文论与文艺实践相结合的力作。这本书结合文学批评和文化研究，提炼和阐释了人民、民族、政治、实践等马列文论标志性概念。该书最近获得了第九届高等学校科学研究优秀成果奖(人文社会科学)一等奖，在此向她表示祝贺！概念研究可以说是范畴研究的进一步深化和拓展，丰富了马克思主义文论的思想武库。就山东师大的范畴研究来说，典型范畴今天依然是文学批评的有力武器。习近平总书记在中国文联十一大、中国作协十大开幕式上的讲话中指出："文学艺术以形象取胜，经典文艺形象会成为一个时代文艺的重要标识。"这里的"经典文艺形象"其实就是典型。典型不是一个僵化封闭的模式，而是一个开放的体系，在世界文学中不断地得到丰富和发展。现代文学并没有消解典型：卡夫卡、福克纳、普鲁斯特、乔伊斯和马尔克斯等现代文学家笔下的人物形象丰富了典型的内容；后现代主义先驱尼采也坚持典型的观点："当我寻求对于莎士比亚的最高公式时，我找到的始终是：他塑造了恺撒这个典型。"[5]人工智能的兴起也未动摇文学作为适应人类审美需要的诗意的存在这一最基本的事实。我们国家新时期以来的优秀小说塑造了一系列新的典型形象。比如莫言的长篇小说《蛙》就成功地塑造出了一个肩负着"人的生产"重任的万心(姑姑)"这一个"妇婴医生的典型形象，她是世界文学史上出现的一个新人典型。

段：您的文学批评专著《〈大秦帝国〉论稿》(河南文艺出版社 2011 年版)运用马克思主义美学的历史的观点以及典型理论对中国历史题材文学创作乃至中华文明历史叙事进行了全面深入的分析，被钱中文先生评价为"是文学理论与创作实践相结合的一个范例"。我注意到，《〈大秦帝国〉论稿》一书的副标题"走向新世纪文艺复兴的绿色信号"同您的另一本书《文艺复兴时代的王阳明》(人民出版社 2021 年版)都提到了文艺复兴，而且是中国的文艺复兴，这里面带有鲜明的马克思主义与中华优秀传统文化相结合的色彩。2023 年 6 月，习近平总书记在文化传承发展座谈会上讲话明确提出"第二个结合"，即马克思主义同中华优秀传统文化相结合。您能不能结合马克思主义文论，谈一下对"第二个结合"的看法？

李：这个问题提得很好。中华文艺复兴是中华民族伟大复兴的题中应有之义，而中华民族的伟大复兴既是中国历史发展的大势所趋，也是一个举世瞩目的世界历史事件，对人类文明必将产生积极深远的影响。我这两本书都是在世界文明视域中对中国的历史文化和文艺思想进行的考察。我认为王阳明是开启中国文艺复兴大门的思想家。一方面，王阳明所处的15世纪末、16世纪初的明朝中期，在时间上对应着西方文艺复兴的繁盛时期；另一方面，明朝中期的社会发展为王阳明心学的建立提供了历史条件，促进了中国思想和文艺的发展。今天，对王阳明思想的继承与发展也将促进新时代中华民族的伟大复兴。王阳明心学尊重人的个体价值，这与文艺复兴的思想观念与价值追求是一致的。王阳明心学基于"天地万物本吾一体"的宇宙观，从"心即理"的命题出发，经"知行合一"的实践工夫，到达"致良知"的成圣境界。现在我们讲"不忘初心"，其中就蕴含着心学的思想和智慧，其儒家政治哲学的民本思想同我们今天提倡的人民性观点也有相通之处。这些地方都可以成为"第二个结合"的关注点。

就马克思主义文论来讲，重视历史、吸收借鉴人类优秀传统文化是其重要的法宝之一。马克思、恩格斯批判地继承了德国古典哲学，列宁对于俄罗斯文化传统极为熟悉，毛泽东文艺思想也从中国传统文化中吸收了大量养分，毛泽东本人十分重视古为今用、推陈出新，在新时代习近平总书记明确倡导"第二个结合"也具有十分重要的现实意义。就建设中国特色马克思主义文论来讲，"第二个结合"还体现为中国传统诗学的现代转换。对此我曾总结了三条路径：朱光潜的"移花接木论"，宗白华的"东西古今""融会贯通论"，钱锺书的"打通论"和"阐释之循环"论。这些见解已引起不少学人的共鸣，我们学科也在加强这方面的研究，比如孙书文教授将马克思主义文论中美学的历史的观点与中国诗学中"修辞立其诚"的命题进行会通阐释，体现出鲜明的"第二个结合"方法论特色。我认为"第二个结合"对于进一步推进马列文论课程建设，建构中国特色马克思主义文论话语体系具有重大的方法论意义。

段：好的，李老师，非常感谢您详细深入的回答。再次感谢您接受访谈。祝您身体健康！工作顺利！

访谈时间：2024年6月14日、7月31日

注释：

[1] 周扬：《〈马克思主义与文艺〉序言》，《周扬文集》第1卷，北京：人民文学出版社，1984年，第453页。

[2] [德]马克思、恩格斯：《马克思恩格斯选集》第四卷，北京：人民出版社，1972年，第453页。

[3] [德]马克思、恩格斯：《马克思恩格斯选集》第二卷，北京：人民出版社，1995年，第9页。

[4] [法]雅克·德里达：《马克思的幽灵》，何一译，北京：中国人民大学出版社，1999年，第21页。

[5] [德]尼采：《看哪，这人》，《悲剧的诞生》，周国平译，北京：生活·读书·新知三联书店，1987年，第339页。

马克思主义文论课程的历史传承与实践特色

——江苏师范大学徐放鸣教授访谈

徐放鸣　温德朝

（江苏师范大学文学院，江苏徐州，221116；江苏师范大学文学院，江苏徐州，221116）

温德朝（以下简称“温”）：徐老师，您好！全国马列文艺论著研究会相继约请马克思主义文论教学和科研重点单位做一个系列访谈，访谈内容集中在马克思主义文论课程教学及教材建设方面。受学会秘书处委托，想请您谈一下江苏师范大学文学院马克思主义文论课程的开设、教学、教材建设以及师资等方面的情况。

徐放鸣（以下简称“徐”）：这个系列访谈很有价值，感谢学会秘书处提供机会，让我们得以回顾梳理马克思主义文论课程开设和建设的基本情况，这也是我作为长期参与马列文论研究会活动的老会员应尽的责任。

温：感谢您的鼎力支持。那请您回忆一下本校最初开设马克思主义文论课程的时间和缘起。

徐：我们江苏师范大学的前身是徐州师范学院，我就是该院培养的“七七级”（恢复高考的第一届大学生）中文专业本科生，算是最初开设马克思主义文论课程的亲历者。据我了解，我校正式开设“马列文论”课程就是始于我们中文系“七七级”所使用的培养方案，在1980年初，我们上大三时由王惟甦老师开了“马列文论”课程。在此之前我校中文系曾培养了五届“工农兵大学生”（大学普通班），所开课程中有一门“毛泽东文艺思想概论”，主要是结合毛泽东诗词和《在延安文艺座谈会上的讲话》讲授毛泽东文艺思想要点，但其中也有一些内容涉及马列文论方面，例如“马克思恩格斯的现实主义观”“列宁的党性和人民性思想”等，当时并没有教材，主要是任课教师编的油印讲义。这可以看作我校开设马克思主义文论课程的“前史”。

说到开课“缘起”，从大的背景上说，与改革开放之初的思想解放浪潮相关，人们希望回到马克思恩格斯列宁的论著本身，全面准确地理解和阐释马克思主义的文艺观。从具体背景来说，则是与一批多年从事马克思主义文论研究和教学的学人酝酿成立“全国马克思主义文艺论著研究会”有关，我校王惟甦老师就是最早参与者之一，我也是后来在王惟甦教授的推荐和引领下，从90年代起陆续参与马列文论研究会的活动。当年参与筹组研究会的江苏、上海和浙江的学者也有比较密切的互动，包括协作编写马列文论课程教材等。那时的学术研究氛围还不像现在这般浓厚，更多的工作是体现在马列文论课程教学和教材建设方面。

温：本校马克思主义文论课程最初的师资情况是怎样的？后续发展状况如何？

徐：与其他高校情况类似，我校马列文论课程的师资主要来自文艺理论教研室，个别来自外国文学教研室。这45年来，从事马克思主义文论课程教学的教师已经历了三代学人，第一代是王惟甦老师领衔，也是以他为主开展教学，印锡华老师、叶维泗老师也曾参与教材编写和课程研讨活动，第二代是以我为主，王烟生、郑磊也都兼任过这门课程，第三代则是现在的中青年教师张玉勤、贺莉、温德朝、曾仲权为主力。可以说，这种传承一直没有中断，并且由于我曾在全国马列文论研究会担任近20年的副会长，带动了一批中青年老师参与研究会的活动，每年的年会上都有我校学人的声音。目前，张玉勤教授担任全国马列文论研究会理事，也在积极发挥作用。

说到课程师资的后续发展，以我自己为例吧。我特别感念王惟甦、印锡华二位老师对我的培养。在我留校任教之初，他们就鼓励我以马克思主义美学和文艺批评作为主攻方向，推荐我赴京脱产访学。印锡华老师作为马列文论研究重镇——中国人民大学中文系“文革”前毕业的研究生，为我介绍该校的俄苏文论研究和教学传统，引荐我去拜访周忠厚、陆贵山等名家，建立学术联系，后来我还邀请到陆贵山先生来我校讲学。我在京访学主要依托中国社会科学院文学所的文艺理论研究室，有幸得以跟随钱中文先生学习请益，同时向刘保端、杜书瀛、栾勋、王善忠等老师请教。钱中文先生的俄苏诗学根基和活跃的学术思想对我启迪良多，刘保端老师作为《列宁论文学与艺术》的译者，还曾经为我讲述《党的组织与党的出版物》一文（曾译为“党的组织与党的文学”）译名的变化缘由。也是在京访学时我更多了解到马克思《1844年经济学哲学手稿》在20世纪30年代经由苏联马列主义研究院学者以及卢卡奇等人辨识整理并发表的具体过程，对我理解并参与当时有关《手稿》中的美学思想的讨论带来了帮助。可以说，这些访学经历奠定了我从事马克思主义文论的教学和研究工作的学术根基。

温：本校开设马克思主义文论课程用过哪些教材？使用上述教材的主要原因是什么？教材是否有过变化？在教学过程中使用教材的主要思路和原则是什么？

徐：说到马列文论课程的教材，就要谈到最初开设该课程时，江苏五所高校相关教师组建的联合体——由南京大学（包忠文）、南京师范学院（庄长元、赖先德）、江苏师范学院（应启后）、扬州师范学院（王家骏）、徐州师范学院（王惟甦）共同组建教材编写组，于1979年动手编写《马克思恩格斯列宁斯大林文艺论著选读》，作为开课教材。1980年，我们上课时先是内部印行；1981年，由江西人民出版社正式出版；1986年，还出版了增订本，编者署名为“江苏五院校选注”，后习称“江苏五院校本”教材，该书修订完善中还有更多的五院校教师参与，在此不赘述。这本教材选文（或节选）36篇，以马、恩、列为主，前言中从文艺本质论、文艺创作论、文艺批评论、文艺史论四个维度概述了马克思主义文艺思想的基本内容，作为课程学习的导引。教师在开课时还可以结合本校实际有侧重地讲授重点篇目，布置阅读篇目。

还要提到的是，在全国马列文论研究会成立之初，就积极促进马列文论课程的教材建设。在江苏五院校选本教材基础上，1980－1981年，由南京大学、厦门大学、杭州大学、华中师院、南京师院、扬州师院、江苏师院、徐州师院等院校教师组成编委会，编写《马列文论百题》一书。这本书在原所选篇目的基础上提炼出100个问题，进一步阐述马克思主义文艺论著中涉及的基本理论问题，有利于学生理解，更有利于教师深化课程教学，受到师生的欢迎，影响比较广泛。该书的“编后记”提到，“编写本书，主要是为了提高《马列文艺论著》课的教学和研究水平，本书所收文章，力求结合原著及原著发表时社会思想、文艺情况，尽可能完整地、准确地阐明马列主义的文艺思想”。该书于1982年由陕西人民出版社出版，在我校被确定为马列文论课程的辅助教材，推荐给学生自行购买。据我了解，后来华东地区许多学生报考文艺学研究生时都要重点温习此书。

在最初开设《马列文论》课程的十多年里，我校都是使用本校教师参与编写的“江苏五院校本”的教材，后来到90年代初，根据统一要求，就改用中国人民大学陆贵山、周忠厚先生编著的《马克思主义文艺论著选讲》了。对于使用教材的原则，从王惟甦先生开始，我们就一直主张带领学生读懂马克思主义经典作家的元典，精讲篇目，从“选读”入手，结合历史语境理解立论背景，掌握核心观点，体会精神实质。所以我们一直沿用“选读”类教材，没有使用“马工程”的《马克思主义文艺理论》教材。

温：您所讲的上述史料弥足珍贵，这也是我们策划这个系列访谈的初衷和价值之所在。还有，本校的马克思主义文论课程对于中文专业的学生而言，是必修课还是选修课？学生们的参与积极性高吗？教学过程中有没有令您印象比较深刻的学生或事情？

徐：最初开课的十多年，在中文专业的培养方案中一直是作为必修课的，每周2学时，共40学时，列入考试科目。后来经过几轮教学改革和培养方案修订，因为要限制总课时数，推行学分制，需要压减必修课，增加选修课，于是马列文论课程调整为选修课，我们对此曾一度有抵触心理，也曾发挥影响力在班上鼓励学生积极选修这门课，所以实际上课程情况变化不大。新时代以来随着形势发展，马克思主义文论的教学和研究迎来了新的繁盛期，我校也与时俱进，把该课程名称调整为“马克思主义文论经典导读”，列为限制性选修课程，即必须选的选修课程。

就学生上课的参与积极性来说，与任课教师有很大的关系。最初的十多年，包括我听课的时候，都是王惟甦老师授课。他的课幽默风趣，故事性强，结合许多作品和当代现实来讲，很吸引人，深受学生好评，课堂教学效果是挺好的。后来我们讲授这门课，也是力求结合当代文艺现象和审美文化做案例分析，避免空洞地阐释理论观点。

温：我补充一点，为配合这次访谈，我寻访了当年听课的学生，据1986级一位同学回忆，“最初那个时代学生对‘马列’二字还是比较有抵触思想的，但王老师上课比较有趣，不是纯讲马列而是结合很多作品，学生上课体验比较好。而徐老师是结合美学实践，带动学生的学习兴趣……应该说，学生从开始的被动学习到积极学习，效果还是很不错的”。

徐：至于说到印象比较深的事情，我记得讲到马克思《1844年经济学哲学手稿》的片段时，我介绍了研究中的不同观点，就是围绕着当时马克思的思想是否成熟，他本人是不是一个马克思主义者，存在争议。因为通常认为是在1845年写出《关于费尔巴哈的提纲》之后，或者直到1848年发表《共产党宣言》才标志着马克思主义的诞生。

学生对此很感兴趣，课堂上发言踊跃，各持己见，直到课后，还有同学找到我交流看法。我因势利导，组织学生就《手稿》中的美学思想进行了一节课的专题讨论，联系当时主流的“实践美学”观点深化了理解。

温：本校马克思主义文论课程除了面向本科生教学以外，在研究生层面还有设置相关课程吗？不同学段的课程之间的关系是如何处理的？使用的教材分别有什么特点？

徐：马克思主义文论体大思精，美国学者勒内·韦勒克将其列为20世纪以来世界六大主要文论思潮之一，拉曼·塞尔登等人所著《当代文学理论导读》将其列为当代文论中最具挑战性的十种潮流之一。对马克思主义文论的研读常学常新，贵在持之以恒、一以贯之。为此，我们在本科生和研究生阶段均开设有相应课程，但教学目标设置和教学侧重点有所不同。“马克思主义文论研究”是我校文艺学学位点最早设立并且传承至今的研究方向，我们面向文艺学、艺术学理论研究生开设了专业选修课马克思主义文论专题研究，采取专题式教学的方式，重点围绕美的规律、现实主义创作、艺术典型、“莎士比亚化”与“席勒式”、艺术悲剧、美学的历史的批评标准等核心命题进行探讨。课程没有指定专门教材，教师结合自身知识积累和研究思考授课，同时推荐相关文献资源供学生拓展阅读面。

相比较而言，本科生课程重在打牢基础，通过篇目式“选读”教学，带领学生原原本本研读马克思主义文论原著，清楚认识马克思主义文论的真实面貌，准确领会马克思主义文论的基本内容，逐步增强对马克思主义文论的情感认知和理论认同，切实提升内在理论修养和人文素养。研究生课程重在实践运用，通过专题式学习，让学生系统掌握马克思主义文论的理论内涵、历史演变及当代形态，切实把马克思主义文论作为一种思想资源和批评武器，不断提升运用马克思主义立场、观点、方法分析和解决文艺问题的能力，致力培养未来的马克思主义文艺批评家和文学理论家。

温：本校马克思主义文论课程的教学内容是如何设计的？在教学过程中，是分专题讲的，还是按历史脉络讲的？据您的教学经验来看，怎样的教学组织形式对学生的学习效果比较有帮助？

徐：对于本科生马克思主义文论课程教学，我们采取了篇目式教学方法，总共设置40课时，因此不可能做到面面俱到。课程统筹兼顾马克思、恩格斯、列宁著作原典以及马克思主义文论中国化成果，主要选取《1844年经济学哲学手稿》《德意志意识形态》《〈政治经济学批判〉序言》《导言》《致费迪南·拉萨尔》《致敏娜·考茨基》《致玛格丽特·哈克奈斯》《关于民族问题的批评意见》《在延安文艺座谈会上的讲话》《在中国文学艺术工作者第四次代表大会上的祝词》《在文艺工作座谈会上的讲话》等篇目进行研读学习。

从我们的教学实践来看，教师导读、学生参与、师生互动的教学模式，课堂教学效果较好。通常情况下，我们会首先运用国家高等教育智慧教育平台数字教学资源和多媒体、慕课、影像资源等，介绍相关篇目写作出场的历史文化语境及其脉络结构、核心要义；其次，让学生解经式地逐字逐句研读马克思主义文论精选篇目，并结合中外文学史经典案例进行阐释；再次，聚焦导读篇目涉及的重要理论问题，采取提问式、答疑式、讨论式、辩论式等方式，让学生结合自己熟悉的作家作品进行研讨，这种教学模式能够活跃课堂氛围，切实增进师生之间、学生之间的沟通交流，让学生从被动接受变为主动思考。

受课程教学影响，每年都有学生围绕马克思主义文论基本理论研究和运用马克思主义文论阐释具体文学现象或艺术作品，申报获批各级大学生创新创业训练计划项目，作为本科毕业论文选题获得优秀毕业论文表彰。比如，马克思主义文论课程激发了2020级本科生邱艺、毕金铭、贾晨、傅也容、廉香逸、苗顺等同学对现实主义、典型论的浓厚兴趣，他们把这一理论运用到中国现实题材网络文学研究领域，组团申报的《中国现实题材网络文学的国家形象建构研究》成功获批大学生创新创业训练计划项目。截至目前，课题组先后撰写刊发了《"归乡者"的"兴乡情"：〈特别的归乡者〉中乡村振兴带头人陈飞黄的形象建构》(周志雄主编：《网络文学研究》第五辑，合肥：安徽大学出版社，2022年12月版)、《新时代创业史：何常在〈浩荡〉的国家形象建构》(周志雄主编：《网络文学研究》第七辑，合肥：安徽文艺出版社，2024年1月版)、《传统与现代的交融：姞文〈长干里〉的中国文化形象建构》(易永谊主编：《中国创意写作研究》第十一辑，上海：东方出版中心，2024年1月版)等3篇论文。此外，课题组学生与指导老师合作撰写的论文《论现实主义网络文学的人民性话语建构》，入选全国马列文艺论著研究会第40届年会交流论文并宣读主要学术观点、荣获江苏省哲学社会科学界第十七届学术大会文史专场优秀论文一等奖，目前已被《中国文艺评论》约稿待刊。这是课程成果转化为实践成果的成功案例，在实践中锤炼了学生的参与意识、创新热情和创造能力。

温：作为亲历者、策划者和见证者，在您看来本校开设马克思主义文论课程的主要经验或者说主要特色是什么？本校的马克思主义文论教学与科研之间的关系是怎样的？

徐：我校开设马克思主义文论课程的主要特点可以概括为四点：一是持续时间较长。从1980年至今，整整45年，其间经过三代学人的努力，马克思主义文论课程没有中断，并且能够与时俱进不断优化。不久前，我们召开文艺学学科与教学工作研讨会，大家形成共识，要把马克思主义文论课程持续开下去，开出实效、讲出特色，不断焕发青春活力，努力跻身当代大学生喜爱的课程之列。二是紧扣原典阐释。无论是面向本科生的课程还是面向研究生的课程，无论是必修课还是选修课，无论是马克思主义文论选讲、马克思主义文论专题还是西方马克思主义文学理论，我们都坚持从原典出发，把马克思主义文论原原本本传授给学生，引导学生读原著学原文悟原理，确保不变形不走样不打折。三是坚持教研相长。立足现实，围绕教学中遇到的问题，我们深入开展教学研究，先后获批江苏省高等教育学会"十四五"高等教育科学研究规划课题"汉语言文学专业课程思政建设模式的构建与实践研究"、江苏省高校"高质量公共课教学改革研究"专项课题"新时代高校美育与课程思政建设融合研究"，两个课题均把马克思主义文论课程作为重要观察对象，以点带面推动汉语言文学专业课程思政建设水平整体提升；获批"马克思主义文学理论""西方马克思主义文学理论"校级课程思政示范引领项目，面向全校做示范课公开展示；《〈致费迪南·拉萨尔〉：济金根悲剧之分析》获江苏省高等学校微课教学比赛二等奖、校级微课教学比赛特等奖。四是注重实践运用。2018年，纪念马克思200周年诞辰之际，以马克思主义文论课程授课教师为主，面向文学院师生开设“中文里的马克思主义”系列讲座。另外，刚刚我谈到在马克思主义文论课程影响下，每年都有学生围绕马克思主义文论基本理论研究和运用马克思主义文论阐释具体文学现象或艺术作品，申报获批项目、撰写毕业论文。例如2023年我所指导的研究生蒋相杰的学位论文就以《马克思主义文论中国化的最初形态研究》为题，系统研究双重镜像中的瞿秋白文论特质。

关于马克思主义文论教学与科研之间的关系，我们一贯主张双向赋能、相互促进。这些年，我们先后承办了全国马列文艺论著研究会第二十一届年会暨“马克思主义文论与文学的当代性”学术研讨会(2004年)，结集出版会议论文集暨学会年刊《马列文论研究(第14辑)》(人民文学出版社2005年版)；承办了全国马列文艺论著研究会第五届理事论坛暨“马克思主义文论创新与新时代文艺实践”学术研讨会(2019年)；陆贵山、钱中文、张江、张政文、党圣元、胡亚敏、谭好哲、赖大仁、季水河、马驰等马克思主义文论研究领域的知名专家学者先后来校讲学。我们学科点的李丕显教授长期致力于实践美学研究，出版有《审美发生学》《实践美学论辩》《黑格尔美学论稿(合著)》等著作，蒋孔阳先生在《对近年来我国美学研究工作的一些想法》一文中曾把李丕显列为“崭露头角，引人注目”的十位年轻人之一(《复旦学报》1985年第1期)；李泽厚先生在《〈美学初鸣集〉序》中肯定李丕显“在研究审美心理和美的本质这两方面都开了个很好的头”(《人民日报》1983年10月4日)。我本人曾长期担任全国马列文艺论著研究会和江苏省瞿秋白研究会副会长，申报获批国家社科基金重点项目《中国当代文艺实践中的国家形象建构研究》，2018年学会《通讯》以“寻求融通与创新的学术境界”为题对我做过专访。在研究兴趣驱动下，我对习近平文化思想中的文艺观关注比较及时，进行了必要的追踪研究和初步阐释。例如，2014年10月15日习近平总书记主持召开文艺工作座谈会并发表了重要讲话。虽然讲话的全文是一年后才发表的，但是当时的新闻通稿就引起了文艺界的极大关注。我在收看和阅读中感觉有许多新的提法和新的观念，非常需要进行深入研究和阐释。在2014年11月于北京召开的马列文论研究会第31次年会上，我提交了研究习近平文艺工作座谈会讲话的专题文章并做了大会发言，这是那次年会上交流的唯一一篇研究习近平《讲话》的论文。之后又接连发表3篇文章，从不同角度具体阐述习近平以人民为本位的文艺观，其中1篇被人大复印资料《文艺理论》全文转载。学科团队成员刘彦顺教授长期致力于审美时间哲学、现象学美学研究，著有《时间性：美学关键词研究》《西方美学中的时间性问题——现象学美学之外的视野》等，也承担有国家社科基金重大招标项目。学科团队成员张玉勤教授先后发表《历史·社会·实践：托尼·本尼特马克思主义美学研究的理论维度》(《北方论丛》2010年第3期)、《托尼·本尼特马克思主义美学研究的基本视野》(《理论界》2010年第8期)、《当代文艺实践构建国家形象的历史性、现实性与理想性》(《江海学刊》2013年第4期)、《马克思主义文学批评中国形态的理论特质》(《华南师范大学学报》2014年第4期)、《伊格尔顿〈理论之后〉的理论言说》(《马克思主义美学研究》2019年第1期)等系列论文。归纳起来，我们的研究主要集中在三个方面：一是马克思主义传统经典命题的当代形态；二是当代文学实践中的中国形象建构与传播；三是西方马克思主义文论核心范畴的中国化。我们坚持以薪火相继为传承、以科研项目为引领、以成果转化为目标，及时把科研成果带到马克思主义文论课堂上，最大限度发挥其作用，构建形成了良好的互动反哺机制。比如，在开展中国当代文艺实践中的国家形象建构课题研究过程中，我们曾以茅盾文学奖获奖作品为考察对象，深入探讨了新时代文学的使命与中国梦的问题。当带领学生导读习近平《在文艺工作座谈会上的讲话》的时候，我们把相关研究成果引入课堂帮助学生理解“以人民为中心”的文艺理念，直接拉近了马克思主义文论与当今时代和青年学生的距离，激发了学生的学习热情，取得了良好的授课效果。

温：从中国语言文学学科发展的高度来看，这门课程从内容到形式上在新时代该怎样设计？如何认识和处理马克思主义文论课程与文学理论课程的关系？如何认识和处理马克思主义文论课程与中文专业其他课程之间的关系？

徐：关于这个问题，简单说就是新时代马克思主义文论课程如何设计才能走心？如何适应“新文科”建设的新要求？

首先，课程内容要体现前沿性。推动把马克思主义文论中国化的最新理论成果，搬到课堂上、融合到教学中去。比如，关于美学的和历史的观点，是经典马克思主义文论在深刻把握文艺本质特征基础上提出的文艺批评标准，是“非常高的、即最高的标准”。2014 年，习近平总书记在文艺工作座谈会上的重要讲话，明确提出运用“历史的、人民的、艺术的、美学的观点”评判和鉴赏新时代文艺作品。比如，人民性是马克思主义文论的重要理论命题，从 1942 年毛泽东在延安文艺座谈会上的讲话到 2014 年习近平在文艺工作座谈会上的讲话，人民性话语的内涵和外延不断拓展，呈现出从文艺“为人民服务”到“以人民为中心”的嬗变轨迹。对于这些马克思主义中国化时代化文艺观的具体表述，我们要以发展的眼光及时将其充实到课堂教学内容中来，切实增强马克思主义文论的当下性、鲜活性和生命力。再比如，面对 ChatGPT 类生成式人工智能对文学发展产生的革命性影响，全国马列文论研究会多次组织学人研讨基于算法规则的大型语言模型问题，探索运用马克思主义关于生产力与生产关系、经济基础与上层建筑、按照美的规律来构造等观点对此做出理论回应，将最前沿研究成果引入课程教学显然意义非凡。

其次，课程内容要体现体系性。马克思主义文论主要由三部分组成：马克思主义文论原典、西方马克思主义文论、马克思主义文论中国化成果。除了原汁原味解读马克思主义文论原典、把马克思主义文论中国化最新成果运用到教学中，还要重视西方马克思主义文论的教学。比如，在讲授马克思《1844 年经济学－哲学手稿》中的“异化劳动”思想时，可以延伸性地介绍西方马克思主义文论的“异化”理论。一是可以介绍卢卡奇的“物化”理论，该理论是在马克思《资本论》对商品拜物教批判的影响下提出的，并且从经济和政治层面延伸到了文化层面，对西方发达工业社会条件下技术理性对人的操控、人的物化和主体性缺失等问题进行了深刻剖析；二是可以介绍雷蒙·威廉斯《关键词：文化与社会的词汇》从社会心理学出发对“异化”的诠释，意指处于疏离社会中的现代人，与他们内心深处情感、欲求产生的疏离感。从马克思的“异化劳动”

思想，到卢卡奇的“物化”理论，再到雷蒙·威廉斯关于“异化”的心理学阐释，能够让学生深刻认识资本主义社会资本奴役劳动、物统治人的种种弊端，全面系统把握“异化”问题的思想演变脉络，切实增强扬弃异化和实现人的全面自由发展的理想愿景认同。

再次，课程形式要体现创新性。马克思主义文论作为理论课程，切忌空对空地阐述基本概念和理论观点，切忌讲解有余引导不足，切忌授课教师满堂灌。在这里，教师不是单纯的讲解员，而是课堂的组织者，类似于节目主持人，要随机应变协调课堂现场，使课堂既思想发散又重点突出，既生动活泼又井然有序。此外，还可以开展随机讨论、分组辩论，举办读书报告会、主题研讨会，真正让学生行动起来、思考起来，在参与中获得知识、增长才干。

“马工程”文艺理论教材第一版，独立成章介绍马克思主义文论，但第二版却把这一章删除了，原因是马工程《马克思主义文艺理论》的正式编纂出版。与之相应，我们学校的教学计划也做出了调整，面向本科生开设《马克思主义文论经典导读》选修课（限选）。关于马克思主义文论课程与文学理论课程：我认为文学理论教材是在马克思主义思想指导下，以马克思主义文论为基础，同时广泛吸收人类历史上其他优秀文学理论遗产，汇合编纂而成的，因此他们之间是源与流的关系。一个侧重于原典的细读和感悟；一个侧重于世界、作家、作品、读者等文学活动“四要素”的系统讲解，包括但不限于马克思主义文论的理论阐释。一个长在精专，作为方法论的深耕细作；一个贵在博雅，作为理论域的全面系统。

马克思主义文论课程是中文专业课程的基础，其他中文专业课程教材都是在马克思主义唯物史观指导下编纂的。恰如卢卡奇所谓：“只有借助历史唯物主义，文学艺术的起源、它的发展规律性、它们在整个过程中的转变、兴盛和衰亡才能得到理解。”纵观中国古代文学、中国现当代文学、外国文学等课程，讲到每个时代的文学总是先考察该时代的政治经济状况，然后再分析具体作家作品。从这个角度说，学好马克思主义文论课程，才有可能学好其他课程。比如，中国现当代文学课程中关于延安文艺、关于十七年文学、关于改革文学对新时期中国改革开放的推动，以及当前中国作协如火如荼推进的“新时代山乡巨变创作计划”，如果运用马克思主义文论课程关于文学是一种“意识形态形式”的观点、关于文学是艺术掌握世界的“专有方式”的观点、关于文学是一种“特殊的”精神生产的观点来进行阐释，均能切中肯綮、阐释透彻。另外，马克思、恩格斯《致费迪南·拉萨尔》《致玛格丽特·哈克奈斯》对《弗兰茨·冯·济金根》《城市姑娘》的评价，为我们解读文学作品、开展文学批评提供了可资参照的样本。马克思和恩格斯站在革命悲剧的社会根源、历史真实和艺术真实的区别等角度，对拉萨尔创作提出了有理有据的批评，显示了科学严谨的批评精神，这对我们抵挡今天浮躁社会里的酷评、人情批评、不及物批评等，都是很好的示范。可以说，延安文艺方向所开创的解放区文学和新中国成立后的中国当代文学，都是在马克思主义文艺理论指引下成长的。要学好中国当代文学课程，真正掌握文学批评的方法、标准和技巧，学好马克思主义文论课程是前提和基础。

温：面向未来，您对中国马克思主义文论课程教学和科研的进一步发展做何展望？

徐：教学和科研高质量发展任重道远，实则是一个不断调整与完善的过程。着眼未来，马克思主义文论课程教学和科研：一要持续增强课程黏性。找准马克思主义文论课程教学和科研的结合点，围绕一些关键理论问题展开探讨，把马克思主义文论基本理论弄熟吃透，努力用鲜活生动的、富有时代气息的、青年学生喜闻乐见的形式讲授出来，切实增强课程吸引力和感染力。二要持续推动双向赋能。因应世界之变、时代之变、历史之变，聚焦回答重大理论和现实问题，推进中国马克思主义文论研究前沿成果进教材、进课堂、进头脑，用科研成果深化课堂教学，用课堂教学推广科研成果。三要持续深挖课程思政。中国马克思主义文论课程思政元素非常丰富，要坚持用马克思主义理论、原则、方法武装学生头脑，用文艺审美的方式润物细无声地引导学生追求真善美，不断增进对中国特色社会主义的认同和自信。四要持续坚持学以致用。马克思主义文论不是空洞的教条，要把马克思主义文论和当前文艺现状结合起来，用马克思主义文论去解释、评价当前文学思潮和文学现象，引导学生用马克思主义文论开展文学批评实践。

温：谢谢徐老师！感谢您百忙之中接受访谈，也给我们提供了丰富的案例、宝贵的经验、中肯的意见和建议。祝您身体健康、学术长青！

访谈时间：2024 年 5 月 24 日

马列文论课程教学从经典到当代

——内蒙古师范大学刘文斌教授访谈

刘文斌　万　娜

（内蒙古师范大学文学院，内蒙古呼和浩特，010022；
华中师范大学文学院，湖北武汉，430079）

万娜(以下简称“万”)：刘老师您好，很荣幸能够邀请到您参加此次中国高校马列文论课程开设和建设情况访谈。您在内蒙古师范大学讲授马克思主义文艺理论课(简称“马列文论”)多年，请谈谈贵校这门课的教学情况。

刘文斌(以下简称“刘”)：我所在的内蒙古师范大学，对于马列文论课的教学还是比较重视的。记得我1963年考入该校(当时称内蒙古师范学院)中文系学习，马白老师讲授“文学概论”课，用的教材是蔡仪主编的《文学概论》(大纲，打印稿)，就曾提到过恩格斯《致玛·哈克奈斯》的信和“典型环境中的典型人物”等理论。1970年代初，工农兵学员入学。当时，教材建设情况不是很理想，但课又不能完全不上，于是，便由老师们开设讲座，努力向学生传授马克思主义文艺理论、毛泽东文艺思想。讲授西方文学课的李广博老师开设了“恩格斯论巴尔扎克”，讲授俄苏文学课的雷成德老师开设了“列宁论托尔斯泰”，讲授文学概论课的魏泽民老师开设了《学习毛主席〈在延安文艺工作座谈会上的讲话〉》。这些讲座的课时均为4学时，讲义全由讲授者自己编写。其内容自然难免时代局限留下的烙印，但从中不难体会到老师们努力弘扬马克思主义文艺学的良苦用心。

随着高考制度的恢复，内蒙古师大中文系的教学也步入正轨，从1977级学生入学开始，马列文论被列入必修课，由梁一儒老师讲授。梁老师是山东大学1958年的优秀毕业生，被分配到内蒙古自治区蒙古文学研究所工作。他努力学习并钻研蒙古族语文，成为这一领域的专家，曾主编并出版了《蒙古族文学简史》(内蒙古人民出版社，1981年)，后又担任《蒙古族文学史》(四卷本，内蒙古人民出版社，1986年)的特邀主编，还应邀为《中国大百科全书·文学卷》撰写了“蒙古族文学”词条的释文。梁老师1976年调入内蒙古师大中文系任教，参与了边疆地区十四院校编写组《文学理论基础》的写作(上海文艺出版社，1981年)，还是该书的四位定稿人之一。1978年12月，梁老师出席了在华中师范大学举行的全国马克思主义文艺论著研究会成立大会，并成为该会会员，1988年，又被选为该会理事。他以马克思主义为指针，并发挥自己熟悉少数民族文学的优势，深入研究文艺民族化理论，在《光明日报》《文学评论》《民族文学研究》等国内权威报刊上，发表了一系列重要学术论文。出版了《文艺民族化论稿》(1985年)、《民族审美心理学概论》(1994年)、《马克思主义美学思想史》(第二卷，1999年)、《中国人审美心理研究》(2002年)，《民族审美心理学》(2003年)，并曾多次荣获内蒙古自治区哲社优秀成果奖、索论嘎文学奖(评论)等。梁老师将自己的学术研究成果用于教学，他为本科生讲授的"文艺民族化理论"和为研究生同等学力班讲授的"民族审美心理研究"，都非常受欢迎。

从1986年秋季开始，因梁一儒老师要为本科生讲授"美学概论"课，马列文论课改由我来讲。我当时对马列文论只是一知半解，受社会上颇为流行的马克思主义文艺理论是"机械反映"论、"断章残简"论、"早已过时"论等的影响，我不愿为这个"过时老朽"浪费精力。但从当时教研室人员结构来看，这门课只能由我讲了，我这才不得不勉强上岗，并准备随时窥测方向，一旦有机会便跳槽去改教其他"学术含量高"的课程。抱着暂时应付的心态，我开始讲授马列文论课的效果自然不会好，学生不爱听，逃课现象比较严重。记得有一次我在课堂上顺便提及该班张海芳同学发表在校报上的散文《女大学生宿舍》，夸了这篇作品。不料张海芳却没来上课。我知道这主要是因为我的课没讲好，不能怪学生，于是便大话解嘲，说："我很喜欢张海芳同学的散文，而张海芳同学却不喜欢我的马列文论课。"全班同学哄堂大笑。不过，张海芳此后再未逃课，而且听得比较认真。1987年冬季，我所在的中文系搞了一次问卷调查，在"你认为哪些课程没必要开设?"一栏中，大多数同学不约而同地填写了"马列文论"。我感到了压力。于是便认真备课，尽量多地将国内出版的各种版本的马列文论课教材及"马克思主义文艺思想史"，以及陈涌、陆梅林、程代熙、陆贵山、董学文等名家的有关著作找来，对照着学。我逐渐认识到马克思、恩格斯运用唯物史观这个"望远镜"和"显微镜"观察文学艺术，将文艺学从唯心主义的桎梏下解放出来，使之成为科学的文艺学。他们奠定的文艺学大厦的基础和框架，以及他们许多论述的精神和实质，都具有绝对真理的性质，是永远正确和完全适用的。作为一名文艺理论工作者，为弘扬马克思主义文艺学而付出毕生精力，不但值得，而且不失为一种明智的选择。此后，我讲好马列文论课的决心和信心随之而大增，备课也格外认真，讲课的效果也渐趋向好。

1996年秋季，我开始招收硕士研究生，工作担子加重，马列文论课改由张树天老师讲授，直至他2010年调任法政学院党总支书记后，又改由吴玉英老师讲授。在此期间，这门课由原来的限选课改为任选课，即由原来中文专业的学生必须选修，改为这部分学生可选可不选，但非中文专业的学生，如对外汉语专业、文秘专业的学生也可选修。选修者可达到开课规定的人数，能够正常上课。张树天老师、吴玉英老师讲授马列文论课都比较认真，学生比较满意，考评中给出的分数也比较高。这在当时马列文论课程逐渐边缘化的大气候下，是难能可贵的。

万：贵校的马列文论课用过哪些教材，您如何看待这些教材?

刘：梁一儒老师为1977级和1978级学生讲授马列文论课时，用的是自己编写的讲义。我接手这门课时，使用的教材是纪怀民、陆贵山、蒋培坤、周忠厚编著、中国人民大学出版社出版的《马克思主义文艺论著选讲》(1981年)，以及后来由陆贵山、周忠厚编著、同一出版社出版的同名教材(1998 年)。其间，我曾参与编写了陆贵山、周忠厚主编的《马列文论导读》(作家出版社，1991 年)和《马克思主义文艺学概论》(中国人民大学出版社，2001 年)。我经过比较研究，觉得中国人民大学出版社出版的《马克思主义文艺论著选讲》，更适合作为大学中文系本、专科学生的教材。因为它既有对马克思主义文艺思想经典文本的详细解析，又有对其所含文艺思想的理论价值及现实意义的深入讲解，既可帮助学生弄懂弄通经典文本的原意，又能使学生学会运用马克思主义文艺思想去解决文艺现实中的问题。所以，我一直将中国人民大学出版社出版的《马克思主义文艺论著选讲》作为我讲授马列文论课的首选教材，而《马列文论导读》《马克思主义文艺学概论》和各种版本的“马克思主义文艺思想发展史”，则作为教学参考书，将其中观点适当地引入教案中，向学生讲授，以扩大学生的视野，使其能够从宏观上把握马克思主义文艺思想。张树天老师曾参与王杰主编的《马克思主义文艺理论》(中国高等教育出版社，2011 年)的编写，对该教材比较熟悉，故将其作为讲课用的教材。吴玉英老师则觉得《马克思主义文艺理论》虽然增加了“西马”文论内容，有开阔学生学术视野等优点，但缺少对马克思主义文艺理论经典文本的详细解读，不利于帮助学生从源头上了解马克思主义文艺思想，于是便改用陆贵山、周忠厚主编的《马克思主义文艺论著选讲》作为教材。

万：贵校为研究生开设过马列文论课吗？用的是什么教材？课堂是以讲授为主，还是以讨论为主？

刘：我在职时，曾为文艺学、中国现当代文学以及中国古代文学等以文学专业为研究方向的硕士生，开设过“马克思主义文艺美学”和“马克思主义文艺批评学”两门课，还为以文艺学为研究方向的硕士生讲授过“西方马克思主义美学研究”“马克思主义文艺思想发展史”，所用教材分别为拙著《马克思主义文艺美学研究》(自治区“八五”社科研究规划项目，内蒙古教育出版社，1996 年)、《文艺批评：实践与理论》(自治区“十五”社科研究规划项目“马克思主义文艺批评学研究”最终成果，内党古教育出版社，2001 年)；冯宪光著《西方马克思主义美学研究》(重庆出版社，1997 年)，复旦大学中文系文艺理论教研室编著《马克思主义文艺思想发展史》(中国文联出版公司，2001 年)。

拙著《马克思主义文艺美学研究》是一部篇目独立的专题论集，书中阐发了马克思、恩格斯、普列汉诺夫、列宁、斯大林、卢卡契、毛泽东等的文艺美学思想，涉及的理论问题有文艺与生活、文艺与人民、文艺与政治、文艺家与时代、文艺的真实性、文艺的独创性、文艺的审美理想、文艺的阶级性与人性、文艺的民族化与现代化、现实主义、艺术典型等等。马克思、恩格斯、列宁、毛泽东等经典作家，并非专门的文艺美学家，未留下成系统的大部头文艺美学专著，其文艺美学思想主要散见于其哲学、政治经济学、社会学等其他著作中，这就需要研究者从其卷帙浩繁的各类著作中，发掘出闪光的文艺美学思想，并加以梳理，使其内在体系浮现出来。拙著《马克思主义文艺美学思想研究》就是这样写成的。笔者从研究经典作家们的有关论述入手，抉精发微，析疑辩难，力求做到持之有故，言之成理。书中还以马克思主义文艺美学思想，去回答当时文坛艺苑的一些热点问题，……努力做到有的放矢，对症下药，给读者以有益的启示。同行专家称它“广泛涉及了马克思主义文艺美学的诸多重要命题”，“是一部能够帮助人们领悟文艺真理性的著作”(柳万：《真理不是时装——读〈马克思主义文艺美学研究〉》，《文艺报》1997 年 4 月 12 日)；“作者对马克思主义文艺美学中的一系列重大理论问题”，“发表了许多精当的见解”，“是我国马克思主义文艺美学研究的可喜收获”(季水河：《拓展与深化》，《光明日报》1998 年 3 月 12 日)。拙著曾获自治区优秀教学成果二等奖、自治区精神文明建设“五个一”工程入选作品奖。我在向文学专业硕士生讲授这门课时，以讨论为主。要求学生课前预习我要讲解的书中文章，后在课堂上发表意见，提出问题，大家展开讨论，最后由我做总结。由于拙著中讲到的理论问题，硕士生们在本科学习文学概论课时差不多都曾接触过，拙著只是对这些理论做了更加深入的探讨，所以，他们在预习后能在课堂上提出问题，形成互动。我觉得这种讨论课更能调动学生学习的主动性，其效果要比过去常说的“满堂灌”好得多。

拙著《文艺批评：实践与理论》收录了我关于文艺批评的一些文字，全书分为六辑。前五辑依次为诗歌评论、散文评论、小说评论、影视剧评论、评论的评论，可统称为我的文艺批评实践。书中的第六辑，表达了我对马克思主义文艺批评的一些想法，夸张地说，则可看作是关于文艺批评的理论。该著并非严格意义上的教材，而只能作为辅导教材或参考书使用。我在讲授“马克思主义文艺批评学”课时，先让同学们预习将要讲授的拙文。我在讲授中，结合马克思主义经典作家的有关论述及批评实践，阐明文艺评论的作用、标准、方法及评论工作者所应坚持的立场、态度等。然后，结合拙著中对各类文学体裁作品的评论文章，分别讲述评论诗歌、散文、小说、影视剧等不同体裁作品所应遵循的基本原则。与此同时，还对当时流行的所谓“纯审美”批评，以及廉价吹捧的“谀评”、骂倒一切的“酷评”等不良倾向进行辨析。该著中的绝大多数文章发表于《文艺理论与批评》《〈文学评论〉丛刊》《马克思主义美学研究》《中华散文》《人民日报》《文艺报》《中国文化报》等报刊，曾获内蒙古自治区第七届哲社优秀成果一等奖。同行专家称它“高扬马克思主义文艺批评”(陆贵山：《高扬马克思主义文艺批评——读刘文斌的〈文艺批评：实践与理论〉》，《马克思主义美学研究》第 6 辑，广西师大出版社，2002 年 12 月)，称其“是一种贴近现实的批评”(马龙潜《贴近现实的批评——评刘文斌的〈文艺批评：实践与理论〉》)，以及“不掩人之拙，不藏人之美。……体现了一个学者的良知和社会责任感”(郑伯农：《要善于发现身边的美——读刘文斌〈文艺批评：实践与理论〉》，《中国文化报》2003 年 4 月 12 日)。我要求学生课前预习拙著中有关内容，后在课堂上将我写作这些论文时从选题、修改到定稿的全过程，以及我对此文长处和不足的看法等讲给学生听，大家比较感兴趣。讲完这门课后，我要求硕士生写一篇评论文章作为作业。有些作业经我推荐，发表在了报刊上。1995 年春天，蒙古族青年作家敖·奇达布日希望我能为他的长篇小说《遥远的腾格里》(内蒙古人民出版社，1995 年)写评论。我看到该书前面有时任自治区作家协会主席的扎拉嘎胡作的序，序文充分肯定了这部小说。我于是便让正在听我课的蒙文系文艺学方向硕士研究生宝铁梅、娜仁高娃、萨日娜阅读此书，然后我们共同讨论评论文章该如何写，最后商定：文章分三部分，由她们三人各起草一部分。初稿完成后，我觉得太粗糙，便亲自认真阅读小说，并且动笔对初稿做了较大修改，又增写了一部分内容。全文一万字。题目定为《大漠上的一座丰碑——评长篇小说〈遥远的腾格里〉》，由我与她们三人共同署名，发表于程代熙、涂武生主编的《文艺理论与批评》1996 年第 3 期，后被“人大复印报刊资料・中国现当代文学研究”卷转载，该文后来还获得自治区索伦嘎文学奖。

我为文艺学方向硕士生开设的西方马克思主义美学研究课不怎么成功，是因为我自己对“西马”美学若明若暗，似懂非懂。当时只是觉得“西马”美学很热，应该开设这门课。我虽然在 1988 年就申请到教育厅的人文社科研究基金资助项目“西方马克思主义文艺美学研究”，但当时上级管理得不太严格，我只写作并发表了两篇关于卢卡契文艺美学思想的论文，通过了结项。由于我当时对“西马”美学知之甚少，上课时只是领着学生研读冯宪光著《西方马克思主义美学研究》一书，以己之昏昏，使人之昏昏。不过，也算是把学生领进了“西马”美学和文论的大门。我的前 4 届硕士生，都以“西马”美学和文论作为自己的硕士论文选题。主要由于他们自己的努力，不仅都顺利地通过答辩，有几篇还得以公开发表。刘志中的《马尔库塞论审美形式与意识形态》一文，经他修改压缩，发表于《阴山学刊》，后被“人大复印报刊资料・美学”卷转载。

我为文艺学研究方向的硕士生开设“马克思主义文艺思想史”，意在使学生了解马克思主义文艺思想的来龙去脉，特别是“西马”文论家们的功过得失。采用课前预习、课堂讨论的方式进行教学。然而，由于我的知识储备不足，同样乏善可陈，只是领着学生把教材研读一遍而已。

万：您在多年的马列文论课教学中，有哪些经验可以跟我们分享么？

刘：经验谈不上，说点体会吧。我在职那些年，学校倡导写教学研究论文，我响应号召，先后写了《马列文论课教学三题》《应当重视基本理论的讲授——马列文论课教学一得》《将“西马”文论引入马列文论的教学中——马列文论课教学再续谈》。这三篇文章都发表于《内蒙古师大学报》，还曾获我校教学优秀成果奖。

先来说说重视基本理论的讲授问题。拙文《应当重视基本理论的讲授——马列文论课教学一得》，是受严昭柱《论马克思主义文艺思想的基本理论》一文(《文艺理论与批评》1997 年第 2 期)的启发而写的。我赞成严先生的观点，即认为马克思主义文艺思想博大精深，而文艺反映论和文艺意识形态本性论是其基本理论，它们是马克思主义创始人运用辩证唯物主义和历史唯物主义观察文学艺术而得出的科学结论。由文艺反映论可引申出马克思主义关于文艺与生活、文艺与人民、文艺与时代的关系的理论，以及现实主义论、艺术典型论等等。由文艺的意识形态本性论，可引申出文艺的人民性、阶级性、党性、人性，以及文艺的社会功能、发展规律、批评标准等一系列科学理论。大学中文系需要开设的课程很多，马列文论课的教学时数有限，因此，教师在讲授中应当突出重点，首先讲授好马克思主义文艺思想的基本理论。为此，我在讲授这门课时，没有按照人大版教材中所列经典作家文艺论著的顺序去讲，而是将马克思的《〈政治经济学批判〉序言》《〈政治经济学批判〉导言》及恩格斯晚年分别致德国青年学者瓦・博尔吉乌斯等人的几封信列为一个单元，首先进行讲解，目的是想让学生首先对马克思主义文艺思想的哲学基础——辩证唯物主义和历史唯物主义有更深入的理解，从而更好地掌握文艺反映论和文艺的意识形态本性论。不仅如此，我还将对文艺反映论、文艺意识形态本性论及其哲学基础——辩证唯物论和唯物史观的讲授，贯穿于教学的全过程，凡涉及这些内容的地方，都要予以特别点明。至于那些相对比较次要的论述，如马克思所谓“既然你用韵文写，你本来可以把你的韵律安排得更艺术一些”(马克思：《致斐·拉萨尔》，《马克思恩格斯选集》第4卷，人民出版社，1995年，第553页)、恩格斯所谓“倾向应当从场面和情节中自然而然地流露出来，而无须特别把它指点出来”(恩格斯：《致敏·考茨基》，《马克思恩格斯选集》第4卷，人民出版社，1995年，第673页)，还有恩格斯所谓“如果把各个人物用更加对立的方式区别得更加鲜明些，剧本的思想内容是不会受到损害的”(恩格斯：《致斐·拉萨尔》，《马克思恩格斯选集》第4卷，人民出版社，1995年，第558页)等等，虽然也完全符合艺术规律，具有客观真理性，但却并非马克思主义文艺思想所特有的理论，不妨一带而过，以便节省出时间，将马克思主义文艺思想的基本理论讲深讲透。

再来说说将“西马”文论引入马列文论课的教学问题，这其实是个联系文艺现实讲好马列文论课的问题。拙文《马列文论课教学三题》中曾这样写道：“为了让学生更好地领会马列文论的精神实质，教师在讲授中要引导学生运用马克思主义文艺思想，去分析、研究文艺理论探索和文艺创作中出现的新问题和新情况，使学生‘在游泳中学会游泳’”[刘文斌：《马列文论课教学三题》，刘文斌：《马克思主义文艺美学研究》(增定本)，内蒙古大学出版社，2001年，第425页]。我在课堂上曾运用马克思主义文艺思想，对被某些人推崇备至的弗洛伊德精神分析批评方法进行分析，指出它虽然在帮助作家、艺术家拓展艺术描写的心理世界，提高理论家、批评家对心理化文艺作品的认识水平等方面不无启示，但总的说来，弗氏文艺观存在着严重的缺陷和错误。从文艺反映论来看，人类社会生活是文艺的唯一源泉，文艺作品是文艺家在社会生活基础上进行创造性劳动的结晶。而弗氏却将性意识看作是文艺的源泉，说艺术家的创作也同白日梦一样，是无意识欲望在思想中的满足。著名“西马”文论家马尔库塞也认为艺术就是反抗，“反抗与力比多分离的现实”，“表达被压抑的解放形象的回归”。(赫伯特·马尔库塞：《爱欲与文明》，黄勇、薛民译，上海译文艺出版社，1987年，第105页)。这些说法否认了文艺的社会性，将人的心理和生理现象同社会现实的关系本末倒置了。从文艺的意识形态本性来看，文艺作为上层建筑领域的一种社会意识形态，是由经济基础决定的，它始终无法脱离社会的物质生产。弗氏和马氏完全否认社会基本矛盾对文艺的决定作用和文艺所担负的对经济基础的促进作用，而将文艺创作说成是性本能冲动的升华，将文艺的作用说成是使受压抑的性欲得到满足。这不仅在理论上是荒谬的，而且在实践上也是有害的，它势必导致创作上的非理性主义和行为上的性放纵。我从实践中体会到，在马列文论课的讲授中，运用马克思主义文艺思想的基本理论分析包括“西马”文论在内的西方现、当代文艺思潮，以及文坛艺苑的热点问题，不但能提高学生的学习兴趣，避免在理论课上容易产生的枯燥感，而且会使学生在听取老师运用理论分析问题的过程中，加深对马克思主义文艺理论的理解。或许正是因为这样一些原因，我后期讲授的马列文论课，学生比较喜欢听。记得我最后一次讲授这门课，是在2002年的第一学期(我时年58岁)，同学们争相选修，容纳百余人的共同课教室座无虚席，人满为患，其受欢迎程度远超以往。

万：请您再讲讲您指导硕士研究生的经验。

刘：我指导硕士生常做两件事，多少有点自己的特色，不知能不能算作经验？

其一，我比较注重指导学生写论文，要求他们在毕业前能发表几篇文章。这样做，不但能提高学生的科研能力，而且有助于他们毕业后考取博士研究生或找到合适的工作。我常常选定一个题目，让学生搜索并阅读相关资料，再由师生共同商定写作提纲，然后由学生写出初稿，最后由我来修改定稿。论文署名则视具体情况而定，有时我的名字在前，有时学生名字在前，有时则由学生单独署名。20世纪90年代，《文艺理论与批评》开设了“文艺批评家研究”专栏，先后发表了严昭柱、杨琴、志今等关于马克思主义文艺理论家丁振海、郑伯农、李准等的评论文章，我拜读后获益良多，便照葫芦画瓢地写了《在论争中弘扬马克思主义文艺学——李万武的文艺理论与批评》(《文艺理论与批评》1998年第1期)。之后，又一鼓作气，同我指导的硕士生王金珊、云岩涛、刘志中、王金山、王慧青、李军、张宏燕、董莉等，分别合写了关于当代中国马克思主义文艺理论家吴元迈、陆贵山、董学文、程代熙、刘润为、严昭柱、艾斐、云德等的评论文章。上述八篇文章中，第一、二篇发表于《马克思主义美学研究》，第三、四、五篇发表于《内蒙古师大学报》，第六、七篇发表于《文艺理论与批评》，最后一篇发表于《文艺争鸣》。起初，我打算以“中国新时期马克思主义文艺理论家研究”为题、以上述已发表的文章为前期成果，申请国家社科基金项目。北京一位朋友提醒我说：“国内文论界有不少人对马克思主义文艺理论不感兴趣，你这个项目恐怕连‘通讯评审’也过不去。”他建议我删去原项目名称中“马克思主义”几个字，改为“中国新时期文艺理论家研究”，我采纳了朋友的建议。2007年，我申请的国家“十一五”社科基金项目“中国新时期文艺理论家研究”，获准立项。该项目对活跃在新时期文坛的35文论家作了评论，其中多数文章由我与硕士生合作完成，并发表于核心学术期刊。项目于2012年以“免予鉴定”的等级顺利通过结项，并由中央民族大学出版社出版。之后，《人民日报》《光明日报》《文艺理论与批评》《马克思主义美学研究》等，分别刊发了同行专家马建辉、王青峰、宋建林、刘中望等写的书评，给拙著以好评。该书后来还曾获得自治区社科优秀成果二等奖。

其二，我积极鼓励并引导学生报考博士研究生。实现中华民族的伟大复兴，需要培养一大批有深厚学养的马克思主义文艺理论工作者，这一任务不是我这个“草原牌”教授所能完成的。因此，我积极鼓励并引导学生考博，争取到学习条件优渥、学术氛围浓厚的大学，接受学养深厚的博导们的指导。我的这种导向起到一定作用，我指导过的10届共34名硕士生，前后共有15人考取了北京大学、中国人民大学、复旦大学、山东大学、四川大学、北京师大、华中师大、华东师大等高校的博士研究生。“名师出高徒”，此话不假。这些学生经过名家们的指导，学术水平得到极大提升。其中有的已获得正高级职称，有的成为所在单位的学术带头人，有的主持并完成了国家社科基金项目，有的荣获了省部级社科优秀成果奖。刘志中(内蒙古大学教授)、王金山(内蒙古财大教授)、云慧霞(中国高等教育出版社编审)、薛学财(福建理工大学副教授)等，不但在业界已小有名气，而且发展势头很好，可望将来会大有作为。为了帮助学生考上博士研究生，我想了一些办法。有一件趣事。薛学才同学读硕期间，同语言学专业的郭秀丽确定了恋爱关系，两人相约一道考博。薛的专业知识很棒，但英语差些；郭的英语和专业课都比较扎实。我就拜托郭帮助薛学好外语，承诺只要薛考博外语上了录取线，我便设宴为她庆功，请她坐正席。后薛以总分第一、外语超过录取线1分的成绩，被录取为北京师大李春青教授的博士生(郭也被中国社科院语言所录取)。我于是兑现承诺，庆功宴开始前，我请郭坐正席，她不好意思，后在大家的掌声和笑声中，笑着走向主座。

万：您如何看待陆贵山、董学文主编的《马克思主义文艺理论》(“马克思主义理论研究与建设工程重点教材”，高等教育出版社，2021年)?

刘：由陆贵山、董学文两位马列文论界顶尖级学者主编，诸位名家耗时10年撰写而成的这部教材，其质量毋庸置疑，是我所见到的国内同类教材中的出类拔萃者。但我以为它似乎更适合作硕士生、博士生的教材。对本、专科学生而言，由于他们大多未接触过马列文论原著，接受时会有些难度。所以，还是应当采用选讲型教材为好，以便使学生首先弄懂弄通马克思主义文艺理论的经典文本，并在此基础上，发掘出符合作者原意的观点。这也是完整准确地理解马克思主义文艺思想的基础。据说，由谭好哲、胡亚敏诸位教授编选的《马克思、恩格斯、列宁关于哲学社会科学及各学科重要论述摘编(文学艺术分论)》，不久将由高等教育出版社出版。如将它与陆贵山、董学文主编的《马克思主义文艺理论》配套使用，定会收到相互补充、相得益彰之效果。

万：您对新时代马列文论的教学与研究，还有哪些好的建议?

刘：讲几点想法，未必是“好的建议”，仅供参考吧。

一、切实加强对马列文论课教学的重视程度。2020年1月6日，中共十九届四中全会从新时代党和国家事业全局出发，将坚持马克思主义在意识形态领域指导地位作为一项根本制度明确提出和全面部署。据此，文艺领域自然也必须坚持马克思主义文艺思想的指导地位。高校马列文论课的教学，担负着培养马克思主义文艺理论人才的任务，只能加强，不能削弱。但现实的情况却远不尽如人意，一个不争的事实是，这些年来高校马列文论课被边缘化，不少学校将马列文论课由必修改为选修，教学时数一减再减，甚至干脆将其取消。这是完全错误的，应尽快纠正。特别是文学专业和艺术专业，都要将马列文论课列为必修课，教学时数也不应该少于“文学概论”“美学概论”等专业基础课。

二、努力讲好马克思主义文艺思想的基本理论。我们前面说过，文艺反映论、文艺意识形态本性论，以及作为它们哲学基础的辩证唯物主义和历史唯物主义，这些都是马克思主义文艺思想的基本理论，是马克思主义文艺思想最本质的东西，理应成为马列文论课所要讲授的主要内容，特别是对本、专科学生，更是如此。随着对马列文论的深入探索，一些学者发掘出马克思主义创始人及其后继者的一些新的美学和文论思想，丰富了马克思主义美学和文艺理论宝库，并将其在课堂上讲授给学生听。这是可喜可贺的。但这样做时要注意两点：一是要首先讲授好马克思主义文艺思想的基本理论，不可本末倒置，“拣回了芝麻，丢掉了西瓜”；二是不要被某些“挂羊头、卖狗肉”者所忽悠，将一些贴着“马克思主义”标签的非马克思主义、反马克思主义的文艺观（如所谓“存在主义的马克思主义文艺观”“弗洛伊德主义的马克思主义文艺观”等），拿来向学生兜售。

三、积极回答文坛艺苑的热点问题。进入新时代以来，随着学术环境更加宽松，意识形态领域也愈趋活跃，但随之也出现一些乱象。有人公然鼓吹“文学就是文学”，反对对某些满含政治内容的作品进行政治分析；有人胡说文学只能用来暴露社会和人性的阴暗面，永远不应该成为歌功颂德的工具；还有人将某些西方文学大奖看得比天还高，企图“套用西方理论来剪裁中国人的审美”，诸如此类，不一而足。一些早已被马克思主义经典作家阐明的理论问题，又被某些人搅得混乱不堪，严重影响了社会主义文艺的繁荣。对此，教师要积极引导学生以马克思主义文艺思想做武器，对其进行辨析，指出其理论的荒谬性及实践中的危害性。反之，教师如果对那些反马克思主义的歪理邪说置若罔闻，而是一味躲在书斋中玩什么“纯学术”，搞理论空转，这不但不利于引导学生在实践中更好地掌握马克思主义文艺思想，而且也是对社会主义文艺命运的不负责任。

万：谢谢刘老师接受我们的采访！

刘：不用谢，应该的。谢谢你们为加强和改善马列文论课教学所做出的努力！

访谈时间：2024年6月23日

“《诗》无达诂，《易》无达占，《春秋》无达辞”阐释模式辨析

王嘉凡

（北京大学中国语言文学系，北京，100871）

内容摘要：董仲舒在《春秋繁露》中援引“《诗》无达诂，《易》无达占，《春秋》无达辞”论说其阐释学思想，基于辞与义、常与变、圣人与天道的关系建立经典文本生成机制，用“一以奉天”的“不变”为“《春秋》无达辞”的“变”作出了确定性制约。“《春秋》无达辞”的辞旨关系强调圣人作为唯一作者的神圣性和权威性，对经典文本的解释必须以圣人之旨为依归，这种阐释模式与“《易》无达占”在实际应用中的吉凶祸福对立转化思维以及“《诗》无达诂”强调读者自主解释权与文本意义的开放性具有根本差异。“《诗》无达诂”“《易》无达占”“《春秋》无达辞”各有其学术背景与话语体系，但在汉代经学家构建“六经”整体经典性的过程中被赋予了统一的阐释框架，其理论的矛盾错位也在一定程度上通过神圣作者观念得以弥缝。

关键词：《春秋繁露》；汉代经学；董仲舒；阐释

董仲舒《春秋繁露·精华》篇云：“所闻《诗》无达诂，《易》无达占，《春秋》无达辞。”[1]此说历来为学界重视。“达”即通达不变之意。表面上看，这一观点可以理解为：《诗》没有固定不变的解释，《易》没有固定不变的占筮，《春秋》没有固定不变的辞例，其核心在于强调《诗》《易》《春秋》三种经典文本在具体的使用或解释情境中的灵活变化性。这一论断因其阐释学上的意义被后世诸多文论家加以发挥，尤其是“《诗》无达诂”更是演变为一般性的诗学阐释理论[2]。但回到《春秋繁露》自身的思想语境，可以发现“《诗》无达诂”“《易》无达占”与董仲舒的《春秋》学体系并不完全相符。董仲舒基于自身学术立场，为“《春秋》无达辞”作出了特殊的意义限定，不能与《诗》学和《易》学体系一概而论。本文将对三者各自的学术渊源与阐释模式进行辨析，讨论这一叙述形成的学术背景，并结合《春秋繁露》的思想体系理解董仲舒援引此说的主要意图。

一、“《春秋》无达辞”中的变与不变

“《诗》无达诂，《易》无达占，《春秋》无达辞”被董仲舒用于解释《春秋》中的辞例运

用问题，兹录原文如下：

> 难晋事者曰：“《春秋》之法，未逾年之君称子，盖人心之正也。至里克杀奚齐，避此正辞而称君之子，何也？”曰：“所闻《诗》无达诂，《易》无达占，《春秋》无达辞，从变从义，而一以奉（人）天。”[3]

按《春秋》正例，奚齐之父晋献公卒于僖公九年九月，奚齐被里克杀于同年冬，则奚齐为未逾年之君，当称子，但而经文却称其为“君之子”，这体现出《春秋》在辞例处理上的灵活性。对此，董仲舒以“《诗》无达诂，《易》无达占，《春秋》无达辞，从变从义，而一以奉天”一说解释。“一以奉天”，原作“奉人”，卢文弨、苏舆以为当作“奉天”，更符合《春秋繁露》的思想体系[4]，本文从之。

从“所闻”二字可以看出，董仲舒显然无意占有此句的著作权。类似的说法又见于纬书《诗泛历枢》：“《诗》无达诂，《易》无达言，《春秋》无达辞。”[5]以及刘向《说苑·奉使》：“《传》曰：《诗》无通故，《易》无通吉，《春秋》无通义。”[6]其中刘向明确提到“《传》曰”，则此句很可能出自《公羊传》传文。三者说法稍有差异，尤其是在对《春秋》的讨论上，《春秋繁露》与《诗泛历枢》作“《春秋》无达辞”，《说苑》作“《春秋》无通义”，“辞”与“义”之间显然指向不同。并且，董仲舒引文后还有“从变从义，而一以奉天”的补充性解释，并不见于二书。董仲舒是否见过《传》文，是否出于需要对其进行了修改，目前没有更确凿的文献证据。

“《春秋》无达辞”与“《春秋》无通义”的文本源流关系虽不明确，但从与《春秋繁露》其余诸篇的比照来看，二者显然处于一种高度互文的语境之中。“通”“达”是一组互训的概念，其含义须通过次一级的“常”与“变”来体现。《竹林》篇曰：“《春秋》无通辞，从变而移。”[7]显然“无通辞”“无达辞”所指相同。又曰：“《春秋》之道，固有常有变，变用于变，常用于常，各止其科，非相妨也。”[8]《玉英》篇曰：“《春秋》理百物，辨品类，别嫌微，修本末者也。……其辞不可同也。是或达于常，或达于变也。”[9]“常”与“变”相对，应用于一般性的、常规的辞例；“通”“达”较“常”更进一步，指恒常不变、精确固定的辞例。“辞”与“义”在这一语境中也相互关联。在《精华》篇中，董仲舒提出“《春秋》无达辞”是为与前文“《春秋》慎辞”一句呼应，文章探讨的也是《春秋》中四种互相矛盾的辞例，故其论述的落脚点在“辞”；但董仲舒也指出，《春秋》“慎辞”的原因在于其遵循的“义之正”，可见“辞”不能脱离其背后的“义”，“无达辞”正是因为“义”在具体情境中的运用有常有变，并无定式。《精华》篇云：“《春秋》固有常义，又有应变。”[10]可以视作“《春秋》无通义”的同义表述。由此可见，董仲舒虽然没有使用“《春秋》无通义”的说法，但他和刘向对于这一现象的理解是相同的。

《春秋繁露》习惯通过“一”与“多”、有限与无限的对照突出《春秋》之道的绝对性、唯一性与《春秋》之义、事、辞的多元性、变化性。“从变从义，而一以奉天”正属此类。又《玉英》篇曰：“故《春秋》之道，博而要，详而反一也。”[11]《精华》篇亦云：“今《春秋》之为学也，道往而明来者也。然而其辞体天之微，故难知也……得一端而多连之，见一空而博贯之，则天下尽矣。”[12]都注重以“一”描述《春秋》之道的特征，或以

“一”为圣人统括天地万物之事理的统一体：“惟圣人能属万物于一而系之元也。”[13]《春秋》之道又本之于天：“《春秋》明得失，差贵贱，本之天。”[14]故圣人须贯通天道之理，并将其变化为阐释事例之文辞。《正贯》篇云：“《春秋》，大义之所本耶……然后援天端，布流物，而贯通其理，则事变散其辞矣……而后万变之应无穷者，故可施其用于人。”[15]天道既一，而辞事无穷，故须以不变之“一”应对万变之“无穷”，以万变之“无穷”归总为不变之“一”，此即“《春秋》无达辞，从变从义，而一以奉天”的注脚。

不同于刘向着重强调《春秋》辞例之“变”，董仲舒以“一以奉天”的“不变”为“《春秋》无达辞”的“变”作出了意义限定，“变”是圣人在“一以奉天”的旨归下针对具体情境作出的调试，是有限的、有条件的。从读者角度看，在《春秋》看似变化多端的辞与义背后，有其根本的“不变”（“一”）；把握住这个“一”，就可以体会圣人之旨，通达《春秋》之“道”。可以说，董仲舒不仅指出了《春秋》文本的不确定性，更指出了制约不确定性的确定性，以及通往这一确定性的根本途径。

二、“《易》无达占”二元对立转化的阐释模式

董仲舒征引“《诗》无达诂，《易》无达占，《春秋》无达辞”是为了申说《春秋》之辞“从变从义，一以奉天”之旨，完善其公羊学立场上的《春秋》学思想，其重心不可避免地落在“《春秋》无达辞”，导致“《诗》无达诂”“《易》无达占”一定程度上表现出对董仲舒阐释体系的游离。

从表面上看，这一说法旨在讨论《诗》《易》《春秋》三种经典文本在具体解释情境中的灵活变化性，但落实到《诗》《易》《春秋》各自的学术体系中，情况却大相径庭。“《易》无达占”是其中最特殊的内容，它与“《诗》无达诂”“《春秋》无达辞”代表完全不同的阐释取向。

《易》本身就是强调“变化”的卜筮文本。《系辞传》对《易》的特质阐述得十分清楚：“神无方而易无体。”[16]又云：“通变之谓事，阴阳不测之谓神。”[17]“神”“易”“事”均处于不断变化之中，没有定数，亦无成说，故“仁者见之谓之仁，知者见之谓之知”[18]。另外，《易》卦的吉与凶也是此消彼长、相互转换的存在，事物不会无止境地朝某一趋势发展，而是在达到一定程度之后迎来转向，如乐极生悲、否极泰来、物盛而衰等皆是。因此，《易》学已经内在地包含了“《易》无达占”的理论可能。

然而，《易》在实际占筮活动中的“观象言变”却被限定在“吉凶祸福”这种二元对立转化的思维模式中。“吉”“凶”分别位于事件性质的两极，“《易》无达占”反映的也主要是两极之间的摇摆不定，其所谓的“变”更多表现为吉凶程度的轻重交替之变。以吉为凶者，如《左传·襄公九年》载穆姜占得《随》卦，《随》卦有“元亨利贞”及“无咎”之象，本为吉占，穆姜却认为自己不能满足《随》卦的诸种条件，反视其为凶象，果死于东宫[19]。以凶为吉者，如《说苑·权谋》篇载武王伐纣事，先后遇大风折旆、降大雨、卜而龟熸，谏者以为妖，武王以为利，遂禽纣于牧野[20]。又城濮之战事，战前文公卜而龟熸，梦不利之象，然咎犯以为利，文公从之，大败荆人[21]。由此可见，卜卦吉凶与否并非绝对。即便是凶险之兆，在不同的情境中也能逆转为大吉之象；占者不能完全依据卜筮的结果下定论，应结合具体的事件、情境、人物关系等作出综合的判

断，乃至主动引导事态发展，这就是“《易》无达占”的内涵。

“《易》无达占”的二元对立转化观念在《春秋繁露》中略有体现。《玉英》篇载：“鲁桓忘其忧而祸逮其身，齐桓忧其忧而立功名。推而散之，凡人有忧而不知忧者凶，有忧而深忧之者吉。《易》曰：‘复自道，何其咎。’此之谓也。”[22]鲁桓公和齐桓公面对忧患的不同态度导致了不同的结果，这说明遇患并不代表吉凶与否，最终还是要看人对忧患的处理方式，而齐桓公正是以忧为忧，才得立功名，以此肯定了吉凶互相转化的特性。“复自道，何其咎”出自《小畜》卦第一爻的爻辞，原指自守己道则得无咎，被董仲舒援引来解释《春秋》中吉凶相对的现象，虽然一定程度上超出了卦辞原本的含义，但基本符合“《易》无达占”的观点。

诚然，“《易》无达占”揭示出占者的解释可以影响乃至偏转卜卦之象，但由于《易》作为占筮文本的特殊性，这种理解的偏差仍被限定于二元对立转化的阐释模式。《系辞》中的“通变”“神无方而易无体”等观点并未像《春秋》学一般为《易》的阐释活动赋予更高的义理内涵。因此，相较于“《诗》无达诂”和“《春秋》无达辞”，“《易》无达占”的内涵是最明确的，但在解释学意义上开辟的空间也是最小的。

三、“《春秋》无达辞”的辞旨关系及其与“《诗》无达诂”阐释模式的比较

“《春秋》无达辞”与“《诗》无达诂”是一组阐释学意义上的经典论述。但细究二者的理论内涵及话语体系，亦可以发现其内在差异。徐复观曾指出：“据《公羊》以言《春秋》，则情形与《诗》和《易》不同。”[23]已注意到这一现象。相较于“《易》无达占”，“《诗》无达诂”与“《春秋》无达辞”显然具有更相似的阐释模式，因此也更容易混淆。

《俞序》篇云：“仲尼之作《春秋》也，上探正天端王公之位，万民之所欲，下明得失，起贤才，以待后圣。”[24]已经明确将《春秋》的“作者”归属于“圣人”孔子。圣人援天端、循天道，贯通万事万物中的天道大义，再基于这种大义形成诸常义、变义，进而将其体现在常辞和变辞之中，从中可以看出，“圣人”实际上是一种具备绝对主动性的“作者”，“《春秋》无达辞”的表述中已经隐含了作者视角。

圣人是《春秋》的作者，但《春秋》之“辞”显然不足以涵括圣人的全部思想，因此董仲舒引入了另外一个重要概念“指”。《竹林》篇曰：“不义之中有义，义之中有不义，辞不能及，皆在于指……见其指者，不任其辞。不任其辞，然后可与适道矣。”[25]《竹林》篇揭示了“辞”与“指”之间的隔阂。一方面，并非所有的“辞”都能精确地表达圣人之意，徐复观指出：“《竹林》第三：‘辞不能及，皆在于指’，由此可知他所说的指，是由文字所表达的意义，以指向文字所不能表达的意义。”[26]这就明确了文辞在意义表达上的局限性。另一方面，“指”比“辞”更为重要，只要把握住了“指”，就可以越过“辞”的内容去体会“道”；同时，“指”可以反过来补充“辞”之不足，这充分说明对《春秋》文辞的理解仍然以圣人之旨为根本标准。“辞”不能随意变化和被任意解读，它必须依托于作者意图存在，作者的意图又源于“王义圣道”，这种“王义圣道”与“有常有变”“无通义”的“义”不是一回事，它是最根本的“大义”，是恒定的、不变的运作法则。圣人为《春秋》作者，《春秋》大义即是圣人之则，所以“指”某种程度上也就是作者之旨，是圣人“援天端，布流物，而贯通其理”的主观性内容。

“指”为“《春秋》无达辞”加入了作者视角的限定，由此，《春秋繁露》形成了“读者”“文本”“作者”之间的完整阐释链环。“辞不能及，皆在于指”也使“《春秋》无达辞”具有了一层更丰富的含义，即《春秋》的“辞”是有限的、不完全的，并不能完整体现圣人所秉承的大义；“见其指者，不任其辞”进一步明确了以作者之旨为文本唯一合理的阐释取向。对于读者而言，“《春秋》无达辞”显然不是一个解释上的命题。《春秋》的解释权属于“作者”(圣人)，读者并无解释空间，只有认识空间，只能依据文本甚至超越文本本身来把握圣人贯通的王道大义。苏舆认为，这与孟子“以意逆志”[27]的阐释原则高度相似：“旨有出于词之外者，要一准乎王义圣道之归。孟子读诗：‘以意逆志’，亦此也。”[28]“以意逆志”是儒家诗学的经典理论，它在“诗言志”[29]以及孔子“诗无隐志，乐无隐情，文无隐意”[30]的基础上进一步强调对《诗》的理解必须以符合诗人之志为标准。但是从更深层的逻辑来看，“《春秋》无达辞”和“以意逆志”并不全同，这是由两种话语体系中作者权威的区别决定的。程苏东认为，在早期诗学观念中，人以其非理性的自然状态参与文本生成，由此形成的文本本质上是一种自然物，且这一行为的生成动力归本于“天”，这使得作者在文本阐释中变得无足轻重[31]。将其与“《春秋》无达辞”相比，可以看出，《诗》的“作者”并不具备与《春秋》“作者”同等的理性与创造性，所谓的“诗人之志”和“圣人/《春秋》之指”的内涵、功能和理解路径完全不同。诗人只是“天”生成文本过程中的被动媒介，不像《春秋》的圣人能主动地“探正天端”、以辞见义；《诗》的权威性本就不在于诗人，而在于诗人所表达的“天”自然赋予且由外物激发的“志”(情、意)，而《春秋》的权威性恰恰来自圣人自身，以及圣人贯通天道并将之文本化的行为过程。

“《春秋》无达辞”与“《诗》无达诂”差异更大。“《诗》无达诂”说源自战国以来的“赋诗断章”之风，并在汉代三家《诗》学兴起的背景中得到强化。“赋诗断章”的行为，本质上是读者出于现实需要或个人理解，在引诗、赋诗等用诗行为中为《诗》赋予了全新的含义，使得《诗》义要结合具体的使用语境来理解，而非一味遵循所谓符合诗人之志的“本义”，这导致《诗》不再具有固定统一、通达不变的解释。董仲舒接受的正是“赋诗断章”的《诗》学。汉代三家《诗》对《诗》义的解释都以符合经学理念为旨归，由此形成了各自的阐释模式。《汉书·艺文志》曰：“汉兴，鲁申公为《诗》训故，而齐辕固、燕韩生皆为之传。或取《春秋》，采杂说，咸非其本义。”[32]四库馆臣亦认为：“诸经之中，惟《诗》文义易明，亦惟《诗》辨争最甚。盖《诗》无达诂，各随所主之门户，均有一说之可通也。”[33]在这种情况下，诸家对《诗》的理解很难取得一致，这就是“《诗》无达诂”的基本意涵。更何况，不仅这些经说不一定符合《诗》的本义，甚至连经学家本身也并不以追求“本义”为目的。周裕锴认为：“(经学家)只是借用《诗经》的权威话语来证明自己的政治主张。换言之，与其说他们在阐释《诗经》，不如说是用《诗经》来阐释他们。”[34]相较于“赋诗断章”，这种解诗模式进一步取消了解释的限制，赋予了读者更多的解释自由，也就否定了《诗》所谓的“本义”。不同于《春秋》背后还有“从变从义，而一以奉天”的条件限制，既然《诗》不存在共识性的标准解释，那么它很大程度上就变成了由读者来决定的文本。在这个意义上，“《诗》无达诂”更接近后世所说的“六经注我”。

概而言之，“《诗》无达诂”强调的是《诗》义的多元和不确定性，主体是读者（解经者），读者可以在具体的实用情境中根据需要对《诗》作出不同的解释，《诗》也就不存在某种唯一不变、通达固定的内涵。“《春秋》无达辞”强调的是在以王道大义为旨归的根本前提下，针对具体事例的义理发挥或辞例解释有“常”和“变”的多种可能性，主体是作者（“圣人”），辞例虽然变化多端，但其背后的指（“大义”）是确定不变的。董仲舒援引“《诗》无达诂，《易》无达占，《春秋》无达辞”这句话时，其落脚点显然是《春秋》，后文的“从变从义，而一以奉天”也只适用于《春秋繁露》的理论体系，并不涉及《诗》学的内容。因此，“《诗》无达诂”同样表现出对董仲舒《春秋》学思想的游离。“《诗》无达诂”强调读者对文本意义决定性的观点具有巨大的理论潜力，再加上后世诗学与《诗》学分流，使得其影响逐渐超出了经学的范畴，成为一种普遍的文艺阐释理论；“《春秋》无达辞”则始终被限定在《春秋》学视域之内，与“微言大义”共同构成了《春秋》阐释学的理论主支。

有趣的是，无论是孟子还是董仲舒，其对《诗》或《春秋》的解释事实上都溢出了文本自身的范畴。“《春秋》无达辞”和“辞不能及，皆在于指”的观点，更为董仲舒借《春秋》构建一个超出公羊学范畴之外的《春秋》学体系提供了理论依据，这反而证明了“《诗》无达诂”的合理性。这种矛盾也是读者在试图理解和阐述作者主旨过程中，由于“本义”客观上的不可知、不同主体认知根本上的不可同一所带来的必然。

四、“六经”经典性构建与“《诗》无达诂，《易》无达占，《春秋》无达辞”的意义生成

“《诗》无达诂，《易》无达占，《春秋》无达辞”在《春秋繁露》思想体系中的游离是显见的。“《易》无达占”本自《易》“观象言变”以及占筮活动吉凶祸福变化莫测的思维模式，“《诗》无达诂”本自“断章取义”以及三家《诗》兴起的学术氛围，各有其特定的思想背景与话语体系，与董仲舒“从变从义，而一以奉天”的阐释理论并不适配。董仲舒援引此句，也旨在解释《春秋》，“《易》无达占”“《诗》无达诂”只是一种引衬。

“《易》无达占”“《诗》无达诂”“《春秋》无达辞”的阐释机制各不相同，但又在强调解释的不确定性和灵活性这一点上被统合起来，并形成特定的经学表述，这与汉代经学家构建儒家六艺经典性的意图高度相关。

郭店简《性自命出》《语丛》等文献体现了儒家“六经”概念的整合。《性自命出》云：“《诗》《书》《礼》《乐》，其始出皆生于人。《诗》，有为为之也。《书》，有为言之也。《礼》《乐》，有为举之也。圣人比其类而论会之，观其先后而逆顺之，体其义而节文之，理其情而出入之，然后复以教。”[35]依托“圣人”视角为经典的生成作出解释。《语丛一》载：“《易》，所以会天道、人道也。《诗》，所以会古今之志也者。《春秋》，所以会古今之事也。”[36]将《诗》《易》《春秋》分别作为某一类天道人事的神圣载体，强化了三者间和而不同的经典指向性。《庄子・天下》与《荀子・儒效》篇也都提出了明确的“六经”概念。《荀子》云：“圣人也者，道之管也。天下之道管是矣，百王之道一是矣，故《诗》《书》《礼》《乐》之归是矣。”[37]以圣人为天下之道的统合与诗书礼乐之依归，为汉代经学家借神圣作者观构建六艺经典性奠定了基础。

对六经的阐释解读展开整体反思，《荀子》已开其先。早期《诗》学虽有“诗无隐志”

“诗言志”“以意逆志”的阐释理论，但都限于《诗》学乃至《乐》学，还没有上升到与其他经典比较的层次。《荀子·大略》首次在《诗》《易》《礼》的整体观照下提出了对理解与阐释关系问题的独到见解：“不足于行者说过，不足于信者诚言。故《春秋》善胥命，而《诗》非屡盟，其心一也。善为《诗》者不说，善为《易》者不占，善为《礼》者不相，其心同也。”[38]荀子认为，过度的言语表达其实是内在匮乏的表现，所以真正通达经典内涵的人不会轻易申说，而是更重视心意的相会，该观点其实包含了对言与意、文与质等问题的讨论，虽然其落脚点在阐释者的理解和行为之间的匹配度上，与“《诗》无达诂，《易》无达占”之间并无直接渊源，但在对经典阐释问题的反思上具有开创意义。

汉代经学家强化了“圣人”的神圣作者权威[39]。《春秋繁露·玉杯》篇曰：“君子知在位者之不能以恶服人也，是故简六艺以赡养之。《诗》《书》序其志，《礼》《乐》纯其美，《易》《春秋》明其知。六学皆大，而各有所长。”[40]董仲舒承认了“六艺”作为一个整体性的概念共享“圣人制作”的经典建构逻辑。又贾谊曰：“圣人作而万物睹。”[41]匡衡曰：“六经者，圣人所以统天地之心，著善恶之归，明吉凶之分，通人道之正，使不悖于其本性者也……此永永不易之道也。”[42]圣人在经典制作过程中的主动性和权威性进一步得到了强化，并成为“六经”唯一的神圣作者，这就超越了《诗》《易》自身的理论语境，为其整体性地赋予了“圣人”的作者意图，“《诗》无达诂”“《易》无达占”与“《春秋》无达辞”也就具备了相同的逻辑起点，这也成为“六经”经典性构建的重要环节。

从董仲舒和刘向援引此说的语境来看，这一叙述已演化为特定的经学阐释学理论。董仲舒援引“《易》无达占”“《诗》无达诂”，看似与解释《春秋》关系并不紧密，但从另一个角度来说，“《春秋》无达辞”所依据的经典性内涵又必须在与“《易》无达占”“《诗》无达诂”并联的整体结构中才得以完全呈现，表现出汉代经学家对经典理解问题的普遍关怀。董仲舒依据公羊学解释和发挥《春秋》，其说难免与《易》学和《诗经》学有龃龉之处，因此在进一步生发的过程中，“《易》无达占”“《诗》无达诂”就显示出与“《春秋》无达辞”及《春秋繁露》思想体系明显的理论错位，只是这种错位在“六经”整体经典性的与神圣作者观的覆盖下得以弥缝，同时为开辟更广泛的阐释学意义提供了可能。

注释：

[1]（汉）董仲舒著，苏舆撰，钟哲点校：《精华》，《春秋繁露义证》卷三，北京：中华书局，1992年，第95页。

[2] 李建盛：《从“〈诗〉无达诂”到“诗无达诂”：一个诠释学问题的探讨》，《清华大学学报》2021年第6期，第44～56页。

[3]（汉）董仲舒著，苏舆撰，钟哲点校：《精华》，《春秋繁露义证》卷三，北京：中华书局，1992年，第94～95页。

[4]（汉）董仲舒著，苏舆撰，钟哲点校：《精华》，《春秋繁露义证》卷三，北京：中华书局，1992年，第95页。

[5]（清）赵在翰辑，钟肇鹏、萧文郁点校：《诗泛历枢》，《七纬》卷十四，北京：中华书局，2012年，第250页。

[6]（汉）刘向撰，向宗鲁校正：《奉使》，《说苑校正》卷十二，北京：中华书局，1987年，第293页。

[7]（汉）董仲舒著，苏舆撰，钟哲点校：《竹林》，《春秋繁露义证》卷二，北京：中华书局，1992年，第46页。

[8]（汉）董仲舒著，苏舆撰，钟哲点校：《竹林》，《春秋繁露义证》卷二，北京：中华书局，1992年，第53页。

[9]（汉）董仲舒著，苏舆撰，钟哲点校：《玉英》，《春秋繁露义证》卷三，北京：中华书局，1992年，第76页。

[10]（汉）董仲舒著，苏舆撰，钟哲点校：《精华》，《春秋繁露义证》卷三，北京：中华书局，1992年，第89页。

[11]（汉）董仲舒著，苏舆撰，钟哲点校：《玉英》，《春秋繁露义证》卷三，北京：中华书局，1992年，第80页。

[12]（汉）董仲舒著，苏舆撰，钟哲点校：《精华》，《春秋繁露义证》卷三，北京：中华书局，1992年，第96～97页。

[13]（汉）董仲舒著，苏舆撰，钟哲点校：《重政》，《春秋繁露义证》卷五，北京：中华书局，1992年，第147页。

[14]（汉）董仲舒著，苏舆撰，钟哲点校：《重政》，《春秋繁露义证》卷五，北京：中华书局，1992年，第150页。

[15]（汉）董仲舒著，苏舆撰，钟哲点校：《正贯》，《春秋繁露义证》卷五，北京：中华书局，1992年，第143页。

[16]（唐）李鼎祚撰，王丰先点校：《系辞上》，《周易集解》卷十三，北京：中华书局，2016年，第401页。

[17]（唐）李鼎祚撰，王丰先点校：《系辞上》，《周易集解》卷十三，北京：中华书局，2016年，第403页。

[18]（唐）李鼎祚撰，王丰先点校：《系辞上》，《周易集解》卷十三，北京：中华书局，2016年，第401页。

[19] 杨伯峻编著：《春秋左传注》，北京：中华书局，2016年，第1059～1060页。

[20]（汉）刘向撰，向宗鲁校正：《权谋》，《说苑校正》卷十三，北京：中华书局，1987年，第329页。

[21]（汉）刘向撰，向宗鲁校正：《权谋》，《说苑校正》卷十三，北京：中华书局，1987年，第331页。

[22]（汉）董仲舒著，苏舆撰，钟哲点校：《玉英》，《春秋繁露义证》卷三，北京：中华书局，1992年，第72页。

[23] 徐复观：《两汉思想史》，上海：华东师范大学出版社，2001年，第204页。

[24]（汉）董仲舒著，苏舆撰，钟哲点校：《俞序》，《春秋繁露义证》卷六，北京：中华书局，1992年，第158～159页。

[25]（汉）董仲舒著，苏舆撰，钟哲点校：《竹林》，《春秋繁露义证》卷二，北京：中华书局，1992年，第50～51页。

[26] 徐复观：《两汉思想史》，上海：华东师范大学出版社，2001年，第208页。

[27]（清）焦循撰，沈文倬点校：《万章上》，《孟子正义》卷十八，北京：中华书局，1987年，第638页。

[28]（汉）董仲舒著，苏舆撰，钟哲点校：《竹林》，《春秋繁露义证》卷二，北京：中华书局，1992年，第51页。

[29]（清）孙星衍撰，陈抗、盛冬铃点校：《尧典》，《尚书今古文注疏》卷一，北京：中华书局，1986年，第70页。

[30] 马承源：《上海博物馆藏战国楚竹书（一）》，上海：上海古籍出版社，2001年，第123页。

[31] 程苏东:《“天籁”与“作者”:两种文本生成观念的形成》,《中国社会科学》2021 年第 9 期,第 47～70、205 页。

[32] (汉)班固撰,(唐)颜师古注:《艺文志》,《汉书》卷三十,北京:中华书局,1962 年,第 1708 页。

[33] (清)纪昀,等:《四库全书总目》,海口:海南出版社,1999 年,第 97 页。

[34] 周裕锴:《中国古代阐释学研究》,上海:上海人民出版社,2003 年,第 84 页。

[35] 荆门市博物馆编:《郭店楚墓竹简》,北京:文物出版社,1998 年,第 179 页。

[36] 荆门市博物馆编:《郭店楚墓竹简》,北京:文物出版社,1998 年,第 195 页。

[37] (清)王先谦:《儒效》,《荀子集解》卷四,北京:中华书局,1988 年,第 133 页。

[38] (清)王先谦:《大略》,《荀子集解》卷四,北京:中华书局,1988 年,第 506～507 页。

[39] 龚鹏程:《文化符号学》,上海:上海人民出版社,2009 年,第 20～26 页。

[40] (汉)董仲舒著,苏舆撰,钟哲点校:《玉杯》,《春秋繁露义证》卷一,北京:中华书局,1992 年,第 35 页。

[41] (汉)司马迁撰,(南朝宋)裴骃集解,(唐)司马贞索隐,(唐)张守节正义:《伯夷列传》,《史记》卷六十一,北京:中华书局,2013 年,第 2574 页。

[42] (汉)班固撰,(唐)颜师古注:《匡衡传》,《汉书》卷二十二,北京:中华书局,1962 年,第 3343 页。

从诗道到诗法的转化：论严羽的“无迹可求”

徐嘉乐

（武汉大学文学院，湖北武汉，430072）

内容摘要：“无迹可求”是沧浪诗学的重要概念，与禅宗“圆融无碍”思想息息相通，具“混融”“浑然”义。在严羽诗学体系中，“无迹可求”为形而上的诗道与形而下的诗法构筑起桥梁。一方面，“无迹可求”是“第一义”诗歌所追求的艺术效果，使诗道得以具象化；另一方面，“无迹可求”又统摄严羽的诗法论，对诗作的修辞、兴趣、气象、诗意四部分提出具体的创作要求，使诗法有所旨归。同时，“无迹可求”也揭示了严羽对诗歌自然天成的标举，对后世诗论产生了深远影响。

关键词：“无迹可求”；《沧浪诗话》；诗学观；诗法论

《诗辨》与《诗法》是《沧浪诗话》中的核心篇章。《诗辨》探赜“诗道”，旨在解决“什么是诗”，是严羽诗学观的展现。《诗法》研究“法度”，致力解决“如何作诗”，是严羽诗法论的建构。长期以来，两者被认为存有隔阂。究其原因，在于严羽诗学观中所追求的“第一义”是以禅喻诗的产物，具有不可言说性，而其所倡导的方法论却又试图条分缕析地揭示“第一义”诗歌的创作原则与技巧。但深入分析，可以发现“第一义”之不可言说与创作方法之可言说，二者之间并非截然相斥，反而存在内在联系。尽管“第一义”本身难以直接言说，但“第一义”诗歌所追求的艺术效果，即严羽所谓“无迹可求”，却可感可述。同时，“无迹可求”一词在《沧浪诗话》中或显或隐地多次出现，并指向不同主体，不仅关联“兴趣”，还绾合诗作之修辞、气象、诗意等部分，统摄严羽所论之诗法。因此，重新审视、阐释“无迹可求”，揭示“无迹可求”在勾连严羽诗学观与诗法论中的关键作用，梳理其后世影响，有助于推动对严羽诗论体系的深入研究。

一、“无迹可求”的禅学溯源及其诗学阐释

“无迹可求”又作“无迹可寻”[1]。宋代禅僧多将其与“羚羊挂角”合用，如《五灯会元》卷七载义存禅师言：“我若东道西道，汝则寻言逐句。我若羚羊挂角，汝向甚么处扪摸？”[2]卷十三又载道膺禅师言：“如人将三贯钱买个猎狗，只解寻得有踪迹底。忽遇羚羊挂角，莫道踪迹，气息也无。”[3]在禅宗语境中，“羚羊挂角”为喻依，“无迹可求”是意指。禅僧们用“无迹可求”来表达禅道授受不立文字、教外别传之特性。严羽援此论诗，既有相承，亦有新立。

“无迹可求”在《沧浪诗话》中凡两见：

> 盛唐诸人惟在兴趣，羚羊挂角，无迹可求。(《诗辨》)[4]
>
> 诗有词理意兴。南朝人尚词而病于理；本朝人尚理而病于意兴；唐人尚意兴而理在其中；汉魏之诗，词理意兴，无迹可求。(《诗评》)[5]

《沧浪诗话》中的“无迹可求”，其内涵并不直接指向“不立文字”，但有所关联。“无迹”针对“有迹”而来，按禅宗所说，有了言语、文字便为“有迹”，而有了踪迹就会让人寻逐，故要去除言语、文字，让人无迹可寻。然严羽之意，并非要通过“不立文字”去除踪迹，而是要让有迹的文字消融于浑然的诗歌整体，从而达致无迹。陈伯海在《严羽和沧浪诗话》一书中言：“在严羽看来，诗歌形象应该是一个浑然的整体，词、理、意、兴各个方面不能独立存在，必须统一在这个整体之中，汇合、融洽到‘无迹可求’的地步。”[6]他将“无迹可求”的内涵释为“浑然”“混融”，这种理解极为精到、传神。进一步来看，这种“浑然”“混融”的内涵，在本质上又与禅学中的“圆融无碍”思想息息相通。“圆融无碍”这一观念由华严宗发展而来，关乎“事”与“理”，后逐渐成为禅门旨要。其在思维向度上至少包含两大特征：一是交互融摄性，即各事各物都具同理，故彼此之间毫无障碍或冲突，能够相互交融无间。二是整一性，正因有了交互融摄的基本，才使得万事万物在纷呈的同时，又能融合为一，呈现出圆满的整一体。其中，“交互融摄性”与“无迹可求”的“混融”义相应，“整一性”则与“无迹可求”的“浑然”义相契。从引禅喻诗的角度来看，严羽在《沧浪诗话》中所论“无迹可求”，并非简单地将禅家话语与诗论话语作形式上的对应，而是更为本质上的禅学境界对诗学审美的塑造。

在厘清“无迹可求”的概念后，再回看前文所引两段文字。一曰盛唐诗之“兴趣”，一曰汉魏诗之“词理意兴”。汉魏、盛唐诗作皆是严羽论诗标的。他在《诗辨》中云“汉魏晋与盛唐之诗，则第一义也”[7]。然何为“第一义”，或问“第一义”之本质，实际上是不可回答的。《景德传灯录》卷二四《金陵清凉院文益禅师》载：“问：‘如何是第一义？’师曰：‘我向汝道，是第二义。’”[8]尽管“第一义”无法被言明，但从所引两段文字中却可以窥出“第一义”诗歌所呈现之样貌，即“兴趣”的“无迹可求”与“词理意兴”的“无迹可求”。这样来看，“无迹可求”在严羽的诗论语境中就是“第一义”诗歌所追求的艺术效果，它将不可言说的“第一义”具象化，转化为对诗歌美感的一种艺术性规律把握，为诗歌的创作提供了艺术导向。

二、“无迹可求”与“词、兴、象、意”的旨归

在《沧浪诗话》中，严羽实际上数次使用“无迹可求”，并将其作为一种创作要求，指向了诗作的不同主体。将这些主体加以缀连，便可以发现“无迹可求”统摄起严羽诗法论中修辞、兴趣、气象与诗意四方面，具体而言，即要求词句之圆美、兴趣之混融、气象之雄浑、诗意之蕴藉。

（一）词句之圆美

《沧浪诗话·诗法》言：“造语贵圆。”[9]“圆”，《说文》：“圜全也。”[10]最初释作“完

满”义。后随着佛教传入，“圆”旋即被纳入佛学话语体系。佛家以“圆”为全无缺，以“圆相”为现实世相美，以“圆融世相”为佛教至善至美至真之境界。佛门对于“圆”的境界追求，极大程度上影响了儒家文人们的艺术追求。在诗学批评领域，诗人们建立起以“圆”为美的诗歌审美标准，相继推崇圆融、圆熟的诗歌境界。宋人王直方就记言：“谢朓尝语沈约曰‘好诗圆美流转如弹丸’，故东坡《答王巩》云‘新诗如弹丸’，及《送欧阳弼》云，‘中有清员句，铜丸飞柘弹’。盖谓诗贵圆熟也。”[11]王直方所记取的材料虽都在谈“圆美”，但可细分为两重意，一重是谢朓所云诗境整体上的圆熟流美，另一重则是苏轼所言字句上的清圆之感。前一重意可谓开启了以“圆”论诗的先河，章冠之诗《王梦得念久出远归惠诗次韵》中云：“别后新诗圆似弹。”[12]陈寿老《又题叶子春诗》云：“昔人又曰：‘新诗如弹丸’，夫弹丸者，非以其圆且熟邪。”[13]均可视为谢氏之后继，以“圆”之熟美介入诗作的整体审视。而后一重意在唐时就已有阐发，元稹有诗《见人咏韩舍人新律诗因有戏赠》云“金铃个个圆”[14]，白居易在《江楼夜吟元九律诗成三十韵》中亦有“珠排字字圆”[15]句。元白二人皆倡作诗时须在字句上下功夫，力求语句要有珠圆玉润之美感，这种美感则多来自音韵上的协调，而圆恰是韵律和谐的象征。圆润熟美的音律将会为诗作带来婉转环复的声乐美感。梅圣俞在《回陈郎中诗集》中言“明珠三百琲，一一径寸圆”[16]，便与唐人所论一脉相承。苏轼所提之“清圆句”亦借法于此，于圆润之上再添一层清丽。

严羽的思想与上述所陈二重意皆相通，既求诗之“韵美”，亦求其之“体圆”。严氏“造语贵圆”之说，一是强调诗作在音韵上的和谐圆美，与其前言“下字贵响”相互发明，意脉相连；二是重视诗作字句上的自然流畅，圆润无碍。陶明濬《诗说杂记》在释沧浪之语时云：“圆之一字，更为难能……郊寒岛瘦之讥，为二人之诗句，过于僻涩也。李杜所以有诗仙诗圣之称者，为其诗句之圆满也。”[17]陶氏所言切中肯綮，圆润熟美正是沧浪所求之真意。然则何以为圆润，自是不见艰涩停滞；何以为熟美，自是不见斧凿痕迹。严羽在《沧浪诗话》中批评时人作诗云：“近代诸公乃作奇特解会，遂以文字为诗……用字必有来历，押韵必有出处。”[18]他不满这些诗作过分依赖文字、才学，以致陷于雕琢之工，使得诗句表达粘滞其间，相互窒碍，丧失了流转圆润之美，落入雕镂有迹之下乘。故在严羽的诗学观念中，为呈现诗作整体圆熟的状态，就必须要在诗作字句上做到不雕琢、无斧凿。诗句做到“圆熟”，靠的是诗人长期的训练与工夫，必是由用字艰涩生僻到陷于文字雕琢，再到用字行云流水，熔铸浑成，不见刻画痕迹。最后渐进自然，臻熟完满，达致“无迹可求”。日本学者津阪孝绰《夜航诗话》中云：“技工入手，渐进自然，称曰圆熟，谓不见痕迹也”[19]，说的便是这个道理。严羽抉出“圆”之一字，最是金针。

（二）兴趣、理趣之混融

前人对《沧浪诗话》中“兴趣”一词已有过翔实检讨。这里则采尚永亮《尊体：严羽“本色”理论及其四大要素》一文观点，其认为：“所谓的‘兴趣’，便是一个主客体相互包含、混融无迹而又偏重盎然意趣、韵味的指定特称。”[20]此论从“兴趣”混融的角度生发，认为“兴”“趣”二字各承其义，虽有所偏重，但又联系紧密，互相阐发，组成了一个更具内涵意蕴的整体。

严羽尚“兴趣”，并以之为盛唐诗歌独有特性，是有所针对的。他在谈“兴趣”前，先言“诗有别趣，非关理也”[21]。所谓“别趣”即后文所倡之“兴趣”，可见“兴趣”与“理趣”相对。宋人重理趣、写理趣，其诗中之“理”亦与当时理学中的“性理”“义理”相互关联，如真德秀所言“至若以诗人比兴之体，发圣贤理义之秘，则虽前世以诗自雄者犹有惭色也”[22]。但诗歌若仅是说理，摒除掉诗人自身的独特情感体验与生命感受，所创作的理趣诗便很容易变成抽象式思维的作品，成为道德规矩的写本。钱锺书在《谈艺录》中亦谈道：“惟一味说理，则于兴观群怨之旨，背道而驰。”[23]严羽便是矫当时之弊，以“兴趣”为标的，强调“吟咏性情”之诗歌本色，去除诗歌中的刻板僵化之理，力图恢复诗歌中之兴发感动。严羽虽标举“兴趣”，却并不排斥“理”，其在《诗评》中言：“南朝人尚词而病于理；本朝人尚理而病于意兴；唐人尚意兴而理在其中；汉魏之诗，词理意兴，无迹可求。”[24]可见严羽所追求的不是诗中只含情不含理，而是情、理皆蕴，混融其间。宋人以“理趣”入诗本就求取浑然无迹，追求“理”从诗中自然流出，李耆卿就曾在《文章精义》中论：“《选》诗惟陶渊明，唐文惟韩退之，自理趣中流出，故浑然天成，无斧凿痕。”[25]李氏以为“理”应融通于诗，浑然一体，只见所寓之“理”，不见设寓之文字。他对诗之“理趣”的论调与严羽对“兴趣”的理解是相互吻合的。钱锺书在《谈艺录》中总结云：“理之在诗，如水中盐、蜜中花，体匿性存，无痕有味，现相无相，立说无说。所谓冥合圆显者也。”[26]这一段论述切中窾会，以理趣入诗，确当如此，是水中之盐，不露痕迹，却增其诗味。

总而言之，严羽针对“理趣”标举出“兴趣”一词，以矫“理趣”之弊，并纳“理趣”之胜与“兴趣”相融。他将“兴”“理”混于一体，追求二者在诗作中呈现出自然天成、无形无迹的艺术效果。这一提法予严羽的“兴趣”说以更大的阐释空间，使“兴趣”不单是由“兴”而达致“趣”这般简单，而是寓形象思维(情感体验)与抽象思维(生命哲思)于审美直觉，寄审美直觉于外在现实之意象，以意象蕴诗人之情兴与思理，二者相互交融而又无迹可寻。

（三）气象之雄浑

严羽论诗常用“气象”一词。《诗辨》言“诗之法有五”[27]，其一便是“气象”。又《诗评》一节中品评诗作、诗人时，亦多以“气象”作为区分标准，如“唐人与本朝人诗，未论工拙，直是气象不同”[28]，“汉魏古诗，气象混沌，难以句摘。晋以还方有佳句”[29]，“建安之作，全在气象，不可寻枝摘叶”[30]，“虽谢康乐拟邺中诸子之诗，亦气象不类”[31]。可见，严羽对于诗歌气象十分看重，且将之视为辨清诗歌家数及优劣之准绳。

严羽所推崇的“气象”是雄浑的。戴复古《论诗十绝》中记载了严羽与众人的论诗观点，其中便有“曾向吟边问古人，诗家气象贵雄浑”[32]句，可见他们当时所崇尚的正是盛唐诗的雄浑气象。又严羽在《答出继叔临安吴景仙书》中申言“雄浑”义：

> 又谓：盛唐之诗，雄深雅健。仆谓此四字，但可评文，于诗则用健字不得，不若《诗辨》雄浑悲壮之语，为得诗之体也。毫厘之差，不可不辨……盛唐诸公之

诗，如颜鲁公书，既笔力雄壮，又气象浑厚。[33]

严羽为何说评诗不得用“健”字，而必须要用“雄浑”？气象“雄浑”又有何特征？韩愈的《上襄阳于相公书》可为之作最佳注脚，其中曰：“阁下负超卓之奇才，蓄雄刚之俊德，浑然天成，无有畔岸。”[34]虽韩愈在此以雄刚、浑然称颂品德、文章，但与严羽所理解的“雄浑”相互吻合，“雄”即雄刚有力，“浑”则指浑然天成、无迹可求。故严羽所尚之“雄浑”有着“将力量包蕴其内、不露锋芒”的特性。而“健”字在严羽看来，则是力量的外露，是一种破坏整体的表现。所以，在《沧浪诗话》中，严羽所推崇的是“难以句摘”的汉魏古诗，是“不可寻枝摘叶”的建安诗作。

严羽以“雄浑”为旨、为美，有其美学传统所在。庄子在《应帝王》篇结尾处讲述了一则名为“浑沌之死”的寓言[35]。在这则故事中，主角“浑沌”的形象有着两种鲜明的特征：一，“浑沌”是一个未曾分化的整体形象；二，“浑沌”是未经污染与开化的自然之物。而这两种特征也渐成为后世“浑”的两种美学象征，如“浑然”一词讲求的就是“浑”的一体性，“浑朴”则偏重“浑”的自然性。这种整一、自然的特质正符合严羽的诗学审美追求。姜夔在《白石道人诗说》中言“气象欲其浑厚”“雕刻伤气”[36]，认为对于词句的过分雕刻会伤害诗歌浑厚、自然的气象风貌。此语或有警于严羽。后王运熙在《全面认识和评价〈沧浪诗话〉》一文中谈道：“严羽提倡气象浑成或浑厚，实际是要求诗歌具有浑朴天然的风格；他反对刻画字句，呈露痕迹。”[37]这一见解把握住了严羽本意。

（四）诗意之蕴藉

严羽在《诗辨》中云：“言有尽而意无穷。”[38]强调以精炼有尽之语言道涵远蕴藉之诗意。这一诗学思想其实由来已久，钟嵘《诗品》中云“文已尽而意有余”[39]，姜夔亦在《白石道人说》中言：“东坡云：‘言有尽而意无穷者，天下之至言也。’山谷尤谨于此……句中有余味，篇中有余意，善之善者也。”[40]

此一诗学理念虽并非严羽首创，但其向上一路的是，他向读者艺术性地阐释了何以为“言有尽而意无穷”，即须造出“如空中之音、相中之色、水中之月、镜中之象”的境界，王士祯将其释为佛典中所说的“不即不离，不黏不脱”[41]，转化理解为诗歌中言与意的关系，要求言不可过于即意，但也不可过于离意，需要在若即若离之间寻找微妙幽隐的平衡点。如“空”“相”“水”“镜”是现实之产物，以喻诗歌之言；“音”“色”“月”“象”则是艺术之产物，喻诗歌之“意”。若无“空”“相”“水”“镜”，则“音”“色”“月”“象”将无所传之、无所观之、无所映之。亦即离开了语言的形式，诗人之玄意将无从传达，但诗意又不可过分切于现实、拘泥于语言形式。故佳作既需诗人个人化、艺术性地表达，又要诗人将情感与思想熔铸锻造于诗歌的语言之中，使“音”成“空中之音”、“色”成“相中之色”。此大概可谓之“不即不离，不黏不脱”。元好问在《陶然集序》中有着相同的诗学理念，其以为：“诗家圣处，不离文字，不在文字。唐贤所谓‘情性之外，不知有文字’云耳”[42]。诗人借言以表意，借象以寄情，言、象、意在诗中相互交织，水乳交融。只有在不见任何痕迹与端倪的诗作中，读者才可求得其诗意的无穷滋味。诗人若是着眼太清太细，留下鳞次痕迹，呈露出言、象、意任何一端，诗作的浑然性便被破坏，也就失去了诗意的无尽蕴藉。

三、“无迹可求”与自然天工的标举

“无迹可求”在严羽的诗学体系中，不仅为其诗道与诗法搭建桥梁，还彰显其对于诗歌自然天成的推崇。

严羽在评太白诗时云：“观太白诗者，要识真太白处。太白天才豪逸，语多卒然而成者。”[43]论蔡文姬《胡笳十八拍》时语：“《胡笳十八拍》浑然天成，绝无痕迹，如蔡文姬肺肝间流出。”[44]在品评陶谢二人诗作之高低时言：“谢所以不及陶者，康乐之诗精工，渊明之诗质而自然耳。”[45]足以见得，严羽所崇尚的诗人和诗作，其皆以“卒然而成”“浑然天成”“质而自然”语作评。这些评语可视作“无迹可求”的再发覆。

严沧浪虽求取诗作之自然天成，但并不代表其绝对性地反对精工雕镂。《论诗十绝·其十》中言：“草就篇章只等闲，作诗容易改诗难。玉经雕琢方成器，句要丰腴字要安。”[46]说明严羽对于不断锤炼诗作的行为是持肯定态度的。他撰就《诗法》一节，针对诗作的各部分，也详细地提供了创作法门。他真正意义上所反对的是，脱离了诗作整体、妨害情兴混融表达的精工。其批评说“晋以还方有佳句”[47]，有“佳句”就说明诗作的部分存在溢出了整体，使得诗作呈现割裂之感，气脉不贯，露了痕迹。对部分词句的过分雕饰反而窒碍了诗作整体的表达，这于严羽来说是创作的禁忌。但浑然天成的诗作并不意味着创作上的粗拙直陋，若诗歌词华刊尽，纯以白素，涉于轻俗，也不能称为佳作。严羽所谓“盛唐人，有似粗而非粗处，有似拙而非拙处”[48]恰可释此。粗与精相对，拙与巧相对，诗歌的发展历史必是由粗至精，由拙至巧，然当精细与工巧成为诗歌的创作范式与价值标准，诗歌这门艺术就被束缚住了，失去其变化自由的生命力，陷入僵局。而严羽所认为的盛唐诗歌之似粗似拙处，实就是要突破这种对于精巧的审美追求，返回一种高层次的粗拙，或可谓高古、浑厚与自然。张戒在《岁寒堂诗话》中品杜子美诗，云：“世徒见子美诗多粗俗，不知粗俗语在诗句中最难，非粗俗，乃高古之极也。”[49]也是此意。由粗至精，再由精返粗；由拙至巧，再由巧返于拙，便使得诗歌的创作理论得到了进一步升华，亦形成了否定之否定的普适发展规律。诗人在学习与创作诗歌时，也必然要经历此过程，严羽敏锐地察觉于此，故其言：“学诗有三节：其初不识好恶，连篇累牍，肆笔而成；既识羞愧，始生畏缩，成之极难；及其透彻，则七纵八横，信手拈来，头头是道矣。”[50]所言“七纵八横，信手拈来，头头是道”之境地，与前所述“卒然而成”“如肺肝间流出”“浑然天成”等说法，在义理的阐释上具有一致性，又彼此相通。可见，唯有诗人提升学力、增广见识、不断修习，以达“透彻”之境界后，才能做到诗本天成，自然无迹。

在《沧浪诗话》中，严羽将“悟”分为多层，中有“不假悟”“透彻之悟”等，严羽以汉魏诗为“不假悟”之作，以盛唐诸公之诗为“透彻之悟”之作，若“不假悟”的汉魏诗歌对应的是真自然之作，那么“透彻之悟”的盛唐诗歌则是臻于自然之作。

综上所论，“无迹可求”与禅学中“圆融无碍”思想息息相通，具“交互融摄性”与“整一性”，有“混融”与“浑然”之义。严羽以“无迹可求”为桥梁，巧妙地连接了其形而上的诗道与形而下的诗法，使得“第一义”这一不可言说的概念具象化，转化为可感可知的艺术效果，并以此又对诗歌的修辞、兴趣、气象、诗意四部分提出了可学可践的创作要求。

作为严羽的诗学审美理想，“无迹可求”这一思想也深刻影响了后世批评家对于诗歌艺术自然天工之美的推崇。如许学夷在《诗源辩体》中对“无迹可求”一语反复使用，且多有阐发，其谓：“唐人律诗，炼格、炼句、炼字，皆无迹可求；今人以新巧奇特为工，则多见斧凿痕矣。”[51]这是就诗作的词句而言；又谓：“作诗出于智力者，亦可以智力求；出于自然者，无迹可求也。故今人学灵运者多相类，学靖节者百无一焉。”[52]这是就诗歌创作之“纯任自然”而言；再谓：“汉魏古诗、盛唐律诗，其妙处皆无迹可求，但汉魏无迹，本乎天成；而盛唐无迹，乃造诣而入也。”[53]这是就诗作整体风貌而言。可以说，许学夷近乎完整地继承了严羽在《沧浪诗话》中所传达出的“无迹可求”的诗学思想。除许氏外，明人胡应麟在《诗薮》中评盛唐绝句诗云：“兴象玲珑，句意深婉，无工可见，无迹可求。”[54]清人王阮亭评李白诗《夜泊牛渚怀古》亦云：“此诗色相俱空，正如羚羊挂角，无迹可求，画家所谓逸品者也。”[55]均对严羽的“无迹可求”诗学审美思想有所接继。

注释：

[1]《对床夜语》卷二将“无迹可求”引作“无迹可寻”。参见(宋)范晞文撰，汤勤福整理:《对床夜语》,郑州:大象出版社,2019年,第16页。

[2](宋)普济著,苏渊雷点校:《五灯会元》,北京:中华书局,1984年,第385～386页。

[3](宋)普济著,苏渊雷点校:《五灯会元》,北京:中华书局,1984年,第796页。

[4]郭绍虞:《沧浪诗话校释》,北京:人民文学出版社,1983年,第26页。

[5]郭绍虞:《沧浪诗话校释》,北京:人民文学出版社,1983年,第148页。

[6]陈伯海:《严羽和沧浪诗话》,上海:上海古籍出版社,1987年,第56页。

[7]郭绍虞:《沧浪诗话校释》,北京:人民文学出版社,1983年,第26页。

[8](宋)道原著,顾宏义译注:《景德传灯录译注》,上海:上海书店出版社,2009年,第1847页。

[9]郭绍虞:《沧浪诗话校释》,北京:人民文学出版社,1983年,第118页。

[10](汉)许慎:《说文解字》,北京:中华书局,2013年,第125页。

[11]郭绍虞辑:《宋诗话辑佚》,北京:中华书局,1980年,第15～16页。

[12]傅璇琮,等主编:《全宋诗》第四十七册,北京:北京大学出版社,1998年,第29080页。

[13]曾枣庄、刘琳主编:《全宋文》第三百一十九册,上海:上海辞书出版社,2006年,第89页。

[14](唐)元稹撰,冀勤点校:《元稹集》,北京:中华书局,2010年,第154页。

[15](唐)白居易撰,谢思炜校注:《白居易诗集校注》,北京:中华书局,2006年,第1339页。

[16]傅璇琮,等主编:《全宋诗》第五册,北京:北京大学出版社,1998年,第2823页。

[17]陶明濬:《文艺丛考初编》卷二,沈阳:盛京时报社,1927年,第4页。

[18]郭绍虞:《沧浪诗话校释》,北京:人民文学出版社,1983年,第26页。

[19][日]津阪孝绰:《夜航诗话》,马歌东编选:《日本诗话二十种》(上卷),广州:暨南大学出版社,2014年,第313页。

[20]尚永亮、段亚青:《尊体:严羽“本色”理论及其四大要素》,《文艺理论研究》2016年第5期,第112页。

[21] 郭绍虞:《沧浪诗话校释》,北京:人民文学出版社,1983 年,第 26 页。
[22] 曾枣庄、刘琳主编:《全宋文》第三百一十三册,上海:上海辞书出版社,2006 年,第 149 页。
[23] 钱锺书:《谈艺录》,北京:商务印书馆,2011 年,第 550 页。
[24] 郭绍虞:《沧浪诗话校释》,北京:人民文学出版社,1983 年,第 148 页。
[25] 吴文治编:《韩愈资料汇编》,北京:中华书局,1983 年,第 470 页。
[26] 钱锺书:《谈艺录》,北京:商务印书馆,2011 年,第 556 页。
[27] 郭绍虞:《沧浪诗话校释》,北京:人民文学出版社,1983 年,第 7 页。
[28] 郭绍虞:《沧浪诗话校释》,北京:人民文学出版社,1983 年,第 144 页。
[29] 郭绍虞:《沧浪诗话校释》,北京:人民文学出版社,1983 年,第 151 页。
[30] 郭绍虞:《沧浪诗话校释》,北京:人民文学出版社,1983 年,第 158 页。
[31] 郭绍虞:《沧浪诗话校释》,北京:人民文学出版社,1983 年,第 192 页。
[32] (宋)戴复古著,金芝山点校:《戴复古诗集》,杭州:浙江古籍出版社,2012 年,第 228 页。
[33] 郭绍虞:《沧浪诗话校释》,北京:人民文学出版社,1983 年,第 252～253 页。
[34] (唐)韩愈著,刘真伦、岳珍校注:《韩愈文集汇校笺注》,北京:中华书局,2010 年,第 619 页。
[35] (清)郭庆藩撰,王孝鱼点校:《庄子集释》,北京:中华书局,1961 年,第 309 页。
[36] (清)何文焕辑:《历代诗话》,北京:中华书局,2004 年,第 680 页。
[37] 王运熙:《中国古代文论管窥》,济南:齐鲁书社,1987 年,第 227 页。
[38] 郭绍虞:《沧浪诗话校释》,北京:人民文学出版社,1983 年,第 26 页。
[39] (梁)钟嵘著,王叔岷笺证:《钟嵘诗品笺证稿》,北京:中华书局,2007 年,第 72 页。
[40] (清)何文焕辑:《历代诗话》,北京:中华书局,2004 年,第 681 页。
[41] (清)王士祯:《师友诗传续录》,《清诗话》,北京:中华书局,1963 年,第 150 页。
[42] (金)元好问著,狄宝心校注:《元好问文编年校注》,北京:中华书局,2012 年,第 1150～1151 页。
[43] 郭绍虞:《沧浪诗话校释》,北京:人民文学出版社,1983 年,第 173 页。
[44] 郭绍虞:《沧浪诗话校释》,北京:人民文学出版社,1983 年,第 189 页。
[45] 郭绍虞:《沧浪诗话校释》,北京:人民文学出版社,1983 年,第 151 页。
[46] (宋)戴复古著,金芝山点校:《戴复古诗集》,杭州:浙江古籍出版社,2012 年,第 228 页。
[47] 郭绍虞:《沧浪诗话校释》,北京:人民文学出版社,1983 年,第 151 页。
[48] 郭绍虞:《沧浪诗话校释》,北京:人民文学出版社,1983 年,第 140 页。
[49] 丁福保辑:《历代诗话续编》,北京:中华书局,2006 年,第 450 页。
[50] 郭绍虞:《沧浪诗话校释》,北京:人民文学出版社,1983 年,第 140 页。
[51] (明)许学夷:《诗源辩体》,北京:人民文学出版社,1987 年,第 327 页。
[52] (明)许学夷:《诗源辩体》,北京:人民文学出版社,1987 年,第 103 页。
[53] (明)许学夷:《诗源辩体》,北京:人民文学出版社,1987 年,第 48 页。
[54] (明)胡应麟:《诗薮》,上海:上海古籍出版社,1979 年,第 114 页。
[55] (唐)李白著,(清)王琦注:《李太白全集》,北京:中华书局,1977 年,第 1050 页。

市民史诗与黑格尔的现代小说观

张郁茹

（浙江大学美学与批评理论研究所，浙江杭州，310058）

内容摘要：市民史诗指的是在市民社会背景下诞生的现代小说，它的出现标志着现代社会人的生存方式与精神生活发生巨大转变。黑格尔通过市民史诗概括了小说对史诗的传承，揭示了小说与市民社会的独特联系，他对市民史诗的反应和态度是对市民社会及其伴随而来的现代性的反应和态度。因此市民史诗既是传统与现代之间的转折点，也是思考市民社会与现代性问题的重要切入点。重返市民史诗概念和黑格尔的现代小说观能够唤起对小说价值的重视，为重审现代性问题带来一定启发。

关键词：黑格尔；市民史诗；现代小说；现代性

市民史诗概念的提出最早可以追溯至英国小说家亨利·菲尔丁，他将小说归类为史诗体裁，并在自己的第一部作品《约瑟夫·安德鲁传》中表示这是一部散文体喜剧性史诗(a comic epic-poem)[1]。之后德国小说家魏策尔在自己的小说前言中将维兰特的小说《阿伽通》称作是“市民史诗(Bürgerliche Epopoe)”[2]。但正如巴赫金所说的那样，黑格尔是这一系列小说理论的集大成者[3]，因为黑格尔揭示出了市民社会与现代小说之间的本质联系，使市民史诗这一说法流行开来并被普遍接受，之后的西方学术界所引用的市民史诗概念也大多以黑格尔的说法为主要依据。在西方学术界，尤其是德语文论界，将市民史诗代指现代小说的用法屡见不鲜，但中国学术界对市民史诗这一重要概念还比较陌生，也对黑格尔的现代小说观缺乏必要的重视和讨论。众多欧洲学者在回溯西方现代小说发展史之时，只注意到现代社会对小说的影响，而忽略了小说之于现代性的重要意义。以市民史诗与黑格尔的现代小说观为基点，或许能够为我们思考市民社会与现代性问题打开小说理论的维度。

一、现代小说的诞生：市民社会的市民史诗

关于西方小说的源头争论不一，若以叙事性散文体作为线索，最早可以追溯至公元1—2世纪古罗马作家佩特罗尼乌斯的《萨蒂利孔》和阿普列乌斯的《金驴记》。文艺复兴之后，这类叙事性散文有了进一步发展，14世纪意大利作家薄伽丘的《十日谈》，16世纪法国作家拉伯雷的《巨人传》以及17世纪西班牙作家塞万提斯的《堂吉诃德》和英国作家约翰·班扬的《天路历程》等作品都已初具现代意义上的小说雏形。在小说的

形成发展过程中，宗教故事、史诗、传奇、寓言等叙事性文体都对小说产生了不同程度的影响。而在黑格尔看来，对小说影响最大的莫过于史诗。早期的史诗是由行吟诗人和杂耍艺人朗读，在普通集市、浴场中口耳相传、在王室大厅里被高声吟唱的传说。“‘史诗’一词来源于希腊单词 epein，‘说’的意思。只有可以说出来的故事，才有可能成为真正的史诗。”[4]史诗的这种“可叙述性”让不识字的人也能通过“听故事”接触到它们，使其在印刷时代之前的广泛传播成为可能，进而帮助史诗精神进一步在欧洲思想中根深叶茂，成为欧洲文化的核心。

史诗作为故事的可叙述性以及广为流传的大众性在小说体裁中得以延续。黑格尔在《美学讲演录》(1820—1829)中提道：“至于近代市民阶级的史诗，即小说，却完全不同。在这种体裁里，一方面像史诗叙事一样，充分表现出丰富多彩的旨趣、情况、人物性格、生活状况乃至整个世界的广大背景；但是另一方面却缺乏产生史诗的那种原始的诗的世界情况。”[5]在这段话中，黑格尔将现代小说称作是市民史诗，指出了小说在叙事技巧的运用、人物性格的塑造、生活状况的描述以及人类情感的表达等方面对史诗这一体裁的继承。但更重要的是，黑格尔也揭示了史诗和市民史诗之间的重要差别，即产生史诗的年代和小说兴盛时期的“世界情况”不同，前者是原始社会的产物，后者出现于资产阶级现代化进程影响下的市民社会。

市民社会指的是社会各成员作为独立的个人的联合，这种联合主要通过满足社会成员的需要、保障人身和财产的法律制度以及维护社会成员的特殊利益与公共利益的外部秩序而建立起来。作为资本主义现代化进程中历经的一种特殊社会形态，市民社会包含了传统社会在经济、政治、文化等方面向现代社会的过渡和变化，具体包括从过去的乡村主导型社会过渡到城市主导型社会，从神权社会过渡到世俗社会，从贵族社会过渡到大众社会，从以政治为中心的社会过渡到以商业为中心的社会。18 世纪以来，法国、德国、英国等西欧国家资产阶级现代化进程加快，由商人、工匠、农场主、制造业者等组成的市民阶级力量在这些国家逐步壮大。市民阶级构成了国家经济的主体，成为实现国家民主政治变革的重要一环，促使这些国家进入了全新的市民社会阶段。黑格尔在《法哲学原理》(1821)一书中将现代伦理生活分为家庭、市民社会和国家三大环节，他表示：“市民社会是在现代世界中形成的，现代世界第一次使理念的一切规定各得其所。”[6]黑格尔认为，古典世界和现代世界的最大差别在于，古典世界只有家庭和国家，而没有市民社会。

现代市民社会催生出了以市民阶级为主角的成熟的市民文化。18 世纪西欧市民文化的重要主题是追求享乐和财富，为了满足市民阶层的趣味，市场上开始出售纺织品、乐器、银器、瓷器等曾经只能出现在王宫、庄园中的手工艺品，海边度假、赛马、旅行成为一种潮流，大众剧院里挤满了前来观看歌剧、话剧、舞剧等演出的观众。同一时期，主要表现市民阶级日常生活与情感世界的市民剧在法国、德国开始盛行。小说和市民剧一样，是市民文化的重要组成部分，呼应了市民阶层休闲生活的需求，小说中常见的金钱和爱情两大主题是当时市民文化精神和市民社会秩序的体现。与此同时，市民阶层也构成了小说主要的读者群体，他们对小说抱有的期待就是能够通过阅读充满现实感的故事打发闲暇时光和收获快乐，于是小说在市民社会广为流行，它们化身为廉价小册子，出现在图书馆、咖啡厅、火车站等公共场所。

在黑格尔看来，史诗与小说风格的差异主要在于两者诞生时代不同。产生史诗的英雄时代属于古典世界，这一时期的社会法律秩序尚未制定，英雄们性格独立自主，行为完全由个人意向决定，家庭生活和社会生活都未脱离和自然的生动的联系，占据主导地位的是具有集体性和民族性特质的原始精神。因此古典世界诞生的史诗善于用宏大崇高的叙事风格和有代表性的英雄人物表现全民族的精神，比如《伊利亚特》中对特洛伊战争的刻画和《贝奥武甫》中对贝奥武甫这位日耳曼英雄的歌颂。但在产生小说的年代，"外在世界的偶然情况现在已转化为公民社会和国家的固定安稳的秩序，所以警察制度、法律、军队、国家行政机构代替了过去骑士们所追求的虚幻的目的"[7]。因此"现代世界情况"受到散文似的秩序而非诗的秩序支配，"史诗已脱离了近代各民族的巨大事迹，而逃到乡村和小城市的家庭生活的狭窄范围里去找材料"[8]。于是现代小说笔下的主角从集体转向个人，主题也从宏大的历史事件变成了日常生活，笛福的《摩尔·弗兰德斯》、理查逊的《帕梅拉》和菲尔丁的《汤姆·琼斯》等就是对18世纪英国普通市民阶级现实生活的真实还原。

马克思在《黑格尔法哲学批判》中继承了黑格尔的市民社会概念，并对市民社会与市民日常生活的关系进行了专门的阐释和说明，他表示"私人生活的抽象只是近代的特点"[9]，因为在古典世界，个人生活和公共生活之间并没有明显的分野。循着这条线索看待小说史就可以发现，小说主人公的日常生活远离公共性、历史性、整体性的过程，正是作为一门新兴文学形式的小说远离史诗和悲剧，逐渐走向独立的过程，同时也是西方传统社会过渡到现代化市民社会的过程。黑格尔之所以将小说称作市民社会的史诗，正是因为他认识到，艺术与产生它的时代社会有着密切联系。现代世界牢固的市民社会秩序与市民文化精神是市民史诗诞生的必要前提条件，市民社会繁荣的商业发展为小说文本的生产、消费提供了经济支持，市民阶级的日常生活为小说家们的创作提供了大量的原始素材等等。这些诸多因素共同促成了作为市民社会的史诗的现代小说的诞生。

二、现代性困境：黑格尔对现代小说的两种态度

虽然黑格尔围绕着小说展开的相关论述并不算多，但他的小说观影响广泛且深远，这很大程度上得益于卡尔·尼古莱、卡尔·罗森克朗茨、菲舍尔等19世纪重要的德语理论家的继承与发扬，他们都是黑格尔主义者，并在自己的著作中对黑格尔的现代小说观进行了阐述，他们的著述合力奠定了小说理论的哲学化基础。除此之外，黑格尔的现代小说观对之后的文学批评实践也产生了重要影响，意大利文学批评家圭多·马索尼(Guido Mazzoni)在自己的《小说理论》一书中指出，黑格尔主义的小说理念深深地影响了20世纪的批评界[10]。纵观黑格尔的美学谱系可以发现，市民史诗这一说法并非被随意提出，现代小说观包含在黑格尔的历史哲学、艺术哲学以及唯心主义哲学视域下。鉴于小说在18世纪市民文化中所占据的中心地位，黑格尔不可避免地将其纳入思考范围。但要进一步理解市民史诗以及黑格尔的现代小说观，还有一个关键的问题需要解答，即黑格尔本人对现代小说这一新兴文学形式的到来究竟持何种

态度？

有学者从黑格尔的美学体系中发掘出黑格尔对现代小说的轻视态度。黑格尔将艺术分为象征型、古典型与浪漫型三种类型，象征型艺术主要产生于艺术发展的初期阶段，代表作是东方的原始艺术。但象征型艺术具有两点不足：一是象征艺术的内容意蕴不能完全体现于表现方式，二是理念与形式互不相符。在象征型艺术之后诞生的古典型艺术克服了象征型艺术的缺陷，因此是最理想的艺术形式。黑格尔提到，在人与自然合而为一的古希腊，“古典型艺术达到了最高度的优美，尽了艺术感性表现所能尽的能事”[11]。而到了罗马时期，基督教出现，古典型艺术向浪漫型艺术转变。浪漫型艺术打破了古典型艺术的那种理念与现实之间统一的理想状态，意味着感官世界和理想世界的分离，艺术无法将自然感官的世界转化为其自身的美[12]。在黑格尔看来，史诗属于古典型艺术，是完满的艺术类型。但在近代完全发达的市民社会秩序下，过去自由的情感抒发和随心所欲的表达不复存在，取而代之的是情欲、意图的被压抑。在个人心理无法充分反映外部世界的情况之时，艺术作品失去了现实个体的完整性和有生命的独立自主性[13]，于是具有“散文特性”的浪漫型艺术——小说开始替代史诗。

马克思及其追随者们继承了黑格尔关于“个体意识与外部世界分离”的观点，认为资本主义社会的人因劳动分工而产生的异化现象正是因为作为劳动者个体的意识与外部世界相脱离，并以此为依据对资本主义现代化进程予以严厉批判。基于这样的前提，著名文学批评家韦勒克得出结论说，黑格尔并不看好市民史诗，因为黑格尔在《美学》中评价小说“缺乏诗的世界态势的支撑，所以他视之为散文，非艺术，单纯模仿。他巧妙地嘲笑德国教育小说总是这样结尾：青年娶个姑娘，谋个职位，末后安居乐业犹如腓利斯人，和凡夫俗子一样”[14]。不仅是黑格尔，同时期的席勒在《论天真的诗和感伤的诗》中也对当时热门的几部长篇小说持轻视态度，表示它们只是供读者取乐而已，“无权获得杰作的美名”[15]。

另一边，晚期的黑格尔也曾在作品中表达过对现代小说的期许，这与德国早期浪漫派对小说的评价有关。对于浪漫主义者施勒格尔、诺瓦利斯等人来说，在诗歌不可避免地走向衰落的情况下，融合了诗歌抒情性特征的诗化的小说是表达自己人生观、艺术观、社会观，抒发自由、唯心的浪漫主义精神的最佳形式。比如斯特恩的《项狄传》就是这样一部极具诗化特色，充分体现了浪漫时代幽默特征的小说。在这部小说中，斯特恩首次实现了叙事作品中叙事者与主角的高度融合，现代社会中人的思索、心理、情绪等都借助小说展现。除《项狄传》外，浪漫派讨论较多的一部现代小说是塞万提斯的《堂吉诃德》。这部作品的主人公堂吉诃德自封为骑士，和他的随从桑丘·潘沙一路干出了许多荒诞滑稽的行径，因此被当作对浪漫传奇的幽默戏仿。在塞万提斯生活的年代，西班牙正处于腓力二世的统治之下，这位西班牙最高天主教国王生性多疑、偏执，给当时的西班牙社会带来了很大的痛苦和灾难。塞万提斯借助讽刺笔法对现代社会的新秩序展开了尖锐的批评，同时也利用堂吉诃德这个假骑士的形象戏谑地消解了骑士世界与现代世界之间的矛盾冲突，打破了人们试图回到骑士世界的不切实际的幻想。除此之外，歌德的《威廉·麦斯特的学习时代》、蒂克的《施特恩巴尔德的游历》以及弗·施莱格尔的《卢琴德》等都可以算作体现了浪漫主义风格的小说，也曾受到过浪漫派的关注和喜爱。

虽然黑格尔毫不吝惜对史诗的赞美，但他清醒地认识到，史诗已经属于一种过去的体裁，“不管是荷马和梭福克勒斯之类诗人，都已不可能出现在我们的时代里了，从前唱得那么美妙的和说得那么自由自在的东西都已唱过说过了”[16]。史诗作为原始社会的书，用于记录全民族的故事，表现全民族的原始精神，而到了市民社会，“关于现代民族生活和社会生活，在史诗领域有最广阔天地的要算长短程度不同的各种小说”[17]。因此黑格尔希望小说在还原生动事迹、人物及其命运的表现、描述方式等方面向史诗学习，从而记录市民社会历史，还原市民社会的精神原貌。比如歌德那部描写小市民生活的叙事诗《赫尔曼和多罗泰》就是“在小城市家庭范围里复活了《奥德赛》和《旧约》里关于宗法社会的描述中所表现的那种原始人类系的不朽的动人的魅力”[18]。市民史诗的意义在于，在史诗已经回不去的年代，市民史诗能够承接起和原始社会的史诗一样的重任，调和现实世界与古代世界之间的断裂，延续史诗精神。从这个角度看，黑格尔和浪漫派一样，对现代小说持较为积极的态度。

总的来说，黑格尔对市民社会和市民史诗的态度是矛盾的。一方面，黑格尔对新出现的市民社会表现出强烈的批判态度。黑格尔所处的年代正是古典世界向现代世界转型的变革期，市民社会带领人类历史进入了一个全新的社会形态，传统社会稳定不变的格局被打破，而现代世界带来的裂变及其对普遍性和整体性的拒斥都使它难以捉摸。黑格尔在《精神现象学》中提出：“人的精神已经跟他旧日的生活与观念世界决裂，……升起的太阳就如闪电般一下子建立起了新世界的形象。”[19]黑格尔与浪漫派面临着的共同难题是，在分裂的市民社会，如何守护现代世界生活的统一性。在这个意义上，黑格尔将市民社会描述为是“毁灭的王国”，在其《美学》中也对庸俗市民社会和庸俗市民进行了嘲讽[20]。因此黑格尔对市民社会产生的市民史诗抱有一定偏见。但另一方面，黑格尔也同样注意到市民社会促进了个人意识的觉醒，古典社会无法容纳的主观自由的原则在市民社会得以安放。黑格尔承认市民社会是现代世界特有的伟大成就，市民史诗自然也是这一伟大成就中的一部分。正如弗雷德里克·拜塞尔总结出的黑格尔对市民社会的态度那样，“黑格尔讨论市民社会时最引人注目的是，他对于市民社会的客观公正的评价——他试图既保存它，又否定它”[21]。

在回答如何面对艺术作品中“现实个体的完整性”和“有生命的独立自主性”的消失这一问题时，黑格尔表示尚有恢复的可能性和必要性，他举了席勒的早期作品为例，并对席勒在作品中通过“反抗整个市民社会本身”而试图“在近代现实情况中恢复已经丧失的艺术形象的自足性”[22]这一方式表示赞赏。从黑格尔对席勒的认可中可以发现，黑格尔同时对市民史诗持既消极又积极的立场，主要原因不在小说本身，而在于他对市民社会的矛盾态度。事实上，席勒的观点代表了18世纪末和19世纪初期的欧洲理论家对小说的普遍偏见，而产生这种偏见的部分原因在于他们过于忽视小说的主体性地位，只看到时代对小说的影响，而未能注意到小说不仅是“时代的儿子”，同时也是现代性的重要象征。小说与现代性的独特联系以及与现代市民阶层的精神联结都决定了它是现代社会极其重要且必要的艺术形式。

三、小说与现代性：市民史诗的社会价值

哈贝马斯在《现代性的哲学话语》中提出，黑格尔是“第一位意识到现代性问题的哲学家”[23]。但哈贝马斯未能注意到的是，在黑格尔对现代性问题的思考中，小说是重要的切入点。黑格尔意识到市民社会的资本主义文化精神与极具现代化意味的小说息息相关，小说诞生于市民社会，是市民社会最典型的艺术形式，“它表达现代性，同时现代性也在其中认识自己”[24]。马克思、恩格斯在《共产党宣言》中所说的那句名言：“一切等级的和坚固的东西都烟消云散了，一切神圣的东西都被亵渎了。”[25]正是对现代社会飘忽不定和世俗化特质的精准概括。在黑格尔之后的卢卡奇、巴赫金、乌纳穆诺、奥尔特加等人就小说与现代性问题展开的讨论，很大程度上要归功于黑格尔对现代小说与市民社会关系的揭示。

首先，“小说是现代性流动不定精神的最显著代表”[26]。从文艺创作方面看，古典主义向浪漫主义的过渡不仅包含着文艺创作内容与风格的过渡，同时也意味着文艺形式的转变。虽然歌德、谢林、黑格尔等都倾向于将古典史诗和现代小说归为史诗叙事(epic narration)源头下的不同分支，但他们都承认无论从叙事技巧还是诗性表达上，小说这一体裁都与古典史诗有着本质区别。史诗是严整规范、结构完整的韵文体，而小说则是最自由随意的散文体。亚里士多德专门针对史诗提出了“有机整体”的概念，要求史诗实现在人物事迹、动作情节、内心世界与外在环境的整一。而现代小说在叙事上则以情节为主导，小说人物可以随意行动，体例上也没有严格的写作范式。巴赫金表示，在现代社会之前，各种文学体裁之间共同构成一个有机整体，他们相互补充、和谐共处。但随着现代社会的开启，市民生活发生了变化，各门体裁所能起到的作用也就相应发生了变化。“正是现实生活中的变化对小说起着决定的作用，也决定了小说在该时期的统治地位。……小说是这个新世界产生的唯一体裁，在一切方面都同这个新世界亲密无间。”[27]在巴赫金看来，史诗已经成为一门衰老的体裁，但小说作为正在发展着的体裁，能够在现代社会汲取养分并获得长久的生命力。

其次，小说对现代世界的人的心灵与情感需求进行了积极回应。与现代小说同时出现的是人类学、教育学、心理学等关注人的学科的建立，但较之这些学科而言，“小说这一文学形式最充分地反映了这种个人主义的、富于革新精神的价值取向”[28]，也更加侧重对人的内心的关注和挖掘，能够对市民社会个人生活与情感作出真实反映，因此是最合适市民社会的文学体裁。托多罗夫曾说：“认知并不必然借助科学的途径：要洞察人类行为的奥秘，阅读一部伟大的小说要比一本社会学研究著作更清楚。”[29]卢梭的《新爱洛依丝》、歌德的《少年维特之烦恼》、夏多布里昂的《勒内》等小说都足以说明，小说作为启蒙时代最流行的文学形式，在对个人经验的重视、个性的发展、自我真实的寻找以及自我思想的表达等方面都具有积极意义。不仅如此，小说在对个人体验的真实性方面的追求，也延续了托马斯·里德、洛克和笛卡尔等现代哲学家在关于“追求真理完全是个人的事情”这一话语的论说。当哲学与科学逐渐遗忘了人的存在时，正是小说将其唤起。唯其如此，才更能理解米兰·昆德拉在《小说的艺术》中的提醒：“十八世纪不光是卢梭、伏尔泰、霍尔巴赫的世纪，而且是(尤其是!)

菲尔丁、斯特恩、歌德和拉克洛的世纪。……我们判断一个世纪的精神不能仅仅依据它的思想，它的理论概念，而不去考虑它的艺术，尤其是它的小说。”[30]

最后，小说在世俗化运动中起到了至关重要的作用，具有与建筑、绘画、音乐等其他传统艺术形式所不可替代的宣传功能。启蒙理性精神的张扬、科学的发展、个人主义的崛起促使宗教“神权至上”的信条走向瓦解。不少小说直指宗教的虚伪、专制、愚昧思想，并对其展开控诉，比如拉伯雷的《巨人传》、伏尔泰的《老实人》开启了对宗教的批判，直至后来的梅里美的《查理第九时代轶事》、雨果的《巴黎圣母院》等小说也都延续了这一题材。除此之外，宗教信仰的崩塌导致人们陷入了矛盾的纠葛和斗争之中，心灵无所依托，自身变得孤独且无意义，于是转而借助小说反映和承接时代情绪。世界文学史的第一部伟大的小说《堂吉诃德》就“产生于基督教的上帝开始离弃世界的那个时代之初”[31]。现代性的精神危机也驱使一些小说家们在现实之外的乌托邦寻求心灵寄托，一个可畅想的“美丽新世界”在斯威夫特的《格利佛游记》、查尔斯·金斯莱的《水孩子》以及刘易斯·卡罗尔《爱丽丝梦游仙境》等小说中得以实现。

面对信仰失落的社会，一些知识精英试图重新确立一个与超自然无关的信仰神话，而小说极强的传播力度无疑是他们用于思想宣传的最佳选择。比如这部深深受到马修·阿诺德文化代宗教观念影响的，由阿诺德的侄女汉弗莱·沃德夫人创作，在 19 世纪末 20 世纪初的英语世界大受欢迎的小说——《罗伯特·埃尔斯密尔》(*Robert Elsmere*)。小说主人公埃尔斯密尔在英国担任国教会牧师，却在世俗化浪潮中丧失了对正统基督教的信仰。但是埃尔斯密尔并未如大部分人所做的那样变成一个无神论者，或是成为基督教的敌对者，而是最终选择重新确立一个信仰体系，以便拯救丧失信仰的人们重新找到心灵的归属。由此可见，无论是对基督教的摒弃，还是对新的意识形态信仰的建立，都表明了小说已经成为世俗化运动过程中不可或缺的一个环节，且深刻地参与其中。

曾有学者试图消解小说在当今叙事文学的中心地位，他们表示：“小说中心论对叙事文学研究而言是不幸的，其原因有二。首先，它将我们与历史上的叙事文学和文化割裂开来；再者，它将我们与未来的文学甚至今天的先锋创作割裂开来。”[32]而黑格尔的市民史诗概念与现代小说观正是对这一说法的有力反驳。现代小说的出现受到市民社会和市民阶级的关键性影响，但同时也不能忽视，小说也是在市民社会与市民阶级的需求的呼声中出现，对现代社会的文明与发展都作出了重要贡献。美国著名文学评论家哈罗德·布鲁姆在评价奥威尔的小说创作时称，奥威尔的《1984》直至今日依旧有意义，是因为“作为一个时代的产物，而不仅仅是将它写下来的那个人的作品，《1984》具有一种非凡的力量，不是美学上的，而是社会性的力量”[33]。西班牙学者乌纳穆诺将堂吉诃德当作是给西班牙民族甚至全人类带来宝贵遗产的思想的英雄[34]。《1984》和《堂吉诃德》不是个例，小说向来具备描述社会发展、反映社会思想、为社会成员提供精神力量等功能。黑格尔在 19 世纪初期就能意识到史诗与小说之间的传承关系，并对现代小说的现代性特质进行精准概括，可见其伟大之处。时至今日，通过重返黑格尔的“市民史诗”概念及其现代小说观，在让我们对现代小说兴起的原因、小说的现状以及小说未来的发展有了更为深入的思考的同时，也能帮助我们借助小说视角重审现代性议题。

注释：

[1] H. Fielding, Joseph Andrews, London: Penguin Books Ltd. 1977, p. 25.

[2] 谷裕:《现代市民史诗——19世纪德语小说研究》,上海:上海书店出版社,2007年,第81页。

[3] [苏]巴赫金:《小说理论》,白春仁、晓河译,石家庄:河北教育出版社,1998年,第512页。

[4] [英]尼古拉斯·朱伯:《史诗大陆》,马泽民、谭年琼译,杭州:浙江人民出版社,2018年,第Ⅶ页(前言)。

[5] [德]黑格尔:《美学》(第三卷下册),朱光潜译,北京:商务印书馆,2019年,第167页。

[6] [德]黑格尔:《法哲学原理:或自然法和国家学纲要》,范扬、张企泰译,北京:商务印书馆,2021年,第225页。

[7] [德]黑格尔:《美学》(第二卷),朱光潜译,北京:商务印书馆,2019年,第363页。

[8] [德]黑格尔:《美学》(第三卷下册),朱光潜译,北京:商务印书馆,2019年,第186页。

[9] K. Marx, "Critique of Hegel's Doctrine of State", in Early Writings, Harmondsworth: Penguin, 1975, p. 90.

[10] F. Campana, The End of Literature, Hegel, and the Contemporary Novel, Cham: Palgrave Macmillan, 2019, p. 159.

[11] [德]黑格尔:《美学》(第一卷),朱光潜译,北京:商务印书馆,2019年,第99页。

[12] B. Stocker, Philosophy of the Novel, Cham: Palgrave Macmillan, 2018, p. 71.

[13] [德]黑格尔:《美学》(第一卷),朱光潜译,北京:商务印书馆,2019年,第248页。

[14] [美]韦勒克:《近代文学批评史:1750—1950(修订版)》(第2卷),杨自伍译,上海:上海译文出版社,2020年,第430页。

[15] [德]席勒:《席勒文集》(6,理论卷),张佳珏,等译,北京:人民文学出版社,2005年,第126页。

[16] [德]黑格尔:《美学》(第二卷),朱光潜译,北京:商务印书馆,2019年,第381页。

[17] [德]黑格尔:《美学》(第三卷下册),朱光潜译,北京:商务印书馆,2019年,第181页。

[18] [德]黑格尔:《美学》(第三卷下册),朱光潜译,北京:商务印书馆,2019年,第187页。

[19] [德]黑格尔:《精神现象学》(上卷),贺麟、王玖兴译,北京:商务印书馆,1979年,第7页。

[20] [德]黑格尔:《美学》(第二卷),朱光潜译,北京:商务印书馆,2019年,第363～364页。

[21] [美]弗雷德里克·拜塞尔:《黑格尔》,王志宏、姜佑福译,北京:华夏出版社,2019年,第285页。

[22] [德]黑格尔:《美学》(第一卷),朱光潜译,北京:商务印书馆,2019年,第248页。

[23] [德]哈贝马斯:《现代性的哲学话语》,曹卫东,等译,南京:译林出版社,2004年,第51页。

[24] F. Campana, The End of Literature, Hegel, and the Contemporary Novel, Cham: Palgrave Macmillan, 2019, p. 114.

[25] [德]马克思、恩格斯:《共产党宣言》,北京:人民出版社,2018年,第31页。

[26] [德]恩斯特·贝勒尔:《德国浪漫主义文学理论》,李棠佳、穆雷译,南京:南京大学出版社,2017年,第152页。

[27] [苏]巴赫金:《小说理论》,白春仁、晓河译,石家庄:河北教育出版社,1998年,第509页。

[28] [英]伊恩·瓦特:《小说的兴起》刘建刚、阎建华译,北京:中国人民大学出版社,2020年,第5页。

[29] [法]茨维坦·托多罗夫:《启蒙的精神》,马利红译,上海:华东师范大学出版社,2012年,第96页。

[30] [法]米兰·昆德拉:《小说的艺术》,董强译,上海:上海译文出版社,2014年,第203～205页。

[31] [匈]卢卡奇:《小说理论》,燕宏远、李怀涛译,北京:商务印书馆,2016年,第93页。

[32] [美]斯科尔斯、费伦、凯洛格:《叙事的本质》,于雷译,南京:南京大学出版社,2015年,第6页。

[33] [美]哈罗德·布鲁姆:《小说家与小说》,石平萍、刘戈译,南京:译林出版社,2018年,第399页。

[34] [西]乌纳穆诺:《生命的悲剧意识》,段继承译,上海:上海人民出版社,2019年,第307页。

【古代文学文献学研究】

《诗·大明》《閟宫》“赫赫”考论

郝 潇

（中国社会科学院大学，北京，102488）

内容摘要：“赫”字在早期有两种意思：一是“大”“赤”，引申作显赫义；二是恐惧义，与“虩”互用，典籍中也写作“嚇”。《诗经》中“赫赫”一词多见，就其用法来看，或称美功业地位，或褒美宗国，或嗟叹大灾等。关于“赫赫”词义的选取，《诗经》的传解系统出现明显的整齐化倾向，历代学者多倾向于取光明、显赫义。通过考察能够发现，《诗·大雅·常武》“赫赫业业”中的“赫赫”显为恐惧义，如此则“赫赫”在《诗经》中不全都是光明、显赫义。结合经文及其生成背景，如西周以祖配天制度、姜嫄感生故事等，能够发现《大明》和《閟宫》中的“赫赫”，亦当解为恐惧义，而引申作敬慎。

关键词：赫赫；以祖配天；感生故事；《大明》；《閟宫》

一、《诗经》“赫赫”及其故训问题

在《诗经》中，“赫”大多如字读，有时也通假作“嚇”，与“虩”同。从语音的角度来看，“赫”字上古音属晓母铎部，与同属晓母铎部的“虩”字声韵俱同。从语义的角度来看，“赤”字与“虩”字或为同源关系。从“赤”的字，除典籍中常见的引申为光明、显赫一类的意思，还可以引申作忧惧一类的意思。

《诗·邶风·简兮》云“赫如渥赭，公言锡爵”，《毛传》云“赫，赤貌”[1]。根据《毛诗》经传，“赫”的本义除了“大”“赤”，还引申作显赫、盛怒、威明一类的意思。如《诗经·大雅·生民》云“以赫厥灵，上帝不宁”，《毛传》云“赫，显也”。《诗·大雅·常武》云“赫赫明明，王命卿士”，《毛传》云“赫赫然盛也”。《诗·大雅·皇矣》云“王赫斯怒，爰整其旅”，《毛传》云“赫，怒意”。《诗·大雅·皇矣》云“皇矣上帝，临下有赫”，朱熹《集传》云“赫，威明也”[2]。

《诗经》中的“赫赫”，历代学者多以为从“大”“赤”、意为光明、显赫。但“赫赫”在《诗经》中不全都是光明、显赫的意思，“赫”字在早期还有另一种意思，与“虩”互用，典籍中也写作“嚇”，意为恐惧。《诗·大雅·常武》“赫赫业业”中的“赫赫”即本为表恐惧义的“虩虩”。“赫赫业业，有严天子”可与《诗·大雅·云汉》“兢兢业业，如霆如雷”

(又见《书·皋陶谟》)参照对读。“业业”意为“危惧”。《常武》中“赫赫”与“业业”连言，二者语意相同或相近。“赫赫”即“虩虩”，《说文》云“虩，恐也”。《常武》“有严天子”之“有严”，王人聪、陈剑、张德良和吴雪飞均认为是“敬”的意思。《常武》一诗记载了周宣王亲征徐国的史事，结合诗篇上下文特别是“如雷如霆”“如震如怒”等句，可知“赫赫业业，有严天子”的意思即恐惧战兢，敬畏天子。

《诗经》中“赫赫”一词多见。就其用法来看，或称美功业地位，如《商颂·那》“於赫汤孙”、《小雅·出车》“赫赫南仲”和《小雅·节南山》“赫赫师尹”；或褒美宗国，如《小雅·正月》“赫赫宗周”和《大雅·常武》“赫赫明明”；或嗟叹大灾，如《大雅·云汉》“赫赫炎炎”。此外，与《常武》“赫赫业业，有严天子”相类，《大雅·大明》“赫赫在上”和《鲁颂·閟宫》“赫赫姜嫄”中“赫赫”的训读需要放回到辞义流变过程中再考察。

二、以祖配天制度视域下的《大明》“赫赫”

《诗·大雅·大明》篇中的“赫赫”，历代学者多释为光明显赫貌，结合经文及其生成背景来看，当应读为“虩虩”，释为“小心、畏惧”。与西周以祖配天制度相关，“在上”的祖先不宜用显赫来形容。《大明》首章云：“明明在下，赫赫在上。天难忱斯，不易维王。天位殷適，使不挟四方。……维此文王，小心翼翼。昭事上帝，聿怀多福。厥德不回，以受方国。”

“明明在下，赫赫在上。”《毛传》云：“明明，察也。文王之德，明明于下，故赫赫然著见于天。”《郑笺》云：“明明者，文王武王施明德于天下，其征应炤皙见于天，谓三辰效验。”《毛传》虽然没有直接解释“赫赫”，但用“赫赫”修饰“著”，其所释应该就是“光明显赫”之义。《郑笺》也没有直接解释“赫赫”，但“炤皙见于天”也应是“光明显赫”之义。只有陆德明《经典释文》将“赫赫”读为“虩”，释为“恐”，与《毛传》《郑笺》不同。

（一）“明明在下，赫赫在上”集释

历代学者对“明明在下，赫赫在上”有各种不同的讲法，下面把“明明”“赫赫”分开表示。

1.“明明”：主语谓文王或文王、武王。

(1)“明明”，察也，即文王仔细地察看人、事、物。如《毛传》和陈奂[3]等。

(2)“明明”，明德，即文王、武王的德行光明，昭显于天。如郑玄、朱熹[4]、胡承珙[5]、陈子展[6]、屈万里[7]和程俊英[8]等。

(3)“明”读如黾勉之“黾”，指文王、武王为人做事勤勉。如林义光[9]。

2.“明明”：主语谓上天。

“明明在下”即上天监察下界，人君的善恶无法遮掩。如严粲[10]、朱彬[11]、高亨[12]和刘毓庆[13]等。

3."赫赫"：主语谓文王。

（1）"赫赫"为光明显赫之意。如《毛传》、郑玄、朱熹、陈奂、陈子展、屈万里和程俊英等。

（2）"赫赫"，恐也。如陆德明。

4."赫赫"：主语谓上天。

"赫赫"为显赫威严貌。如严粲、朱彬、高亨和刘毓庆等。

"明明在下，赫赫在上"的主语是王，还是王和天？明代张以诚以为"邓潜谷曰：'明明在下，人克配天也；赫赫在上，天有赫监人也。'"[14]除张以诚外，历代学者极少有人认为这两句话的主语不同。为探明"明明在下，赫赫在上"主语的具体所指，可与出土文献中类似的句子相参照。金文中与之最相似的句子就是"严在上，翼在下"，战国简牍中与之最相似的就是"龏(恭)畏在上，敬显在下"。

（二）金文"严在上，翼在下"释义

金文"严在上，翼在下"一句，学者对此已有充分的讨论。容庚在《金文编》中严字条下注："《诗·六月》'有严有翼'，《传》：'严，威也。'孳乳为俨。"[15]于省吾《泽螺居诗经新证》引《虢叔旅钟》"皇考严在上，翼在下"笺证《诗经·六月》"有严有翼"句，认为"严"是威严，"翼"是恭敬[16]。徐中舒认为"严"当读作"俨"，即《毛传》所释"威严"意，"翼"为覆冒之意[17]。王冠英指出"严"应作"多言"解，并把"翼"释为"式(作法)"[18]。

不同于上述学者将"严"释作威严、并将"严"和"翼"分别作解，王人聪等学者认为"严""翼"俱当训为"敬"。王人聪指出："《六月》'有严有翼'此句，在《诗经》句法中，属于形容词并列式，即在两个单音形容词前各加一助词'有'，以加强其描写性，使之成为相当于重言的形式。'有严有翼'即是严严翼翼，亦即恭恭敬敬的意思。"[19]陈剑也认为："秦公镈、秦公及王姬钟、镈中的'不惰在(于)上'，就是'敬在(于)上'，与西周金文中习见的说先人'严在上'意近，指先人恭敬地在上帝左右……'严在上，翼在下'的意思是先人在上帝左右时和降到人间时都同样恭敬。"[20]张德良指出四十三年逨鼎铭文"皇考其严在上，翼在下，穆穆明德"，"意思是说皇考在帝廷时、回到人世间时都恭恭敬敬，敬秉明德"[21]。"穆穆明德"可从文意上为"严在上，翼在下"的释义提供佐证。吴雪飞在此基础上增加了一些疏证[22]。以上四位学者的分析均可证明"严在上，翼在下"中"严""翼"同训为"敬"，此句意即先人在上帝左右时和降到人间时都同样恭敬。

金文套辞"严在上，翼在下"，上下二句是同位语，其主语是先祖。由此推之，《诗·大明》篇的"明明在下，赫赫在上"的主语也应是先祖，"在下"和"在上"的意思分别为"在人间"和"在上帝左右"。

（三）简牍“龏(恭)畏在上，敬显在下”释义

在《清华大学藏战国竹简(三)》之《周公之琴舞》中有“龏(恭)畏在上，敬显在下”一句，与《诗经》“明明在下，赫赫在上”的句式相同。《周公之琴舞》：“六启曰：其余冲人，服在清庙。惟克小心，命不夷箸(歇)，疐天之不易。乱曰：弼(弗)敢荒在位，龏(恭)畏在上，敬显在下。”

原整理者将“龏”读为“宠”，将“敬”读为“警”，并指出这句简文与《虢叔旅钟》“皇考严在上，翼在下”有一定联系[23]。孙永凤认为“龏”读为“恭”，“畏”即畏惧，“敬”即慎[24]。季旭升在《〈清华三·周公之琴舞·成王敬毖〉第六篇研究》中指出：“金文井人妄钟(《集成》110)‘前文人其严在上’、虢叔旅钟(《集成》238.2)‘皇考严才(在)上、異才(在)下’，类似句法的主语都是先王。”[25]雷燮仁进一步把“显”读为“严”，以为“‘恭畏在上，敬显(严)在下’与金文中常见的套辞‘严在上、翼在下’文意相同”[26]。

“龏(恭)畏在上，敬显在下”证明了“严在上、翼在下”这一金文套辞表述语境的合理性，也进一步论证了“明明在下，赫赫在上”二句主语同为“祖先”的可能性。学者对“恭畏在上，敬显在下”有很多不同的意见，其中多以“恭畏”“敬显”为动词，“在上”“在下”为受词，如此主语便是在位的冲人成王，这与金文嘏辞的句法是不同的。如果以“恭畏”“敬显”为动词，“在上”“在下”为处所补语，句法与金文嘏辞相同，但主语就必须是已去世的祖先，而《周公之琴舞》此诗的主语是成王，因此原整理者的解释会形成一个两难。对此，季旭升在前引《〈清华三·周公之琴舞·成王敬毖〉第六篇研究》中指出，“‘恭畏在上，敬显在下’是成王企图效法先祖的态度，原诗末句应该是：‘乱曰：弼(弗)敢荒在位，(先王之)龏(恭)畏在上，敬㬎在下。’这里省略的‘先王’见文末，简文称之为‘文人’”。由此，这个两难也可以得到合理的解释。“龏(恭)畏在上，敬显在下”的主语即“文人”。

（四）“明明在下，赫赫在上”主语辨析

铜器铭文和清华简简文中相同的句法，应该足以证明“明明在下，赫赫在上”的主语是相同的。但是，这个主语指的是天，还是周文、武王？历代诸说仍然相持不下。于此，出土材料又再次发挥了关键性的功能。“赫赫在上”，除了可与青铜铭文相比对，在出土简帛中也有不少异文可做对照：《郭店·五行》25—26作“虩虩才上”；《马王堆帛书》197-198作“壑壑在上”；《马王堆帛书》277作“赤赤在尝”。《郭店·五行》25—26释文作：

> 见而智(知)之，智也。𦖞(闻)而智(知)之，圣也。明明，智也。虩(虩)虩(虩)，圣也。明明才(在)下，虩(虩)虩(虩)才(在)上，此之胃(谓)也。

“虩(虩)虩(虩)”，郭店简原考释没有详细说明，仅在注三二说：“虩虩，《诗》作赫赫。”[27]刘信芳[28]、刘钊[29]、魏启鹏[30]、贾淑杰[31]、王佳靖[32]和庄利果[33]皆将“虩”通假作表显赫义的“赫”。“虩虩”当如本字读，意为“恐也”。学者将“虩虩”通假作“赫赫”，释为威严显赫，于文意似有不合。据简文言，“闻君子道”和“闻而知之”即

“圣”。《说文》：“圣，通也。”此处简文中的“圣”应与《诗·邶风·凯风》“母氏圣善，我无令人”中的“圣”相同，意为“通也”，不必引申为“古圣先贤”。

《说文》：“虩虩，恐也。”将“虩虩”引申为谨慎意，“虩虩，圣也”意即“（在知贤人的事上）因为谨慎所以通达”。若将“虩虩”解释为“赫赫”，则与简文的行文逻辑不合。如果将“赫赫”解释为“威严显赫”，那么“赫赫”无论指贤人还是指知贤者的人都无法成立。贤人如果威严显赫，那么知贤者的人“闻而知之”有何“圣”可言？“威严显赫”如果指知贤人者，那么与其是否知贤人有何关系？因此，“赫赫”只能解为“小心谨慎”。“明明”也只能解释为“勉勉”。因为“勉勉”，所以才能见贤人而知之，因为“小心谨慎”，所以才能闻贤人而知之。周公“一饭三吐甫”[34]和晏子见贤人[35]都是这个道理。所以此处“虩虩”应从本义作解，引申为小心谨慎。这几句简文的大意是：“勤勉”是“智”，“谨慎”是“圣”；在下位勤勉，在上位谨慎，说的就是这个道理。

“明明在下，赫赫在上”的主语是君王既经确定，“赫赫”的语意也可以明确了，“赫赫”即“虩虩”，意思是小心谨慎。无论“明明在下，赫赫在上”的主语是文王还是武王，在上帝左右时，都不可能“威严赫赫”，只能是“小心谨慎”。“赫赫”既定，那么“明明”的意思是明察，也没有任何疑义了。“明明在下，赫赫在上”的意思是“（上帝的使者文、武王）明察得失在人间，恭谨小心在上天”。这与西周青铜铭文所显示的祖先陪侍上帝左右的历史是相合的。关于西周的以祖配天制度学者多有论述，可参前引陈剑和张德良的相关讨论。

结合金文、简文所显示的经文的生成背景来看，《大明》“赫赫在上”中的“赫赫”本应作“虩虩”。由于“虩”与“赫”二字上古音同属晓母铎部，上古声韵全同，早期文本中“虩虩”与“赫赫”有互用的情况。后世不察，以为《大明》的“赫赫”应释为显赫昭著，对诗文的理解因而产生了偏失。

三、姜嫄感生故事与《閟宫》“赫赫”

《鲁颂·閟宫》一诗，《诗序》云：“《閟宫》，颂僖公能复周公之宇也。”全诗从姜嫄说起，恭敬谨慎，其德不违。其后周人渐渐壮大，太王实始翦商；文武灭商兴周，封周公于鲁。传至僖公，能复周公之宇。《閟宫》首章云：“閟宫有侐，实实枚枚。赫赫姜嫄，其德不回。上帝是依。无灾无害，弥月不迟。是生后稷。”

“閟宫有侐，实实枚枚”，旧说以为描写姜嫄庙常闭而清静，地方广大而建筑密实。《毛传》云：“閟，闭也。先妣姜嫄之庙在周常闭而无事。孟仲子曰：‘是禖宫也。’侐，清净也。实实，广大也。枚枚，砻密也。”《郑笺》云：“閟，神也。姜嫄神所依，故庙曰神宫。”毛、郑认为这两句诗记载了姜嫄作为生下后稷的先妣，立庙受享，静閟清净的情景。历代学者大抵遵从此说（或稍做修正），只有马瑞辰以閟宫为地名，其地有神媒，姜嫄游其地，履大人迹而生稷[36]。

《毛传》引孟仲子说以閟宫为禖宫，但也只是引异说，并未接受这个解释。马瑞辰则完全从这个角度去解释閟宫，又引了纬书《春秋元命苞》说明姜嫄游閟宫，踩了大人的脚印，于是生了后稷。马瑞辰以为“閟”与“秘”通，《说文》训“秘”为“神”与《郑笺》训“閟”为“神”同，可以说明“閟宫”就是“神宫”，是祀高禖以求子的地方，而不是祀奉姜嫄的宫庙。

马瑞辰的说法，或许是因为引用《春秋元命苞》这类纬书，后世几乎无人认同。清末王先谦《诗三家义集疏》也引《春秋元命苞》，说閟宫是姜嫄行郊桑外，履迹生子，周因其地立庙，主祀先妣，因以祠禖。虽然也赞成閟宫是祭高禖，但主祀先妣，仍然把毛郑的说法糅合进来[37]。

近代战国简牍大量出土，有不少可以补证《诗经》。《上海博物馆藏战国楚竹书（二）·子羔》简9，12—13可以补证时人认为姜嫄是游于“玄咎之内”祈子、履帝武（大脚印）而怀后稷这一观点。《子羔》：“子羔问于孔子曰：‘三王者之作也，皆人子也而其父贱而不足称也欤？抑亦诚天子也欤？’孔子曰：‘……后稷之母，有邰氏之女也。游于玄咎之内，冬见芺，搴而荐之，乃见人武。履以祈祷，曰：“帝之武，尚使（怀）……”是后稷之母也。’”[38]（此处用宽式隶定，用陈剑《儒藏》释文。）

张富海指出：“简文此节谓姜原游于一种名为‘玄咎’的建筑之内，竟于冬日见可食之芺，于是拔取之而进献于上帝……上帝被姜原的虔诚所感动，所以现出了足迹，使姜原见而履之，而感生后稷。”“玄咎”与“閟宫”有关，“玄”与“閟”都有幽深、神秘的意思。“咎”表示一种建筑名称，与“宫”意义相近，可能就是见于铜器铭文中的“寛”这种建筑[39]。“閟宫”，《孔疏》曰：“盖以姜嫄祈郊禖而生后稷，故名姜嫄之庙为禖宫。”廖名春指出：“此是以今说古，实质‘閟宫’即祈子之处，后因姜嫄感生，故以为姜嫄之神庙……简文的‘游于玄丘之内’，就是‘游于圜丘之中’，也就是‘禋祀上帝宫于郊禖’，出土材料与传世文献是吻合的。”[40]依照这个看法，《閟宫》诗首二句的意思是：閟宫（玄咎）这个建筑（地方）非常幽静，范围广大，建筑严密。

《閟宫》诗云：“赫赫姜嫄，其德不回，上帝是依，无灾无害，弥月不迟。”《毛传》云：“上帝是依，依其子孙也。”《郑笺》云：“依，依其身也；弥，终也。赫赫乎显著，姜嫄也。其德贞正不回邪，天用是冯依而降精气，其任之又无灾害，不坼不副，终人道十月而生子不迟晚。”关于“依”字，后世学者大抵遵从毛郑，解释得较为含糊。季旭升以为：“依照出土文献及《閟宫》诗文对比合证，‘上帝是依’应读为‘上帝是怀’，即‘上帝真的使她怀孕了’。”[41]这五句诗的意思是，恭敬谨慎的姜嫄，她的德行不违背（上帝的旨意），因此上帝使之怀孕，没有灾害，足月（生子）没有延后。

《生民》同样记载了姜嫄禋祀郊禖因而得子一事，与《閟宫》首章意同。《诗·大雅·生民》云：“生民如何？克禋克祀，以弗无子。”《毛传》云：“去无子，求有子。古者必立郊禖焉。”《郑笺》云：“姜嫄之生后稷如何乎？乃禋祀上帝于郊禖，以祓除其无子之疾，而得其福也。”《正义》曰：“乃由姜嫄能禋敬，能恭祀于郊禖之神，以除去无子之疾，故生之也。”《玄鸟》诗亦记载了有娀氏祈于郊禖生契的事，与《生民》《閟宫》所载姜嫄禋祀郊禖生子一事相同。《诗·商颂·玄鸟》云“天命玄鸟，降而生商”。《毛传》云：“春分玄鸟降，汤之先祖有娀氏女简狄配高辛氏帝，帝率与之祈于郊禖而生契，故本其为天所命，以玄鸟至而生焉。”商周两代先祖感生的记载最早见于《诗经》，《竹书纪年》亦完整记录了三代感生的事件，可参看[42]。

前引廖名春指出：“上博简《子羔》篇所载孔子所述夏、商、周三代始祖禹、契、后稷出生的神话，就文献的检验而言，都是信而有征的。其不见于传世文献的部分在先秦儒学典籍中都可得到印证。"查考上博简《子羔》篇和《竹书纪年》中记载的三代感生故事，可知出土材料与传世典籍中先祖于郊禖祈子的记载是相合的。上文论证得出"閟宫"即"玄咎"，为祈子之处，与这一观点相关，《閟宫》首章"赫赫"一词的训释应当再审视。因为去"閟宫"求子的姜嫄处于"在下"的位置，所以不宜用"显赫"来形容。

后世学者很少讨论"赫赫"二字，大概是《诗经》中有很多辞例，其义都是显赫光明，所以就不再解释了。少数提到的，也都是依从毛郑，如李樗、黄櫄[43]、严粲[44]、高亨[45]、陈子展[46]和程俊英[47]等。不过，《诗经》中的"赫赫"是否全都是"光明显赫"义，还需结合文本具体分析。虽说"诗无达诂"，但词句的解释总要与前后文互相协调，合于全诗情境，才是最理想的。本诗说"赫赫姜嫄"，姜嫄的贡献是什么，为什么用"赫赫"来形容姜嫄呢？

诗经中用"赫赫"一词所描述的对象大抵都是地位崇高，或功业彪炳，或位高权重，或褒美宗国，或嗟叹大灾等。姜嫄的地位功业似乎还达不到被赞美为"赫赫"的程度。有关姜嫄，先秦文献最早的记载就是《大雅·生民》所述"厥初生民，时维姜嫄。生民如何，克禋克祀，以弗无子。履帝武敏歆，攸介攸止。载震载夙，载生载育，时维后稷"。后稷从小喜爱农艺，善植五谷，嘉惠百姓，但这是后稷的功勋，《诗经》既没有用释为"显赫光明"的"赫赫"一词来称美后稷，怎么会用这个词来称美"姜嫄"呢？再者，对周代影响更大的文王之母太任和武王之母太姒，《诗经》也并未用释为显赫光明的"赫赫"一词来称美她们。

就上下文义来看，诗文说"赫赫姜嫄，其德不回。上帝是依，无灾无害"，应是称美姜嫄的"德不回"。《小雅·鼓钟》诗云"其德不回"，《毛传》云："回，邪也。"可知"其德不回"意即德行没有违背之处。推敲上下文意可知，只有将"赫赫"读为"虩虩"，释为"小心谨慎"，此处才能说得通。姜嫄正是因为持守这样一种恭敬的态度，才能在德行上不违背上天的意旨。只有这样解释，"赫赫姜嫄"与下句"其德不回"才能一气贯之。由于早期文本中"赫"与"虩"常常互用，因而造成后世的误解。

结语

以上内容从传世典籍到出土文献，探讨了《大雅·大明》以及《鲁颂·閟宫》中的"赫赫"，以为其本应作"虩虩"，释为"小心恭谨"。"赫"字字形较"虩"字晚出，二字上古音相同，在简帛材料和传世经传中，表示"恐惧"义的"虩"字有时用音同或音近的字如"赤""螫"或"赫"来代替。"赫"字在分担"虩"字"恐惧"义的同时，又承接"赤"字的"显赫"一类的意思。《诗经》中"赫"多作"显赫"义，在《诗经》的阐释系统中学者倾向于将"赫"全部解作"显赫"义，但查考文义并结合相关历史背景来看，有的"赫"确为"恐惧"义。青铜器铭文中共有八处关于"虩"的记载，分别见于毛公鼎、叔夷镈、秦公钟、秦公镈、秦公簋、晋公盨、晋公盘和封子楚簠。根据笔者考释，铜器铭文中的这几处"虩"也都应为其本义，不必如后世经传读为"赫"。上推金文，让我们对"赫"与"虩"互用，很多"赫赫/虩虩"都应该释为"小心谨慎"的历史发展，会有更清楚的认识。不过，有关这一部分的开展，需要另外讨论，这里就不再涉及了。

注释：

[1]（唐）孔颖达：《毛诗注疏》第一卷，《足利学校秘籍丛刊第二》，足利学校遗迹图书馆后援会刊，第302页。本文所引《诗经》序、经、传、疏及陆德明《经典释文》，均据此版本，为避繁复，不一一注出。

[2]（宋）朱熹著，赵长征点校：《诗集传》，北京：中华书局，2011年，第244页。

[3]（清）陈奂：《诗毛氏传疏》下册，上海：商务印书馆，1933年，第81页。

[4]（宋）朱熹著，赵长征点校：《诗集传》，北京：中华书局，2011年，第236页。

[5]（清）胡承珙撰，郭全芝校点：《毛诗后笺》下册，合肥：黄山书社，1999年，第1225～1226页。

[6] 陈子展撰述，范祥雍、杜月村校阅：《诗经直解》，上海：复旦大学出版社，1983年，第500页。

[7] 屈万里：《诗经诠释》，上海：上海辞书出版社，2016年，第327页。

[8] 程俊英：《诗经译注》，上海：上海古籍出版社，2004年，第492～494页。

[9] 林义光：《诗经通解》，上海：中西书局，2012年，第304页。

[10]（宋）严粲：《诗缉》第二十五卷，《文渊阁四库全书》第75册。

[11]（清）朱彬：《经传考证》，学海堂《皇清经解》第一千三百六十五卷。

[12] 高亨：《诗经今注》，上海：上海古籍出版社，1980年，第374页。

[13] 刘毓庆、贾培俊、李蹊，等编撰：《诗义稽考》第4册，北京：学苑出版社，2006年，第2763页。

[14]（明）张以诚：《张君一先生毛诗微言》卷十四，《四库全书存目丛书》第63册。

[15] 容庚编著，张振林、马国权摹补：《金文编》，北京：中华书局，1985年，第76页。

[16] 于省吾：《泽螺居诗经新证 泽螺居楚辞新证》，北京：中华书局，2003年，第20页。

[17] 徐中舒：《徐中舒历史论文选辑》，北京：中华书局，1998年，第558～559页。

[18] 王冠英：《再说金文套语"嚴在上，異在下"》，《中国历史文物》2003年第2期，第56～59页。

[19] 王人聪：《西周金文"严在上"解——并述周人的祖先神观念》，《考古》1998年第1期，第72～74、81页。

[20] 陈剑：《金文"彖"字考释》，《甲骨金文考释论集》，北京：线装书局，2007年，分别见第254、253页注脚。

[21] 张德良：《金文套辞"严在上，翼在下"浅析》，《齐鲁学刊》2009年第1期，第44～46页。

[22] 吴雪飞：《清华简（三）〈周公之琴舞〉补释》，《武汉大学简帛研究中心——简帛》。[2013年1月17日]http://www.bsm.org.cn/。

[23] 清华大学出土文献研究与保护中心编，李学勤主编：《清华大学藏战国竹简（三）》，上海：中西书局，2013年，第133～140页。

[24] 孙永凤：《清华简〈周公之琴舞〉集释》，长春：吉林大学2015年硕士学位论文，第153页。

[25] 季旭升：《〈清华三·周公之琴舞·成王敬毖〉第六篇研究》，《语言与文字：第十届通俗文学与雅正文学国际学术研讨会会议论文集》，2014年，第35～53页。

[26] 雷燮仁：《也谈"天命不易"、"命不易"、"不易"、"疐天之不易"》。[2017年10月31日]《复旦大学出土文献与古文字研究中心》，http://www.gwz.fudan.edu.cn/。

[27] 荆门市博物馆编：《郭店楚墓竹简》，北京：文物出版社，1998年，第150～153页。

[28] 刘信芳：《简帛五行解诂》，台北：艺文印书馆，2000年，第80页。

[29] 刘钊：《郭店楚简校释》，福州：福建人民出版社，2005年，第80～81页。

[30] 魏启鹏：《简帛〈五行〉笺释》，台北：万卷楼图书有限公司，2000年，第31～32页。

[31] 贾淑杰：《战国楚简〈五行〉校注》，长春：东北师范大学2002年硕士学位论文，第46页。

[32] 王佳靖：《简帛〈五行〉校读》，上海：华东师范大学2004年硕士学位论文，第45页。

[33] 庄利果：《〈郭店楚简〉儒家文献注译》，重庆：西南大学2010年硕士学位论文，第30页。

[34]（汉）韩婴撰，许维遹校释：《韩诗外传集释》卷三，北京：中华书局，2020年，第110～111页。

[35] 张纯一撰,梁运华点校:《晏子春秋校注》,北京:中华书局,2014 年,第 263～267 页。

[36] (清)马瑞辰:《毛诗传笺通释》下册,北京:中华书局,1989 年,第 1139 页。

[37] (清)王先谦:《诗三家义集疏》,北京:中华书局,1987 年,第 1078 页。

[38] 马承源:《上海博物馆藏战国楚竹书(二)》,上海:上海古籍出版社,2002 年,第 192、197～198 页。

[39] 张富海:《上博简〈子羔〉篇"后稷之母"节考释》,《简帛研究》。[2003 年 1 月 17 日]http://www.bamboosilk.org/Wssf/2003/zhangfuhai01.htm。

[40] 廖名春:《上博简〈子羔〉篇感生神话试探》,《福建师范大学学报(哲学社会科学版)》2003 年第 6 期,第 65～72 页。

[41] 季旭升:《据〈上博二·子羔〉释〈毛诗·鲁颂·閟宫〉"上帝是依"》,复旦大学出土文献古文字研究中心、聊城大学文学院合办"第八届出土文献与中国文学研究学术研讨会",2020 年。

[42] 方诗铭、王修龄:《古本竹书纪年辑证》,上海:上海古籍出版社,1981 年,第 200～234 页。

[43] (宋)李樗、黄櫄:《毛诗李黄集解》卷三十,《文渊阁四库全书》第 71 册。

[44] (宋)严粲:《诗缉》卷二十五,《文渊阁四库全书》第 75 册。

[45] 高亨:《诗经今注》,上海:上海古籍出版社,1980 年,第 520 页。

[46] 陈子展撰述,范祥雍、杜月村校阅:《诗经直解》,上海:复旦大学出版社,1983 年,第 1168 页。

[47] 程俊英:《诗经译注》,上海:上海古籍出版社,2004 年,第 664～669 页。

论清初骈体赠序的演进及其文体价值

汤祎珣

（湖南师范大学，湖南长沙，410006）

内容摘要：在晚明四六文繁荣和明清之际文士交游频繁的影响下，清初出现了大量骈体赠序。此时的骈文家既多以较为固定的文体形式书写文士之间的应酬交往，体现骈文的实用价值，又能开拓创新，在骈体赠序中谈论日常事理、吐露自我心绪、记录历史现实，彰显出对文体审美性的追求。前者虽结构相似、内容相近，但推动了骈体赠序写法与体制的成熟，而后者的出现则增强了清初骈体赠序文的思想性和情感性，为骈体赠序的书写提供了新的文体范式，改变了晚明四六以实用性为主要特征的艺术风貌，反映了清初文人骈文观念的转变。

关键词：清初；骈文；赠序；演进

在中国古代文体谱系中，赠序是一种应临行赠别需要而产生、用以抒情赠言的文体，也是唐代以来文人群体热衷写作的重要文体。清代开始，骈文体裁多样化发展，清初文人在别集中留下了不少骈体赠序。此时的骈体赠序，一方面在文人的日常书写中形成了便于交际的一般形式，为社交应酬发挥着实用价值；另一方面又经由部分骈文家的改造，突破了传统的书写内容，改变了旧有的叙事、抒情视角，创作出了一批更有审美价值的作品。本文将结合清初骈体赠序中呈现的应酬性结构形式与审美性书写探索，对清初骈体赠序的文体演进与文体价值试作探讨。

一、明末清初骈体赠序的一般形态

明代中后期以来骈文复苏，晚明贺表、书启等社交四六文在社会各阶层的使用颇为繁荣。随着官场交际与士人应酬中骈文创作需求的大量增长，又一种常见的文人应酬文体——赠序，也在明清之际不断出现骈体形式的写作。

“赠序一体，一般以述友谊、叙交游、道惜别为主。”[1]从整体的书写情况来看，明清之际骈体赠序作品所涉及的内容不算丰富，序文中常见元素主要包含：交代作者与受序人关系，称美赠别对象或其亲族，叙述离别原因或往事，铺陈离别场景或前行之地的景致与风土人情，抒发离情，表达祝愿。虽然一篇骈体赠序并不需要具备以上所有的元素，且每种元素的实际运用也不尽相同——如先后顺序的安排以及详略程度——但此时大多数骈体赠序的书写内容基本不出以上范围，因而常见的书写方式比较固定。如以清初时人王嗣槐的作品为例。王嗣槐，字仲昭，与陈维崧、吴农祥等人并称“佳山堂六子”，骈文兼备多体，为文藻艳而有排宕之气，毛际可称其“以骈俪名海内”[2]，方象瑛言其骈体“一时传诵久矣”[3]。其文集《桂山堂文选·俪体卷》中选录了14篇赠序，数量在明清之际的骈文别集或专卷中较为突出，并涵盖了送官员赴任、送友人归省、送游子远行等多种送别类型，在清初骈体赠序的写作上有一定代表性。从文章结构来看，王嗣槐骈体赠序基本是先以铺陈景物或历史典故起兴发篇，既而简介赠别对象其人其事加以称颂，而后针对此次出行的具体情况稍加叙述，最后以感念离情和道别收尾。如其《送诸虎男之武昌序》：

> 洪流带郭，鄂子红之雄封；曲岭萦城，孙仲谋之旧筑。白苹溪上，天姥餐花；黄鹤矶边，神仙醉酒。才子登凤凰之阁，彩毫应落云间；名人凭鹦鹉之洲，藻思直凌天际。诸子虎男，天姿磊落，卓尔不群。……时维九月，言赴郢州。……一时朋旧，并集红亭；千里离愁，共倾绿酒。听孤鸿于月里，欲随湘水祠边；折残柳于霜前，长忆武昌门外。[4]

王嗣槐化用了一系列与武昌有关的典故，如西周楚国国君之子受封、三国时孙权管辖于此，仙人王子安乘鹤黄鹤矶头，欧阳修求学凤凰山，祢衡、崔颢、李白等人都曾挥毫鹦鹉洲等。借此既称赞了诸虎男此去是人杰地灵之处，也暗含了这一历史文化名都能助其大展宏图的祝愿。之后转焦诸虎男本人，夸赞其气质出众，文才横溢，既而言及他即将前往武昌一事，以及此次送行的场面。序文最后用孤鸿、折柳这些常用于送别的典故表示不舍，简单作别。王嗣槐其他骈体赠序如《送陈康侯南归赠言序》《送曹司农秋岳之阳和序》等文，也大致以“写景—称美—叙事—抒情”这一行文结构展开。

仅就赠序文体的写作思路来看，在这一文章结构中，分离时的景象、赠别对象身份以及出行目的、序作者的不舍之情等要素面面俱到。同时，内容的先后顺序安排也比较合理，景物描写或典故铺陈有助于文章气氛的渲染与情感的铺垫，而对写作对象的褒奖与此次行程的介绍，则能让受序人感觉到重视与宽慰，也让文末的情感抒发亲切合理，不显突兀。在实际交际使用中，这一结构形式内容简单，层次分明，能帮助作者快速行文，不易出错，借助于骈体文华丽整饬的语言形式，在人际交往中更显得庄重得体。同时期许多文人的骈体赠序书写也多与王嗣槐相似，如陆繁弨《送别严柱峰序》、胡浚《送李存斋太守乞养归永城序》等，当然不同作家作品之间也存有一些写作差异，但总体上，明末清初大多数骈体赠序的书写仍不出上文所举几种元素的“排列组合”，以“写景—颂美—叙述—抒情”为内容主导与结构框架，是此时骈体赠序中十分常见的一般形式。

不过，这种比较稳固的书写模式，在清初就已经遭到了反对。毛际可就曾在《陈其年文集序》中对当时的骈体赠序提出批评：

> 余素不娴骈体之文，以为文者，性情之所发，雕刻愈工则性情愈漓。尝见某公《赠广陵游子序》，炳曜铿锵，美言可市。适余友有西陵之行，遂戏易广陵为西

> 陵，并稍更其“竹西歌吹”等语，则全篇皆可移赠。因叹此道雷同倚附，盖千手如一律也。[5]

精美的文辞音律，大体相似的行文模式，普遍适用的文章内容，基本一致的伤感情绪，使骈体赠序趋于雷同化、模式化，文章缺乏有针对性和个性化的思想情感，因此稍加改动便可在他处套用。《赠广陵游子序》虽不得而见，但在清初骈体赠序中确实也能找到类似的例子。在王嗣槐的作品中，《赠灵隐大和尚序》[6]就与《送玉林和尚归大雄山序》[7]高度相似。这两篇序文中，灵隐大和尚与玉林和尚分别为具德弘礼禅师与玉林通琇禅师，二人均是清初著名僧人。两篇赠序中对两位高僧的称颂以及其修行境况的概述部分几乎一致，结尾句“遂使黄山石磴，争来衔果之乌；紫涧松枝，自下冲霄之鹤”也完全相同。两文不重合的内容主要是涉及二位僧人各自的人生经历。虽暂未能考证这两篇赠序创作的时间先后，但其中一篇套作另外一篇则是显而易见的。

较为稳固又大体相近的结构形式所导致骈体赠序雷同化的现象，在当时有着诸多方面的原因。首先，结构相似、内容相近既是骈体赠序的旧疾，又是明清应酬文体的通病。郭预衡曾言：“在唐代，送序之文是常见的文体，前辈作者如王勃、陈子昂、李白、任华。……但从多数文章的写法看，大抵不出一种格式。先叙离情，后缀风景，情致物态，尚似六朝。”[8]虽然此处所指的初盛唐骈体送序之文还不是完全独立成体的赠序，但也为后世骈体赠序的内容与结构奠定了基础。而明代以来文坛应酬诗文泛滥，“程式化应酬性骈文充塞骈文界”[9]，骈体赠序也难以例外。其次，正如毛际可所言，骈体赠序中的雷同化，源自作品中真实性情的缺乏。叙离情、缀风景等内容构建起的文体结构完全是以赠别对象为中心的，不论是叙事还是抒情都沿着书写离别的普适性轨道发展，作者不在主要位置上，作者的自我个性与思想情感在文中也没有可以展现的空间。同时，骈体赠序中围绕赠别对象的书写，侧重在称颂夸赞上。“应酬诗文以协调人际关系，满足身份认同为目标，必然以标美应酬对象为基调。”[10]这就很难全面立体甚至真实地展现出受序人的个性特点与情志旨趣，在褒美夸饰的语言下，赠别对象也多面目相似。最后，明清之际骈体文的地位还很低，许多文人仅把它当成应酬、公牍文的一种书写形式，用来承担交际或公务等功能，而不用于抒情写志。即使明清散体赠序中议论说理、抒发见解、评议时政等都已是极为常见的内容，但此时仍少有人在骈体赠序中交流思想、展现才情，因此便于交际的一般形式则在书写中更容易得到文人的接受和运用。

二、清初骈体赠序的新变

事类之局限与文体之质实决定了骈体赠序中记叙内容的单薄且易雷同，而如何在应酬文体赠别题材的局限下，改变“曾无故实，但涉形容”[11]的现状，就需要在原有的文体结构上作出改变，在传统的内容上进行扩展，增加文体内涵，建构更有价值的文体意义，从而增强文本的可读性。以陈维崧、吴绮、章藻功等为代表的清初骈文家，不仅大力写作骈文，而且有意要提升骈体的地位。如陈维崧写作《今文选序》《陆丽京文集序》《陆悬圃文集序》等文，充分肯定骈体存在的必要，将骈散对举，认为骈文同样能抒情、叙事、阐理，也以此为意志，积极地参与骈文的创作。因此他们主动将现实生活、个人志趣、观点思想等的表达置入骈体赠序中，骈体赠序袭用套式的发展状况也由此得到改善。

首先是自叙空间的开拓。由模糊笼统地抒发离情转向离别情境下的自我书写，打开了清初骈体赠序更宽阔的叙述空间。康熙十八年秋，陈维崧写《送汪存庵广文出都序》送别汪广文。此时，离陈维崧于春天中试博学鸿儒、入职明史馆并无多久。但匆剧繁忙的史馆工作，拮据贫穷的京都生活，尤其是困顿失意的官场遭遇，都让他对曾苦苦追求的仕途感到非常失望。面对好友即将远去，低落的情绪引发了对自身经历的慨叹：

> 由今溯昔，曾几何时。谈天客去，抚邹衍以悲来；繁露书成，眷江都而涕下。山丘华屋，里巷宵迷；鬻舂吹箫，朋游星散。何期万事之都非，窃幸两人之斯在。蜀鹃再到，百年怅惘以安归；辽鹤仍还，四顾寂寥而谁与。陆平原之意气，向子期之平生。能无恻怆穷尘，摩挲昔梦也乎？[12]

邹衍是战国阴阳学派的创始人，其语宏大迂怪，有“谈天”之称，汉代董仲舒在《春秋繁露》中发展了邹衍的“五德终始说”，后来五德终始说演变为一种改朝换代的理论工具。后文所提及“望帝啼鹃”“辽东鹤归”与陆机《叹逝赋》、向秀《思旧赋》，也都有时空转换、万物变化无常之意。陈维崧将自身的蓬转沦落与时局变换交织在一起，借诉说不舍好友远去之机一并道出。

与此相似，还有如章藻功《送陆赞皇游燕序》。在序中章藻功讲述了自己与陆氏相似的生活经历：流离在外，前途未卜，进退为难，不仅要奔波前程漂泊游历，而且还因挂念家中亲眷而心存愧疚。身陷两难困境，令章藻功颇有感触：

> 仆再游京洛，三载长安。不无车笠之交，时有衣冠之会。本卖文而倒室，悲自中来；或买赋于长门，忧仍内顾。宁郁郁而居此，徒云将母之不遑；方怅怅乎何之，谁谓惟民之所止。[13]

宦游京邑几载，虽交朋结友，但并未有所施展，借用杜甫诗“本卖文为活，翻令室倒悬”与左思诗“外望无寸禄，内顾无斗储”，都能看出他此时的捉襟见肘，举步维艰。而《诗经》中《四牡》与《玄鸟》诗的化用，则抒发了他徒居京都，既不能侍养父母，也没能谋得官职的压力与无奈。吴绮《送宗鹤问之官秋浦序》同样是由人及己：

> 顾颠沛十年，予既心伤于按剑；而浮沉半世，君亦气尽于碎琴。病虽异而同怜，饮不欢而余醉。而才堪草创，未横七宝于殿前；而禄以代耕，仅得一毡于江上。嗟乎！不遇好文之主，冯唐之白首何辞；非逢有道之时，叔夜之青眸安问。[14]

李白《古风》诗“献君君按剑，怀宝空长吁”是怀才有志却无人重用的暗示，与第二句所用陈子昂碎琴之典相似。序中对宗观半生颠沛的感同身受，源于自身的同病相怜。生不逢时的遗憾与家境贫寒的悲凉在饮酒送行时进一步扩大，遂用“冯唐易老”与“嵇康青眼”再一次慨叹岁月蹉跎，机遇难逢，融别离之情与个人失意于一体。

这些赠序都以作者本人为序作的情感主体，如《送汪存庵出都序》仅中间与结尾简要提及送行之事，文章的主要内容都是陈维崧记叙在京为官的经历与感受。序文中所提及的诸多问题，显然萦绕在作者心中不止一日，不由“离别”滋生，也不是为别者而发。赠别只是一个适时出现的恰当机会，与其说是在为他人送行，不如说是作者借此赠序排遣自己的心绪。这就使骈体赠序书写由常见的以别者为中心，转向了自我意识的抒发。

其次是内容选择与形式结构的突破。赠序文题材主题较为固定，易受程式所拘，而清初几位骈文家则在赠别主题中增加了议论阐理、存史记实等内容，在稳固单一的文体结构中探索了多样化的书写。有的骈体赠序采用了向赠言传统回归的形式，以“陈忠告”“论事理”为序文的内容与写作目的。吴绮《送卢菽浦之戍所序》是一篇于朋友贬谪之际送行的赠序，卢菽浦“以无妄之灾，蒙明夷之难”[15]，被谴谪于山西太原。吴绮在序文中提出了“夫君子之处世也，因乎其时；故古人之当忧也，贞之以道”的观点，反复论证陈说君子处境之顺逆与时局事态休戚相关，遭遇忧患则应砥砺笃行静待机遇的中心要义，对受序人寄予期望、示以劝慰。又如在《留别王霜崖序》一文中，章藻功同王诜交流自己写应试文章的感悟与理念：“盖其立志弥坚，用功必熟。心坚则匪同转石，手熟则竞等累丸。……投主司之所好，实士类之不堪。倘知理学之真传，毋使文章为诡遇也。”[16]章藻功认为，要写好文章，先需意志坚定，勤加练习，直至文辞瀚藻都了然于胸，便可信手拈来。不应一味地迎合考官的心理，好文章的关键在于参透经学理学的内在奥义，符合正道。对写作的阐述探讨使这篇骈体赠序承担了赠别之外的文体功能，从交际手段变成了文人间的文化交流媒介。

再次，一些骈体赠序中记录了明清历史事实，超越“离愁”而反映出明清之际士人阶层的价值取向与气节理想。在《赠陆翼王序》中，陈维崧不以赠别而是以陆元辅的生平事迹为内容与线索，记录了明末士人的嘉定抗清之难。序文言简意赅地交代了明室覆亡的背景，隐晦地叙述了顺治二年嘉定抗清的惨烈失败。在这场浩劫中，组织指挥抗清的侯峒曾、侯岐曾一族“一门争死，七尺无归”。值此危急之时，陆元辅冒死携侯岐曾七岁长孙侯檠出逃，“自称击筑之佣，谬作卖珠之客。重关半夜，私出田文；复壁三年，深藏张俭。间关亡命，犹授《孝经》；涕泣避仇，每传《论语》”[17]。陆元辅一边应对逃亡，还一边为侯檠传道授业，悉心教诲，直至将其安顿太仓。之后此序又叙述陆元辅入清后无心出仕，寄情山水，专心著述，整理侯氏遗文。文末，陈维崧再次哀悼了明室的覆灭，并对陆元辅的气节与品格给予了极高的评价：

> 照邻失意，居惟病梨；萧综去国，歌成落叶。吊棠梨而无馆，临酸枣而非台。湘水三闾，假餐英而适志；浔阳五柳，聊采秀以摅怀。仙人饵以长生，洁士因之玩物。自名菊隐，志遇也。

陈维崧将陆氏与屈原、陶潜相比，足见敬重之情。这篇赠序塑造了陆元辅心怀大义、智勇超凡的遗民形象，也一并展现了明末侯氏一门的忠勇与惨烈，辞生于情，气余于采，在叙事的跌宕起伏中借典抒怀，在文势的纵横开阖间亦歌亦哭，可谓“悲凉凄艳，可泣鬼神”[18]。陈维崧打破了以往骈体赠序的写法，并未言及送行赠别，而是以记人记事为中心，使文中凄怆动人的情感不再是因为离别，而是源于对明末抗清士人忠义壮烈与陆元辅冒死守节的叙述。在文体结构和内涵上都突破了一般形式，不为抒发离情与记叙送行所牵制，让序文的叙事内容与内在精神皆能向更广阔自由的书写空间延伸。

破体尝试下的自娱性书写，也透露出清初骈文家对骈体赠序新的理解。章藻功《赠片云序》的所赠对象是一朵云。此文不论是文题还是结构都遵从赠序的一般写法，开篇有“今者相逢，来从天末”[19]一句引入对“洛中片云者”的介绍与称颂，结尾“携将洧外，赠芍药以将离；送出浔阳，听琵琶而不发”也与其他赠序文末尾常书写的不舍之情无异。章藻功通过想象与拟人的手法，用赋的铺陈，借助大量典故来塑造这片云的美艳多姿高不可攀，其中间部分三叹“嗟乎”，层层递进，不断烘托渲染，如果抹去标题，更像是一篇咏物赋。此文所赠对象并非真人，因此该序不能用以交际，无法产生赠序应有的实用价值。作者与云霞的物我交融，更接近于借景抒情、借物抒怀。而这种自娱性的写作则是出于作者个人的文学与精神审美需要，用赠序之体实现自我表现的创作目的。

三、清初骈体赠序的文体价值

老子、晏子等古人的临别以言相赠赋予了赠序文临行赠言的原始意义，而清初骈体赠序不仅以“写景—颂美—叙述—抒情”巩固了骈体赠序便于书写的一般形式，又凭借自叙抒怀、探理记事在应酬意义之外进行垦殖。自叙空间的展开与传统内容结构的突破，使骈体赠序能够灵活自由地在清初士人的仕宦生活中作出回应，又使骈体赠序具备了反映文人情志与思想的功能。清初骈体赠序在赠序一体与清代骈文的发展演变中，有着较为重要的文体价值。

清初是骈体赠序发展成熟的重要时期。在中国古代，赠序文虽有着较长的发展历史，但其内部骈散体之间却呈现出两条发展线索，有着不尽相同的演进态势。最初作为赠别诗或赠别宴赋诗的附属品，赠别诗序在魏晋南北朝时期出现，在初唐开始流行。初盛唐时期大量用骈体书写的赠(诗)序，主要承担着补充说明本人或众人的赠别诗以及此次送别活动的作用。但正如曾枣庄所言：“赠序之序和序跋之序实为不同性质的文章，赠序为赠人以言，序跋为叙述著作之意，赠序之序与序跋之序理应各为一类。”[20]初盛唐时期的骈体赠(诗)序从文体上来说还不能算是真正的赠序。直到中唐，在权德舆、韩愈、柳宗元等人的大力写作下，赠序文脱离了对诗歌和诗集的附庸，开始独立承担起临行赠别的任务，成为序文中的一种应用文体。“如果说权德舆是要用散文体赠序来替代赠别诗的话，那么韩愈就可以说是将散文体赠序当成赠别诗来写了。”[21]赠序文体在从赠诗序中独立的过程，也一并伴随了骈散形式的更替。受到中唐赠序经典作品，以及韩柳等人古文家身份与古文运动的影响，此后的文人赠序主要以散体文的形式呈现。北宋前期还能见到少数几篇骈体赠序，如徐铉《送刁桐庐序》、田锡《送张司寇序》、文彦博《送张太丞赴阙序》等，北宋中期之后几乎销声匿迹了。明代中后期骈体文在官场交际、士绅应酬中广受欢迎，但主要是四六启文与表文的使用极为繁多，骈体赠序仍旧很少。而进入清代，就在顺康时期的短短几十年间，骈体赠序在骈文家的别集中则变得不再稀有。除上文所提及王嗣槐的14篇外，吴绮《林蕙堂文集》中有骈体赠序21篇，章藻功《思绮堂文集》中有骈体赠序16篇，陆繁弨《善卷堂四六》4篇，陈维崧《陈迦陵俪体文集》4篇，汪芳藻《春晖楼四六初集》5篇，吴农祥《流铅集》中有3篇，还有诸如胡浚、汪士鋐、曹煐曾等作家的文集中也都有骈体赠序收录，骈体赠序成为清初骈文中常见的文体。自中唐赠序文独立以来，清初不仅是骈体赠序得到频繁且集中创作的首个阶段，而且在这一时期，骈体赠序呈现出的较为稳固的写法与体制，巩固了自身独特的文体逻辑，在主题情感的表达与文章内容的展现上，有着不同于散体赠序倾向议论说理的艺术风格，也与其他骈文文体区分开来，从而真正获得了独立的文体价值。清末王先谦编《骈文类纂》，首次在骈体文中将赠序单独列为一类，从骈体赠序的发展历程来看，是清初文人的日常书写使其文体逐渐复兴又臻于成熟，为骈体赠序最终能够独列一类奠定了基础。同时，清初大量涌现的骈体赠序也在赠序文的演进上，与散体赠序互为补充，共同呈现出赠序文体的艺术风貌。

创作中心的自我转向建构了骈体赠序的又一文体范式。以骈体文为主的初盛唐赠（诗）序奠定了骈体赠序表称美、陈景物、抒离情等的传统内容，而且在无形中建立了骈体赠序以赠别对象为中心的叙述方式与话语模式。在初盛唐赠别活动下写就的赠（诗）序，有的后附有诗，但也有很多序作者自身并不进行赠诗写作，而是代众多送行者作序文叙述创作缘起。这种有着赠别诗集总序属性的赠序，承担着总述这一群体活动的职责，其作者在书写时也有着代众人言的需要在其中。作者会有意识地规避个体的思维与意趣，而多从代群体发言的角度进行书写，使序文中对赠别对象的称颂，对场景的铺陈，以及离情的抒发都尽可能适用于众人。王勃《越州永兴李明府宅送萧三还齐州序》、骆宾王《夏初饯宋三少府之丰城诗序》、李白《秋夜于安府送孟赞府兄还都序》等序文皆是如此，虽语言工整秀丽，用典切当，但作者独特的个人意志与个性风格则很少出现在文中，更多的是以第三视角进行概述。即使言及“仆”“吾”“我”等语，也并不在于将叙述视角拉回作者自身，而多是为与赠别对象进行对照，或者抒发泛化的情感，如“清飙朗月，我则相思；陇水秦川，君方呜咽”[22]；又如“岂期我留子往，乐去悲来，横咽水而东西，绪愁云于南北”[23]等。由于宋元明几代骈体赠序的书写不足，这一传统性的叙述角度一直未产生本质上的改变，因而延续至清初，在骈体赠序的一般书写形式中依旧普遍如此。而前文所述《送汪存庵广文出都序》等文，则在骈体赠序的书写中扭转了叙事与抒情的重心。这些作品有意识地抛开了以往骈体赠序的限制，在他者出行的主题书写中加入自我内心的倾诉与展现，让作者不再处于赠别对象与送行事件的身后，而是以鲜明突出的个体形象积极地参与到文章之中。姜宸英有言：“文章之道，古人虽谓有得于山川之助者，而朋友往来，意气之所感激，其入人也更深。”[24]处于分离的境况中，离情别绪也是引出回顾与反思自我人生的契机，在对他人命运转折、生活变迁的记录中，同样可以寄寓自己对人生、时代的领悟和感慨。抒情是骈体赠序的固有特点，但抒情中心的自我转向则是骈体赠序中赠别主题新的书写方式的出现，陈维崧等清初骈文家在自我书写中建构了骈体赠序的又一文体范式。而此后的骈体赠序常从文人自身角度出发，并进一步在文人自身情感与意志的书写上展开。洪亮吉是清代中期成就最高的骈文家之一，王先谦《骈文类纂》赠序类收其作品5篇，是骈体赠序收录最多的作家。如其《送汪剑潭南归序》，序文中洪亮吉先写夏日忽来风雨不定，长夜不能安寝，继而引出听闻汪剑潭要南归已闷闷不乐数日。从作者的个人生活发端，这就与往常以离别场景的铺叙而开篇不同。包括其后文对昔日友谊与时过境迁的感慨，“吾与子食桐江之鱼，弃子悉已成鲤；擘山院之果，遗核又复抽林”[25]，也是从二人共同经历引发的个性化联想而落笔。这篇赠序亲切真挚，不论是从对生活琐事的娓娓道来中切入赠别的主题，还是最后抒发“盖同形而化者，不无圣贤；代我而生者，又有孙子”的感触，都是洪亮吉自身独特思维与价值观念的展现，充满了个性色彩。乾嘉时期，“文人的悲哀和不平，往往通过赠别序，通过对朋友的鼓励与安慰来表达自己坎壈失意的悲愤和壮志难酬的抑郁”[26]。在清初创作中心出现的转向之下，骈体赠序文不仅能用以应酬往来，还可以承担文人自身的抒情诉求，满足作者情感与志趣表达的需要，展现个人内心世界，同时也给读序之人更真切深厚的情感体验与精神共鸣，提高了骈体赠序的审美价值。

清初骈体赠序中对文体结构与抒情表达的探索，是晚明以来实用性骈文演变的进一步发展。自宋代以来，以六朝文为代表的骈辞俪句常被视作华而不实、纵情声色的象征，骈文成为不被士大夫所认可的卑体，只蜷缩在狭隘的几种公牍、应酬领域中。然而自明代文学复古运动开始，尚情的文学思潮波及了整个晚明文坛。久受宋明理学禁锢的文人群体迫切需要释放内心的情感，表达自我、张扬个性，在诗文、戏曲、小说的书写中，都将情视为文艺创作的本原。处于普遍尚情的文学热潮中，明末骈文在原本特定功能领域的实用表达中，也出现了对个体真情的呈现，“一些原本属于实用性书写的骈文文体，这时其内核被置换成抒情性的表达，书写的是个人的情志、旨趣”[27]。像约、解等本不用于抒情的文体中，也有被用以抒发文人雅士们内心情感体验的现象，一种新的骈文审美意趣开始萌芽。清初骈文受明末影响深重，清初如陈维崧、吴绮等多位骈文名家都是由明入清，年少时已受过晚明文坛的熏陶，在骈文创作中都普遍存有抒情的自觉意识。毛际可感叹陈维崧骈文“言情则歌泣忽生，叙事则本末皆见”[28]，傅作楫评章藻功骈文“率皆至性流露，好语动人，非泛泛铺叙夸工斗丽之比”[29]，清初骈文家对情感表达的追求已成为其自身作品中的风格与特点。清初骈体赠序中的演进，实是明末以来骈文书写抒情化的不断发展延续。这些探索与转变，不仅增强了骈体赠序文的可读性，改善了宋明以来应酬四六文“干枯瘦弱”的局面，而且也一定程度反映了清初部分文人骈体观念的改变，与对实用骈文书写新追求的出现。这些骈文家已不满足于只在模式化的书写框架中展露出极为有限的个人意志，因而不再以骈体赠序常见元素构建起的文体结构认知为主导，而是以个人情志与思想的表达为需要进行创作，因此清初骈体赠序中出现了更自由的结构、更丰富的内容以及更深邃的情感探索。这不仅带来了骈体赠序更宽阔的意义表达空间，同时也增强了骈体应用文的个性化、文学性与审美性。

总之，在清初，骈体赠序内部并不呈现出完全一致的风貌。一部分骈体赠序仍然延续着宋明以来四六文的实用性功能，在士人文人的交际往来中以相似的结构与有限的内容为应酬与礼节发挥着作用。而在此基础上，清初又涌现出了不少富有抒情审美功能的骈体赠序。但这两种风格不同的赠序作品，都为骈体赠序的发展演进作出了贡献。得益于清初士人文人的日常书写与审美转变，骈体赠序的文体形态臻于成熟，文体风格初步建立。清初骈体赠序的书写为骈体赠序在清代的繁衍生息打下了良好的基础，提升了骈体赠序的内涵，改善了其文学艺术风貌，提供了更具抒情性与感染力的文体范式，避免了骈体赠序仅向夸饰恭维、空洞浮华的应酬文体发展。

*本文系国家社会科学基金重大项目“明清骈文文献整理与研究”(18ZDA251)的阶段性成果。

注释：

[1] 褚斌杰:《中国古代文体概论》(增订本),北京:北京大学出版社,1990年,第385页。

[2] (清)毛际可:《桂山堂文选序》,(清)王嗣槐:《佳山堂文选》,《清代诗文集汇编》第73册,上海:上海古籍出版社,2010年,第343页。

[3] (清)方象瑛:《桂山堂文选序》,(清)王嗣槐:《佳山堂文选》,《清代诗文集汇编》第73册,上海:上海古籍出版社,2010年,第7页。

[4] (清)王嗣槐:《桂山堂文选》,《清代诗文集汇编》第73册,上海:上海古籍出版社,2010年,第352页。

[5] (清)毛际可:《安序堂文钞》,《清代诗文集汇编》第130册,上海:上海古籍出版社,2010年,第382页。

[6] (清)王嗣槐:《桂山堂文选》,《清代诗文集汇编》第73册,上海:上海古籍出版社,2010年,第346页。

[7] (清)孙治初撰,(清)徐增重修:《武林灵隐寺志》卷七,康熙十一年刊本。

[8] 郭预衡:《中国散文史·中册》,上海:上海古籍出版社,1993年,第189页。

[9] 张明强:《明末清初文坛“六朝转向”与骈文演进》,《苏州大学学报(哲学社会科学版)》2018年第4期,第152～160页。

[10] 何诗海:《明清文体应酬功能之争》,《文学遗产》2023年第3期,第135～146页。

[11] (清)陈维崧著,陈振鹏标点,李学颖校补:《陈维崧集》,上海:上海古籍出版社,2010年,第412页。

[12] (清)陈维崧著,陈振鹏标点,李学颖校补《陈维崧集》,上海:上海古籍出版社,2010年,第437页。

[13] (清)章藻功:《思绮堂文集》,《清代诗文集汇编》第198册,上海:上海古籍出版社,2010年,第423页。

[14] (清)吴绮:《林蕙堂文集》,《清代诗文集汇编》第68册,上海:上海古籍出版社,2010年,第60页。

[15] (清)吴绮:《林蕙堂全集》,《清代诗文集汇编》第68册,上海:上海古籍出版社,2010年,第253页。

[16] (清)章藻功:《思绮堂文集》,《清代诗文集汇编》第198册,上海:上海古籍出版社,2010年,第656页。

[17] (清)陈维崧著,陈振鹏标点,李学颖校补:《陈维崧集》,上海:上海古籍出版社,2010年,第439页。

[18] (清)徐熊飞:《寄吴司成师书》,《白鹄山房文钞》,《清代诗文集汇编》第470册,上海:上海古籍出版社,2010年,第336页。

[19] (清)章藻功:《思绮堂文集》,《清代诗文集汇编》第198册,上海:上海古籍出版社,2010年,第373页。

[20] 曾枣庄:《宋代序跋全编·前言》,济南:齐鲁书社,2015年,第2页。

[21] 蒋寅:《权德舆与唐代赠序文体之确立》,《北京大学学报(哲学社会科学版)》2010年第2期,第59~68页。

[22] (唐)骆宾王:《秋日饯曲录事使西州序》,(清)陈熙晋笺注:《骆临海集笺注》,上海:上海古籍出版社,1961年,第323页。

[23] (唐)王勃:《越州永兴李明府宅送萧三还齐州序》,(清)蒋清翊注:《王子安集注》,上海:上海古籍出版社,1995年,第243页。

[24] (清)姜宸英:《陈集生诗序》,《姜先生全集》,《清代诗文集汇编》第107册,上海:上海古籍出版社,2010年,第101页。

[25] (清)洪亮吉:《卷施阁文乙集》,《清代诗文集汇编》第413册,上海:上海古籍出版社,2010年,第537页。

[26] 吕双伟:《乾嘉骈序的抒情成就及其骈文史意义》,《中南大学学报》2020年第4期,第17~25页。

[27] 李金松:《从实用到审美:晚明时期骈文的嬗变》,《河南大学学报(社会科学版)》2020年第1期,第71~78页。

[28] (清)毛际可:《安序堂文钞》,《清代诗文集汇编》第130册,上海:上海古籍出版社,2010年,第382页。

[29] (清)傅作楫:《思绮堂文集序》,《清代诗文集汇编》第198册,上海:上海古籍出版社,2010年,第346页。

论钱锺书对传统考据学的继承、批评和发展

刘　涛

（华中师范大学文学院，湖北武汉，430079）

内容摘要： 钱锺书与传统考据学有着密切而复杂的关系。钱锺书继承了传统考据学实事求是、无征不信的治学方法，注重对字词训诂和材料真伪的考辨，并以之作为阐发义理和词章之学的起点和基础。但是，他反对民国时代“朴学者的霸道”，认为考据是文学研究中重要的基础工作，但不能代替对作家和作品的阐明、分析和评价。钱氏认为传统的考据学存在的主要问题是：诂经“以一说蔽一字”，终致“以文害辞”“以词害意”；囿于门户之见，重考据而轻义理；信而好古，不通艺事。钱锺书对传统考据学有所发展，诸如引入西学“阐释之循环”的理论；打通考据与义理之学，由字词训诂而阐发义理，又用义理来阐发字词之意义；打通词章与考据之学，从字词训诂中窥见文理，又借词章之学修正考据训诂。钱锺书扩大了传统考据学的研究范围，又能博采参考比较的资料，对构建中国阐释学具有重要的启示。

关键词： 钱锺书；传统考据学；无征不信；阐释之循环；打通

钱锺书的学术研究明显受到传统考据学的影响。当代有学者认为钱锺书的著作虽以旁征博引而著称于世，但也不过是中国传统学术，尤其是乾嘉学派的余绪而已。这种说法虽不无偏颇，但确实见出了钱氏与传统考据学之间的关系。从著述体例来看，《谈艺录》与中国宋代以来的诗话一脉相承，《管锥编》则上承王应麟《困学纪闻》和顾亭林《日知录》而来。就治学方法而言，钱锺书继承了乾嘉学派实事求是的治学原则，重视对具体字句和文献的考证，讲求无征不信、言必有据。事实上，钱锺书与传统考据学之间的关系要复杂得多。他对传统考据学既有继承，也有很多批评，更重要的是他主张打通考证、义理与词章这三种学问，从总体上对传统考据学有所超越。

一、钱锺书对传统考据学的继承

清代考据学的基本原则与方法是“实事求是”和“无征不信”。梁启超肯定了清儒治学方法的科学性，认为清儒所用“归纳法”的四个步骤是“今世一切科学之成立”都应当遵循的路径[1]。胡适也认为“中国旧有的学术，只有清代的‘朴学’确有‘科学’的精神。”“他们用的方法，总括起来，只是两点，(1)大胆的假设；(2)小心的求证。假设不大胆，不能有新发明。证据不充足，不能使人信仰。”[2]中国近现代专治文史之学的

一流学者也大都认可这种严谨的治学方法。老一辈的如王国维、陈寅恪，晚近一代的如钱穆、杨联陞等，虽然术业各有专攻，但他们考据学的功底都很深厚，并将之应用到实际的研究中。钱锺书从青年时代就自觉承袭了清代学者的治学方法并发扬光大，孜孜矻矻，终身不辍。

从青年时代发表的文章来看，钱锺书已经具备了良好的学术修养，对清代学术也了然于胸。他十九岁时所作《〈复堂日记续录〉序》一文，语言古雅，对曾国藩、翁同龢、李慈铭、谭献等清人的日记品评得头头是道，足见其读书之广博。尤其应当注意的是，钱氏说“控名责实，札记为宜。未有详燕处道俗之私，兼提要钩玄之箸”[3]，可见他对札记体的偏爱由来已久。二十岁时，钱锺书代钱基博为钱穆《国学概论》作序，钱基博一字未改即交付钱穆。该序锋芒毕露，独具手眼，迥异于世俗惯见之“米汤大全”。序文批评第九章“清代考证学”“称说黄梨洲、顾亭林、王船山、颜习斋，而不及毛奇龄，是叙清学之始，未为周匝也。殿以黄元同、俞荫甫、孙仲容而不及陈澧，是述清学之终，未为俱尽也”[4]。钱锺书后来多次论及陈澧和毛奇龄，大概也是对此事的间接回应。钱基博在《古籍举要》的序中，记载了钱锺书与他的一段争论。钱基博对清儒陈澧的《东塾读书记》佩服有加，而钱锺书向父亲发难，认为“若论识议闳通，文笔犀利”，朱一新《无邪堂答问》当在《东塾读书记》之上。钱锺书的驳难未必完全正确，但却令钱基博相当得意，有青出于蓝之慨[5]。钱锺书早期的学术短文《小说琐征》(1930)、《小说识小》(1945)对中国古典小说中的一些情节的本事、流变做了颇有趣味的考证。同时，他还从西洋小说中撷取许多片段与中土故事相互印证，其中西比较的研究方法已初现端倪。《谈艺录》(1948)虽是“赏析之作”，但考据在其中发挥了重要作用，使得该书异于传统诗话那种印象式的评点。《管锥编》对十部传统典籍进行多角度的研究，内容涉及经史子集和“二西之书”，许多篇章是从细微的字词训诂生发开来，继而衍伸为对“义理”和“词章”的辨析。平心而论，钱锺书虽不以考据名家，但若将他放在传统考据学中，也当是第一流人物。

从宏观角度来看，钱锺书对传统考据学的继承主要体现在言必有据，不发空论，注重对字词训诂和材料真伪的考辨。钱著到底征引了多少中外著作，目前尚无确切的数字，但数量之庞大，种类之繁多，确实是有目共睹。钱氏征引数千种西学著作，扩大了比较、参照的范围，这是需要特别注意的一点。当代学者对此毁誉不一，誉之者赞其博学多闻，毁之者讥其天花乱坠炫人耳目。其实，有些批评者只见其琐碎，而未见其精微。钱氏对某一问题的阐发，往往从不同角度选取例证，故而论证能趋于圆融周匝。

我们试用梁启超对清儒治学方法的总结来考察钱锺书“论易之三名”的论证步骤[6]，以说明钱氏对清儒治学方法的继承。第一步，“必留心观察事物，觑出某点某点有应特别注意之价值”。钱氏从“易一名而含三义”的个案出发，提出“易”之“兼背出与并行之分训而同时合训”的观点。第二步，“凡与此事项同类者或相关系者，皆罗列比较以研究之”。钱氏先后胪列了儒家典籍、佛经中的同类现象，又言“道家之书尤反复而不惮烦”，“西洋典籍中此类语亦甲乙难尽”，说明这个现象广泛存在于中外典籍中。第三步，“比较研究的结果，立出自己一种意见”。钱氏通过对大量中外资料的比较研究，最终证明“不仅一字能涵多意，抑且数意可以同时并用，‘合诸科’于‘一言’”是人类语言中普遍存在的现象。钱氏又进一步指出：“语出双关，文蕴两意，乃诙谐之惯事，固词章所优为，义理亦有之。”第四步，“根据此意见，更从正面旁面反面博求证据，证据备则泐为定说，遇有力之反证则弃之。”钱氏通过多个正面旁面的证据，有力地驳斥了黑格尔“掉以轻心”之“高论”：“黑格尔尝鄙薄吾国语文，以为不宜思辨；又自夸德语能冥契道妙，举‘奥伏赫变’(Aufheben)为例，以相反两意融会于一字，拉丁文中亦无意蕴深富尔许者”，钱氏认为黑格尔对汉语的偏见“使东西海之名理同者如南北海之马牛风”。同时，针对清儒张尔岐“易一名而含三义”乃是“顺文生意”“两义背驰”的说法，钱氏则认为是“苛察文义，而未洞究事理”。钱氏反驳了黑格尔与张尔岐的“反证”，进一步明确自己的观点。这样，就从具体的字词训诂生发出对中西语言的比较，由“小结裹”推演出“大判断”。这样的例子在《管锥编》中不胜枚举，明显能看出传统考据学对钱氏的影响。

二、钱锺书对传统考据学的批评

在民国时代，考据学在文学研究中仍然发挥着重要影响，以“章黄学派”为代表的一批学者在大学国文系中占据着举足轻重的地位。“1930年代初，北平的学术界充满着‘非考据不足以言学术’的空气，‘以考订破坏为学，而讥博约者为粗疏’。”[7]这种风气引起了很多学者的批评。其实，在乾嘉考据学如日中天之际，章学诚就曾提出过尖锐的批评，后来方东树的《汉学商兑》更是入室操戈。梁启超、胡适、钱穆等现代学者也对乾嘉考据学的弊病有过反思。胡适在《〈国学季刊〉发刊宣言》(1923)中对考据学的批评颇具代表性，在当时的文史学界引起很大反响。钱锺书在一篇随笔中尖锐批评了“朴学者的霸道”，把某些“朴学者”谑称为“文盲”。

> 说来也奇，偏是把文学当作职业的人，文盲的程度似乎愈加厉害。好多文学研究者，对于诗文的美丑高低，竟毫无欣赏和鉴别。……认识字的人，未必不是文盲。譬如说，世界上还有比语言学家和文字学家识字更多的人么？然而有几位文字语言专家，到看文学作品时，往往不免乌烟瘴气眼前一片灰色。有一位语言学家说：“文学批评全是些废话，只有一个个字的形义音韵，才有确实性。”……眼孔生得小，视界想来不会远大，看诗文只见一个个字，看人物只见一个个汗毛孔。……训诂音韵是顶有用、顶有趣的学问，就只怕学者们的头脑还是清朝朴学时期的遗物，以为此外更无学问，或者以为研究文学不过是文字或其他的考订。朴学者的霸道是可怕的。[8]

这些话锋芒毕露，亦庄亦谐，也着实刻薄，其重点在于批评朴学者专擅考据而不懂得欣赏文学，也就顺理成章地排斥文学批评。

事实上，钱氏对考据学的批评贯穿了整个学术生涯，在各种著述中反复论说。直到晚年，他又回顾了“朴学者的霸道”：“那时候，只有对作者事迹、作品版本的考订，以及通过考订对作品本事的索隐，才算是严肃的‘科学的’文学研究。一切文学批评只是‘词章之学’，说不上‘研究’的。”“就是研究中国文学批评史的人，也无可讳言，偏重资料的搜讨，而把理论的分析和批判放在次要地位。”钱锺书并非主张取消文学研究中的考据，而是希望考据占有恰当的地位。“反对实证主义并非否定事实和证据，反对‘考据癖’并非否定考据，正如你们的成语所说：歪用不能消除正用。文学研究是一门严密的学问，在掌握资料时需要精细的考据，但是这种考据不是文学研究的最终目标，不能让它喧宾夺主、代替对作家和作品的阐明、分析和评价。”[9]这种看法与戴震晚年对考据的定位有相似之处。据章学诚记载，戴震曾说：“余于训诂、声韵、天象、地理四者，如肩舆之隶也。余所明道，则乘舆之大人也。当世号为通人，仅堪与余舆隶通寒温耳。”[10]戴氏将考据比作肩舆之隶，是“明道”的工具，此可谓局内人的通达之论。另外，钱锺书认为放任的无关宏旨的考据无助于文学研究，而应当提倡自觉的、有思想性的考据。简而言之，考据是很重要的基础工作，但绝不是文学研究的全部，也不能替代文学批评。

对于传统考据学，钱锺书能够“出乎其外”，给予中肯的评价和恰当的定位。他并不是要从整体上否定传统考据学的成绩；对于历代考据家，也没有因人废言或因言废人。同时，他又能“入乎其内”，比局外人更能看清考据学内部存在的弊病。概括说来，钱锺书的批评主要集中在以下几个方面。

第一，经生诂经“以一说蔽一字”，终致“以文害辞”“以辞害意”。

训诂学家特别强调对字词意义的解释。戴震曰：“经之至者道也，所以明道者其词也，所以成词者字也。由字以通其词，由词以通其道，必有渐。”“故训明则古经明，古经明则贤人圣人之理义明，而我心之所同然者，乃因之而明。”解字以通经，这个次序当然是对的。同时，他也认识到应该从全篇的意旨来理解字词的意思：“余私谓诗之词不可知矣，得其志则可以通乎其词。作诗者之志愈不可知矣，断之以‘思无邪’之一言，则可以通乎其志。”[11]这是其见识卓绝处。

钱锺书认为戴说尚有一间未达，“是《诗》破‘古经’之例，不得由‘文字语言’求‘通’其‘志’，如所谓‘循阶’以升堂入室；须别据《论语》一言，以‘蔽’全书之‘志’，反而求‘文字语言’之可‘通’，毋乃类梁上君子之一跃而下乎！一卷之中，前篇谓解‘文’通‘志’，后篇谓得‘志’通‘文’，各堕边际，方凿圆枘。顾戴氏能分见两边，特以未通观一体，遂致自语相违”。钱大昕、凌廷堪、阮元等后继学者都遵循了戴震解字以通经的路径，“若师法戴氏、前邪后许之徒，东面不识西墙，南向未闻北方，尤㨂折臂之新丰翁、偏枯臂之杜陵老，尚不辨左右手矛盾自攻也”[12]。如果在训诂实践中胶柱鼓瑟，脱离上下文的具体语境来孤立地解释字词，“以一说蔽一字”，尤其是在“字义同而词意异”或“字义异而词意同”的情况下，难免会错释字词，最终影响对全句全篇的理解。

第二，经生囿于门户之见，重考据而轻义理。

针对此种倾向，钱锺书批评道：“清代以来，治子部者，优于通训解诂，顾以为义理思辨之学得用文字之学尽了之，又视玄言无异乎直说，蔽于所见，往往而有。”[13]这其实是延续和发展了戴震、章学诚、胡适等人的观点。戴震以考证为乾嘉学人所推重，但他并不废义理之学，“君子务在闻道”，“今之博雅能文章善考核者……

非志乎闻道者也”[14]。可惜在考据学一家独大的时代，戴震难觅知音，独为章学诚所知赏。章学诚曰：“今之博雅君子，疲精劳神于经传子史，而终身无得于学者，正坐宗仰王氏，而误执求知之功力，以为学即在是尔。学与功力，实相似而不同。学不可以骤几，人当致攻乎功力则可耳。指功力以谓学，是犹指秫黍以谓酒也。”[15]在私人书信中，他的说法更为激烈：“古人本学问而发为文章，其志将以明道，安有所谓考据与古文之分哉!”“天下但有学问数家，考据者，乃学问所有事，本无考据家。”[16]胡适后来也批评清儒太注重功力而忽略了理解。

前人尤其是章学诚对考据学的批判明显影响了钱锺书。钱氏的眼界更为宽广，更注重“义理”中哲学思辨的成分，其考辨范围也由经部而扩展至史、子、集三部。例如，俞正燮《癸巳存稿》卷一二“老子名可名义”条曰：“《老子》‘道可道，非常道。名可名，非常名’。此二语‘道’、‘名’，与他语‘道’、‘名’异。此云‘道’者，言词也，‘名’者，文字也。……古谓文字为‘名’。”[17]俞氏擅长通训解诂之学，广泛征引先秦两汉著作《论语》《文子》《淮南子》等，并旁及各家注疏，以证明“道”为言词、“名”为文字。钱锺书指出“俞说非也”，理由如下：一、俞氏曲解了王弼《注》中“指事造形”一词的意义。“俞氏以‘名’为‘文字’，大似发挥王注。”此处“指事造形”四字虽然借自许慎之论六书，但意谓“可识可见有形象之具体事物”，断非“六书”中之“指事”“象形”。二、俞氏举证失衡，“说‘名’为‘字’，援征重叠，而说‘道’为‘言’，未举佐证”，有悖于考据学“无征不信”的原则。三、俞氏认为“此二语‘道’‘名’，与他语‘道’‘名’异”，亦属持之无故。《老子》多处言及“道”“名”，与此处“道”“名”意义相通者甚多，“以老解老”，互为佐证，则其义自明[18]。

第三，经生信而好古，不通艺事。

梁启超批评惠栋学派说：“盖谓凡学说出于汉儒者，皆当遵守，其有敢指斥者，则目为信道不笃也。其后阮元辑《学海堂经解》，即以此为标准”，一言蔽之即“凡古必真，凡汉皆好。”[19]钱锺书也反对尽信古书，认为经、子古籍中之“修词机趣，是处皆有；说者见经、子古籍，便端肃庄敬，鞠躬屏息，浑不省其亦有文字游戏三昧耳”[20]。当然，钱氏也不是反对读古书，而是主张要多加辨别，既不能尽信书，也不能尽不信书，而是应当不尽信书。

经生之所以尽信古书，主要原因有几个：一是经典尤其是儒家经典有着极崇高的地位，故而经生尊经而懦，对于其中的悖逆之言或不合情理之处，只能曲意弥缝而不敢怀疑。二是经生“于词章之学，太半生疏，墨守‘文字之本’”[21]。《诗经》中的风景物色、人物情节既有真实的描写，也有不少虚构的成分。例如，“清之经生恐世人疑《诗》语失实，博征《尔雅》、《说文》、《本草图经》之属，分‘绿’与‘竹’为二草或二菜名，非形容虚心直节之此君”。经生用心良苦，无非是要课虚成实，证明《诗》中言语皆为实录。钱氏曰：“窃谓诗文风景物色，有得之当时目验者，有出于一时兴到者。出于兴到，固属凭空向壁，未宜缘木求鱼；得之目验，或因世变事迁，亦不可守株待兔。”[22]也即是说，诗赋中的风景物色，有“实可稽”与“虚不可执”之分，虚实杂陈，故不能将诗赋当作实录之志乘。“词赋之逸思放言与志乘之慎稽详考，各有所主，欲‘美物依本，赞事本实’，一身两任，殊非易事；挥毫落纸，不能忍俊自禁，安庸谨小，而手滑笔快，忘‘本’失‘实’，亦‘可以理贷’。”[23]经生不解文理，观诗文而好课虚作实，似是通病。

三、对传统考据学的发展

义理、考据、词章三者之间的关系，是乾嘉学者关注的焦点问题。多数学者重考据而薄义理、词章，或认为训诂明而义理自明。戴震晚年说：“有义理之学，有文章之学，有考核之学。义理者，文章、考核之源也。熟乎义理，而后能考核，能文章。”[24]这显然是把义理视为根本，而考核、文章皆须倚赖之。章学诚曰：“考订主于学，辞章主于才，义理主于识。人当自辨其所长矣。”三者兼擅当然是最理想的境界，但人之性情各有所主，各以所长轻人所短，而又囿于门户之见，结果往往就是“义理入于虚无，考证徒为糟粕，文章只为玩物”[25]。这里按照传统的考据、义理、词章的分类，来讨论钱锺书对传统考据学的发展。

第一，引入“阐释之循环”。钱氏借鉴了孟子、庄子、苏轼、王安石以及释典的相关论说，又直接引入了西方阐释学的观点。他提出：

> 乾嘉“朴学”教人，必知字之诂，而后识句之意，识句之意，而后通全篇之义，进而窥全书之指。虽然，是特一边耳，亦只初桄耳。复须解全篇之义乃至全书之指(“志”)，庶得以定某句之意(“词”)，解全句之意，庶得以定某字之诂(“文”)；或并须晓会作者立言之宗尚、当时流行之文风，以及修词异宜之著述体裁，方概知全篇或全书之指归。积小以明大，而又举大以贯小；推末以至本，而又探本以穷末；交互往复，庶几乎义解圆足而免于偏枯，所谓“阐释之循环”(der hermeneutische Zirkel)者是矣。[26]

此处所述“志”“词”“文”，直接源自《孟子·万章》“不以文害词，不以词害志”。字、词、句、篇、书之外，钱氏复提及须知人而论世，已将解释之语境扩展至书外，此外尚需关注所谓“语言天地”[27]，方能探本穷末。关于钱氏论“阐释之循环”，时贤多有论说，此处不再赘言[28]。

第二，打通考据与义理。这意味着既要由字词训诂而阐发义理，又要用义理来阐发字词之意义。例如，词义之并行或歧出之分训得以同时合训，原因在于心理事理，错综交纠。以“事理”言之，当以“反象以征”为典型。《周易·革》：“彖曰：革，水火相息。”钱氏曰：“《易》此语之以生息、灭息两意之同时合训也。”又，《周易·革》：“巩用黄牛之革。象曰：巩用黄牛，不可以有为也。”王弼注：“革，坚仞不可变也。”《正义》：“‘革’之为义，变改之名。”钱氏追根溯源，“盖以牛革象事物之牢固不易变更，以见积重难返，习俗难移，革故鼎新，其事殊艰也。夫以‘难变’之物，为‘变改之名’，象之与意，大似凿枘。此固屡见不鲜者，姑命之曰‘反象以征’(Reverse symbolism)。词令每正言若反，欲盖弥彰，如旧谑埋银地下而插标其上曰：‘此处无银’，或西谚讽考究字源曰：‘草木丛生’谓之‘光风’，以其蒙密不通光漏风也。拟事寓意，翩其反而，亦若是班，须逆揣而不宜顺求，‘革’取象于牛皮是已”[29]。此类论说，在钱著中随处可见。

以“心理”言之，用“情感辩证法”则颇具说服力。例如，《毛诗·序》“哀窈窕”，“哀”训“爱”；魏明帝《报倭女王诏》：“是汝之忠孝，我甚哀汝，以汝为亲魏倭王”，“哀”训“恩怜”。上述两例，“哀”字用时只取一义，非虚涵数义。“哀”字之一词多义，根源在于：

> 情感之明而未融（soft focus），则悲与爱若怜可为无町畦，共性通名，皆“哀”之族，甚至曰：“欢乐极兮哀情多”，哀与乐且复胡越肝胆。训诂之游移乎？情绪之错综耳。殊情有贯通之绪，故同字涵分歧之义。语言之含糊浮泛，每亦本情事之晦昧杂糅；兹含糊浮泛也，只其所以为亲切直白也欤。……“恨”亦训“悔”，正以恨之情与悔之情接境交关。……朴学家明诏大号：“既通其词，始求其心”（凌廷堪《校礼堂文集》卷三五《戴东原先生事略状》），主张诚是也。然复求心始得通词，会意方可知言，譬文武之道，并物而错，兼途而用，未许偏废尔。[30]

简言之，词之多义源自情之多绪。钱氏此说，前代学者鲜有论及。探求语言训诂背后的心理因素，是其过人之处。

第三，打通词章之学与考据。明清以来，学者轻视甚或鄙视文人，成为一种风气。顾炎武曰：“唐、宋以下，何文人之多也！固有不识经术，不通古今，而自命为文人者矣。”这段话与清初所谓“末世人情弥巧，文而不惭，固有朝赋《采薇》之篇，而夕赴伪廷之举者”有关，却也可见出传统学人重考据而轻词章的倾向[31]。钱锺书早年写旧体诗、散文和小说，却也一样看不起文人，还写了《论文人》(1939)夹枪带棒地嘲弄文人的矫情。在《管锥编》中，钱锺书多用“文士”或“秀才”来称呼文人。针对清代学人“考证尊于词章”之说，钱锺书亦通过考证来说明自汉洎唐，“著书撰文之士，尊于经生学人多矣。此汉人绪论，为汉学者不应不知。东汉而后，举士大率‘孝廉’‘秀才’二途；秀才策文艺，孝廉策经学，晋宋积重秀才”。另，学人亦尝有羡慕文人之能吟诗作赋者，“学人之望为文人而不可得”，这恐怕也是很多学人的心头之病[32]。此说从源头处颠覆了汉学家鄙薄文士的根据。

钱氏之沟通考证与词章，大略可分作两途。一是由考据而通词章，从字词训诂中窥见文理。例如，古人谓“诗”有三训：“承也，志也，持也。”钱氏以为说“志”与“持”未尽底蕴，进而征引先秦文献，解释“志”“是任心而扬，唯意所适，即‘发乎情’之‘发’”；“持”“即‘止乎礼义’之止”，“非徒如《正义》所云‘持人之行’，亦且自持情性，使喜怒哀乐，合度中节，异乎探喉肆口，直吐快心”。这则考证背后所反映的“文理”则是：“‘发’而能‘止’，‘之’而能‘持’，则抒情通乎造艺，而非徒以宣泄为快有如西人所嘲‘灵魂之便溺’矣。‘之’与‘持’一纵一敛，一送一控，相反而亦相成，又背出分训之同时合训者。”[33]二是借词章之学修正考据训诂。以今日标准而言，集部多为文学作品，作者亦多为文士，常须以文理论之，方中肯綮。钱氏尝曰，“文人慧悟逾于学士穷研”，“秀才读诗，每胜学究”[34]。钱氏本人为学人亦为文士，故惯于考究文理，以正训诂。钱氏之论，并非说文士可以不究训诂，肆意而作。若不知训义，用字失律，则词不达意，转生理障。“诗人贪使故实而不究诂训，每贻话把笑柄。”[35]故诗人引经据典也当小心谨慎，徒逞口舌之快则贻笑大方。

对于钱锺书而言，一方面，考据是其学术研究的基本方法。除了家学之外，也明显受到晚清民国学风的影响。《谈艺录》《管锥编》的很多篇章都是从字词训诂和诗文考订生发出对义理的探讨。另一方面，在如何对待中国传统学术，尤其是如何对待乾嘉考据学的问题上，钱锺书表现出可贵的独立精神与批判意识。他扩大了研究的范围，把《老子》《史记》《焦氏易林》《太平广记》等经部之外的典籍纳入了研究视野，又把小说、戏曲、谣谚等通俗文学也作为考察对象，突破了“儒家一尊”的成见。同时，深厚的西学素养又使他能够博采参考比较的资料，引用“二西之书”做大规模的中西比较，这也是他能够超越前人的重要因素。

*本文系教育部人文社科基金项目“中国叙事学的文化资源与理论探讨”(19YJA751014)的阶段性成果。

注释：

[1] 梁启超：《清代学术概论》，上海：上海古籍出版社，2019年，第100页。

[2] 胡适：《清代学者的治学方法》，《胡适文集》第2卷，北京：北京大学出版社，2013年，第288、302页。

[3] 钱锺书：《〈复堂日记续录〉序》，《人生边上的边上》，北京：生活·读书·新知三联书店，2007年，第148页。

[4] 钱锺书：《〈国学概论〉序》，钱穆：《国学概论》，北京：商务印书馆，1930年，第1页。

[5] 钱基博：《序》，《古籍举要》，上海：世界书局，1930年，第1～4页。

[6] 参见梁启超：《清代学术概论》，上海：上海古籍出版社，2019年，第100页；钱锺书：《管锥编》，北京：生活·读书·新知三联书店，2007年，第3～14页。

[7] 桑兵：《近代学术转承：从国学到东方学——傅斯年〈历史语言研究所工作之旨趣〉解析》，《历史研究》2011年第3期，第29～44、189页。

[8] 钱锺书：《写在人生边上》，北京：生活·读书·新知三联书店，2007年，第41页。

[9] 钱锺书：《人生边上的边上》，北京：生活·读书·新知三联书店，2007年，第113～114页。

[10] 章学诚：《文史通义校注》，叶瑛校注，北京：中华书局，1994年，第275页。

[11] (清)戴震：《戴震文集》，北京：中华书局，1980年，第140、168、146页。

[12] 钱锺书：《管锥编》，北京：生活·读书·新知三联书店，2007年，第283页。

[13] 钱锺书：《管锥编》，北京：生活·读书·新知三联书店，2007年，第633页。

[14] (清)戴震：《戴震文集》，北京：中华书局，1980年，第265页。

[15] (清)章学诚：《文史通义校注》，叶瑛校注，北京：中华书局，1994年，第161页。

[16] (清)章学诚：《章学诚遗书》，北京：中华书局，1985年，第79页。

[17] (清)俞正燮：《癸巳存稿·四》，北京：商务印书馆，1939年，第332～333页。

[18] 钱锺书：《管锥编》，北京：生活·读书·新知三联书店，2007年，第633页。

[19] 梁启超：《清代学术概论》，上海：上海古籍出版社，2019年，第52、51页。

[20] 钱锺书：《管锥编》，北京：生活·读书·新知三联书店，2007年，第715页。

[21] 钱锺书:《管锥编》,北京:生活·读书·新知三联书店,2007年,第249页。

[22] 钱锺书:《管锥编》,北京:生活·读书·新知三联书店,2007年,第154页。

[23] 钱锺书:《管锥编》,北京:生活·读书·新知三联书店,2007年,第1822～1823页。

[24] 段玉裁:《戴东原集序》,《戴震文集》,北京:中华书局,1980年,第1页。

[25] 章学诚:《章学诚遗书》,北京:中华书局,1985年,第85页、第224页。

[26] 钱锺书:《管锥编》,北京:生活·读书·新知三联书店,2007年,第281页。

[27] 钱锺书:《管锥编》,北京:生活·读书·新知三联书店,2007年,第1760页。

[28] 参见宋秀丽:《〈管锥编〉的训诂理论与实践》,《贵州大学学报》1991年第4期,第35～40页;季进:《阐释之循环——钱锺书初论》,《阴山学刊》1992年第1期,第1～10页;李清良:《钱锺书"阐释循环"论辨析》,《文学评论》2007年第2期,第43～49页;杨果:《论阐释的有效性:"阐释循环"与钱锺书诗学》,《浙江工商大学学报》2016年第1期,第36～44页。

[29] 钱锺书:《管锥编》,北京:生活·读书·新知三联书店,2007年,第52页。

[30] 钱锺书:《管锥编》,北京:生活·读书·新知三联书店,2007年,第1673页。

[31] (清)顾炎武著,黄汝成集释:《日知录集释》,上海:上海古籍出版社,2006年,第1089～1090页、第1095页。

[32] 钱锺书:《谈艺录》,北京:生活·读书·新知三联书店,2007年,第464～465页。

[33] 钱锺书:《管锥编》,北京:生活·读书·新知三联书店,2007年,第99～100页。

[34] 钱锺书:《管锥编》,北京:生活·读书·新知三联书店,2007年,第761页、第971页。

[35] 钱锺书:《管锥编》,北京:生活·读书·新知三联书店,2007年,第1167页。

【现代文学研究】

鲁迅论电影：批评的位置与思想的姿态

李　盛

（南京师范大学文学院，江苏南京，210097）

内容摘要：经典研究把鲁迅的电影批评排斥在其思想体系之外，却反证了电影批评对深入理解鲁迅思想的特殊意义。鲁迅的电影批评实践呈现出两种面向：一种是反映社会现实的公共批评面向；一种是体现文艺审美的私人批评面向。它们折射了鲁迅雅努斯般的批评家面孔：一面作为知识分子，坚守知识分子的批评位置；一面作为独特个体，不断生成难为外人道的思想姿态。鲁迅电影批评两种面向之间存在着一定的悖离和分裂，正是由于这一两难处境及在其中的挣扎，成就了鲁迅独特的杂文风。鲁迅把电影批评视为提升生命的重要活动，即便死亡将至，他始终把观看电影当作获取个体生命体验的重要途径。借助电影批评，他以独特的眼光暴露了他所处的那个时代批评的僵化以及不加质疑的批评偏好。

关键词：鲁迅；电影批评；公共批评；审美批评；私人化

在鲁迅研究迄今一百余年的历史中，很长一段时间内鲁迅的电影言说都属于学界的冷门议题。从一种后设视角来看，这首先与鲁迅及其研究所处的社会背景密切相关，正如李泽厚总结的，“启蒙与救亡的双重变奏”是20世纪上半叶那个转折年代对中国现代文学作家的时代要求[1]。但一些学者认为这一要求恰恰成了中国现代文学发展的障碍，新文学因为过于聚焦在民族救亡与国家富强等狭隘主题，陷入了夏志清所谓感时忧国(obsession with China)的藩篱，从而难以达向更伟大、更普遍的境界。正因如此，夏志清才会使用带有病态、贬损性意涵的obsession一词[2]。作为鲁迅日常生活为数不多的娱乐活动，鲁迅的电影批评显得稍稍偏离主流。到当代文学时期，政治对文艺的过度干预使这一尴尬被放大，进而不得不把它掩盖起来。鲁迅曾一再表示自己“于电影一道是门外汉”[3]，“不懂得其中的奥妙”[4]，这无疑进一步加剧了研究者对其电影言说的轻视。然而，自20世纪80年代以来，新的时空背景促使评论界重新发现了鲁迅电影批评的价值，后者不仅把鲁迅还原为活生生的人，更暗示了进入鲁迅的新路径。

1981年，鲁迅100周年诞辰，刘思平、邢祖文选编、出版了《鲁迅与电影(资料汇编)》一书。以这本书的出版为重要节点，自此以后，学界关于鲁迅电影批评的研究主要围绕政治与美学的辩证关系展开：或是由政治而美学，以电影批评为鲁迅整体实践的补充，从而凸显鲁迅作为公共批评家的社会批判面向；或是由美学而政治，强调电影之于鲁迅的娱乐作用，为我们进入鲁迅私人性的内心姿态提供依据[5]。本文力图在外向的、公共的、政治的批评位置面向之外，挖掘鲁迅电影批评更为内向的、私人的、审美的思想姿态的一面，以“批评的位置与思想的姿态”为问题和方法重新认识鲁迅雅努斯(Janus)般的批评家面孔：一面作为知识分子，坚守知识分子的公共批评位置；一面作为独特个体，不断生成难为外人道的思想姿态。

一、分裂的电影批评与鲁迅的批评困境

与小说等批评题材相比，鲁迅的电影批评呈现出极为显著的两难特征，他在言说电影时总是在社会现实与审美对象之间不断移动。对此赵鹏认为鲁迅的电影批评一面强调自身的社会现实属性，一面看重自身的修辞属性，它们分别指向社会实践等外在动因和电影审美的本体属性[6]。虽然赵鹏着意强调鲁迅的电影言说不仅限于借题发挥，而是努力从电影本体审美角度切入，对电影本身的美学形式给出了许多精到的看法，但相比于美学一“轨”，赵鹏显然更看重政治一“轨”，对鲁迅电影批评政治一“轨”的讨论大大压过了美学一“轨”的部分，有关外向性批评位置的背景叙述淹没了鲁迅电影批评内向性思想姿态的幽微之处。最终，作为公共批评家的鲁迅遮蔽了普通人鲁迅幽微曲折的内心姿态。当然，这并不全然是赵鹏的失误，鲁迅也曾多次坦陈自己无法就电影的光影、声效、镜头、剪辑等发表专业性的美学分析。这种带有相当业余特质的电影批评，被鲁迅杂糅进他的杂文、书信和日记之中，因此从专业的电影审美批评角度看，鲁迅的电影批评似乎无甚建树。

然而，我们又并非真的无话可说，只是不能单纯从鲁迅公共、外向性的批评文章中寻找答案，左翼立场决定了鲁迅的电影批评的基调，但他内心并没有对大多数左翼电影产生认同，而更倾心于纪录片、恐怖片，甚至卡通片等类型片。结合鲁迅的生平实际，从他1927年在广州观看电影《诗人挖目记》[7]中途离场，并于日记中写下“浅妄极矣”[8]的评价后，在他寓居上海的十年间，几乎未曾观看过国产电影(包括左翼电影)。左翼的政治立场与拒斥国产电影的美学趣味，凸显出鲁迅的内在悖论。鲁迅电影批评呈现的“内向/外向”“私人/公共”“审美/政治”等一系列两难已经到了近乎分裂的程度。从公开发表的批评文章中我们无法完全窥及他观赏电影的偏好和趣味，也难以真正理解他那句常常被人引用的话：“我的娱乐只有电影，而可惜很少有好的。”[9]当然，如果仔细审视他为电影写下的文字，从文本变化来看，上海时期鲁迅的生活方式与个人写作未必与之前截然断裂，他写作、编撰《热风》《华盖集》等杂文集时仍在创作小说，电影批评编入上述杂文集时呈现出的由“电影”和“上海”双重语境带来的特殊性不是断裂的，而是分裂的，它是一支笔杆的不同笔法。

关于鲁迅与其作品的分裂关系，日本学者竹内好给出了极具启发性的分析，他认为鲁迅“不是用作品来清洗自身，而是像脱掉衣服那样把作品舍弃”[10]。在他看来，

业已完成的作品(尤其是小说)之于鲁迅，就像被脱掉的衣服，虽然带着身体的余温和相同的气味，但终究属于过去的自己，无法表现现在的自己。当鲁迅步入晚年，电影之于他就不仅是借题发挥的杂文材料，更是其生命难以分割的重要部分，成为竹内好意义上鲁迅不断换上又脱去的"衣服"。在具体的电影批评中，行与言的对立更趋极端，甚至连杂感这种"短兵相接"把电影视为唯一娱乐这句话，我们必须回到他的书信、日记乃至实际行动中去发掘他较为隐秘的思想姿态。例如，在《电影的教训》这篇杂文中，鲁迅写道："我在上海看电影的时候，却早是成为'下等华人'的了……银幕上现出白色兵们打仗，白色老爷发财，白色小姐结婚，白色英雄探险，令看客佩服，羡慕，恐怖，自己觉得做不到。"[11]这段文字颇受一些研究者的青睐，总是被当作鲁迅反抗西方白人霸权的经典文字。其他被拿出来加以佐证的表达还有鲁迅翻译完《现代电影与有产阶级》之后撰写的《译者附记》[12]，文中的一些语句更像那种被歪曲、被狭隘化的萨义德式抵抗西方霸权的标准答案，甚至被洪遒认作是"一篇反对帝国主义利用电影艺术进攻中国的义正词严的宣言"[13]。然而真实的情况却是，鲁迅大多是与家人朋友坐小汽车去电影院，买头等票，"坐在楼上的第一排，除非人满了，是很少坐到别处去的"[14]，而且他们看的电影也以好莱坞的类型片占绝大多数(见表 1)。

表 1　鲁迅历年所看电影题材分类表[15]

题材＼国家	英国	日本	德国	中国	苏联	美国	总计
喜剧	0	0	0	0	0	10	10
历史宗教	0	0	0	0	1	12	13
歌舞	0	0	0	0	0	7	7
探险	0	0	0	0	1	39	40
科学幻想	1	0	0	0	0	7	8
文学名著改编	2	0	2	0	1	17	20
动画儿童	0	0	0	0	0	⩾12	⩾12
侦探强盗	0	0	0	0	0	10	10
其他	1	2	1	4	7	20	35
总计	4	2	3	4	10	⩾134	⩾157

更进一步，当鲁迅在杂文《我要骗人》中以自嘲的笔调说道："去年的秋天或是冬天(1935 年 11 月 9 日)，日本的一个水兵，在闸北被暗杀了。忽然有了许多搬家的人，汽车租钱之类，都贵了好几倍。……但当大家正在搬家的时候，我……走远一点，到电影院里散闷去。一到那里，可真是天下太平了。这就是大家搬家去住的处所(租界)。"[16]面对日益深重的国难危机，中国的"愚民"只图以"骗人"自保，"希求心的暂时的平安"[17]，殊不知"常用自己的血，去洗权力者的手"[18]，令鲁迅既悲且怜。

鲁迅在此又借了“电影院”之题发挥，站稳了公共知识分子批判国民性的位置，可当他真的身处电影院之中，他私下寻求的恰恰是他大加批判的“天下太平”。正如许广平在鲁迅去世后的回忆所揭示的，看电影之于鲁迅是一种难得的“苏息”，像“五彩片卡通集及彩色片，虽然没甚意义，却也可以窥见艺术家的心灵的表现，是把人事和动物联系起来，也架空，也颇合理想，是很值得看的”[19]。

从“没甚意义”，到“架空”“颇合理想”，再到“很值得看”，这组颇具意味的对照凸显了鲁迅着意揭露“电影/电影院”之意识形态的批评与观赏电影时寻求“没甚意义”的纯粹愉悦之间的分裂，而这一分裂是我们理解鲁迅的电影批评乃至完整而复杂的鲁迅所不能不察的。

二、自我的审视与鲁迅的挣扎

当鲁迅借助杂文在电影与世界之间往来穿梭，时而沉溺于电影作品(尤其是好莱坞大片)带来的美学愉悦，时而经由带引号的“电影”和“电影院”介入现世、施加政治批判时，对于自己写下的文字的效用乃至整个批评的未来，鲁迅始终未能完全相信。哪怕对自己内心的所思所想，鲁迅也时刻抱持怀疑情绪，这使得其电影批评呈现的分裂难以被轻易弥合，更使他陷入了永不止息的自我挣扎。

根据竹内好的分析，鲁迅的挣扎不只是与外部世界的龃龉或论辩，而是在与新时代展开论辩后，“清洗自己，再把清洗后的自己从中脱出身来”[20]，以对待被脱去的旧衣服那般与挣扎之前的自己对峙。然而，一次次的挣扎不意味鲁迅经历了进化论意义上的“思想进步”，因为“从思想家的鲁迅这一方面是无法说明现实世界中他那强韧的战斗生活的。作为思想家的鲁迅时常落后于时代半步。……把他驱入激烈的战斗生活的是存在于他内心的本质性矛盾”[21]。正是鲁迅内心的本质性矛盾，那种连他自己也不能清楚地意识到的混沌，制造了他的作品和他本人之间的深度分裂，“他所能倾吐的千言万语只是在说明一个非存在的词汇”[22]。对此，鲁迅本人在不同地方给出过相关表达，例如他曾向许广平坦露心迹：“我所说的话，常与所想的不同……我的思想太黑暗，而自己终不能确知是否正确之故。”[23]

鲁迅不仅不相信外部的所谓“新时代”与“光明的到来”，甚至连自己的怀疑(批评)也一并怀疑起来。即便在新文化运动高涨时期，他听了将令“呐喊几声”，然其原因也不是源于对这场运动、对启蒙大众满怀希望，而是对自己关于“铁屋子绝无窗户而万难破毁”的确信同样抱怀疑的态度，所以才勉力说了这样几句话：“然而说到希望，却是不能抹杀的，因为希望是在于将来，决不能以我之必无的证明，来折服了他之所谓可有。”[24]正是在这个意义上，他在《野草·希望》一文中关于希望与虚妄的文字以及在文中所引用的裴多菲名言“绝望之为虚妄，正与希望相同”[25]，其苦心和真实的想法才能被真正理解。

由于对希望、绝望乃至自身对它们可能的“确信”均抱持深切的怀疑态度，鲁迅的文章(尤其是杂文)成了他永不止息之挣扎的文本投射。按照李长之的分析，这种投射突出表现为转折词的扩张与总结辞的收束二者之间的张弛节奏[26]，通过使用“虽然”“自然”“然而”“但是”“倘若”“如果”“却”“不过”等字眼不断地转折，不断制造新层次，引人到新的处所，鲁迅使他的杂文近乎以一字一顿、步步迟疑的姿态，把他的挣扎放大到无以复加，直至将要胀破文字的界限；最后凭借让步、商榷甚至猜测的“总之”“或许”“可能”给出连自己似乎都不完全相信的“结论”。这种扩张之后的收束不仅仅是着眼于建构行文的张弛节奏，更是鲁迅为了避免过于陷入虚无之挣扎所付出的最大努力。

到他晚年的电影批评中，跌宕顿挫与勉力收束之间的张力更为突出。典型例子是他讨论国产电影的杂文《电影的教训》，文中他对《春蚕》(程步高导演，夏衍根据茅盾同名小说改编)和《瑶山艳史》(杨小仲导演，王漪磋编剧)这两部影片给出了不同评价。在分别经历了“幸而”“不过”“当然”和“自然”“而要”“却”等一系列转折之后，两段文字对《春蚕》与《瑶山艳史》分别得出“当然，这是进步的”和“这是大家可以由此明白的”一褒、一贬两个结论[27]。然而，正如日本学者藤井省三在考察了鲁迅的日记、书信之后指出的，鲁迅可能没有看过这两部电影[28]就写下上述评价文字[29]，因此他的结论似乎不能完全令人信服。如果仔细揣摩他对《春蚕》的总结性评语“当然，这是进步的”，我们能体会到鲁迅对自己这句话勉为其难的不相信情绪。所以，与其说这一褒义性评价是鲁迅对这部电影本身的肯定，毋宁说是他在为好友茅盾摇旗助威了。

面对鲁迅不看电影就撰写电影批评的“尴尬状况”，李浩围绕观看的权力性议题把鲁迅与国产电影奇怪的“看”与“被看”的建构归纳为“非看之看”，即通过看报刊电影介绍来“看”电影，通过报刊来评论中国电影[30]。由于没看过电影，鲁迅无法对电影本身给出专业分析，只能借题发挥，从宏大的文化视角切入。与此同时，他的“非看之看”更透露出某种关乎自己民族身份的“尴尬”。上文曾经指出，鲁迅面对国产左翼电影时出现了政治立场和美学趣味之间的分裂，这种分裂同样存在于他所爱看的好莱坞电影之中，只不过这次调换了方向。于鲁迅而言，西方电影的艺术性更高，但它们是为本国人拍摄的，中国人属于“被看”的对象，就像那部《诗人挖目记》，法国理念与中国背景的混合所带来的价值观认同和异域情调使它在法国上映时大获成功，深受法国人肯定，却引起包括鲁迅在内诸多中国人的抗议。换言之，鲁迅无法从这些西方电影中获得价值的认同和真正的娱乐，总是被它们若隐若现的文化差异和种族歧视所搅扰，无奈地从个人的美学沉迷中回过神来，去直面那个世界残酷的政治现实。

从杂文中的“挣扎”，到电影批评中特殊的“非看之看”，鲁迅的“行”与“言”始终处于难以弥合的分裂之中。他只能凭借不断的自我挣扎和“当然”“姑且”“不过”“倘若”之后的收束之辞“总之”，聊以说服别人和自己，而这说服背后依旧是他深深的怀疑情绪[31]。这使得鲁迅注定无法成为像胡适那样建构体系的哲学家，而更应当被归入批评家的行列，以不断怀疑和挣扎的批评方式直面分裂的自我主体。

三、“因为我要过活”与鲁迅怀疑的旁观者姿态

面对“分裂”的批评境况，鲁迅秉持挣扎的态度借着杂文这一“武器”勉为其难地加以克服。然而，随着病情的恶化，“死亡”这一最具事件性的情境愈发变得真切，这使得鲁迅在“内向/外向”“私人/公共”“审美/政治”“独特个体/知识分子”“思想姿态/批评位置”“具体的人/普遍的人”等一系列张力关系中越来越难以取得平衡。即便在这一极

端背景下，鲁迅到头来还是选择了怀疑的“旁观”，依旧把看电影视作获取个体生命体验、证明自我存在的途径，对于电影意图传达的宏大主题始终保持距离，以怀疑的眼光审视一切绝对的、排斥性的真理性论述。他秉有的这一姿态，可以从他对于生前所看的最后一部电影《复仇艳遇》的看法上得到印证。

1936年10月10日，鲁迅去世10天前，鲁迅与许广平、海婴等人一道前往上海大戏院看了《复仇艳遇》。这部电影即为1936年的苏联电影《杜布洛夫斯基》(俄语：Дубровский，英语：Dubrovsky)，它由普希金1832年未完成的同名小说改编而来，亚历山大·伊凡诺夫斯基担任导演和编剧，姜椿芳把它翻译成了中文，片名则是由国民政府电影检查会修改得来。在看完电影当晚，鲁迅即在日记中写下“甚佳”[32]的评语，并分别致信黎烈文和黄源向他们推荐，“以为甚佳，不可不看也”[33]，“觉得很好，快去看一看罢”[34]。甚至根据黄源回忆，当他和萧军于10月15日最后一次拜访鲁迅时，鲁迅急切地询问他们看过电影没有，认为它“很好”，许广平对此开玩笑道“又在作宣传了”；更重要的是，鲁迅还对于电影内容提出了自己的看法：“我没有看过原作，不知他是否完全依据原作。譬如，其中有一场小杜布洛夫斯基叫村子里的人放火烧死关在他家里的四个官员，普式庚(普希金)那时有这种想头，自然要被杀死了。”[35]

在日记中品评当日所看电影的优劣是鲁迅的常见举动，但像对待《复仇艳遇》这般反复夸赞并向友人再三推荐却极为罕见。究其根由，从电影本身看，复仇与侠盗的题材，由短促的特写和近景、晃动的镜头、急剧的推进速度、紧凑的剪辑所营造出的紧张叙事节奏，以及硬实、刚健的画面风格，都颇符合鲁迅追求“侠气”与“恶声”的美学品位。尤其是小杜布洛夫斯基放火烧死家中欺压百姓的无良官员，与铁匠阿尔希普等人一道抢劫富豪、惩治劣绅，以及影片最后铁匠阿尔希普率众攻入特罗耶库罗夫的庄园并杀死他这几场(见图1)，一定让鲁迅激动不已，甚为满意。

图1　阿尔希普等人在攻打特罗耶库罗夫庄园的路上

鲁迅在最后岁月里几乎遇人就夸《复仇艳遇》并反复催促别人去看，这当中，影片自身的“好”、它与鲁迅脾性的相合，自然是个中的重要原因，但如果细细体味鲁迅的急迫态度，他不厌其烦到近乎絮叨和恳求的地步，单纯从电影本身来解释显得不够有说服力。《复仇艳遇》是鲁迅生前看的最后一部电影，他的评价和推介是去世前几天的话，因此他的急迫、絮叨和恳求，就不仅是为了推介一部电影，更是他当时心理和精神状态的投射。

当年(1936年)夏天，鲁迅写下了一篇令人动容的文章《“这也是生活”……》。面对即将到来的人生终点，“熟识的墙壁”“壁端的棱线”“熟识的书堆”“堆边未订的画集”，乃至“夜”“无穷的远方”“无数的人们”，这些似乎是“排在喝茶搔痒之下”“简直不算一回事”的“枝叶”却被鲁迅视作证明自身存在与生活的证据，就像他所说的：“因为我要过活。你懂得么？这也是生活呀。我要看来看去的看一下。”[36]更何况被当作“唯一的娱乐”的电影，尤其是死亡来临前这部“甚佳”的《复仇艳遇》。然而，即便它被许广平事后评价为“最令他快意”“遇到朋友就介绍”“永不能忘怀”“也是他最大的慰藉，最深喜爱，最足纪念的临死前的快意”[37]，鲁迅也没有收起怀疑的目光，还是要追问黄源影片“是否完全依据原作”？

黄源认为影片与原作只在结尾上“稍有不同”，其他方面“完全保持着原作的本来面目，剧情和原书简直毫无出入，而看了原书更觉得这影片好了”[38]，但就是结尾上的“稍有不同”转变了整个故事的主旨。普希金的原作是一部未完成的小说，结构上并不完整，我们目前看到的结局是：小杜布洛夫斯基远走，不知去向，甚至被认为“藏身国外”，他的大仇也未能得报，特罗耶库罗夫一直好好地活着。到了电影中，小杜布洛夫斯基被政府军打死，他的死是一个重要变化，但又符合苏联时期强调阶级革命这一电影改编的整体意图和逻辑。过去他是地主阶级的一员，因为爱慕特罗耶库罗夫的女儿玛莎，他曾阻止阿普希尔攻打特罗耶库罗夫的庄园，这一行径绝不见容于当时的革命话语，因而他在电影中的死是必然的。当曾属于地主阶级的小杜布洛夫斯基去世后，取而代之的复仇主将成了无产阶级劳苦大众的代表铁匠阿尔希普，他率领穷人们攻入特罗耶库罗夫的庄园并枪杀了他，哈姆雷特式的个人复仇由此被十月革命式的阶级复仇所取代。当鲁迅在电影结尾看到复仇及其革命最终之成功的隐喻，想来确实是感到“慰藉”“喜爱”和“快意”的，但对于影片意图传达的这份“成功”和自己的“快意”，他也不完全信任，因而才有了他的提问。在此他又一次凭借敏锐的直觉和深切的怀疑证明了他存在着，生活着。

“因为我要过活”是鲁迅连接批评与生命的持续动力，他言说电影时总是不断返归自身的感受，这表明了他在欣赏电影与经由电影向公众发出批评时的主体位置也未必一致，批评能否让人“过活”是他始终怀疑的事。他的杂文写作就是把自己充满“瘢痕”的生命以文字的形式铺成的“异路”；更是他坚持“走异路”，与虚伪的言论斗争到底的终极呈现。

结语

最后，回到本文最初的问题上来，电影之于鲁迅，首先是他获取个人精神愉悦的途径，也是展开政治批判的“支点”和“开端”。他的电影言说以及他的挣扎，一面标记出他作为公共知识分子的批评位置，一面折射出作为独特个体的思想姿态，两个方面共同勾勒了丰富的鲁迅形象。鲁迅去世前曾发有肺腑之言，“删夷枝叶的人，决定得不到花果”[39]，“战士的日常生活，是并不全部可歌可泣的，然而又无不和可歌可泣之部相关联，这才是实际上的战士”[40]。这里，另一位伟大批评家萨义德（Edward W. Said）在面对政治性的宏大叙述和私人性的美学体验两者关系时给出与鲁迅相似的看法，他一面肯定在当下“一切坚固的东西都变得烟消云散”的解构主义时代，自由、平等、正义等宏大叙述依然有其价值，依然能够给那些为自身权利斗争的人们带去激励。然而，这种宏大叙述成立的前提乃是个人“微小的自由”，即“读一本小说或听一部音乐作品时的自由”[41]。两位批评家发自内心的话，不仅是他们的批评准则，更是面对一些研究者对他们的化约企图所给出的正面回击。总之，唯有正视其批评立场和思想姿态的复杂性，我们才能真正理解鲁迅批评的与众不同立场及其思想的独特价值。

＊本文系江苏省社科基金青年项目“‘歌谣运动’与民歌的现代转型研究”(22ZWC001)的阶段性成果。

注释：

[1] 参见李泽厚：《启蒙与救亡的双重变奏》，《中国现代思想史论》，北京：东方出版社，1987年，第7～49页。

[2] 参见夏志清：《现代中国文学感时忧国的精神》，《中国现代小说史》，刘绍铭，等译，香港：香港中文大学出版社，2001年，第459～478页。

[3] 鲁迅：《二心集·现代电影与有产阶级(译者附记)》，《鲁迅全集》四，北京：人民文学出版社，2005年，第419页。

[4] 鲁迅：《书信·301114 致 王乔南》，《鲁迅全集》十二，北京：人民文学出版社，2005年，第247页。

[5] 参见李盛：《政治与美学之间：四十年来鲁迅电影批评研究回望》，《燕山大学学报(哲学社会科学版)》2020年第6期，第21～27页。

[6] 参见赵鹏：《鲁迅与中国电影批评范式的双轨解读》，济南：山东大学博士学位论文，2006年，第1页。

[7]《诗人挖目记》(*Le voile du bonheur*，1923)原是一部由法国人编剧、导演的电影，但故事背景是古代中国，亦由留法中国演员徐琥主演，所以可以称得上是一部带有密集中国元素的电影。电影讲述一位盲眼诗人原本对世界充满善念，但当眼睛治好后看到的却是世间的恶与丑陋，他深受刺激并最终自盲双眼。电影的创作理念充斥了法国人看待中国、看待世界居高临下的一厢情愿，其与中国背景不甚相合，影片的布景、道具和服饰均带有浓重的东方主义气息，演员的演技也并不高明，因此鲁迅非常不喜欢它，进而对所有国产电影都失掉了兴趣。

[8] 鲁迅：《日记十六·一月二十四日》，《鲁迅全集》十六，北京：人民文学出版社，2005年，第4页。

[9] 鲁迅：《书信·360318 致 欧阳山、草明》，《鲁迅全集》十四，北京：人民文学出版社，2005年，第48页。

[10] [日]竹内好:《鲁迅》,李心峰译,李一航、刘瑞芝校,杭州:浙江文艺出版社,1986 年,第 28 页。

[11] 鲁迅:《准风月谈·电影的教训》,《鲁迅全集》五,北京:人民文学出版社,2005 年,第 309 页。

[12] 参见鲁迅:《二心集·现代电影与有产阶级(译者附记)》,《鲁迅全集》四,北京:人民文学出版社,2005 年,第 418～422 页。

[13] 洪遒:《鲁迅和电影》,《中国电影》1956 年创刊号,第 46 页。

[14] 此表根据刘思平、邢祖文选编《鲁迅与电影》所附《鲁迅历年所看电影题材分类表》统计得出,参见刘思平、邢祖文选编:《鲁迅与电影(资料汇编)》,北京:中国电影出版社,1981 年,第 231～238 页。

[15] 景宋:《鲁迅先生的娱乐》,《文艺阵地》1939 年 10 月第 4 卷第 1 号,第 1218 页。

[16] 参见鲁迅:《且介亭杂文末编·我要骗人》,《鲁迅全集》六,北京:人民文学出版社,2005 年,第 503～504 页。

[17] 鲁迅:《且介亭杂文末编·我要骗人》,《鲁迅全集》六,北京:人民文学出版社,2005 年,第 503 页。

[18] 鲁迅:《且介亭杂文末编·我要骗人》,《鲁迅全集》六,北京:人民文学出版社,2005 年,第 504 页。

[19] 景宋:《鲁迅先生的娱乐》,《文艺阵地》1939 年 10 月第 4 卷第 1 期,第 1218 页。

[20] [日]竹内好:《鲁迅》,李心峰译,李一航、刘瑞芝校,杭州:浙江文艺出版社,1986 年,第 9 页。

[21] [日]竹内好:《鲁迅》,李心峰译,李一航、刘瑞芝校,杭州:浙江文艺出版社,1986 年,第 9 页。

[22] [日]竹内好:《鲁迅》,李心峰译,李一航、刘瑞芝校,杭州:浙江文艺出版社,1986 年,第 10 页。

[23] 鲁迅:《〈两地书〉第一集二十四·致许广平的信》,《鲁迅全集》十一,北京:人民文学出版社,2005 年,第 80 页。

[24] 鲁迅:《呐喊·自序》,《鲁迅全集》一,北京:人民文学出版社,2005 年,第 441 页。

[25] 鲁迅:《野草·希望》,《鲁迅全集》二,北京:人民文学出版社,2005 年,第 182 页。

[26] 参见李长之:《鲁迅批判》,北京:北京出版社,2003 年,第 132 页。

[27] 参见鲁迅:《准风月谈·电影的教训》,《鲁迅全集》五,北京:人民文学出版社,2005 年,第 310 页。

[28] 根据鲁迅不看国产电影的习惯和许广平的回忆,鲁迅没有看过《瑶山艳史》并无疑义,但他是否看过《春蚕》尚不清楚。因为在日记、书信中没有任何记录,藤井省三倾向于认为鲁迅没看过这部电影。程步高却在回忆《春蚕》的制作过程和试映会时,明确说鲁迅出席了试映会,观看了电影。可是,他的回忆对鲁迅出席试映会的时间、地点等细节语焉不详,因此,鲁迅是否看过《春蚕》还需进一步考证。参见程步高:《回忆〈春蚕〉的拍摄经过》,《影坛忆旧》,北京:中国电影出版社,1983 年,第 1～4 页。

[29] 参见[日]藤井省三:《鲁迅与刘呐鸥:"战争期"在上海的〈猺山艳史〉、〈春蚕〉电影论争》,燕璐译,王志文校,《现代中文学刊》2013 年第 1 期,第 44～57 页。

[30] 参见李浩:《"看"与"被看":胡蝶·电影·鲁迅》,《上海鲁迅研究》2005 年第 1 期,第 245～255 页。

[31] 此处的"行"并非指鲁迅的"行动",而是指"日常行为"。关于鲁迅的"行动"与"言说"可参见张洁宇:《"活"与"行":鲁迅生命观与文学观的互动》,《中国现代文学研究丛刊》2016 年第 9 期,第 88～97 页。

[32] 鲁迅:《日记二十五·十月十日》,《鲁迅全集》十六,北京:人民文学出版社,2005 年,第

626页。

[33] 鲁迅:《书信·361010 致 黎烈文》,《鲁迅全集》十四,北京:人民文学出版社,2005年,第165页。

[34] 鲁迅:《书信·361010 致 黄源》,《鲁迅全集》十四,北京:人民文学出版社,2005年,第166页。

[35] 黄源:《鲁迅先生》,邓珂云编,曹聚仁校:《鲁迅手册》,上海:博览书局,1946年,第363页。

[36] 鲁迅:《"这也是生活"》,《鲁迅全集》六,北京:人民文学出版社,2005年,第623页。

[37] 景宋:《鲁迅先生的娱乐》,《文艺阵地》1939年第4卷第1期,第1219页。

[38] 黄源:《鲁迅先生》,曹聚仁编订:《鲁迅手册》,上海:博览书局,1946年,第363页。

[39] 鲁迅:《"这也是生活"》,《鲁迅全集》六,北京:人民文学出版社,2005年,第624页。

[40] 鲁迅:《"这也是生活"》,《鲁迅全集》六,北京:人民文学出版社,2005年,第626页。

[41] 转引自[美]林赛·沃特斯:《美学权威主义批判》,昂智慧译,北京:北京大学出版社,2000年,第332页。

作家流徙与现代主义文学的在地化特征

——论鸥外鸥抗战前后的跨域书写

单　昕

（广东第二师范学院文学院，广东广州，510303）

内容摘要：跨域流徙经历及其所产生的在地化体验对作家文化身份建构、文学观念形塑和文学实践展开具有重要意义。抗战前后鸥外鸥辗转于广州、上海、香港、桂林等地，地理空间转换不仅为鸥外鸥提供了思想资源、创作题材和发表空间，也进一步引发其文学观念和美学风格的明显转变：由关注两性经验、具有先锋意识和商业色彩的都市现代主义，到聚焦国际战事的左翼世界主义，再到饱含文明忧思与社会关切的生命体验书写。这一转变勾勒出鸥外鸥作为现代主义者不断演进的精神轨迹，也显现出中国现代主义文学在持续探索艺术性与社会性相融合过程中的成熟与深化，彰显出作家个体文学选择与现代主义文学精神起伏流变之间的互动关系。

关键词：鸥外鸥；作家流徙；在地化；跨域书写；现代主义文学

诗人鸥外鸥活跃于20世纪三四十年代，其诗作曾受朱自清、闻一多、艾青关注，也引起诸多争议；50年代后他几近销声匿迹，成为“文学史上的失踪者”[1]。因而相当长的一段时期内，“鸥外鸥”之名于学界相当陌生，乃至有学者作专文回应：“鸥外鸥不是刘呐鸥，到底是谁？”[2]的疑问。近年来，随着新史料的发现与研究范式更新，鸥外鸥及其创作日益受海内外学界关注，已有研究着重从诗学思想的角度诠释了鸥外鸥创作与左翼诗歌、新感觉派和未来主义思潮之间的内在关联，并在20世纪三四十年代诗学论争的语境中审度其价值[3]。以上对鸥外鸥及其创作的发现与重读已然成为新诗研究的重要收获，但其中仍有若干问题尚未得到充分讨论：比如鸥外鸥抗战前后辗转于广州、上海、香港、桂林等地，其创作在体式、题材、风格、观念上也呈现出较明显转变，与他的行旅经历恰好形成可兹参照的呼应，那么，鸥外鸥的在地经验与其文学实践有着怎样的内在关联？在编年史框架之外，是否尚有一种以空间及其流动为视角对鸥外鸥创作的数度“转向”进行阐释的可能性？鸥外鸥的个案为我们把握战时现代主义文学的典律跨越、经验重构提供了怎样的启示？本文将结合诗人所置身的战争历史、地缘政治背景，通过分析鸥外鸥抗战前后的跨域书写，分析地理空间转换与作家文学观念重构、创作风格变迁互缘同构的动力关系，进而从这一视角审视战时中国现代主义文学演进的复杂线索。

一、由省港到沪上：空间跨越与文学观念建构

鸥外鸥 1911 年出生于广东东莞，童年在香港生活，1925 年离港赴广州读中学，与杜格灵等人以《广州民国日报》副刊《荔支周报》为园地进行创作，倡导“为艺术而艺术”的文学[4]。1931 年开始在上海的文艺刊物发表作品，此后相当长一段时期内，上海成为鸥外鸥文学生产的中心场域。较早接受鸥外鸥作品的是《新时代》，杂感随笔《一握尘沙》八则发表在该刊 1931 年第 1 卷第 5 期，以批判性视角透视现代人的内心黑洞和都市生活的种种异象。其中《妇体的改造》就男权中心社会对女性身体的畸形审视进行反思，指出那些要将女性“改造”为他者的男性是一群“病态的官能狂纵的享乐主义者”；《求长生，不老》则讽刺“欲长生而不老丑”之思想，反思现代文明非但没有革新人的观念，反而放大了人内心的欲望；《教育型堂的老打手》直指教育界“生徒要不是囚犯便属奴才”的落后教育观，提倡人的尊严和自由；《救命的讨价之一套戏》则抨击都市人利益至上的道德沉沦[5]。这些作品勾勒出鸥外鸥作为现代主义者最初的精神轮廓——擅长描绘都市风情画，在声色渲染之中融入批判性思考，对现代社会精神痼疾的讽刺力度很强；形式上青睐笔法自由的散文文体，擅用意象传达感觉和情绪。

鸥外鸥之名自此被上海文坛所识，《现代》主编施蛰存、《矛盾月刊》主编潘孑农等纷纷写信约稿，作家也与上海诸家文艺杂志、众多作家和读者建立起密切联系。由省港到上海，这一文学生产场域的地理迁移于鸥外鸥的创作生涯至关重要，他曾经回忆道：

> 上海的几个大的文艺杂志都开始登载了“我的诗”了！把“我的诗”和别人的排在一处了。那时候中国的出版业以上海为中心。中国的文艺首都（所谓“中央文坛”）也以上海为所在地。各地寂寂无名的青年作家的作品，希望在上海的大杂志登载，殊非易事。因为成名的作品，货如山积。无名的想伸手插足，至为困难。倘若一经载出便成为当年新进，身价十倍。所以各地的无名作家，终年累月的奋勉，都希望自己的名字，有一朝会在文艺首都的上海出现，便感到犹如初升的旭日的辉煌灿烂。……所以希望自己的作品、自己的名字，为万人所知，不能不自奋自励，向文艺首都的上海争得一把椅子。[6]

鸥外鸥为在上海这一“文艺首都”“中央文坛”获得有利占位进而积累象征资本，也不断调整着自身的创作风格与题材——由省港时期抒写性灵的唯美倾向转向表现都市题材的现代主义风格。由此可见，上海对鸥外鸥 30 年代创作起到了不可忽视的形塑作用。

鸥外鸥 1934 年起为《妇人画报》撰稿，直至 1937 年该刊物停刊，一直是稳定而多产的作者。《妇人画报》由良友图书印刷有限公司发行，定位为女性刊物，内容围绕女性的物质生活和精神生活展开，栏目包括妇女新闻、妇女问题探讨、家庭知识讲解、时尚生活介绍、儿童养育等，具有海派刊物的综合性与时尚性特点。鸥外鸥在《妇人

画报》上发表的三十余篇作品可分为几类：一类是生活漫谈类散文，如《夏之衣物色彩学讲谈》[7]《中华女儿美之隔别审判》[8]《黑之学说》[9]《黑之学说(续)》[10]，对中国女性的面孔、五官、头发、身材、肤色、穿着一一评判，并以西洋和东洋女性为对照，虽其意图在于为都市女性提供美学参考，但文中充斥着对女性的物化审视；另一类是小说，“掌篇小说”是《妇人画报》创设的一个栏目，所刊之作“篇幅短小，多在一两千字左右，人物简单，情节缺乏过程和连续性，不以故事见长，多为场景、画面、片段的组接；然而小说氛围却很有特色，充溢着浓郁的‘摩登’时尚情味”[11]。鸥外鸥的掌篇小说《研究触角的三个人》[12]《找寻处女膜的生理学家》[13]《催情药收集家的束手》[14]等较同类作品而言，不刻意营造曲折离奇的情节、轻灵浪漫的氛围与优美曼妙的文字，而是以冷峻的目光、讽刺的笔调深入男女恋情内部，从感官视角探讨“爱”之何为；以现代科学为情节的外层架构，对男女感情中的复杂状态进行剖析，体现出现代主义文学特有的都市经验、先锋意识和商业色彩。从中不难看出鸥外鸥对女性的态度是矛盾的：他一方面嫌恶中国传统女性较少面部表情的“Poker Face”和缺少生命力的形象(《中华女儿美之隔别审判》《玩具人形的女性》[15])，对其衣着、仪容、恋爱进行事无巨细的说教(《夏之衣物色彩学讲谈》《恋爱政见》[16])；一方面又对大胆的、充满色情魅惑的女性抱有敌意，对女性寻求性解放的行为多有揶揄和讽刺(《找寻处女膜的生理学家》《恋爱宪法一卷》[17]《恋爱宪法一卷(续)》[18])。鸥外鸥的女性观与《妇人画报》“服务女性”的办刊宗旨形成了颇具意味的参差，表现出作家主体视野在两种冲突的观念之间摆荡的矛盾性。他对女性身体的关注虽未上升至身体与身份、主体之关系的哲学思考，却也敏锐地触及了消费现代性的核心，是新文学形神兼备地从审美层面展现现代性不容忽视的个案。较之以上两类体裁，鸥外鸥在《妇人画报》发表的诗歌更倾向于形式实验，如《BEDTIME STORY 诗帖 · 枕席之俭节》一诗：

床是有**两**铺
枕亦有**两**个
但　我们需用
　两铺床　二个枕的么[19]

诗歌大胆运用了异形字体、外文镶嵌、字号拼排的视觉化诗体形式，增强了有限诗行的信息密度；“床”“枕”等视觉意象则描绘出男女恋情之形貌，给人以直观的冲击力，精约笔法核字省句，却创生出诗歌的审美复杂性。鸥外鸥对新诗形式的空间化改造表征出现代都市所孕育的视觉文化对文学的能动性生产过程。视觉文化是现代都市文化建构的重要媒介，30 年代上海盛行的画报、广告、摄影、电影等在都市商业资本和现代传媒技术的加持下，通过大量视觉形象呈现各类现代性文化景观。比如《妇人画报》就尤擅视觉传达，文字与图像几乎平分秋色，鸥外鸥常为自己的作品绘制插图。这类新兴的视觉文化范式促成了文字和图像之间的互文，令文学文本内部也产生了明显的图像化、视觉化特征，鸥外鸥正是由此开启了持续数年的诗歌形式探索。

上海这一现代都市不仅为鸥外鸥的文学生产锚定了地理坐标，同时也作为一种内在风景植入其具身认知，进而在作品中表现为内容与形式双重维度的现代主义品格。鸥外鸥以上海为中心的文学创作，在现代主义文学观念与新兴城市消费文化的双重形塑下，呈现出先锋性与通俗性并立、深度介入现实、强调形式实验的特征，建构出一种在地化的现代主义文学实践的独特景观。

二、战争中流徙：左翼文学的世界主义地理图景

鸥外鸥因诗风独特而被指认为未来派，抗战初期，他在主编的诗刊《诗群众》撰文澄清“我们绝不是什么未来派。对于抗战我们并不后人，‘诗之国民责任是今日诗人之光荣的义务’”[20]。此时，他的作品发表园地也由《妇人画报》转向抗争性更强的诗刊《诗志》《诗场》。反殖民、反法西斯的强烈情感将他的写作从都市男女题材中引拔而出，拓展并转向以国族和人类命运为对象的左翼世界主义文学地理图绘。1937年，鸥外鸥集中发表了《无人岛先占论》[21]《第三帝国国防的牛油》[22]《第2回讣闻》[23]《欧罗巴的狼鼠祸》[24]等具有全球空间视野的反法西斯题材诗作。《无人岛先占论》取材于1933年法国占领中国南沙群岛九小岛事件，对帝国主义侵犯中国主权之行径进行讽刺；《第三帝国国防的牛油》批判纳粹德国扩军备战导致民不聊生，表现出鲜明的反法西斯精神；《第2回讣闻》和《欧罗巴的狼鼠祸》则展现了对战争阴影下亚欧局势的全景式关注，显现出诗人开阔的国际视野、透彻的政治洞察力和深厚的人道主义情怀。虽拒绝“未来派”命名而选择加入抗战书写的洪流，但鸥外鸥诗作与抗战初期诗歌直白浅露的整体风貌有显而易见的区别。比如，《第三帝国国防的牛油》一诗选择绕过宏大叙事，以日常生活题材展现因法西斯政权全力备战而导致德国民众食物短缺的社会现实，意象简洁，抒情有度。全诗出现“面包”六次、“牛油”四次、“肉类”两次，这些丰沛的食物都进入“戈林的肚”和“希特勒的左爪”，而日耳曼人民所有的不过是“枯槁”“无脂肪”“瘦的”生命。长短交错的诗行、参差对照的意象营造出视觉上的张力，冷静的客观化叙述深化了诗情，令读者感受到诗人对独裁者一意孤行的极度愤慨以及目睹人类命运不可避免滑向深渊的焦虑和痛苦。《第2回讣闻》别出心裁地通过49处“战争呵！”的反复使用和字体渐大的排版，创造出战时独特的声音景观书写。诗歌以交错回环的修辞形式创造了一个声音回荡的文本空间，为读者营造出被战争包围的切实感受，虚实结合强化战时心理体验，丰富了抗战诗歌的审美形式。

抗战期间，鸥外鸥步履不停，在广州、香港、桂林几处华南地理空间不断迁徙，于行旅中建构起更为开阔的文化视野和愈发成熟的美学观念。诗歌《星加坡军港的围墙》[25]渲染了香港作为欧洲往来东南亚重要港口的地缘政治意义。全篇围绕“船”这一意象，通过孩子发出“F”音学习汽笛发音，到以大号字体凸显幼稚园课本上的“帆船、汽船、兵船”，再到大号字体“1万9千吨！1万9千吨！”的复沓，以相当具体的数字、名称、字母不断铺陈，语言直白通俗、不加雕饰，却又营造出力量倾泻之感。有人将这类诗歌称为具象诗，认为“鸥外鸥的诗善于从平稳的生活节奏中感受到战争迫近的脉搏，并借助于媒介因素（如印刷字体的变化组合、广播声音的戏拟借用等）使之具象化，提供了香港的第一批具象诗”，“鸥外鸥的具象诗，推动了诗从浪漫抒情转向知性

表达，也开启了香港文学创作中的语图时代”[26]。此诗除“印刷字体的变化组合、广播声音的戏拟借用”等表现形式上的具象化特征之外，同样值得关注的是对视觉、听觉等感官体验的极致书写。捕捉并放大战时香港独特的视听景观，固然需要诗人具有现代主义诗艺储备，更不可或缺的是由战时跨域流徙所带来的具身体验。战事危急之中粤港间数次颠沛流离的行旅经历，令诗人格外能够审视香港的地缘政治处境及其所负载的身份政治和国族寓言：香港作为“欧罗巴人举放在亚细亚的地图上的最先的棋”[27]，是欧洲殖民主义在东亚扩张的重要地标，是商业要塞，此时又是抵御日军入侵的南洋之墙，“棋”“墙”“灯塔”“堡垒”等意象令香港的多重文化身份与其背后的创伤记忆、现实危机跃然纸上。当战争中断了中国现代都市诗的历史进程时，鸥外鸥香港题材的诗作在文学世界主义格局中延续了都市诗脉，书写了殖民地抗战文学的身份认同、文化归属、政治困境、世界背景等多重议题，呈现出与内地抗战文学主流相区别的文化精神，是新诗现代性建构中不能被忽视的景观。

鸥外鸥在桂林所作《被开垦的处女地》甫一发表便因其形式引发争议，甚至被认为是“故作谬论的‘异端邪说’者”[28]。诗歌以“山”作为视觉景观的焦点，前三节将“山”字以建筑的形式堆叠，形象地展现出桂林奇峰遍布的自然地理特征，又凸显出桂林作为山间小城质朴和闭塞的人文景观，与后两节中“外来的现代的一切陌生的来客”“无隙不入的外来的现代的文物”对桂林所造成的冲击及其可能引发的“现代文明的善抑或恶”[29]形成对照，表现出诗人对战争与现代文明带来双重危机的忧思。20 世纪 80 年代，鸥外鸥曾如此忆叙创作此诗的情感动因：

> 我从粤北进入桂林时，桂林给我的第一印象就是山，桂林的群山给我以非常深刻的好感美感。后来在《诗》刊上，我连续写了“被开垦的处女地”一连串有关桂林的诗。……在这首主题诗里，一开头就是“山山山……”这样惊呼着欢呼着，它用了大大小小不同型号的字体排列着许许多多的山字，很形象化的句子，也显示作者感情非常激动的句子。[30]

桂林是抗战期间著名的“文化城”，1938 至 1944 年间大量文化人、文艺团体、出版机构云集于此，文化活动和文学创作、出版极为繁荣。鸥外鸥 1941 年底到桂林，此时桂林钟灵毓秀的山水和安宁祥和的文化氛围同时提供了审美愉悦与创作空间，令鸥外鸥在流亡过程中产生“温暖与庇护”[31]之感，进而形成人文地理学所说的“恋地情结”，桂林之于他已不仅仅是暂居谋生的地理空间，而是蕴纳生命情感的“地方”[32]。可见，《被开垦的处女地》一诗并非凌空的技艺展演，而是充满具身体验与情感认同的在地化书写。因此，当他目睹这片质朴闭塞的“处女地”因逃难人群的大量涌入而被暴力“开垦”时，自然是极为痛心的。鸥外鸥旅居桂林的三年正是抗日战争最吃紧的阶段，个体生存困境与国族命运危机触发了他强烈的主体经验，在此诗中表现为将自然风景经过情感处理使之传递出复杂的文化意涵。他的诗作不断书写战争、政治、社会问题和人性痼疾：《胃肠消化原理》[33]表现战时物价高企、民众食不果腹的艰难境遇；《精神混血儿》[34]对盲目媚外、失却民族精神的“高等华人”予以批判；《食纸币而肥的人》[35]则讥讽贪官、商人在国难之时仍以逐利为要；《有秩序的让步》[36]《丈夫的荣耀》[37]讽刺战时社会阶层分化、富人作威作福；《乘人之危的拍卖》[38]表现出对物欲拜金的都市人生存前景的深深忧虑。桂林与香港的双城生活经历为鸥外鸥营构出跨地域的文化比较视野，使他敏锐地意识到战争与现代文明带来的危机，并对此进行深思与讽喻。

在20世纪三四十年代全球性战争危机中，鸥外鸥还进一步建立起一种世界主义诗学观。1943年二战形势出现转折，鸥外鸥创作《意大利的黄昏》[39]《罗马的黎明》[40]《地中海之春》[41]等诗，超越了狭隘的地缘政治界限，以世界主义眼光关注欧洲战场，对战争、国家、种族等宏大命题进行书写，他饱含忧思，以浅明之意象、冷峻之诗风呈现战争给人类带来的创伤与苦痛，表达对现代性危机的反思。此类作品可以被视为与世界反法西斯文学进行对话的诗学实践，拓展了汉语抗战文学的观照视野，体现了中国左翼作家对世界历史进程复杂性的高度关注和对人类文明走向的自觉探寻。

三、重返香港：战后儿童文学创作中的生命体验书写

现有研究对鸥外鸥创作的考述基本是在现代主义诗学范畴内进行的，但对他后期的文体转向，尤其是40年代中后期在儿童刊物发表的作品则少有关注。实际上，随着抗日救亡运动不断高涨，儿童被视为民众力量的重要构成，成为战时国族意识和公民教育的主要对象，也是战时文学不可或缺的目标读者群体。抗战时期创刊了大量儿童刊物，如《少年新锋》《抗战儿童》《新儿童》《现代儿童》等。其中《新儿童》是香港第一份专门的儿童杂志，由岭南大学教授曾昭森创办，旨在践行杜威“教育即生活”的教育理念，发行范围包括省港、南洋和北美等华人聚居地区。1943年在桂林时鸥外鸥便开始为《新儿童》撰稿，《持伞的菌》一诗正作于此时。诗歌选取菌类生长的四个画面进行拟人，前两节将菌比作拿着伞的矮人国国民，描写雨天与晴天两种自然景观之下菌类的形象：“下了雨，一群矮人国国民的菌/在雨下面/持着伞/避雨/日出了，那一群矮人国国民的菌/在太阳下面/又持着伞/避太阳”，转而将菌的形象代入孩童的日常生活，“爱弄伞的一群菌儿们/被他们的恶先生！罚立正/不能够走避开去呢”[42]。儿童与国族命运之关联是晚清以来中国知识分子启蒙论述的核心内容之一，鸥外鸥延续了这一文化想象的话语系统，凝练出“菌类-儿童-国民”这一复合意象，通过书写菌类的生物属性将现代科学知识与民族国家话语自然化、合理化地编织到一起，也通过充满生命力的“菌儿”与“恶先生”的对比，表现出以儿童视角对成人世界的审视与省思，完成了对“五四”启蒙话语与40年代新诗大众化思潮的双重回应。

战后回到香港，鸥外鸥陆续在《新儿童》发表小说、散文、诗歌等各体作品数十篇，“为儿童写作”成为他40年代后期创作的主旋律。此时鸥外鸥收敛起形式实验的锋芒和反讽的精神力度，转而借意趣盎然的语言、丰富多彩的想象传递现代民族国家观念和全人类共同价值。其中的散文作品在日常生活展演之上平和、深沉地表达对社会的思考、对历史的估量和对生命的敬畏，与其沪上时期文风有较大差异。《与北园克卫的友谊》记叙了他与日本友人北园克卫的交往，向小读者传递友谊的意义并反思战争：

> 我生三十多岁，已经身历两次，人类互相毁灭的世界大战。这两次的大战，不是毁灭了许多不必死而死去的生灵了吗，不是毁灭了许多，经过千万年来我们人类的祖先，竭智尽终累积得来的文物财富了吗。[43]

香港独特的地缘政治背景令鸥外鸥产生诸多跨民族、跨文化体验，虽然地理空间本身并不拥有内在记忆，但它对于文化回忆的建构和延续却具有重要意义。这些体验在恰当的时候与外部环境相遭遇，碰撞生成人与世界、与文明的对话，贡献出战争题材创作中较为沉潜宁静、含蓄悠远的一类书写。

1946 年开始，鸥外鸥在《新儿童》开设散文专栏“亚当的照相册”和“续亚当”，“亚当”取自鸥外鸥英文名 Adam，文章以儿童读者为对象，叙写作家儿时经历与创作体验，两辑散文共十三篇，文风普白和缓，富有哲理。《第一次为人师表》讲述作家在 30 年代担任中学教师的经历，传达自身教育理念的同时对现代国家教育政策予以谏言：“我无论怎样，始终认为，人是受教育的动物，教育创造人。使不好的，变为好。使罪恶的，变为良善”，“国民的愚劣呀，没有教育呀，文盲太多呀，失学儿童随处都是呀，学费负担不了呀，学校太少呀，教师捱饿呀，教育经费不够呀等等问题，都是国家的责任，都是不能分辨的过失了！”[44]《亚当是亚当的先生》对战后世界局势进行预判，进而忧虑中国文化的发展方向：“旧的文化的国家不能立足新的世界。现代的国家，有现代的新的文化才可以站得稳。我们拿了古老得太甚的旧文化来应付这新世界，实在太危险了。”[45]

战后香港虽难以避免地进入“再殖民”状态，但因远离国共内战烽烟而为中国作家提供了相对平稳且包容的生存空间及文学场域，也令身处其中的鸥外鸥得以在身心安顿下朝向生命的沉潜。因而，鸥外鸥 40 年代后期作品的风格较之前而言，由民族存亡危机引发的激愤焦灼有所退却，代之以静谧沉隐地表达生存体验及其所引发的内在经验，题材也由政治讽喻转向文明忧思。这一类创作虽然内容平实，语言质朴，但仍蕴含着现代主义文学诸多面向中的思想张力，尤其是在表达个人生命感受、人类历史走向与现代社会运行法则之间关系时的言近旨远，透露出作家在自我与社会、个人性与公共性之间不断调试的努力，参与了“寻回艺术与人生的关联”这一 40 年代现代主义诗潮“总体特征”[46]的营构。

结语

20 世纪三四十年代，中国现代文学在外部压力和内在诉求的激发下，爆发出诸多自我更新的能量，种种文学观念及其话语实践的对抗与对话，勾勒出中国文学不断生长的丰富轨迹。跨域流徙对作家来说是生命与文学的双重位移，空间与流动性视角的置入能够使研究以地方关切为枢纽重新审视作家认识世界和表征世界的独特方式。本文以鸥外鸥抗战前后在不同地理空间中的流徙为切入点对他创作的演化形态进行分析，旨在说明：他的写作一方面受舶来思潮的影响，充分显示出现代主义文学求新求变、向内挖掘的特性；另一方面，他的现代主义诗思也由流徙中的具身体验激发出感时忧国与关注现实的力度，二者在鸥外鸥的作品中交感共振，勾勒出鸥外鸥作为左翼现代主义者不断演进的精神轨迹，也显现出中国现代主义文学在持续探索艺术性与社会性相融合过程中的成熟与深化，彰显出作家个体文学选择与现代主义文学精神起伏流变之间的互动关系，映射出战时中国文学在多元思潮之间自我调适、自我转化的动态图景。

* 本文系教育部人文社科规划基金项目“战时华南与左翼文学话语流变研究(1937—1945)”(24YJA751003)的阶段性成果。

注释：

[1] 张松健：《现代诗的再出发：中国四十年代现代主义诗潮新探》，北京：北京大学出版社，2009年，第195页。

[2] 北塔：《鸥外鸥不是刘呐鸥，到底是谁?》，《新文学史料》2005年第1期，第144～150页。

[3] 见张松建《现代诗的再出发》第五章第一节《鸥外鸥：地缘政治、反讽诗艺与形式实验》，参见张松建：《现代诗的再出发：中国四十年代现代主义诗潮新探》，北京：北京大学出版社，2009年，第194～202页；解志熙：《现代及“现代派诗”的双重超克：鸥外鸥与“反抒情”诗派的另类现代性》，《文学与文化》2011年第4期，第35～49页；解志熙《“不降的兵”：鸥外鸥战时诗作引论》，《文艺理论与批评》2022年第6期，第34～54页；陈国球：《左翼诗学与感官世界：重读“失踪诗人”鸥外鸥的三四十年代诗作》，《汉语言文学研究》2018年第1期，第4～20页；张静轩：《另类的“现代”与另类的“左翼”：鸥外鸥〈诗的制造〉所关涉的诗学论争》，《中国现代文学研究丛刊》2021年第3期，第137～148页；李朝平：《“中国的马里内蒂”：鸥外鸥1930年代的未来主义诗歌实践》，《中国现代文学研究丛刊》2022年第3期，第135～151页。

[4] 井上蛙次郎：《广州文坛消息片片》，《开明》1931年第29期，第15页。

[5] 以上几篇均出自鸥外鸥的杂感随笔《一握尘沙》，参见鸥外鸥：《一握尘沙》，《新时代》1931年第1卷第5期，第137～142页。

[6] 鸥外鸥：《立志做一个诗人》，《新儿童》1947年第16卷第4期，第16～22页。

[7] 参见鸥外鸥：《夏之衣物色彩学讲谈》，《妇人画报》1934年第19期，第9～10页。

[8] 参见鸥外鸥：《中华女儿美之隔别审判》，《妇人画报》1934年第17期，第12～16页。

[9] 参见鸥外鸥：《黑之学说》，《妇人画报》1934年第18期，第25～32页。

[10] 参见鸥外鸥：《黑之学说(续)》，《妇人画报》1934年第19期，第17～24页。

[11] 温江斌：《一种摩登主义的“轻文学”：〈妇人画报〉中的掌篇小说研究》，《中国现代文学研究丛刊》2017年第11期，第60～69页。

[12] 参见鸥外鸥：《研究触角的三个人》，《妇人画报》1934年第21期，第5～6页。

[13] 参见鸥外鸥：《找寻处女膜的生理学家》，《妇人画报》1937年第45期，第16～17页。

[14] 参见鸥外鸥：《催情药收集家的束手》，《妇人画报》1935年第35期，第18～20页。

[15] 参见鸥外鸥：《玩具人形的女性》，《妇人画报》1937年第45期，第26～28页。

[16] 参见鸥外鸥：《恋爱政见》，《妇人画报》1935年第25期，第17～19页。

[17] 参见鸥外鸥：《恋爱宪法一卷》，《妇人画报》1934年第15期，第25～29页。

[18] 参见鸥外鸥：《恋爱宪法一卷(续)》，《妇人画报》1934年第16期，第25～29页。

[19] 鸥外鸥：《BEDTIME STORY 诗帖·枕席之俭节》，《妇人画报》1934年第19期，第15页。

[20] 参见编者(鸥外鸥)：《我们的态度：致读众的备忘录》，《诗群众》1938年第1卷第2期，第19页。按：鸥外鸥撰此文声称自己不是未来派，起因是屠蒙率先指出鸥外鸥发表在《矛盾月刊》《现代》

《妇人画报》等刊的诗歌"十足地表现了意大利未来主义的作风"，参见屠蒙：《欧外欧、徐迟与林强》，《十日谈》1934 年第 41 期，第 237 页。而鸥外鸥本人也曾在诗文中数度引述马雅可夫斯基，或可说明其诗学观念与风格确实受到未来主义影响。全面抗战开始之后，提倡"国防诗歌"的左翼阵营将鸥外鸥等人视为未来主义拥趸进行贬抑，指责其"标新立异"、诗风"靡弱"、脱离现实，参见蒲风：《"少壮精神"：谈〈诗群众〉创刊号》，《前夜》1938 年第 1 卷第 3 期，第 16 页。故此鸥外鸥撰此文以辩白。关于鸥外鸥与抗战初期左翼诗人群体诗学主张的分野与对话，可参见陈国球：《左翼诗学与感官世界：重读"失踪诗人"鸥外鸥的三四十年代诗作》，《汉语言文学研究》2018 年第 1 期，第 4～20 页。

[21] 参见鸥外鸥：《无人岛先占论》，《诗志》1937 年第 1 卷第 2 期，第 64～66 页。

[22] 参见鸥外鸥：《第三帝国国防的牛油》，《诗场》1937 年创刊号，第 19～21 页。

[23] 参见鸥外鸥：《第 2 回讣闻》，《诗场》1937 年第 2 期，第 27～32 页。

[24] 参见鸥外鸥：《欧罗巴的狼鼠祸》，《诗场》1937 年第 3 期，第 55～57 页。

[25] 参见鸥外鸥：《星加坡军港的围墙》，《诗群众》1938 年第 1 卷第 2 期，第 10～11 页。

[26] 黄万华：《百年香港文学史》，广州：花城出版社，2017 年，第 19 页。

[27] 鸥外鸥：《星加坡军港的围墙》，《诗群众》1938 年第 1 卷第 2 期，第 11 页。

[28] 天衣：《读者来信》，《诗》1943 年第 3 卷第 6 期，第 35 页。

[29] 鸥外鸥：《被开垦的处女地》，《诗》1942 年第 3 卷第 4 期，第 42～44 页。

[30] 鸥外鸥：《郁郁群山玉桂香》，广西社会科学院主编：《桂林文化城纪事》，桂林：漓江出版社，1984 年，第 554～555 页。

[31] 鸥外鸥：《郁郁群山玉桂香》，广西社会科学院主编：《桂林文化城纪事》，桂林：漓江出版社，1984 年，第 559 页。

[32] [美]段义孚：《恋地情结》，志丞、刘苏译，北京：商务印书馆，2019 年，第 140 页。

[33] 参见鸥外鸥：《胃肠消化原理》，《诗》1942 年第 3 卷第 4 期，第 12 页。作者署名林木茂，为鸥外鸥另一笔名，参见陈玉堂编著：《中国近现代人物名号大辞典》，杭州：浙江古籍出版社，1993 年，第 666 页。

[34] 参见鸥外鸥：《精神混血儿》，《诗》1942 年第 3 卷第 4 期，第 44～45 页。

[35] 参见鸥外鸥：《食纸币而肥的人》，《诗》1942 年第 3 卷第 4 期，第 45 页。

[36] 参见鸥外鸥：《有秩序的让步》，《诗》1942 年第 3 卷第 3 期，第 30～31 页。

[37] 参见鸥外鸥：《丈夫的荣耀》，《诗》1942 年第 3 卷第 3 期，第 29～30 页。

[38] 参见鸥外鸥：《乘人之危的拍卖》，《诗》1942 年第 3 卷第 3 期，第 31～33 页。

[39] 参见鸥外鸥：《意大利的黄昏》，《鸥外鸥之诗》，广州：花城出版社，1985 年，第 73～74 页。

[40] 参见鸥外鸥：《罗马的黎明》，《鸥外鸥之诗》，广州：花城出版社，1985 年，第 75～76 页。

[41] 参见鸥外鸥：《地中海之春》，《鸥外鸥之诗》，广州：花城出版社，1985 年，第 77～79 页。

[42] 鸥外鸥：《持伞的菌》，《新儿童》1943 年第 6 卷第 6 期，第 33 页。

[43] 鸥外鸥：《与北园克卫的友谊》，《新儿童》1948 年第 17 卷第 4 期，第 26～27 页。

[44] 鸥外鸥：《第一次为人师表》，《新儿童》1947 年第 16 卷第 6 期，第 15～16 页。

[45] 鸥外鸥：《亚当是亚当的先生》，《新儿童》1947 年第 16 卷第 3 期，第 24 页。

[46] 张松健：《现代诗的再出发：中国四十年代现代主义诗潮新探》，北京：北京大学出版社，2009 年，第 276 页。

身份差异与批评诉求
——论新文学书评的多元景观

王小波

（南通大学文学院，江苏南通，226019）

内容摘要：新文学书评是伴随中国新文学发展而衍生的一种批评类型，其发展离不开具有众多文化身份背景的创作者。这些创作者具有编辑、作家、专职书评家等身份，决定了书评的基本诉求和多重面向：编辑书评以逐利思维进行写作，商业性是其主要特征；作家书评以创新性思维进行创作，呈现出追寻个性化的倾向；专职书评家往往兼具多种文化身份背景，从理论到实践探索书评的发展，旨在发展出独立的批评文体。以身份视角切入新文学书评的创作和发展史，有助于揭示批评创作主体与新文学之间隐性的互动关系，深化对新文学发生发展过程的理解与研究。

关键词：新文学书评；身份差异；批评诉求；多元性

新文学书评是以中国现代文学作品为评论对象而兴起的一种批评文体。区别于古典文学批评与文人之间的应和，新文学书评主要借助报刊与广大读者见面。近年来，基于书评与新文学关系的研究逐渐深入，学者从书评的内涵外延、书评的媒介功能、书评与报刊的关系等方面进行研究，确认了书评在文学批评现代转型中的独特价值。与此同时，作者身份对书评的影响这一文化现象开始被研究者所关注，“新文学书评作家的个体身份、社会角色和人际交往等，可以在一定程度上影响书评创作者的创作动机、创作心理与价值追求等”[1]。遗憾的是，现有的研究还缺少从身份视角探讨书评创作与发展的系统论述。以身份的角度切入书评创作，可以看到书评作者身份多样，包含编辑、读者、学者、作家、专职书评家等，其职业特点、思维习惯、表述方式的差异及侧重点的不同体现出书评的多种诉求，形构了多样化的书评景观；此外，因身份产生的对话、切磋乃至龃龉、论战的现象时有发生，不仅提升了对作品的讨论度和曝光度，而且促成了书评的现代转型。本文将在以往研究者的基础上，考察不同身份的书评者在书评撰写方面的价值倾向与主要特征，探究书评者身份在文学传播与接受过程中的作用，挖掘书评在形成过程中呈现的多种特性和潜在文化价值，以开拓和深化中国现代文学的研究路径。

一、编辑身份主导下的商业性书评

卢曼认为现代新闻业是现代小说产生的必然基础[2]。从这个观点来看，编辑书评以及对新文学的推介和报道极大地拓展了新文学的影响力，可视为新文学传播的基础。就发生学的角度看，编辑是近代以降文化出版业迅速发展和现代文学专业分工意识加强的结果。首先，随着出版传媒的发展，现代文学作品借助报纸刊物等平台将作品转化为出版物，需要专门的人从事编辑工作来提高编辑质量。再者，1905 年科举制度废除后出现了大量知识分子就业困难的现象，出版业为他们提供了相对良好的待遇条件，大批知识分子选择进入出版业。当编辑的岗位职责逐渐明确，编辑的职业化得到最终确立[3]。所谓的编辑书评具有多元指向性，它包括编辑的书评、针对编辑的书评、针对编辑书评的再批评三重含义。这里仅在编辑的书评意义上展开论述。编辑的岗位意识决定了其书评写作的利润追求和以商业思维进行批评等主要特征。

商业导向之下的编辑书评旨在卖书，追求读者至上，向读者推广文坛新作。萧乾非常肯定书评的这种推介功能，认为书评既适合在报纸、刊物上发表，同时具有“快”“及时”等新闻价值[4]。大部分编辑书评几乎与新书一同面向读者。如编辑施蛰存在其主编的《现代》杂志上大力推介戴望舒的诗歌，且同时刊登书评为《望舒草》做广告，盛赞戴诗为“近年来新诗坛的尤物”，向读者强调“卷首有作者老友杜衡先生的序文，给这一集诗以欣赏的估价。卷末附作者之诗论零札，使读者得以约略窥见作者对于新诗的主张”，旨在让爱诗的读者开开眼界，并提供具体售价信息“每册定价五角”[5]。可以看到，编辑书评要求作者熟知创作动向，对新书追踪快，具有即时性特征。在《小说月报》即将刊登文坛新人老舍的长篇小说《老张的哲学》之前，编辑郑振铎就专门为其写《卷头语》评介《老张的哲学》，并向读者强调该作品“那样的讽刺的情调，是我们的作家们所尚未弹奏过的”[6]。郑振铎的书评，故意给读者造成“千呼万唤始出来”的惊奇感，以引起读者的注意和兴趣。

（一）商业性书评的传播功能

对于文坛新人，编辑书评可以为其作品的传播提供保障。现代诗人臧克家的第一部诗集《烙印》出版后，《文艺月报》《现代》《益世报》《申报》《晨报》等报刊纷纷刊出书评。编辑茅盾以《一个青年诗人的〈烙印〉》为题撰书评向大众推介《烙印》，给予臧克家非常高的评价：“我相信在目今青年诗人中，烙印的作者也许是最优秀中间的一个了。”[7]《烙印》出版后的第二年，诗歌界便开始广泛传播《烙印》。臧克家后来谈到该书评对作品的影响：“《烙印》自印版刚出书不久，茅盾先生、老舍先生，在当时影响很大的《文学》月刊同一期上，发表了两篇评介文章，使我这个默默无闻的文艺学徒，一下子登上了文艺龙门。”[8]编辑书评为读者从海量的作品中筛选出真正的好作品，实质地缓解了读者选择难的窘境。譬如巴金的《家》出版后一开始并未引起文坛关注，叶圣陶作为编辑便撰书评推广该作。巴金成名后饮水思源，始终尊称叶圣陶为“我一生的责任编辑”[9]；编辑萧乾呼吁书评的重要性，就因为书评能够切实地为读者提供购买和阅读指导[10]。文学史上的经典作品如丁玲的《莎菲女士的日记》、巴金的《灭亡》、戴望舒的《雨巷》均是在叶圣陶担任《小说月报》主编时极力推广的作品。当时，巴金主编的新文学丛书，销量惊人，并能维持14年的热度，便离不开编辑书评对丛书的一直宣传。

编辑书评具有实用性。一般表现为聚焦书籍信息、故事梗概、中心思想等方面，从标题到布局都有一套固定的格式，且会明确告知读者新书是否具有可读性。如鲁迅以编辑身份评《海上述林》，书评内容不仅详细提供该书的数量(仅印五百部，佳纸精装)、页数(全书六百七十余页)、包装(玻璃板插画九幅)、定价(金顶，每本实价三元五角，四百部全绒面，蓝顶，每本实价二元五角，函购加邮费二角三分)等信息，呼吁读者赶紧购买“好书易尽，欲购从速”[11]。一些书评会为特定读者作推介，满足不同群体的阅读需求。如1943年5月，朱自清的《经典常谈》出版后，叶圣陶撰书评向中学生作推介，认为该书是“切实而浅明的白话文导言”，适合中学生的“理解能力跟所需分量”[12]，致该书在短时间内销售一空。

（二）商业性书评的消极影响

为了宣传作品，一些编辑书评也会放大作品的“趣味性”，如《老张的哲学》《赵子曰》出版时，《时事新报》刊登的书评在放大作品中幽默、讽刺等特质的同时，相应地对作品深刻的启蒙主题有所遮蔽。鲁迅在1934年致台静农的信中提到林语堂的幽默小品，说过“如此下去，恐将与老舍半农，归于一丘”[13]，表露出对老舍不以为然的态度。究其原因，不乏当时书评对老舍的幽默风格过度捧吹的影响。

一些编辑书评为了售书则表现出毫无具体意见的笼统赞美，字里行间难掩其兜售意图。萧乾回忆了此时一些书评的不良风气，谈到书评的对象大部分为出版社的赠书，且评价标准会被出版广告所左右，大部分为溢美之词[14]。对于作品的缺点只字不提，会导致书评的“评”的功能降低，“由书商编辑作为变相广告的固然很多，真正的书评杂志却很少。每个刊物都在创刊辞里发誓为读者服务。可怜的读者，他的顾问很少是长寿的！目前，买书者除听凭广告上的吹嘘和一点直觉的判断外，中国读书人几乎成为全然无助的了”[15]。商业味浓厚的广告性书评不仅令萧乾、茅盾等编辑感到悲观，同时也是当时编辑界大多数人的内心自白。读者很容易被广告影响，“即使你郑重推荐，他们也不大肯‘冒险’试批几本去……事实上广告总多说好话，甚至有吹得太过分的”[16]。

总之，编辑书评充当着推广作品和满足读者的关键角色，在当时是吸引和培养现代文学读者的有效手段，同时也对新文学的传播起到推波助澜的作用。从书评的宣传功能看，编辑书评无疑强化了新文学的传播效果；从书评的文化功能看，一些编辑书评的尝试只能算合格。

二、作家身份主导下的个性化书评

毫无疑问，编辑书评对于新文学的传播起推动作用。然而，当新文学所辐射的阅读群体越来越大，导致一些读者不再满足于推介性的书评。这时，作为新文学创作主体的作家则被吸纳进书评生产队伍中，成为书评创作群体的重要成员。据粗略统计，新文学书评作者360余人，绝大多数都有创作经历。以1920年代为例，书评创作最多的周作人、赵景深、钱杏邨、鲁迅、朱湘、毛一波、郑振铎、章衣萍、林语堂、钟敬文等几乎都有作家背景，作家的主体意识贯穿在其书评写作中，形成了个性化的批评风格。所谓个性化书评，是指作家以创新性思维进行书评创作，内容上更强调作品的文学价值和审美特性，导致评论带有很大的主观性。

（一）个性化书评的文化引导功能

作家书评凭借着丰富的写作经验和审美积累，真正扩大了其评论功能，内容重在“评”，在新文学的发展过程中起到非常重要的文学性指导作用。朱自清评《老张的哲学》《赵子曰》的结尾均有毛病，认为《老张的哲学》“末尾找补书中未死各人的结局，散漫无归”，而在《赵子曰》的最后一段中，“赵子曰向莫大年武端说的话，意思不大明显，不能将全篇收住”[17]。吴组缃从文学性的角度指出《子夜》的不足：“作者的文字明快，有力，是其长处；短处是用力过火，时有勉强不自然的毛病。”[18]可以看到，面对具有杰出成就的作家，作家书评仍能够陈其弊端，正是出于对文学性的坚持与捍卫。一些书评如《丁玲的〈母亲〉》《王统照的〈山雨〉》《彭家煌的〈喜讯〉》《黑炎的〈战线〉》《〈窑场〉及其他》等纷纷针对作品的闪光之处大加分析和赞扬，旨在给文坛新人提供创作指导。持文学性的原则，不仅给文坛带来了健康的风气，更可以实质地奖掖和鼓励年轻作家。作家叶圣陶在担任编辑时能够发掘臧克家、张天翼、艾芜、吴组缃、萧红、欧阳山、草明、端木蕻良、王西彦、骆宾基、陈白尘等众多文学新人，依据的正是其作家眼光。新文学旨在启蒙大众，对于读者而言存在接受上的距离，如果用传统的批评标准或规范阐释新文学必将遭遇很多认知的盲区。作家书评及时地介入，可以多样化多视角地鉴赏新文学，为读者提供新声音与新视角。如冰心《疯人笔记》在《小说月报》发表后，读者啸云致信沈雁冰，“究竟抱什么主义、有什么寓意、好在哪点、请你在通信栏内指教指教”[19]。不久，茅盾即通过《小说月报》组稿大量书评进行回应，如《对于超人命命鸟低能儿的批评》《评冰心女士底三篇小说》《读冰心底作品志感》《读了冰心女士底感想》等，旨在及时向读者进行阐解[20]。

在新文学作为新生力量遭到保守势力的围追堵截时，作家身份的介入可以真正发挥出书评的文化导向功能。胡梦华针对汪静之《蕙的风》之诗句“一步一回头瞟我意中人”冠以《金瓶梅》一样的罪：“不禁要哭起来……可怜不知加添了多少青年男女的罪恶。”[21]面对这种恶意，鲁迅便撰书评指责胡君的道德神经过敏，痛斥胡君这种以眼泪多少来评价文艺的毛病：“文艺界可以收到创作家的眼泪，而沾了批评家的眼泪却是污点”，毫不客气地讽刺胡梦华的眼泪“洒得非其地，非其时，未免万分可惜了”[22]。为此，1924 年鲁迅在北京师范大学附属中学校友会讲中再次呼吁批评对新作品采取包容的态度，认为恶意的批评虽然快意，但“遭殃的是嫩苗——平常的苗和天才的苗”[23]。

作家书评可以扩大文学观的传播。尽管都极力推崇新文学，然而作家内部却因不同的文学观经常“同室操戈”，导致其书评带有很强的文学立场。“五四”时期也是新文学的青春期，文学界非常热闹。“左”“右”之争、“为人生”还是“为艺术”之争等各种风格流派繁荣发展，几乎每个刊物周围都团结着一批同仁作家。《小说月报》对于文研会、《创造季刊》对于创造社、《现代评论》对于京派等便是非常重要的阵地，这些刊物为书评提供了传播载体和表达阵地。从文学研究会的书评活动可以看出书评如何被策略性地引入文学观的争斗中来，书评则被动地呈现出文学观被围观、接力、引申、扩散的情形。首先，明确文学观。作为文学研究会的发起人，郑振铎（西谛）在《文学中所表现的人生问题》提出文学研究会的创作观："人生问题是如何大的问题呀！希望大家都需大胆的把自己的感觉写出来。"[24]其次，组织同人间撰文互评，扩大文研会的影响。《小说月报》的"读后感"栏目有意选择持有同人倾向的作家作品作为书评对象，如针对周作人、郑西谛、俞平伯、徐志摩、徐玉诺、王鲁彦等作品展开批评，肯定作品对社会问题的揭示和关照，以此扩大"文学为人生"观点的影响力。再次，维护同道，声援、捍卫社团的文学观。如茅盾评叶圣陶《倪焕之》的书评维护小说所持有的"为人生"的现实主义文学观。据胡愈之回忆，茅盾在接手《小说月报》后对文研会大力支持，"为人生的艺术"与"为艺术而艺术"进行斗争时，茅盾起到了非常大的作用[25]。

（二）个性化书评的消极影响

有必要提及的是，作家书评因为坚持个性带来的骂战不断增多。一些书评常因观点不同产生龃龉，内容中出现油滑的言辞，以泄私愤。譬如诗人朱湘与徐志摩是文坛好友，曾一起创办杂志《晨报副刊·诗镌》，后因创办工作起了冲突而不和。朱湘便在书评中指责徐太油滑，作诗只会掉书袋，欺负读者无知。他批徐诗《翡冷翠的一夜》太浮浅，"那知道看下去，一首疲弱过一首，直到压轴一首《罪与罚》，我看了简直要呕出来"[26]。后因评论过激而引来闻一多等人的谩骂。作家书评有意与该文作者唱反调，其中不乏因观点不合导致的文人相轻的嫉妒心理。何其芳和艾青之间的笔战反映了作家相轻导致激烈斗争的一面，艾青认为文章要有突破，否则就是老生常谈。何其芳则公开表示艾青的书评"是一篇坏书评"，痛斥其"对于我那本小书，对于我，都作了一个不公平的判断"[27]。为了防止出现类似泼妇谩骂式的评论，萧乾担任主编时曾明确提出书评的写作原则，如反对评书唯亲、相互捧场，不接受书商和出版商的赠书等，做到"持论客观，不捧不骂"[28]，旨在确保书评的质量。

综上所述，作家进驻到书评队伍，其持有的审美理想与文化观念也随之渗透进书评，导致书评彻底改头换面。作家书评利用书评引发了文艺观的互驳现象，这既代表着新文学多元探索的开放性，从侧面展露出新文学的活力，也显露出书评与新文学之间交融、冲突的双重关系，对于全面认识新文学具有重要的文献价值和研究意义。

三、职业书评家身份主导下的独立性书评

当书评逐渐成为作家谩骂和互驳的工具，文坛开始呼唤更加理性的书评形态，一批从事现代文学作品评论的专业人士——职业书评家开始出现。职业书评家往往兼具多种身份背景，譬如萧乾兼具作家、编辑、记者等身份，常风是编辑兼学者，李健吾是作家、戏剧家还是翻译，而李长之则是文学史家和作家等，由他们创作的书评可以称之为独立性书评。所谓独立性书评是指一种基于书评者个人见解和感悟的、具有独立价值的书评形态。

（一）独立性书评的比较视野

职业书评家追求公正性和客观性，内容上往往具有比较视野，具有文学史的关注意识。如李影心在书评《诗选》中写道：

戴望舒虽也取法象征派，但和李氏极有区别；前者的神秘可以说是德国的，如《微雨》，《为幸福而歌》；后者则从法国诗家中找得去处，对微妙的感觉有所把捉，如《我的记忆》。象征派对后来作者的影响，不下徐志摩等之格律诗。当时创造社的穆木天，王独清，冯乃超都写象征派的诗，所写有《旅心》，《圣母像前》，《红纱灯》；《银铃》的作者姚蓬子也是。四个人都具有年青人的焦躁与烦闷，但在表现上，以各人生活气质不同，因而有所差异。[29]

从上述书评可以看出，所评对象涉及的诗人有7位，其构成既有名声在外的，也有非常年轻的；既有左翼色彩浓厚的，也有坚持自由主义的；既有中西比较的宽阔视野，又有较强的中国文学史意识；既概括出新诗发展的脉络，又能把握出诗人的风格特点；既有细腻真实的阅读体验，又能站在人性的角度对诗人的浮躁之气表现出理解与包容；既有学者的严谨，又有读者的阅读体验，展现出李影心丰富的知识结构以及理性的批评精神。此外，语言褒贬有度、下笔严谨、格式规范，既会在开头提供作者、出版社、价格、页数等信息，也会在书评末尾附上带有介绍与普及的文字，“《诗集》且为喜好诗，写诗，及治初期新诗的人所应必备的一本参考读物”[30]。可以看到，李影心既能用学术文化的眼光看待新文学，又能理性阐明作品的艺术性与文学性，形成了一种真正集阅读与欣赏于一体的书评。

（二）独立性书评的专业性寻求

职业书评家书评的独立性还表现在其对书评专业性的追求。他们能够综合编辑、作家等其他文化身份的长处，视书评为严肃的事业。他们会辨析书评的要义，秉持自觉的书评文体意识，小心区分批评家和书评家的区别，如强调批评家面对的是作者和作品，而书评家是以图书和读者为本体的。在评论界混淆书评、读后感、批评时，他们能不褒不贬，详细区分其差异，如李影心认为，写读后感的人没有批评家的野心；作家无权干涉读者；读后感只是作为未入轨道的批评的一种过渡，是暂时的现象等观点[31]。职业书评家还从理论的层面对书评者提出要求，明确其职责，如常风视书评工作是现代文明中最重要的工作，认为书评者的职责在于向读者明确新书是否该读[32]。萧乾强调书评者的责任，“在出版事业上，书评家是代表读者的鉴定者，是文化生产的监督人。他的责任在于制止劣品的发行，奖励那些裨益读者的出版物。它像个滤斗，书评家精细地滤去出版物的渣滓”[33]。某种意义上，编辑书评与专职书评家均对读者表示出看重，前者停留在介绍作品的装帧、出版、故事梗概等层面，其书评的新闻价值更明显，旨在吸引读者购买；后者则注重赏析作品，提高读者的鉴赏能力。相比之下，后者更需要积累智识与反复训练。这也导致职业书评家经常呼吁书评者既要摆脱书商的魅惑，不甘心仅仅服务于作品、追求读者满意等意图，也要跳出作家的门派之见，不被作家背后的社团、思想体系、文艺观等捆绑。

在针对同一部作品进行评价时，便可看出职业书评家的专业性。萧乾在《大公报·文艺副刊》开辟“集体批评”专栏即时评《日出》的文学活动，参与者有谢迪克、巴金、荒煤、李广田、李影心、茅盾、沈从文等15位，阵容强大[34]。综合比较他们的书评，谢迪克注重中西比较视野且具备文学史家的眼光，透露出书评中的学者身份底色，“《日出》在我所见到的现代中国戏剧中是最有力的一部。它可以毫无羞愧地与易卜生和高尔绥华兹的社会剧的杰作并肩而立”[35]。巴金则注重作家的私人爱憎体验，如“《雷雨》使我流过四次眼泪”“我是第一个喜欢《雷雨》的人”“的确，这是生活，这是我们大家所身经所目击的生活”[36]等表述，读起来更像是读后感。相比之下，职业书评家李影心能够综合其他身份的长处，评论有理有据，层层递进，既能避免学者擅长的理论思辨，又能克制作家恣意纵横的情感：“实际上，有如我们所见到，《日出》铺陈了现实生活中最高度的骄奢与淫靡，说明‘人与人之间的残忍’……一如其剧名所指示，这鬼域的世界中缺乏一点阳光，就如生存于这鬼域的若干移行动物皆缺乏一切普遍的同情与人性，这悲剧的写作则正好显示出对春天太阳与人类温暖的渴望。”[37]

（三）独立性书评的负面影响

职业书评家的书评也会过于挖掘或放大作品的某个观点或细节，并将其作为作者的意图，从而忽视了原著的真实意图，譬如当时评论界关注的李健吾与巴金之间的“笔伐”。李健吾经常拿巴金自己的观点去驳斥巴金，如巴金说“没有读过一本关于文学的书”[38]，李健吾便说这是巴金在骄傲的“自白”；巴金自谦道：“文学是什么？我不知道，而且我始终就不曾想知道过”[39]，李健吾则指责他不知道节制情感，将自己完全放到小说中，“他生活在热情里面，热情做成他叙述的流畅”[40]；巴金又反击“热情并不能够完成一切”[41]。这场争执表面上看是批评者与作者的骂战，其实质却是书评家的独立立场与作家立场展开的交锋。再譬如，李健吾和卞之琳就《鱼目集》产生的三次争论：李健吾含蓄提出《鱼目集》没有内容[42]，作者卞之琳听了十分光火，便撰文反驳：“随便人家骂我的作品无用，不合时宜，颓废，我都不为自己申辩，惟有一个罪状我断然唾弃，就是——斩钉截铁的‘没有内容’。”[43]李健吾再次应战，强调书评家和作家具有各自的角色定位，不能相互取代[44]。追溯这场争论，可以看到相对于作家的某些酷评，李卞之争尽管激烈，但都没有隐藏观点，并未伤了和气，但是造成二者如此截然不同看法的实则是身份意识与立场的不同。

可以看到，职业批评家的评论会有一种“史”的意识，喜欢遵循一种权威性，从传统中找寻依据，希望作家遵循体裁和规则，沿用现有的美学标准，这种职业精神造成李健吾重在强调诗人对传统继承的一面，“然而调整言语不是他们终极的目的。他们摔脱旧诗，未尝不也承继着民族自来的品德”[45]。可见，评者从中国传统为卞之琳诗歌找到标准，而作家则放眼西方为自己的诗歌找寻依据，便导致了此种争执文斗的局面。

总之，专职书评家的书评无论是艺术价值还是思想深度均不逊色于所评对象，且不必依附在新文学作品上，“书评成为艺术时，就是没有读过所评的书，还可以把评当作一篇好文章读”[46]。为了将书评发展为独立的文体，职业书评家的书评透露出实证研究的评论意识，确保观点客观，表述严谨。相比于作家书评中的爱憎，职业书评家则不容个人情感的任意纵横，会保持冷静，甚至抱持不惜削弱自主性追求并成为“隐形人”的批评姿态。他们还重视书评的文化导向功能，追求书评语言的美感，注重语言的对称美、辞采美和韵律美，开拓书评语言的艺术表现力。

结语

综上，本文之所以选择编辑、作家、职业书评家这三种身份进行举证和论述，是基于这几种身份的书评作者居于书评家的核心地位，其职业意识对书评产生了较深的影响，形成了书评对商业性、个性、独立性等不同的诉求。需要正视的事实是，其实还有普通读者、图书馆员、出版家、评论家等身份的作者，他们也从各自的立场写过书评，如萧乾所设的“书评特辑”中就有“读者谈书评”“出版家谈书评”系列，展现出当时书评创作的多元活力，且他们的身份对书评的影响也不可低估。

对于书评而言，创作者的多重身份对书评所施加的影响，可以避免某种权威话语对作品一锤定音的评判，保障了文学批评的开放与自由。庆幸的是，职业书评家超越了编辑或作家等身份限定的视野局限，融合多重文化身份，将书评发展为独立的文体。以上这些，无论对文学的理解和接受，还是对于文学史研究，都是大有裨益的事情。

* 本文系江苏省社会科学基金项目“习近平总书记关于文艺工作的重要论述与新时代江苏文学研究”(21ZWC006)的阶段性成果。

注释：

[1] 顾金春：《新文学书评的文体特点与文史价值》，《天津社会科学》2022 年第 6 期，第 117 页。

[2] 参见[德]尼克拉斯·鲁曼著：《大众媒体的实在》，胡育祥，等译，台北县新店市：左岸文化，2006 年，第 121 页。

[3] 参见郝振省：《中国近代编辑出版史》，杭州：浙江教育出版社，2020 年，第 109～112 页。

[4] 参见萧乾：《我当过文学保姆：七年报纸文艺副刊编辑的甘与苦》，《新文学史料》1991 年第 3 期，第 25 页。

[5] 施蛰存：《望舒草 戴望舒定本第一诗集》，《现代》1933 年第 3 卷第 4 期，第 495 页。

[6] 郑振铎：《最后一页》，《小说月报》1926 年第 17 卷第 6 号，第 2 页。

[7] 茅盾：《一个青年诗人的〈烙印〉》，《文学》1933 年第 1 卷第 5 号，第 801 页。

[8] 臧克家：《往事忆来多》，《忆茅公》，北京：文化艺术出版社，1982 年，第 91 页。

[9] 巴金：《致〈十月〉》，《随想录》，北京：人民文学出版社，2018 年，第 311 页。

[10] 参见萧乾：《我与大公报(1935 年—1939 年)》，周雨编：《大公报人忆旧》，北京：中国文史出版社，1991 年，第 171 页。

[11] 鲁迅：《绍介〈海上述林〉上卷》，《鲁迅全集》第 7 卷，北京：人民文学出版社，2005 年，第 489 页。

[12] 圣陶：《读〈经典常谈〉》，《中学生》1943 年第 66 期，第 30 页。

[13] 鲁迅：《340618 致台静农》，《鲁迅全集》第 13 卷，北京：人民文学出版社，2005 年，第 151 页。

[14] 参见萧乾：《书评与出版家》，《书评研究》，太原：山西人民出版社，2014 年，第 126 页。

[15] 萧乾：《我与大公报(1935 年—1939 年)》，周雨编：《大公报人忆旧》，北京：中国文史出版社，1991 年，第 171 页。

[16] 茅盾：《纠正一种风气》，《上海文化》1946 年第 8 期，第 20 页。

[17] 朱自清:《〈老张的哲学〉与〈赵子曰〉》,《大公报·文学副刊》1929年第57期,第15版。

[18] 吴组缃:《新书介绍:子夜》,《文艺月报》1933年6月创刊号,第107页。

[19] 西湖人:《不领悟的沈雁冰先生》,芮和师、范伯群,等编:《鸳鸯蝴蝶派文学资料》上、下册,福州:福建人民出版社,1984年,第173页。

[20] 参见潘垂统:《对于超人命命鸟低能儿的批评》,《小说月报》1921年第12卷第11号,第35~40页;佩蘅:《评冰心女士底三篇小说》,《小说月报》1922年第13卷第8号,第1~6页;直民:《读冰心底作品志感》,《小说月报》1922年第13卷第8号,第6~10页;赤子:《读冰心女士作品底感想》,《小说月报》1922年第13卷第11号,第5~9页。

[21] 胡梦华、吴淑贞:《读了汪静之君的〈蕙的风〉以后》,《表现的鉴赏》,上海:现代书局,1928年,第234~241页。

[22] 鲁迅:《反对"含泪"的批评家》,《鲁迅全集》第1卷,北京:人民文学出版社,2005年,第426~427页。

[23] 鲁迅:《未有天才之前》,《鲁迅全集》第1卷,北京:人民文学出版社,2005年,第176页。

[24] 西谛:《文学中所表现的人生问题》,《文学旬刊》1921年第5期,第2页。

[25] 参见胡愈之:《早年同茅盾在一起的日子里》,《忆茅公》,北京:文化艺术出版社,1982年,第7页。

[26] 朱湘:《翡冷翠的一夜》,《文学周报》1929年第347期,第683页。

[27] 何其芳:《给艾青先生的一封信:谈〈画梦录〉和我的道路》,《文艺阵地》1940年第4卷第7期,第1424页。

[28] 萧乾:《鱼饵·论坛·阵地:记1935—1939年〈大公报·文艺〉》,《萧乾文集》第4卷,杭州:浙江文艺出版社,1998年,第134页。

[29] 李影心:《读〈诗选〉》,《书评家的趣味》,北京:海豚出版社,2014年,第98~99页。

[30] 李影心:《读〈诗选〉》,《书评家的趣味》,北京:海豚出版社,2014年,第103页。

[31] 参见李影心:《批评与读后感》,《现代》1934年第4卷第5期,第803~804页。

[32] 参见常风:《书评家的限制》,《逝水集》,沈阳:辽宁教育出版社,1995年,第238~239页。

[33] 萧乾:《我与大公报(1935年—1939年)》,周雨编:《大公报人忆旧》,北京:中国文史出版社,1991年,第172页。

[34] 萧乾组织了"集体批评"《日出》专栏,共15位作者参与。相关文章参见[英]谢迪克:《一个异邦人的意见》,《大公报·文艺副刊》1936年12月27日第273期,第11版;李广田:《我更爱〈雷雨〉》,《大公报·文艺副刊》1936年12月27日第273期,第11版;杨刚:《现实的侦探》,《大公报·文艺副刊》1936年12月27日第273期,第11版;陈蓝:《戏剧的进展》,《大公报·文艺副刊》1936年12月27日第273期,第11版;李影心:《多方侧面的穿插》,《大公报·文艺副刊》1936年12月27日第273期,第11版;王朔:《活现的廿世纪图》,《大公报·文艺副刊》1936年12月27日第273期,第11版;茅盾:《渴望早早排演》,《大公报·文艺副刊》1937年1月1日第276期,第16版;孟实:《舍不得分手》,《大公报·文艺副刊》1937年1月1日第276期,第16版;圣陶:《成功的群像》,《大公报·文艺副刊》1937年1月1日第276期,第16版;沈从文:《伟大的收获》,《大公报·文艺副刊》1937年1月1日第276期,第16版;巴金:《雄壮的景象》,《大公报·文艺副刊》1937年1月1日第276期,第16版;靳以:《更亲切一些》,《大公报·文艺副刊》1937年1月1日第276期,第16版;黎烈文:《大胆的手法》,《大公报·文艺副刊》1937年1月1日第276期,第16版;荒煤:《还有些茫然》,《大公报·文艺副刊》1937年1月1日第276期,第16版;李蕤:《从〈雷雨〉到〈日出〉》,《大公报·文艺副刊》1937年1月1日第276期,第16版。

[35] [英]谢迪克:《一个异邦人的意见》,《大公报·文艺副刊》1936年12月27日第273期,第

11 版。

[36] 巴金:《雄壮的景象》,《大公报·文艺副刊》1937 年 1 月 1 日第 276 期,第 16 版。

[37] 李影心:《多方侧面的穿插》,《大公报·文艺副刊》1936 年 12 月 27 日第 273 期,第 11 版。

[38] 李健吾:《〈爱情的三部曲〉:巴金先生作》,《咀华集·咀华二集》,上海:复旦大学出版社,2005 年,第 5 页。

[39] 李健吾:《〈爱情的三部曲〉:巴金先生作》,《咀华集·咀华二集》,上海:复旦大学出版社,2005 年,第 5 页。

[40] 李健吾:《〈爱情的三部曲〉:巴金先生作》,《咀华集·咀华二集》,上海:复旦大学出版社,2005 年,第 8 页。

[41] 巴金:《〈爱情的三部曲〉作者的自白:给刘西渭先生》,《大公报·文艺副刊》1935 年 12 月 1 日第 52 期,第 11 版。

[42] 参见李健吾:《〈爱情的三部曲〉:巴金先生作》,《咀华集·咀华二集》,上海:复旦大学出版社,2005 年,第 61 页。

[43] 卞之琳:《关于〈鱼目集〉》,李健吾:《李健吾文学评论选》,银川:宁夏人民出版社,1983 年,第 100~101 页。

[44] 参见李健吾:《答〈鱼目集〉作者》,《咀华集·咀华二集》,上海:复旦大学出版社,2005 年,第 78 页。

[45] 李健吾:《〈鱼目集〉:卞之琳先生作》,《咀华集·咀华二集》,上海:复旦大学出版社,2005 年,第 67 页。

[46] 朱光潜:《编辑后记》,《文学杂志》1937 年第 1 卷第 2 期,第 191 页。

【汉语方言研究】

吴方言是非问句疑问和焦点的关系研究

祁　峰

（华东师范大学国际汉语文化学院/全球中文发展研究中心，上海，200062）

内容摘要： 本文主要分析吴方言是非问句疑问和焦点这两个语法范畴之间的关系问题。前人已有的相关研究以单向性研究为主，即关注的重点是吴方言是非问句中的疑问表达手段对句子疑问焦点的影响，而对疑问与焦点之间关系的双向性研究比较少。本文从以下两方面展开讨论：一是吴方言是非问句疑问表达手段对疑问焦点的影响；二是焦点表现形式对吴方言是非问句表达功能的影响。研究发现：一方面，吴方言是非问句可以采用多种疑问表达手段，这些疑问表达手段可以只用其中的一种，也可以多种手段结合起来，但是无论是单一疑问表达手段还是多种疑问表达手段的结合使用，都不能决定该是非问句的焦点。但是，吴方言中的苏州话和上海话可以采用“前加式”语法手段来表达是非问句的疑问功能，而且这种语法手段能决定该是非问句的焦点。另一方面，不同的焦点表现形式可以单独或结合起来对吴方言是非问句疑问功能的表达产生影响，所造成的结果是让听话人特别关注问话人的语义表达重点，或者使该是非问句从一般的询问句变为反问句，从而体现出说话人不满、惊讶等主观情感。

关键词： 吴方言是非问句；疑问表达手段；焦点表现形式

吴方言也称江南话或江浙话，早期以苏州话为代表，近期以上海话为代表，分布在上海市、江苏省长江以南镇江以东地区（不包括镇江）、南通的小部分地区、浙江省的大部分地区、江西东北部、安徽南部和福建西北角，使用人口约占汉族总人数的8.4%[1]。从目前的研究情况来看，吴方言的疑问范畴有过一些专题性研究，如刘丹青（1991）[2]对苏州话“阿 V”句的研究、钱乃荣（1992）[3]对吴语是非问句和反复问句的研究、游汝杰（1993）[4]对吴语反复问句的研究、徐烈炯、邵敬敏（1999）[5]对上海话“阿 V”及相关句式的比较研究、钱乃荣（2003）[6]对上海话疑问句变化的研究等，或是以描写为主的列举式介绍，如黄伯荣（1996）[7]的杭州话和金华话、钱乃荣（1997）[8]和邵敬敏（2010）[9]的上海话、李小凡（1998）[10]和汪平（2011）[11]的苏州话、戴昭铭

(2003)[12]的天台话、寿永明(2005)[13]和吴子慧(2007)[14]的绍兴话、阮桂君(2009)[15]的宁波话、王洪钟(2011)[16]的海门话等，都有该方言点疑问句的介绍和相关分析。值得注意的是，前人研究关注到“阿 V”句式和疑问焦点的关系，即疑问副词“阿”的作用主要显示句子的疑问焦点，但总的来说，较为全面系统的研究较少，也缺少结合焦点范畴进行的相关研究。

可见，前人对吴方言是非问句疑问和焦点关系的研究并不是很充分，而且已有的研究主要是一种单向性研究，即关注的重点是吴方言是非问句所采用的疑问表达手段对其疑问焦点的影响，而对疑问与焦点之间关系的双向性研究较少，所以本文拟在前人研究的基础上，着重分析吴方言是非问句中疑问和焦点这两个范畴之间的互动关系。具体来说，包括以下两个方面：一是吴方言是非问句表达疑问的多种手段如何决定该是非问句的焦点？二是焦点表现形式会对吴方言是非问句疑问功能或疑问意义的表达产生什么样的影响？

一、吴方言是非问句疑问表达手段对疑问焦点的影响

本文所说的疑问表达手段是指实现疑问意义或疑问功能的形式。国内外学者对疑问表达手段的研究主要有陈妹金(1993)[17]、李宇明(1997)[18]、Sandra A. Thompson (1998)[19]、徐杰(2007)[20]等。结合前人研究情况，就吴方言是非问句而言，表达疑问的手段主要有以下两种：①语法手段，如“添加”；②语音手段，主要是句末上升语调。下面我们分析上文中提到的第一个问题，即吴方言是非问句表达疑问的多种手段如何决定该是非问句的焦点？

关于吴方言是非问句的下位类型，基本上跟普通话一样，主要有两种：一是语气词是非问句，二是语调是非问句。除此之外，吴方言的苏州话和上海话都有一种“阿 V”句式，我们采用刘丹青(1991)[21]的看法，把这种“阿 V”句式归为是非问句。

先看语气词是非问句，语气词虽负载疑问信息，但并不是疑问焦点。比如苏州话的询问语气词具有羡余性，用于以下各种问句，表询问语气，例如：[22]

(1) 倷啥辰光去(**啊/呢/啦**)？(你什么时候去？)

(2) 倷去勒俚去(**啊/呢/啦**)？(你去还是他去？)

(3) 倷今朝阿去(**啊/呢/啦**)？(你今天去吗？)

但是，苏州话的语气词是非问句必须而且只能在陈述句句末加语气词“啊”，因此只与普通话“啊”尾是非问句相似，而与“吗”尾是非问句不同。例如：

(4) 倷明朝去**啊**？(你明天去啊？)

(5) 倷欢喜听流行歌曲**啊**？(你喜欢听流行歌曲啊？)

苏州话的“啊”尾问句不适用于询问语气，而适用于表揣测或反诘的情态语气，虽用疑问句式，但其疑问程度低于询问语气。此类问句实际上是发问者自己提出对某个

问题的看法或疑惑，希望对方加以证实，或者明知故问[23]。

又如，根据钱乃荣(1997)[24]，上海话通常是用语气助词“哦”放在句尾表示对某个问题有疑问，希望对方予以明确回答，相当于普通话的“吗”字是非问句。例如：

(6) 今朝侬早饭吃过**哦**?（今天你吃过早饭吗?）

(7) 大世界侬去白相过**哦**?（大世界你去玩过吗?）

(8) 夜饭侬吃过勒**哦**?（晚饭你吃过了吗?）

如果提问者已经基本上知道某个信息，但是还不能确认，所以提出来，要求对方证实，则用“噱”，相当于普通话的“吧”字是非问句。例如：

(9) 侬是独养儿子**噱**?（你是独生子吧?）

(10) 夜饭侬吃过勒**噱**?（晚饭你吃过了吧?）

再如，宁波话是非问的句末语气词主要有“啊、啰、哨、啦”。其中语气词“啊、啰、哨”只用于是非问，“啦”可以用于是非问、选择问、特指问和反复问。例如：

(11) 渠来做谷生意**啊**?（他在做谷子生意啊?）

(12) 两个人造孽**啰**?（两个人吵架了吧?）

(13) 诺来唱歌**哨**?（你在唱歌吗?）

(14) 商场降价**啦**?（商场降价了吗?）

上例中的“啊”与普通话语气词“吧”接近，“啰”的疑问意味不是太浓，往往是对某个东西的判断不是百分百的有把握，希望得到对方的肯定或确认。“哨”与普通话语气词“啊/呀”接近，“啦”是宁波话疑问语气词中用得最广泛的一个[25]。

另外，绍兴话是非问句一般都带有疑问语气词“啊”或“噱”，很少纯粹用句调来表达疑问语气，如果有表疑问的句末升调，往往同疑问语气词“啊”联系在一起。例如：

(15) 葛桩事体诺晓得个**啊**?（这事儿你知道的吗?）

(16) 诺是新来个小张**噱**?（你是新来的小张吧?）

上例(15)句末用“啊”，疑问程度较强；例(16)句末用“噱”，疑问程度比较弱，表测度的语气[26]。

可见，吴方言的语气词是非问句主要采用疑问表达的语法手段，即在句末添加语气词，如苏州话的“啊”、上海话的“哦、噱”、宁波话的“啊、啰、哨、啦”、绍兴话的“啊、噱”等。带有疑问语气词的，句末语调可以用升调，也可以用平调或降调。也就是说，后加式的语法手段和上升语调的语音手段可以同时使用，如用绍兴话的“啊”字是非问句；也可以只使用后加式的语法手段，即如果有疑问语气词，句末语调下降。

可见，跟普通话一样，后加式这种“添加”语法手段对吴方言语气词是非问句而言是强制性的，而句末上升语调这种语音手段不是强制性的，因为这类疑问句的句末语调可以是平的甚至是低降的；但是，无论是强制性的还是非强制性的，这两种疑问表达手段都不能决定吴方言语气词是非问句的疑问焦点。

再看语调是非问句，句末上升的疑问语调负载疑问信息，但并不是疑问焦点。比如上海话的例句：

(17) 侬是上海人？(你是上海人？)
(18) 侬有迭本书？(你有这本书？)
(19) 听你迭能讲，侬也是苏北？(听你这么讲，你也是苏北？)

上面三例中都没有出现任何语气词，只是依靠句末的升调来表示疑问信息，在上海话中，这类疑问句表示出乎意料或极端怀疑[27]。再如宁波话的例句：

(20) 诺一个人去？(你一个人去？)
(21) 渠拉和总勿答应？(他们全都不答应？)

上面两句的句式和陈述句结构相同，其差别主要在语调上。如用升调，则是说话人要求听话人就所提的问题做出肯定或否定的回答，所以用语调表示疑问的这种手段在言语交际中要借助语境等因素[28]。

可见，吴方言的语调是非问句只采用一种疑问表达手段：语音手段，即在句末采用上升语调，而且句末上升语调这种语音手段对语调是非问句而言是强制性的，但是跟语气词是非问句一样，这种疑问表达手段也不能决定语调是非问句的疑问焦点。

所以说，无论是语气词是非问句还是语调是非问句，疑问表达手段(包括后加疑问语气词这种语法手段和句末上升语调这种语音手段)都不能决定吴方言是非问句的疑问焦点。这种情况跟普通话是一样的。

但是，吴方言还有一种是非问句是普通话里所没有的，就是前面提到的“阿 VP”句式。其他方言区也有类似的句式，如昆明话用疑问副词“格”，如“你格说了？”(你说了没有？)、“这条裙子格漂亮？”(这条裙子漂亮不漂亮？)；又如合肥话用疑问副词“克”，如“你克相信？”(你相信不相信？)、“你克喜欢看电影？”(你喜欢不喜欢看电影？)[29]

据李小凡(1998)[30]介绍，这种“阿 VP”句式是苏州等方言特有的一种疑问句式，一般是在陈述句的述语前，有时也可以在补语或状语等句法成分前插入表疑问的副词“阿”(或称为“发问词”)，下面是苏州话的例子：

(22) 屋里**阿**有人？(家里有人吗？)
(23) 俚**阿**会得吃烟介？(他会抽烟吗？)
(24) 房间布置得**阿**漂亮？(房间布置得漂亮吗？)

(25) 倷今朝**阿**勒屋里吃饭？（你今天在家吃饭吗？）

例(22)的“阿”出现在动词(“有”)前，例(23)的“阿”出现在助动词(“会得”)前，例(24)的“阿”出现在形容词补语(“漂亮”)前，例(25)的“阿”出现在介宾状语(“勒屋里”)前。这种“阿 VP”问句的疑问焦点是“阿”所标记的“VP”，其答语是对“VP”加以肯定或否定。副词“阿”只能标记谓词性疑问焦点，但由疑问标记“阿”和焦点标记“是”凝合而成的“阿是”则可以自由地标记体词性疑问点，例如：

(26)A：倷**阿是**明朝去？（你是明天去吗？）

B：嗳，明朝去。（是，明天去。）/明朝勿去，后日去。（明天不去，后天去。）

(27)A：**阿是**倷明朝去？（是你明天去吗？）

B：嗳，我去。（是，我去。）/我勿去，俚去。（我不去，他去。）

可见，苏州话的“阿是”有双重功能：一是发问功能，即作为疑问表达手段；二是焦点标记功能，相当于普通话的焦点标记词“是”，且具有一定的浮动性。此外，新派苏州话也可以直接将“阿”用在名词性成分前，如“小张**阿**明朝去？”“**阿**小张明朝去？”实际上，这里的“阿”就是“阿是”，因为疑问副词“阿”一般出现在谓词性成分之前，如“小张明朝**阿**去？”，出现在体词性成分之前的一般是“阿是”。

上海处于原松江府和苏州府之交，受苏州话和并入上海的原属太仓地区的宝山话、嘉定话的影响，有时也用“阿 VP”提问，在老牌上海话中更多些[31]。上海话“阿VP”句式在功能上与是非问句相当，可用点头或摇头表示肯定或否定回答。在疑问结构中，“阿”是显示疑问焦点的疑问副词，一般表示紧邻其后的成分是疑问焦点。例如：

(28) 侬**阿**是大学生？（你是大学生吗？）

(29) 侬**阿**想去北京？（你想去北京吗？）

(30) 东方商厦今朝侬**阿**去？（东方商厦今天你去吗？）

上例中的“阿”都出现在动词前，其句式特点跟苏州话一样。当“阿”修饰动词或形容词时，有时也可以跟“阿是”替换。如上例(29)可以说成：

(31) 侬**阿是**想去北京？（你想去北京吗？）

徐烈炯、邵敬敏(1999)[32]指出，上海话中的“阿是”有两个：一个是疑问副词“阿”加上判断动词“是”，如上例(28)；另一个“阿是”本身就是一个疑问副词，如上例(31)。此外，用“阿”跟用“阿是”修饰动词时所表示的疑问程度有所不同，用“阿”的疑惑程度要大一点，而用“阿是”的疑惑程度要小一点，言下之意问话人并不是一点也不知道，而是多少已经知道一些，说出来希望对方予以证实。

可见，在吴方言苏州话和上海话的是非问句中，“阿 VP”句式中的“阿”作为一种疑问表达手段，属于前加式的这种“添加”语法手段，这有别于普通话是非问句中的后加式语法手段，而且这种疑问表达的语法手段能够决定该句子的疑问焦点，即“阿”可以标记其后面的句法成分充当句子的焦点，而且这种前加式的语法手段也可以跟后加式的语法手段(即句末添加疑问语气词)共现在一个句子中，下面是上海话的例子：

(32) 侬**阿**到上海去**哦**?(你到上海去吗?)
(33) 侬**阿**会得游泳**啊**?(你会游泳吗?)
(34) 侬**阿**有迭本书**啊**?(你有这本书吗?)

上面例句中的“阿”属于前加式的疑问表达手段，即“阿”能显示句子的疑问焦点，一般句末不需要疑问语气词，但有时也可以添加“哦”或者“啊”等疑问语气词[33]。也就是说，这两种语法手段共同来表达疑问，但是其中只有前加式的这种“添加”语法手段能决定是非问句的焦点。

据戴昭铭(2003)[34]介绍，天台话是非问句的基本格式是“V＋阿＋疑问副词”，句末疑问副词有一个是表示直接否定的“弗”，相当于普通话的“不”，例如：

(35) 尔**去阿弗**?(你去吗?)
(36) 佢拉个新书**有阿弗**?(他们有新书吗?)

上面两例中的“阿”不同于苏州话和上海话“阿 VP”句式中的“阿”，而是一个连接肯定项和否定项的关联语助词，相当于中古汉语正反问句“V 也无”中的“也”。上例(36)中的“弗”也可以用疑问语气词“哦”，这个“哦”实际上是“弗”的弱化形式。在询问身份、需要和可能的是非问句中，这个“弗”已彻底弱化，一般只用“哦”，例如：

(37) 尔**是**学生**阿哦**?(你是学生吗?)
(38) 尔钞票**要阿哦**?(你要钱吗?)

戴昭铭进一步指出，天台话是非问句语气词“哦”来源于否定副词“弗”，这与北京话语气词“吗”来源于否定副词“无”具有平行发展的性质。可见，天台话是非问句从结构形式来看，是介于普通话的是非问句和正反问句之间的一种句式。

由此可见，吴方言是非问句可以采用疑问表达的语法手段(后加疑问语气词“啊、哦”)和语音手段(句末上升语调)，但是这些疑问表达手段无论是单一疑问表达手段还是两种疑问表达手段的结合，都不能决定是非问句的焦点。换言之，吴方言是非问句中的这些疑问表达手段对句子的焦点不产生任何的影响。但是，作为吴方言代表的上海话或苏州话还可以采用前加疑问副词“阿”这种“添加”语法手段，而且这种疑问表达手段能决定是非问句的焦点。不过需要指出的是，这种前加式的疑问表达手段在吴方言中不具有普遍性。

二、焦点表现形式对吴方言是非问句表达功能的影响

本文所说的焦点表现形式是指实现焦点意义或焦点功能的形式。具体来说，焦点可以通过语音、词汇、句法等不同手段来表现。就吴方言是非问句而言，焦点表现形式主要有以下三种：①语音性焦点表现形式，主要是指重音；②词汇性焦点表现形式，包括焦点标记和焦点算子；③句法性焦点表现形式，如语序等。下面我们分析上文中提到的第二个问题，即焦点表现形式会对吴方言是非问句疑问功能或疑问意义的表达产生什么样的影响？

先看语音性焦点表现形式——重音对吴方言是非问句表达功能的影响，下面是上海话的例句：

(39) 侬**昨日**辣海屋里厢看书勒哦？（你昨天在家里看书了吗？）

(40) 侬**昨日**辣海屋里厢看书？（你昨天在家里看书？）

上面两句在时间词"昨日"上加了重音，"昨日"成为该是非问句的焦点，这表示问话人在问这句话的时候，关注的重点是对方看书的时间，而不是其他方面。同样，上海话表是非问的"哦"等疑问表达手段，问的是"是还是不是"，可以是针对事件的某一个方面，例如：

(41)a. **伊**昨日去外滩勒哦？（他昨天去外滩了吗？）

b. 伊**昨日**去外滩勒哦？（他昨天去外滩了吗？）

c. 伊昨日**去**外滩勒哦？（他昨天去外滩了吗？）

d. 伊昨日去**外滩**勒哦？（他昨天去外滩了吗？）

再看桐乡话的例句，桐乡话属于吴方言的苏沪嘉小片，例如：

(42) 倷**昨日**去过乌镇啦？（你昨天去过乌镇吗？）

(43) 活拉**格歇**上车啦？（我们现在上车吗？）

上面两句分别在时间词"昨日""格歇"上加了重音，这两个时间词成为该是非问句的焦点，这表示问话人在问这句话的时候，关注的重点都是对方动作发生的时间。显然，这跟上海话的情况是一样的。

根据祁峰(2012)[35]的看法，在自然语流中，重音可以分为两种：一般句重音和特别句重音。一般句重音的音强不是特别重，音长也不是特别长，更为重要的是，它一般落在是非问句的常规性信息成分上，不会落在句末的疑问语气词上，因为疑问语气词在句末通常读作轻声，自身不能充当句子的焦点。下面是上海话的例句：

(44) 侬上礼拜去香港勒哦?(你上星期去香港了吗?)

在上句中,一般句重音落在句末的常规性信息成分“香港”上,这跟陈述句常规焦点的重音配置是一样的。相对而言,特别句重音的音强要重一些,音长要长一些,可以落在句子谓语的核心上,如下例上海话“啊”字是非问句重读“是”:

(45) 侬是上海人啊?(你是上海人吗?)

邵敬敏(2010)[36]指出,“啊”字是非问句表示已经知道某个信息,但是不敢相信或不敢确认,通过发问,希望对方予以确认,语气里含有惊讶、出乎意料的意味。对此我们认为,上例主要是因为对谓语核心“是”的特别强调,即赋予谓词核心“是”以特别重音,表明说话者对命题意义的怀疑,所以说话者的意思趋向于“我不相信你是上海人”。

以上讨论的是语气词是非问句和语调是非问句的情况,至于吴方言苏州话和上海话中的“阿 VP”句式,徐烈炯、邵敬敏(1999)[37]指出,上海话中“阿”的作用是显示询问人的疑问焦点所在,所以“阿”总是重读。我们认为,如果发问词“阿”重读的话,“阿”就需要充当句子的焦点。但实际上,“阿”只是显示句子的焦点,而并非真正的句子焦点,句子焦点往往是“阿”后面的谓词性成分。

再看词汇性焦点表现形式对吴方言是非问句表达功能的影响,来看苏州话的例句:

(46) **阿是**小李明朝去上海?(是小李明天去上海吗?)
(47) 小李**阿是**明朝去上海?(小李是明天去上海吗?)

上面两句中的“阿是”相当于普通话的焦点标记“是”,“阿是”除了发问功能之外,还标记其后面的名词性成分“小李”“明朝”,使其成为该是非问句的焦点。但是需要注意的是,普通话的焦点标记“是”只有标记焦点的功能,而没有发问功能,其发问功能是由句末疑问语气词“吗”来承担的。可见,在吴方言的苏州话和上海话中,疑问副词“阿是”一方面是疑问表达手段,即有发问功能;另一方面也是词汇性焦点表现形式,即有标记焦点的功能。

最后来看句法性焦点表现形式对吴方言是非问句表达功能的影响。这里所说的句法性焦点表现形式主要是指句子的语序。邵敬敏(2010)[38]指出,上海话的是非问句有一个鲜明的特点,就是动词的宾语往往提前到句首充当话题,例如:

(48) **大饼**吃哦?(大饼吃吗?)(《上海滑稽戏选集》)
(49) **黄包车**侬看见过哦?(黄包车你看见过吗?)(《上海滑稽戏选集》)
(50) 我八千,侬七千,**规矩**懂哦?(我八千,你七千,规矩懂吗?)(《上海滑稽戏选集》)

上面三句中的“大饼、黄包车、规矩”都提前到句首位置，充当句子的话题，按照“话题焦点”的看法，前置的句法成分实际上也能充当句子的焦点。换言之，前置焦点成分是一种句法操作手段，所以在上述三个例句中，前置于句首位置的句法成分“大饼、黄包车、规矩”分别充当该是非问句的焦点。

此外，在吴方言是非问句中，语音性焦点表现形式(如重音)可以跟词汇性焦点表现形式(如焦点算子)相结合，共同对是非问句的表达功能产生影响。下面看杭州话的情况，杭州话一般没有像普通话那样的是非问句，如“那间屋子大吗?”，杭州话没有这种说法。如果要表示这样的意思，杭州话要用正反问句的形式，即说成“拉个房间大不大?”，但有两种情况例外：一是为了证实某种情况，追问时可用是非问句，如下例(51)；二是如采用否定形式，也可以用是非问句，如下例(52)。例如：

(51) 就我们两个人去?

(52) 他还没来啊?

上例(51)中出现了限定算子“就”，同时又需要赋予“就”以特别重音，此时问话人的意思是，当原先不知道或不愿如此的事实(“我们两个人去”)变成了现实，他为了进一步证实，同时表现出不满、惊讶，甚至反对等感情，所以问话人这样问就有了反问的意味。例(52)中出现了否定算子“没”，同时又需要赋予“没”以特别重音，此时问话人在发问时有着明显的倾向性，即对问话人来说，例(52)中的“他”理应“来了”，因此问话人这样问也有反问的意味。需要注意的是，如果问话人发问时不带有任何的倾向性，就不能用上述这种是非问句，而要用纯粹表示客观发问的正反问句形式，即例(52)说成“他有没有来?”

由此可见，在吴方言是非问句中，这些不同的焦点表现形式，如重音这种语音性焦点表现形式，或焦点标记“阿”或“阿是”这种词汇性焦点表现形式，或焦点成分前置这种句法性焦点表现形式，都可以分别对是非问句疑问功能的表达产生一定的影响；或者是重音这种语音性焦点表现形式与焦点算子“就、没”等这种词汇性焦点表现形式相结合，共同对是非问句的表达功能产生影响。

结论

本文主要分析了吴方言是非问句疑问和焦点这两个语法范畴之间的关系，主要结论如下：一方面，吴方言是非问句可以采用多种疑问表达手段，如采用后加疑问语气词这种语法手段或者句末上升语调这种语音手段，这些疑问表达手段可以只采用其中的一种，也可以多种手段结合在一起，但是无论是单一疑问表达手段还是多种疑问表达手段的结合使用，都不能决定该是非问句的焦点。但是，吴方言的苏州话和上海话可以采用“前加式”语法手段(加“阿”或“阿是”)来表达是非问句的疑问功能，而且这种语法手段能决定该是非问句的焦点；另一方面，不同的焦点表现形式(包括语音性焦点表现形式“重音”、词汇性焦点表现形式“焦点标记”、句法性焦点表现形式“语序”)

可以单独对吴方言是非问句疑问功能的表达产生一定的影响，也可以结合起来共同产生影响，所造成的结果是让听话人特别关注问话人的语义表达重点，或者使该是非问句从一般的询问句变为反问句，即从“有疑而问”变成“无疑而问”，从而体现出说话人不满、惊讶等主观情感。

* 本文系国家社会科学基金一般项目“多元语法理论视野下汉语强调表达研究”(21BYY156)的阶段性成果。初稿曾在第十一届吴方言学术研讨会(复旦大学，2022年11月)上宣读，得到钱乃荣、崔山佳、金大卫等先生的指正，在此致以诚挚的谢意！

注释：

[1] 邵敬敏主编：《现代汉语通论》(第二版)，上海：上海教育出版社，2007年，第4页。

[2] 刘丹青：《苏州方言的发问词与“可VP”句式》，《中国语文》1991年第1期，第27～33页。

[3] 钱乃荣：《当代吴语研究》，上海：上海教育出版社，1992年，第1012～1017页。

[4] 游汝杰：《吴语里的反复问句》，《中国语文》1993年第2期，第93～102页。

[5] 徐烈炯、邵敬敏：《“阿V”及其相关疑问句式比较研究》，《中国语文》1999年第3期，第163～174页。

[6] 钱乃荣：《上海语言发展史》，上海：上海人民出版社，2003年，第318～321页。

[7] 黄伯荣主编：《汉语方言语法类编》，青岛：青岛出版社，1996年，第701～702页。

[8] 钱乃荣：《上海话语法》，上海：上海人民出版社，1997年，第294～297页。

[9] 邵敬敏：《吴方言(上海话)疑问范畴研究》，邵敬敏等著：《汉语方言疑问范畴比较研究》，广州：暨南大学出版社，2010年，第29～43页。

[10] 李小凡：《苏州方言语法研究》，北京：北京大学出版社，1998年，第123～141页。

[11] 汪平：《苏州方言研究》，北京：中华书局，2011年，第347～348页。

[12] 戴昭铭：《天台方言初探》，北京：中国社会科学出版社，2003年，第150～153页。

[13] 寿永明：《绍兴方言的反复问句》，寿永明主编：《绍兴方言研究》，上海：上海三联书店，2005年，第43～48页。

[14] 吴子慧：《吴越文化视野中的绍兴方言研究》，杭州：浙江大学出版社，2007年，第224～228页。

[15] 阮桂君：《宁波方言语法研究》，武汉：华中师范大学出版社，2009年，第232～262页。

[16] 王洪钟：《海门方言研究》，北京：中华书局，2011年，第333～334页。

[17] 陈妹金：《汉语与一些汉藏系语言疑问句疑问手段的类型共性》，《语言研究》1993年第1期，第21～31页。

[18] 李宇明：《疑问标记的复用及标记功能的衰变》，《中国语文》1997年第2期，第97～103页。

[19] S. A. Thompson, “A Discourse Explanation for the Cross-linguistic Differences in the Grammar of Interrogation and Negation”, in A. Siewierska, J. J. Song ed., *Case, Typology, and Grammar*, Amsterdam: John Benjamins, 1998, pp. 309-341.

[20] 徐杰：《词汇手段、语法手段与语音手段在疑问句中的互补与互斥》，徐杰、钟奇主编：《汉语词汇、句法、语音的相互关联》，北京：北京语言大学出版社，2007年，第478～500页。

[21] 刘丹青：《苏州方言的发问词与“可VP”句式》，《中国语文》1991年第1期，第27～33页。

[22] 本文的吴方言例句来自前人的研究成果，详见注释中的参考文献。

[23] 李小凡:《苏州方言语法研究》,北京:北京大学出版社,1998年,第131～132页。

[24] 钱乃荣:《上海话语法》,上海:上海人民出版社,1997年,第294页。

[25] 阮桂君:《宁波方言语法研究》,武汉:华中师范大学出版社,2009年,第233～238页。

[26] 吴子慧:《吴越文化视野中的绍兴方言研究》,杭州:浙江大学出版社,2007年,第224～228页。

[27] 邵敬敏:《吴方言(上海话)疑问范畴研究》,邵敬敏,等著:《汉语方言疑问范畴比较研究》,广州:暨南大学出版社,2010年,第32页。

[28] 阮桂君:《宁波方言语法研究》,武汉:华中师范大学出版社,2009年,第232～233页。

[29] 黄景湖:《汉语方言学》,厦门:厦门大学出版社,1987年,第273页。

[30] 李小凡:《苏州方言语法研究》,北京:北京大学出版社,1998年,第133～141页。

[31] 钱乃荣:《上海话语法》,上海:上海人民出版社,1997年,第295页。

[32] 徐烈炯、邵敬敏:《"阿V"及其相关疑问句式比较研究》,《中国语文》1999年第3期,第172页。

[33] 邵敬敏:《吴方言(上海话)疑问范畴研究》,邵敬敏,等著:《汉语方言疑问范畴比较研究》,广州:暨南大学出版社,2010年,第41页。

[34] 戴昭铭:《天台方言初探》,北京:中国社会科学出版社,2003年,第150～153页。

[35] 祁峰:《现代汉语焦点研究》,上海:复旦大学博士学位论文,2012年,第55～58页。

[36] 邵敬敏:《吴方言(上海话)疑问范畴研究》,邵敬敏,等著:《汉语方言疑问范畴比较研究》,广州:暨南大学出版社,2010年,第32页。

[37] 徐烈炯、邵敬敏:《"阿V"及其相关疑问句式比较研究》,《中国语文》1999年第3期,第163页。

[38] 邵敬敏:《吴方言(上海话)疑问范畴研究》,邵敬敏,等著:《汉语方言疑问范畴比较研究》,广州:暨南大学出版社,2010年,第32～33页。

湘西土家语南北方言汉借词的差异及成因

瞿建慧

（吉首大学文学与新闻传播学院，湖南吉首，416000）

内容摘要：湘西土家语南北方言汉借词语音和词汇存在着差异，这些差异是由三个原因造成的：湘西土家语南北方言接触的周边汉语方言不同；北部土家语与汉语接触早于南部土家语；北部土家语受汉语影响小于南部土家语。

关键词：湘西土家语南北方言；汉借词；差异；成因

湘西土家语属于汉藏语系藏缅语族，分为北部方言和南部方言。北部方言分布在湖南省湘西北部龙山、永顺、保靖、古丈等地，使用人口约 6 万。南部方言主要分布在湖南省湘西南部泸溪县，使用人口不足 1000 人，与北部方言有较大的差别，南北两个方言不能通话。

一、湘西土家语南北方言汉借词的语音差异

徐世璇（2010）指出，土家语南部方言和北部方言的语音差异主要表现为浊塞音、塞擦音声母和撮口呼韵母的有无上[1]。除此之外，湘西土家语南部方言和北部方言汉借词的差异还有非组晓组字的今读、假摄开口二等字的今读。南部土家语我们调查了泸溪潭溪土家语，北部土家语调查了龙山他砂土家语，保靖北部土家语、保靖碗米坡土家语材料来自语保工程采录平台。湘西土家语南部方言和北部方言汉借词的语音差异表现在以下几个方面（空格表示没有汉借词）。

（1）南部方言汉借词古全浊声母平声字今读浊音，北部方言汉借词今读送气清音。

	泸溪潭溪土家语	龙山他砂土家语	保靖北部土家语	保靖碗米坡土家语
苹果	bĩ^{13} ko^{55}	pʰĩ^{21} ko^{53}	pʰiŋ^{33} kɔ^{55}	pʰĩ^{33} ko^{55}
瓶子	bĩ^{33} bĩ^{33}	pʰĩ^{21} pʰĩ^{55}	pʰiŋ^{33} tsɿ^{55}	tɕiɤu^{55} pʰĩ^{55}
磁铁	ʣɿ^{21} tʰie^{13}	ʦʰɿ^{21} tʰie^{21}	tsʰɿ^{33} tʰie^{55}	a^{55} na^{55} tsʰɿ^{55}
蚕豆	ʥyã^{21} tʉ^{13}	ʦʰã^{21} tu^{35}	tsʰaŋ^{33} tɚ^{35}	tsʰã^{31} tɤu^{13} pu^{33} li^{33}
芹菜	ʥĩ^{21} ʦʰai^{13}	ʨʰĩ^{21} ʦʰai^{35} sɿ^{55}	tɕʰiŋ^{33} tsʰɛ^{35}	tɕʰĩ^{31} tsʰai^{13} a^{55} tsʰɿ^{55}

（2）南部方言汉借词有撮口呼韵母，北部方言汉借词没有。

	泸溪潭溪土家语	龙山他砂土家语	保靖北部土家语	保靖碗米坡土家语
鲤鱼	li^{55} y^{33}	li^{53} i^{21}	li^{55} i^{55}	
马铃薯	iã^{21} y^{35} 洋芋	iã^{21} i^{55}	iaŋ^{33} i^{35}	iã^{31} i^{55}
侄女	tsɿ^{13} ny^{55}	ʦɿ^{35} ni^{55} ʦɿ^{55}	tsɿ^{33} ȵi^{55} tsɿ^{55}	tsɿ^{33} ni^{55} tsɿ^{33}
手镯	sʉ^{55} ʨ^{h} yã^{33}	ʨiã^{35} ka^{55}	tɕiŋ^{55} tɕ^{h} iaŋ^{33} tsɿ^{33}	tɕie^{13} tɕ^{h} iã^{55} tsɿ^{33}
卷	tɕyã^{55}	ʦã^{53}		tɕiaŋ^{33}

（3）南部方言汉借词非组和晓组合流今读 f，北部方言汉借词非组和晓组合流今读 x。

	泸溪潭溪土家语	龙山他砂土家语	保靖北部土家语	保靖碗米坡土家语
肥料	fei^{21} liau^{13}	xuei^{21} liau^{35}	xui^{33} liau^{35}	xua^{13} xui^{33}
犯	fuã^{35}	xuã^{35}	xuaŋ^{33}	xuai^{33}
副	fu^{13}	xu^{55}	xu^{33}	xu^{13}
湖	fu^{21}	xu^{21} p^{h}au^{35}	xu^{33}	xu^{33}
水壶	fu^{21} fu^{21}	xu^{21} miã^{35}	sui^{55} xu^{55}	

（4）南部方言汉借词假摄开口二等字今读 o 音，北部方言汉借词今读 a 音。

	泸溪潭溪土家语	龙山他砂土家语	保靖北部土家语	保靖碗米坡土家语
差	ʦ^{h} o^{21} mi^{35}	ʦ^{h} a^{55} xo^{53}	ts^{h} a^{33} tɛ^{33}	ts^{h} a^{55} xo^{33}
马	mo^{13}	ma^{53}	ma^{53}	ma^{55}

二、湘西土家语南北方言汉借词语音差异成因

湘西土家语南北方言汉语借词语音差异是不同的汉语方言接触、接触时间早晚造成的。

1. 受当地汉语方言的影响

徐世璇认为当地的语言分布和使用决定了汉语对土家语的多元影响[2]。南、北土家语分别与不同的汉语方言接触，受到了不同的影响。土家语南部方言接触的是泸溪湘语，而北部方言接触的是西南官话，这影响了湘西土家语南北方言汉语借词。

（1）古全浊声母平声字今读。

泸溪湘语古全浊声母平声字今读保留浊音，泸溪土家语汉借词受此影响也读浊音。瞿建慧(2012)认为苗语、土家语浊声母保留至今与汉语方言的接触有关，而这种影响是通过汉语借词来实现的。大量浊声母汉语借词介入延缓了湘西南部土家语浊声母的清化进程[3]。龙山、保靖官话古全浊声母平声字今读送气清音，龙山他砂土家

语、保靖北部土家语、保靖碗米坡土家语汉借词受此影响也读送气清音。要注意的是龙山土家语、保靖碗米坡土家语、保靖北部土家语也清化读送气清音，但并不是因为保靖、龙山汉语方言的古全浊声母平声字今读已经清化。瞿建慧指出，龙山土家语与龙山汉语方言都发生了浊音清化，这很容易让人认为土家语南北方言浊声母由于受不同汉语方言的影响发生了不同演变。但是，如果把这种现象与湘西苗语浊声母的情况做过比较后，就会发现它们具有这样的共性：受汉语方言影响越小的方言点，浊音清化的步伐越快。因此，湘西民族语浊声母的清化是自身演变的结果[4]。

（2）假摄开口二等字今读。

泸溪湘语假摄字高化读 o 音，泸溪土家语汉借词受此影响也读 o 音。而北部土家语汉借词受当地汉语方言影响仍然今读 a 音。

2. 受湘西土家语和当地汉语方言双重影响

（1）撮口呼有无。

泸溪土家语汉借词读 y 的字，北部土家语汉借词读 i。这是因为湘西土家语音系没有 y，北部土家语早期借入时就用音系中的 i 来匹配，y 是泸溪土家语后来从当地汉语方言借入的。徐世璇指出，带有撮口呼韵母的汉语词借进土家语，先同相近似的带有-i-介音的韵母形成非等值对应，如在北部土家语中。随着汉语影响的逐步深入，借词同土家语固有语音的非等值对应转为同汉语原模的等值对应，汉语撮口呼韵母进入南部土家语音系，成为新的韵类，从而引起固有音系模式的改变[5]。

（2）非晓组今读。

南部土家语汉借词非组和晓组合流今读 f，北部土家语汉借词非组和晓组合流今读 x。这是因为湘西土家语音系没有 f，只有 x，北部土家语早期借入时就用音系中的 x 来匹配 f，f 是泸溪土家语后来从当地汉语方言借入的。晓匣母字一般今读 x，泸溪土家语汉借词受当地汉语方言影响，把韵母为 u 的字也读成了 f。

从撮口呼有无和非晓组今读可以看出：南部土家语与汉语接触比北部土家语晚。

三、湘西土家语南北方言汉借词的词汇差异

湘西土家语南部方言和北部方言汉借词除了语音差异之外，还存在结构类型、使用范围、历史层次等方面的词汇差异。

（1）北部方言汉借词使用音译加注的形式，南部方言汉借词使用全音译或者半音译形式，比如：

	泸溪潭溪土家语	龙山他砂土家语
柿子	sɿ^{13} ʦɿ^{55}	sɿ^{35} ʦɿ^{55} pu^{35} li^{55}
豌豆	ʦ^{h}ai^{35} me^{21} tʉ^{13}	wā^{55} tu^{55} pu^{35} li^{55}
荷花	xo^{13} xua^{33}	ŋɨu^{53} k^{h}a^{55} p^{h}ei^{55}

在湘西土家语里，“pu^{35} li^{55}”是词的后缀，表示“颗粒状”事物的类别。“k^{h}a^{55} p^{h}ei^{55}”是土家语语素，表示“花”的意思。

在北部土家语汉借词中，保留后缀最多的是保靖碗米坡土家语。

	泸溪潭溪土家语	龙山他砂土家语	保靖北部土家语	保靖碗米坡土家语
梅花	mei^{13} xua^{33}	mei^{21} xua^{55}	me^{33}	mɤe^{33} xua^{55} kʰa^{55} pʰu^{33}
荷花	xo^{13} xua^{33}	ŋɨu^{53} kʰa^{55} pʰei^{55}	xɔ^{33} xua^{55}	xo^{33} xua^{55} kʰa^{55} pʰu^{33}
桃子	dau^{13} ʦɿ^{55}	tʰau^{21} ʦɿ^{21}	mau^{33} tʰau^{33} ɕi^{33}	mau^{33} tʰau^{31} ɕi^{13}
枣	ʦau^{55} ʦɿ^{21}	ʦau^{53} ʦɿ^{55}	tsau^{55} tsɿ^{33}	tsau^{55} tsau^{55} ɕi^{33}
石榴	sɿ^{13} liʉ^{55}	sɿ^{21} liu^{53}	sɿ^{33} liu^{55}	sɿ^{31} liɤu^{31} pu^{13} li^{55}
花生	lo^{13} xua^{33} sẽ^{33}	lo^{21} kʰã^{21} sẽ^{55}	lɔ^{33} xua^{33} seŋ^{55}	xua^{55} sɤ̃^{55} pu^{13} li^{55}
莴笋	o^{55} suei^{21}	wo^{55} sẽ^{55}	ɔ^{55} sun^{33}	ɣo^{55} sɤ̃^{55} a^{55} tsʰɿ^{55}
香菜	yã^{13} suei^{33}	iã^{21} ɕĩ^{21} ʦʰai^{35}	iaŋ^{33} ɕi^{33}	iã^{31} ɕi^{31} a^{55} tsʰɿ^{55}
丝瓜	sɿ^{33} kua^{33}	sɿ^{55} kua^{55}	sɿ^{55} kua^{33}	sɿ^{55} kua^{31} a^{55} tsʰɿ^{55}

“kha^{55} phu^{33}”“ɕi^{13}”“pu^{13} li^{55}”“a^{55} tshɿ^{55}”是后缀，分别表示“花”“果子”“颗粒状”“蔬菜”等事物类别。

（2）北部方言使用本语词，南部方言转用汉借词，比如：

	泸溪潭溪土家语	龙山他砂土家语	保靖北部土家语	保靖碗米坡土家语
霜	suã^{33}	pu^{55} li^{55}	pʰu^{53} li^{33}	pʰu^{55} li^{33}
口袋	xo^{21} bo^{35}	lo^{35} tʰie^{55}	lɔ^{33} tʰie^{33}	lo^{13} tʰie^{55}
鸭	ja^{21} ʦɿ^{21}	sa^{53}	sa^{53}	sa^{55}
梨	ŋo^{13} li^{33}	pɨe^{55} le^{55} sɿ^{55}	mɔ^{53} lɔ^{33} ɕi^{33}	mie^{55} ɕi^{33}
蒜	ta^{13} suã^{33}	sɿ^{21} tʰo^{21}	pʰa^{55} ɕi^{55} tau^{55}	ɕi^{31} tau^{13}
每天	mei^{33} tʰiã^{33}	la^{55} ne^{55} xɨe^{55} le^{21}	na53ȵe^{33} xu^{33} lɛ^{33}	na^{55} ni^{55} xɤe^{33} lie^{33}
话	xo^{35}	sa^{21}	sa^{33}	sa^{33}

以上例词泸溪土家语转用汉借词，其他三个北部方言使用本语词。

在北部土家语龙山、保靖北部和保靖碗米坡代表点中，保靖北部是汉借词最多的，其他两个点使用本语词，保靖北部转用汉语借词。

	泸溪潭溪土家语	保靖北部土家语	龙山他砂土家语	保靖碗米坡土家语
云	yẽ^{13} dʉ^{33}	iŋ^{33} tʰəu^{55}	mɨe^{35} la^{55}ũ^{21}	so^{55} pʰɤe^{55}
雾	ʦau^{13} ʦɿ^{55}	u^{55}	so^{55} pʰɨe^{21}	so^{55} pʰɤe^{55}
露	lu^{13} suei^{55}	lu^{33} sui^{33}	so^{55} ʦʰɨe^{21}	so^{55} tsʰɤ^{55}
地震	ti^{13} ʦẽ^{55}	ti^{33} tseŋ^{33}	li^{53} zɿ^{55} zɿ^{21}	tũ^{33} ŋau^{13}

续表

	泸溪潭溪土家语	保靖北部土家语	龙山他砂土家语	保靖碗米坡土家语
年底	niã^{13} ti^{55}	ȵiaŋ^{33} ti^{53}	ʦʰi^{55} kʰa^{55} ʨi^{21} tʰa^{21}	nũ^{55} tɕi^{33} tʰa^{13}
对面	tuei^{13} mẽ^{33}	tui^{55} mɔŋ^{55}	tʰie^{55} pi^{55}	ɣ̃^{33} kɤe^{33} la^{55} kui^{33}
李子	li^{55} ʦɿ^{21}	me^{33} li^{55} tsɿ^{55}	sa^{55} le^{55} sɿ^{55}	sa^{33} lie^{55} ɕi^{33}
姜	ʨiã^{33}	seŋ^{55} tɕiaŋ^{33}	kʰo^{55} su^{55}	kʰo^{55} su^{33}
桌子	ʦo^{21} ʦɿ^{21}	tsɔ^{33} tsɿ^{55}	sɿ^{21} tʰie^{35}	ɕi^{31} tʰie^{13}
席子	ɕi^{21} ʦɿ^{21}	ɕi^{33} tsɿ^{33}	niã^{21} tie^{35}	mu^{55} sɤe^{33}
戒指	kai^{13} ʦɿ^{55}	kɛ^{33} tsɿ^{33}	ʨiã^{35} ka^{55} pu^{35} li^{55}	tɕie^{31} ka^{55} tie^{55} tsʰɿ^{55}

保靖碗米坡土家语转用汉借词最少，其他两个点转用汉语借词，保靖碗米坡土家语还保留固有的说法。

	泸溪潭溪土家语	保靖北部土家语	龙山他砂土家语	保靖碗米坡土家语
瓦	ŋo^{35}	wa^{53}	ua^{55}	tsʰo^{55} a^{55} tu^{55} tsʰɿ^{55}
半夜	pã^{13} je^{33}	pã^{35} je^{55} sã^{55} kẽ^{55}	paŋ^{33} ie^{33}	no^{55} nie^{33} tɕiɤu^{55}
香菇	ɕiã^{33} ku^{33}	ɕiã^{55} ku^{55}	ɕiaŋ^{55} ku^{55}	za^{33} pi^{33} tʰu^{55} ɕi^{33}
装	ʦuã^{33}		tsuaŋ^{55}	tʰie^{13} sɿ^{55} zɿ^{55}
铅笔	yã^{21} pi^{21}	iã^{21} pi^{35}	iaŋ^{33} pi^{35}	tsʰɿ^{55} tsʰɿ^{33} a^{33} tsʰɿ^{55}

（3）北部方言使用早期汉借词，南部方言使用晚期汉借词。

	泸溪潭溪土家语	龙山他砂土家语	保靖北部土家语	保靖碗米坡土家语
粉粉	fẽ^{55} fẽ^{21}	pʰi^{35} pʰi^{55}	a^{33} pʰi^{33}	tshɿ^{13} pʰi^{55}
核桃	xe^{13} dau^{33}	kʰɨe^{35} tʰau^{55}	xe^{33} tʰau^{55}	kʰɤe^{33} tʰau^{55}
柴火	kʰo^{35}	kʰa^{21}	kʰa^{53}	kʰa^{33}
路	lo^{33}	la^{53}	la^{53}	la^{55}
锁	so^{33} bo35	su^{55} pʰi^{53}	su^{53} pʰi^{33}	su^{55} pʰi^{33}
鸡	ʨhi^{55}	za^{21}	za^{33}	za^{33}

“粉、核、火”，非组 pʰ的读音早于 f，匣母 kʰ的读音早于 x。可见，北部方言汉借词声母的历史层次早于南部方言汉借词。“路、锁、鸡”，遇摄 a 的读音比 o 早，果摄 u 的读音早于 o，止摄齐韵 a 的读音比 i 早。北部方言汉借词韵母的历史层次早于南部方言汉借词。

（4）同一事物南部方言与北部方言汉借词表达不同。

	泸溪潭溪土家语	龙山他砂土家语	保靖北部土家语	保靖碗米坡土家语
红薯	xõ^{21} su^{21} 红薯	sau^{21} 苕	xɔŋ^{33} sau^{55} 红苕	xũ^{31} sau^{13} 红苕
檩	ɕĩ^{13} diau^{33} 桁条	lẽ^{55} ʦɿ^{55} 檩子	leŋ^{55} tsɿ^{33} 檩子	lɤ̃^{55} tsɿ^{55} 檩子
饺子	ʨiau^{55} au^{21} 饺儿	ʨiau^{55} ʦɿ^{55} 饺子	tɕiau^{53} tsɿ^{33} 饺子	tɕiau^{55} tsɿ^{33} 饺子
油条	iʉ^{13} ʨiau^{55} diau^{33} 油绞条	iu^{21} t^{h}iau^{21} 油条	iu^{33} t^{h}iau^{55} 油条	iɤu^{31} t^{h}iau^{13} 油条

四、湘西土家语南北方言汉借词的词汇差异成因

湘西土家语南北方言汉借词的词汇差异是由接触的汉语方言、受汉语方言影响大小和接触时间造成的。

（1）受当地汉语方言的影响。

湘西土家语南部方言与北部方言汉借词同一事物说法不一致是由于它们接触的汉语方言不同，南部方言接触的是泸溪湘语，而北部方言接触的是西南官话。

（2）受汉语方言影响大小。

湘西土家语北部方言和南部方言汉借词存在结构类型、使用范围的词汇差异，反映了湘西土家语南北部方言受汉语影响的程度不一样。南部方言汉借词使用全音译或者半音译形式、转用汉借词，而北部方言汉借词使用音译加注的形式、使用本语词，反映了湘西土家语南部方言受汉语影响大，北部方言受汉语影响小一些。徐世璇指出，北部土家语人口众多，占土家语总人口的98%以上；通行区域曾经涵盖湘鄂渝黔边界的广大地区，目前在湖南西北部的龙山、永顺、保靖、古丈四县交界的十多个乡镇使用，相对来说，受汉语影响而发生的变化要小些。南部土家语的使用人数很少（仅1000人左右），分布范围很小，而且处于当地城镇和主要交通干线周边，受汉语影响的强度和深度都比北部方言要大，目前仅残留在泸溪县潭溪镇中方圆十几公里的四五个村子[6]。

（3）与汉语接触时间的早晚。

湘西土家语北部方言和南部方言汉借词存在历史层次的词汇差异，反映了湘西土家语南北部方言与汉语接触时间的不一样。南部方言使用晚期汉借词，而北部方言使用早期汉借词，说明了湘西土家语南部方言接触汉语方言比北部方言晚一些。比如齐韵读洪音a是中古的音韵特征。中古后期四等韵产生i介音，与三等韵合流。现今湘西土家语周边汉语方言没有齐韵读洪音a这种现象，南部土家语汉借词也没有，而北部土家语汉借词仍保留了这个特征，说明了北部土家语接触汉语要比南部土家语早。

余论

我们将湘西土家语南北方言汉借词语音和词汇进行了比较，找出了它们之间的差异，发现湘西土家语南北方言汉借词的差异是以下原因造成的。

（1）湘西土家语南北方言接触的周边汉语方言不同。湘西土家语南部方言汉借词古全浊声母平声字今读浊音、假摄开口二等今读o是受到了泸溪湘语的影响。湘西土

家语北部方言汉借词古全浊声母平声字今读送气清音、假摄开口二等今读 a 是受到了西南官话的影响。

（2）北部土家语与汉语接触早于南部土家语。湘西土家语北部方言汉借词无撮口呼、非组和晓组合流今读 x，早期汉借词比南部土家语多，是因为湘西土家语北部方言借入汉语的时间比南部方言早。

（3）北部土家语受汉语影响小于南部土家语。湘西土家语北部方言汉借词使用音译加注的形式、北部方言使用本语词多于北部方言，是因为湘西土家语北部方言受汉语影响小一些。

湘西土家语北部方言与汉语接触虽然早于南部方言，但是受汉语影响却小于南部方言，这种现象值得思考。五代以前湖南的移民主要来自中国北方，而湘西北部土家语分布在湘西的北部地区，自然与汉语接触早。与汉语接触早并不意味着受到的影响大，湘西土家语北部方言使用人口规模大、使用范围广、地处偏僻、交通不便，而南部方言人口规模小、使用范围窄，但处于交通要道，离泸溪县城和湘西州府都比较近，因此湘西土家语北部方言受到汉语的影响比南部土家语小。但这种情形已经有了新变化，湘西土家语北部方言使用规模和使用范围都在急剧变小，乡乡通公路也改变了往日的交通条件，上学、工作、联姻等增加了与汉族的接触机会，再加上普通话的普及，湘西土家语北部方言受汉语的影响越来越大。我们从湘西土家语北部方言内部差异也能看得出这点，保靖碗米坡土家语保留后缀和固有说法多，龙山他砂、保靖北部土家语受汉语影响比较大，特别是保靖北部土家语，龙山他砂、保靖碗米坡土家语有些使用本语词，保靖北部土家语已经转用汉语借词了。

* 本文系湖南省社科“学术湖南”精品培育项目“湖南省西南官话语料库建设与综合比较研究”(23ZDAJ015)的阶段性成果。

注释：

[1] 徐世璇：《土家语语音的接触性演变》，《民族语文》2010 年第 5 期，第 3～10 页。

[2] 徐世璇：《南部土家语中汉语借词的特点》，《百色学院学报》2014 年第 1 期，第 37～43 页。

[3] 瞿建慧：《湘西土家语、苗语与汉语方言浊声母演变》，《民族语文》2012 年第 3 期，第 53～58 页。

[4] 瞿建慧：《湘西土家语、苗语与汉语方言浊声母演变》，《民族语文》2012 年第 3 期，第 53～58 页。

[5] 徐世璇：《土家语语音的接触性演变》，《民族语文》2010 年第 5 期，第 3～10 页。

[6] 徐世璇：《土家语语音的接触性演变》，《民族语文》2010 年第 5 期，第 3～10 页。

衢州(杜泽)方言的完成体标记

杜晓艺

（华中师范大学语言与语言教育研究中心，湖北武汉，430079）

内容摘要：衢州(杜泽)方言有三个完成体标记“掉”“着”“罢”。本文详细描写它们的体标记用法，从句法、语义、语用三个层面比较它们的共时差异，探讨它们的语法化过程及未来的演变方向。

关键词：杜泽方言；完成体标记；“掉”；“着”；“罢”

一、引言

衢州位于浙江省西部，南接福建南平，西连江西上饶、景德镇，北邻安徽黄山，东与浙江省内金华、丽水、杭州三市相交。衢州方言属于吴语金衢片。狭义的衢州方言，指市区的“城里腔”，杜泽镇所说方言为衢州北乡腔，与“城里腔”有所区别，下文称“杜泽方言”。杜泽方言是笔者母语，本文语料来自调查和自省，均得到方言母语者的证实。

“掉[$tɔ^{52}$]”“着[$tɕia^{0}$]”“罢[pa^{0}]”是杜泽方言里常用的三个完成体标记，附在谓词成分后表“完成”义。例如：

(1) 我饭食吃掉三碗。我吃了三碗饭。

(2) 阿本书我得瞧着一日。这本书我才看了一天。

(3) 渠北京老到罢。他早到北京了。

“掉”和“着”没有结句能力，除个别特殊句式外，如果谓词成分后没有其他语义元，句末必须加上语气词“罢$_2$”。“罢”只位于句末，有“罢$_1$”和“罢$_2$”的分工，“罢$_2$”相当于普通话里句末语气助词“了$_2$”，“罢$_1$”表示动作完成的同时又表示事态有了新的变化，兼有体标记和语气词的作用，相当于普通话的“了$_{1+2}$”。例如：

(4)—你碗洗掉么？你洗碗了吗？

—洗罢$_1$。洗了。

(5) 春天罢$_2$。春天了。

(6) 我饭食罢$_{1+2}$，你覅去烧。我吃了饭了，你不要去烧。

动作的完成和事态的新变化本就密切关联，因此，为行文方便，下文不刻意区分“罢$_1$”和“罢$_{1+2}$”，都标作“罢$_1$”。

本文将全面考察“着”“掉”“罢”的体标记用法，详细比较三者在句法分布、词语搭配以及语用效果等方面的差异，并探究三者的语法化过程及未来的演变方向。

二、“掉”“着”“罢$_1$”的体标记用法

(一) “掉”的体标记用法

“掉”是杜泽方言中最基本、最常用的完成体标记。它在动词、动结式、动词重叠式后，表示动作的完成；在形容词(包括一些静态动词，如“老”等)后，表示状态的实现。常见格式如下：

1. $N_{受事}$＋V＋掉＋数量成分

V 可以是单音节的，也可以是双音节的。例如：

(7) 我饭烧掉半日，着力猛。我烧了半天的饭，累得很。

(8) 渠阿厂参观掉两卯罢$_2$。这个工厂他参观了两次了。

格式中的数量成分有三类：第一类是时量补语，补充说明动作完成的时长；第二类是动量补语，补充说明动作完成的次数。如：

(9) 俺勒阿段路走掉半日。这段路我们走了半天。

(10) 渠四大名著瞧掉三四遍。四大名著他看了三四遍。

第三类是物量短语，和时量补语、动量补语不同，它不是 V 的补语，而是指向 $N_{受事}$ 的成分。例如：

(11) 我核桃买掉三斤。我买了三斤核桃。

(12) 阿小侬饭食掉几口。这小孩吃了几口饭。

“$N_{受事}$＋V＋掉＋数量成分”存在两种变式：

一是 $N_{受事}$＋数量成分＋V＋掉(＋罢$_2$)，即将数量成分置于“V 掉”前，如“渠四大名著三遍瞧掉(罢$_2$)｜我核桃三斤买掉(罢$_2$)”。此变式有两个特点：一是“掉”可独立结句；二是“掉”倾向表达“主观大量”，如例(10)的变式“渠四大名著三四遍瞧掉”，言者认为看的次数是多的。而例(12)“几口”通常和“主观大量”相悖，因此，在语境不充足情况下，通常不能表述为“阿小侬饭几口食掉”。

二是 V＋掉＋物量短语＋$N_{受事}$，即将 $N_{受事}$ 置于物量短语之后，如“我买掉三斤核桃｜阿小侬食掉几口饭”。但从语感上来说，原格式的表达更贴合本地人的语言习惯。

将宾语前置作话题是吴语在句法上的共性，刘丹青(2001)[1]指出，吴语是比北京话更不典型的 SVO 类型和比北京话更典型的话题优先类型。吴语常用受事充当话题，形成 STV 或 TSV(T 表示话题)。钱乃荣(2011)[2]认为，吴语中原本的完成体形式是 SOV，而 SVO 的完成体形式是吴语与北方官话接触的结果。

2. V＋掉＋O

根据宾语的不同，“V＋掉＋O”格式可为两种情况：O 为简单宾语时(即 O 前没任何有修饰成分)，构成“V＋掉＋O＋罢$_2$”格式。例如：

(13) 我吃掉饭罢$_2$。我吃了饭了。

O 为复杂宾语时，宾语前的修饰成分一般为数量成分，包括数量短语和“点儿、交关$_{很}$、危险$_{很}$”等表量成分[3]，构成“V＋掉＋数量成分＋O”格式。例如：

(14) 我买掉一斤豆腐，一个鲫板。我买了一斤豆腐、一条鲫鱼。

(15) 食饭时景落掉点儿毛扫尘。中午的时候下了点毛毛雨。

(16) 你老子食掉交关烧酒。你爸爸喝了很多白酒。

钱乃荣(2011)[4]曾得出结论：在吴语南部广阔农村山区中，还是吴语原来的 SOV 完成体句的天下。但经过多年来北方官话的持续影响，如今即使在吴语南部农村山区，也并非 SOV 完成体句的天下，SVO 完成体句正慢慢占有一席之地。

3. VC＋掉＋数量成分/罢$_2$

当 VC 后没有其他语义元时，VC 语义对“掉”具有一定的限制；当 VC 带上数量成分，那么，“掉”不再受限于 VC 语义。例如：

(17) 手机拿修坏掉罢$_2$手机被修坏了。	* 手机拿修好掉罢$_2$。
(18) 阿道题目做错掉罢$_2$这道题做错了。	* 阿道题目做对掉罢$_2$。
(19) 渠阿毛病瞧好掉三年罢$_2$她这病治好了三年了。	？阿毛病瞧好掉罢$_2$。
(20) 我妹生字写错掉蛮多我妹妹写错了很多生字。	我妹生字写对掉蛮多。

例(17)(18)中，“掉”源义 为“脱离、消失”，具有消极性，与“修好”“做对”等语义的积极性相矛盾。但如果积极义动结式带上数量成分，“掉”则可以用于 VC 和数量成分之间表示完成义。

在一般疑问句中，“掉”也不受动结式语义的限制。例如：

(21) 归屋日子定好掉么？乔迁新居的日子定好了吗？

(22) 阿道题目做对掉么？这道题做对了吗？

根据刘丹青(1996)[5]“能否用在动结式后”和吴福祥(1998)[6]“完成体助词可以用

在动结式动补结构之后，宾语之前”的标准，杜泽方言里的“掉”作为完成体标记虚化程度很高，但能否最终语法化为与普通话中“了$_1$”完全相对应的纯体助词，还需要时间的检验。

4. N＋VV＋掉

“掉”可以附在单音节动词重叠式的后面。例如：

A. (23)门锁锁掉！把门锁了！

(24) 书利是园园掉再困！书本什么的收拾了再睡觉！

B. (25)我妈年货办办掉交关。我妈办了很多年货。

(26) 渠粽包包掉一个来钟头。她包粽子包了一个多小时。

“N＋VV＋掉”格式有两种情况。A 组为祈使句，表达说话人的命令和要求。主语是受事，“掉”可位于句末或再接后续谓语成分，“罢$_2$”不能出现，A 组可以转换为“拿把”字句，如“拿门锁锁掉”。A 组动词也可以不重叠，即“(拿)＋N$_{受事}$＋V＋掉”句义相同，但在语气上，“(拿)＋N$_{受事}$＋VV＋掉”更为委婉。

B 组为已然句，主语为施事，“掉”后必须跟有数量成分，“掉”兼表“主观大量”，如例(25)言者认为年货数量多，例(26)言者认为动作持续时间长。

5. A＋掉＋数量成分/罢$_2$

“掉”在形容词之后，表示状态变化的实现。例如：

A. (27)饭馊掉罢$_2$。饭馊了。

(28) 渠难瞧掉罢$_2$。她变丑了。

B$_1$. (29)爷爷个体格停板/健掉危险。爷爷的身体差/健康了很多。

(30) 我消/壮掉十斤。我瘦/胖了十斤。

B$_2$. (31)草莓红掉好几日罢$_2$草莓红了好几天了。

(32) 阿些苹果烂掉多时罢$_2$这些苹果烂了很久了。

(33) 阿天公晴掉两日亦落雨罢$_2$晴了几天又开始下雨了。

完成体标记“掉”附于形容词后，可构成两种格式：

其一，“A＋掉＋罢$_2$”。A 除了上述“馊、难瞧$_{丑}$”外，还可以是“旧、老、白、傻、木$_{笨}$、坏、消$_{瘦}$、停板$_{差}$”等，“掉”表示一种不可逆的(如“人老掉、头发白掉、衣服旧掉”等)或者是不如意(如“木$_{笨}$掉、停板$_{差}$掉”等)状态的实现。而像“聪明、好、壮$_{胖}$、多、大”等形容词对体标记“掉”是排斥的，杜泽方言里没有“聪明掉罢$_2$”这样的表达。这是因为，“聪明”类形容词语义具有积极性，而“掉”原本强调“基体有所减损。就人们的主观心理而言，‘减损’给人的感觉一般是不好的、不如意的”[7]，这是语法化的“滞留原则”在起作用。

其二，“A＋掉＋数量成分”。当 A 后有数量成分时，A 的语义对“掉”不再有限制作用，但内部也不单纯，B$_1$ 组形容词所表示的状态变化是双向的[8]，往往以中间的状态为基准，所以“掉”表示的是一种偏离基准的状态的实现。B_2组形容词所表示的状态变化是不可逆的，如“红、烂”等，或者是“晴、冷”等天气相关形容词，“掉”客观反映状态变化的实现。

“A＋掉＋数量成分”格式中，单音节A还可以重叠，这种表达倾向于“主观大量”，如例(30)“我壮掉十斤。”只是客观述说胖的重量，主观性并不强烈。但如果表述成“我壮壮掉十斤”，那么言者更倾向于表达胖得太多了，具有强烈的主观色彩。

（二）“着”的体标记用法

“着”作为完成体标记，可以附在动词、形容词、动词重叠式之后。“着”只用于已然句中，具体格式如下：

1. $N_{受事}$＋V＋着＋数量成分

“$N_{受事}$＋V＋着＋数量成分”通常不单独成句，常有后续小句，信息焦点在后续小句上。句中常出现“得$_{才}$”“统$_{都}$”等副词，表示动作的完成是非预期的，带有意外性。例如：

(34) 渠作业做着半个钟头，电视瞧掉半日。他作业做了半个小时，电视看了半天。

(35) 我草莓买着三遍，统弗好食。我买了三次草莓，都不好吃。

(36) 我妈小橘买着五斤，统甜猛我妈买了五斤橘子，都很甜。

数量成分可以提至V前，构成变式“$N_{受事}$＋数量成分＋V＋着”，如“我草莓三遍买着｜我妈橘子五斤买着”，变式可单独成句，在表达完成义的同时表达“主观大量”。如“三遍买着”和“五斤买着”，与“买着三遍”和“买着五斤”相比，更凸显了言者主观上认为的“大量”。但例(34)不能说成“渠作业半个钟头做着，电视半日瞧掉”，因为“作业做着半个钟头”与“电视瞧掉半日”对举，说话人认为写作业的时间是短的，这和表达“主观大量”是矛盾的。

值得关注的是，随着格式的变换，“着”的读音也发生了改变。位于V和数量成分之间的“着”读作[$tɕia^0$]，而变式里的“着”语音进一步弱化为[$tɕi^0$]，我们猜想，位于句末的“着”是不是兼具完成体标记和语气助词的语法功能？但杜泽方言里再无其他“着”作为语气助词的用例，我们暂时没办法进一步考究。

2. V＋着＋O

“V＋着＋O”格式应该是杜泽方言中的新派表达，大概是受普通话和“V＋掉＋O”的双重影响类推而来。例如：

(37) 我昨日做着个梦。我昨天做了个梦。

(38) 老李量器大起勒罢，今年还请着顿把客。老李大方起来了，今年请了几次客。

(39) 渠结着两卯婚。他结了两次婚。

格式中的V通常情况下为单音节动词，也可以是双音节动词，例(39)也可以表述成“渠结婚着两卯”。格式中的O不能是简单宾语，必须是有“个”“顿把”等数量成分修饰的复杂宾语，否则不能成句。例(37)不能说成“我昨日做着梦”，例(39)也不能说成“渠结着婚”，但例(38)情况略有不同，“老李量器大起勒罢，今年还请着客”在杜泽方言里是可以说的，这里的“着”不是完成体标记，而是经历体标记，指“老李请过客”。关于“着”的经历体标记用法，另文探讨。

3. $N_{受事}$＋(拿＋$N_{施事}$＋)VV＋着

这种格式通常用于被动句。例如：

(40) 我(拿茶)烫烫着。我被开水烫了。

(41) 面高(拿刀)划划着。脸被刀划了。

(42) 脚(拿疯狗)咬咬着。脚被疯狗咬了。

V多为含有“遭受”义的单音节动词，如“烫、划、咬、吓、踢、打”等。格式中被动句标记“$拿_{被}$”和动作的施事成分都可以省略。

刘丹青(1996)[9]曾指出，苏州方言里许多被动或者非自主的意外事件，尤其是不如意的事件，都能用这个“着”来代替普通完成体的“仔”表示完成。杜泽方言的“着”在这一点上和苏州方言用法相似。

4. A＋着＋数量成分

这个格式里的A有两类，一类是双向性变化形容词(如：大←→小，浓←→淡)，“着”表示的是一种偏离基准的状态的实现。如：

(43) 阿裤腰大着两寸。这条裤子裤腰大了两寸。

(44) 你腮红画浓着点儿。你腮红画浓了点。

另一类A表示事物不可逆性状或天气相关形容词，其后带时量补语，补充说明状态实现后所持续的时间，“着”表示客观状态的实现。如：

(45) 阿花得红着两天。这花才红了两天。

(46) 昨日晴着一记。昨天晴了一会儿。

值得关注的是格式“A＋着＋点儿”，不论A词性褒贬，整个格式表示的都是一种不期待的、不如意的状态实现，包含了说话者不满情绪。A前还可以加上程度副词“太”。例如：

(47) 渠太聪明着点儿，阿回会折本掉样多他就是太聪明了点，这回才会亏本这么多。

(三)“$罢_1$”的体标记用法

“$罢_1$”附在动词、动结式、形容词和形补式之后表达完成义。只用于简单已然句。

具体格式如下：

1. N+V+罢$_1$

"罢$_1$"跟在绝大多数动态动词之后，可以是单音节动词，也可以是双音节动词。例如：

(48) 我作业做罢$_1$。我做了作业了。

(49) 渠老归去罢$_1$。他早回家了。

在日常交际中，N常略去，用于答句中，如：

(50) —妹困么？宝宝睡了吗？

—困罢$_1$。吃了。

通常，我们通过两种方式来区别"罢$_1$"和"罢$_2$"：一是语音区别。"罢$_1$"和"罢$_2$"都可读作[ba^0]，"罢$_2$"还可读作[bei^0]。例如"渠走罢他走了"，如果"罢"读作[bei^0]，句子表达的意思只能是"他要走了"，而不是"他已经走了"；二是特定语序，句中受事成分在动词之前的，"罢"只表示体意义，如"我饭食罢$_1$"，而"我食饭罢$_2$"通常表达"我要开始吃饭了"的意思。

2. VC+罢$_1$

"罢$_1$"不受限于动结式语义的积极或消极，它可以用于大多数动结式短语之后，表示行为动作在说话时已经完成。例如：

(51) 渠困去罢$_1$。他睡着了。

(52) 你有笔钞票弄错罢$_1$。你弄错了一笔钱。

3. A+罢$_1$

格式中的形容词的语义可以是积极的，也可以是消极的，还可以受"有点儿、太、危险很、交关很"等程度副词的修饰。"罢$_1$"附于其后只是客观地反映事物性状的实现，是一种不褒不贬的中性客观的表达。例如：

(53) 饭馊罢$_1$。饭馊了。　　饭有点儿馊罢$_1$。

(54) 裤小罢$_1$。裤子小了。　　裤交关小罢$_1$。

4. AC+罢$_1$

形容词后的补语有两类，一类是"多""交关"等程度补语。当C为程度补语时，"AC+罢$_1$"通常出现在比较句中，比较标记"比"和比较客体可以省略。例如：

(55) 阿搭地比老早热闹多罢$_1$。这个地方比以前热闹多了。

(56) 你爷爷(比嗯记老早)瘦交关罢$_1$。你爷爷(比以前)瘦了很多。

还有一类是“去”“起来”等趋向补语。当 C 为趋向补语时，“AC+罢$_1$”不能与“比”共现，但仍然隐含比较义，例如：

(57) 渠女儿大起难瞧去罢$_1$。他女儿长大变难看了。

(58) 阿狗壮起来罢$_1$。这条狗胖起来了。

例(57)中的“难瞧”是和小时候相比，例(58)“壮”是和以前相比。

三、“掉”“着”“罢$_1$”的共时差异

方言里，即使是表达相同体意义的不同体标记，往往会形成不同的分工。这是由语言表达的经济原则决定的。陈瑶、陈泽平(2018)[10]在考察祁门方言完成体标记时曾指出：“共时语法系统的同义表达手段跟词汇中的同义词一样，只能是部分相同，在部分语境中重合。差异可以表现在词义组合条件、句法环境或语用修辞等方面。”杜泽方言里的完成体标记“掉”“着”“罢$_1$”在句法环境、词语搭配和语用修辞上也都存在差异。

(一) 句法环境差异

“掉”“着”“罢$_1$”在句法环境上的差异主要体现在谓词类型、句法位置和句式选择三个方面，在前文已做详细论述，现总结如表 1。

表 1 “掉”“着”“罢$_1$”在句法环境上的差异

<table>
<tr><th colspan="2">句法环境</th><th>掉</th><th>着</th><th>罢₁</th></tr>
<tr><td rowspan="5">谓词类型</td><td>V</td><td>+</td><td>+</td><td>+</td></tr>
<tr><td>VV</td><td>+</td><td>+</td><td>−</td></tr>
<tr><td>VC</td><td>+</td><td>−</td><td>+</td></tr>
<tr><td>A</td><td>+</td><td>+</td><td>|</td></tr>
<tr><td>AC</td><td>−</td><td>−</td><td>+</td></tr>
<tr><td rowspan="2">句法位置</td><td>句中</td><td>+</td><td>+</td><td>−</td></tr>
<tr><td>句末</td><td>祈使句“V/VV+掉”
N受事+数量成分+V+掉</td><td>被动句“VV+着”
N受事+数量成分+V+着</td><td>+</td></tr>
<tr><td rowspan="4">句子选择</td><td>已然句</td><td>+</td><td>+</td><td>+</td></tr>
<tr><td>未然句</td><td>+</td><td>−</td><td>−</td></tr>
<tr><td>简单句</td><td>+</td><td>+</td><td>+</td></tr>
<tr><td>复杂句</td><td>+</td><td>+</td><td>−</td></tr>
</table>

（二）词语搭配差异

同一完成体标记在不同的句法环境中对谓词的选择不同，同一句法环境中，不同的完成体标记受谓词的限制也不同。下文将着重对比在相同(或相似)句法环境中谓词对完成体标记“掉”“着”“罢”的影响。

1.“掉”和“罢$_1$”

我们将比较在相似的句法环境中，“掉”和“罢$_1$”前的谓词成分对它们的限制。

“掉”和“罢$_1$”在动词搭配上的差别，主要体现在一些动宾式离合词的搭配上。例如：

(59) 我洗浴罢$_1$我洗澡了｜我浴洗掉罢$_2$｜*我洗浴掉罢$_2$

(60) 我结婚罢$_1$｜我婚结掉罢$_2$｜我结婚掉罢$_2$

“罢$_1$”可直接附在动宾式离合词之后，“掉”作动宾式离合词的完成体标记时，离合词需要由的“动-宾”结构变化为“宾-动”结构。随着普通话的影响，“掉”直接附在动宾式离合词后面的接受度也在提高，如例(60)“我结婚掉罢$_2$”也是可以说的。

在与形容词、动结式搭配上，“掉”和“罢$_1$”所受的限制程度不同。“罢$_1$”不受限于形容词和动结式的语义，但“掉”受其语义限制，只有消极义形容词和动结式才能进入“A/VC 掉罢$_2$”格式。例如：

(61) 渠壮/消罢$_1$他胖/瘦了｜*渠壮掉罢$_2$｜渠消掉罢$_2$

(62) 裙弄腌臜/干净罢$_1$裙子弄脏/干净了｜*裙弄干净掉罢$_2$｜裙弄腌臜/掉罢$_2$

2.“掉”和“着”

“掉”和“着”在某些语境中可以相互替换，如上文例(7)至例(12)中的“着”“掉”可互换，句义不变，但在另一些语境中，存在谓词搭配上的不同。

在动词搭配上，“着”更倾向于附在“获取”义动词后面，排斥“失去”义动词。如：

(63) 阿趟生意赚掉/着一百万。这单生意赚了一百万。
阿趟生意折掉亏了一百万｜*阿趟生意折着一百万

(64) 学堂高奖掉五百块奖学金渠学校里奖给他五百元奖金｜*学堂高奖着五百块奖学金渠
渠奖着五百块奖学金他得到五百元奖金｜*渠奖掉五百块奖学金

在形容词搭配上，A为单音节重叠式时，只能选择“掉”作为完成体标记；A为“消瘦、慢”等消极义形容词时，“掉”和“着”都不受限制，但人们更倾向于用“掉”；A后带“危险、交关、蛮多”等不确定表量成分时，“着”不允许进入这种结构，如：

(65) 你妹壮胖掉危险很多 | ＊你妹壮着危险

(三) 语用效果差异

相较于“掉”和“罢$_1$”，“着”更具主观色彩。例如：

(66) 我吃掉一碗饭 | 我吃着一碗饭

前者只是陈述客观行为的发生，后者在表达动作完成的同时更强调言者的主观性。

格式“A 掉/着点儿”都表示偏离正常状态的实现，但在主观色彩上二者也有所差别。如：

(67) 阿小侬俏掉点儿 | 阿小侬(太)俏着点儿

前一句子只陈述客观事实，即“孩子变漂亮了一点”，后一句更侧重于表达说话人的主观评价，即“孩子过于漂亮了”，为负面评价，有很强的主观性。所以，“A 着点儿”可以受同样具有主观性的副词“太”的修饰，而“A 掉点儿”则不能。

另外，“着”还用于表示一些虚拟动作的完成，表达某种反常的、极端的状态。如：

(68) 吃着新鲜屁罢$_2$，到阿记还弗困。吃了新鲜屁了，到现在还不睡。

(69) 你发着洋财罢，样高兴。你发洋财了吧，高兴成这样。

例(68)用“吃着新鲜屁”来表达小孩很亢奋不肯睡觉的状态。例(69)用“发着洋财”来表达非常开心的状态。“着”的这种用法，只能于背景句中，主要起烘托后续小句的作用，带有强烈的夸张色彩。

四、“掉”“着”“罢$_1$”的语法化

(一)“掉”：结果补语＞动相补语＞完成体标记

杜泽方言中，“掉”不独立成词，只能黏附谓词性成分后使用。例如：

(70) 渠老子把渠手机踢掉罢$_2$。他爸爸把他的手机踢掉了。

(71) 屋拿火烧掉罢。房子被火烧掉了。

(72) 我买掉两个鱼。我买了两条鱼。

(73) 鱼臭掉多时罢$_2$。鱼臭了好久了。

以上“V 掉”中的“掉”都位于谓语中心语之后，但语法意义不尽相同。例(70)“掉”是动作“踢”的结果，“掉”具有潜在的表述功能[11]，句中的 V 和“掉”可以分别和

句中论元构成两个相对独立的事件。例如：

手机踢掉→踢手机＋手机掉

可见，此例中的“掉”为“踢”的补语，意义是实在的。

例(71)的“掉”语义只能指向谓语动词“烧”，不具有表述功能，主要表示动作的完结，是一种虚化中的语法成分[12]，但还不是完成体标记。

例(72)(73)的“掉”都可以用普通话中的“了”替换，“买掉两个鱼”是指“买了两条鱼”，“掉”标记“买”这一行为动作的完成，“臭掉多时”是指“臭了很久”，“掉”标记“臭”这一状态的实现，在这两例中，“掉”只表完成或实现，虚化程度高，为完成体标记。

（二）“着”：动词＞动相补语＞完成体标记＞补语标记

1. 动词＞动相补语＞完成体标记

“着”在现代汉语共同语中有持续体标记和进行体标记两种功能，但在不少方言里“着”还保留有完成体标记的用法，“着”的完成体来源问题，不少学者做了探索，在前贤研究的基础上，我们就杜泽方言的事实再来梳理一下“着”作为完成体标记的虚化过程以及其在杜泽方言里进一步虚化的方向，为现有研究做进一步探讨抛砖引玉。

在杜泽方言中，“着”语法功能繁多，不同的句法位置上语法功能不同，即使是相同的语法位置其语法功能也不同。此外，其语法功能的不同还体现在语音分化上。

杜泽方言中“着”可单独作谓语，表“遭遇”义、“获取”义和“使令”义，读作［$tɕia^{45}$］。例如：

(74) 厝勒着贼罢$_2$。家里遭贼了。（“遭遇”义）

(75) 着罢！阿卯有奖罢$_2$。中了！这回有奖了。（“获取”义）

(76) 我妈着我来吆你。我妈让我来叫你。（“派遣、使令”义）

“着”常出现在“V＋着＋N”结构中。例如：

A. (77)渠困着床高瞧书。他躺在床上看书。

(78)玩具园着橱高去。把玩具放到柜子里。

B. (79)弄着头罢$_2$。弄到头了。

(80)棍子刺着眼睛罢$_2$。棍子戳到眼睛了。

C. (81)我食着杨梅罢$_2$。我吃到杨梅了。

(82)收着你个信罢$_2$。收到你的信了。

D. (83)我食着两碗饭，肚皮饱猛饱。我吃了两碗饭，肚子很饱。

(84)洋番茄红着两天些拿渠摘掉罢$_2$。西红柿红了两天就被他摘掉了。

从表层结构看，以上例句中“着”都处于“V＋着＋N”结构中，但深层语义语法功能不尽相同，且语音也不完全相同。

A组的“着”为“在”义介词或“到”义介词，其后N只能为处所名词，N不能前置。

作介词的"着"读作[tɕi⁰]。陈瑶、陈泽平(2018)[13]曾从祁门方言"V＋着('到'义介词)＋处所词"句型和"V＋着(完成体助词)＋O"句型中动词的论元配列不同的语言事实中指出"祁门方言中完成体助词'着'不太可能是由'到'义介词'着'发展而来的"，杜泽方言中"着"的情况与之相同。另外，杜泽方言中"到"义介词"着"的读音比完成体标记"着"的读音更为弱化。可见，杜泽方言中的完成体标记"着"同样不是来源于"到"义介词"着"。

BCD三组例句中，"着"读音相同，都读作轻声[tɕia⁰]。B组N既可以看作处所词，也可以看作受事宾语，整个格式表示"V触及N，并使N遭遇V"，"着"既表示动作的"触及"之义，也蕴含了N"遭遇"动作V的完成，语义半实半虚，应为结果补语。C组的"V着"可以插入"得/不"变成可能式动补结构，如"买得/不着""收得/不着"，"着"主要表示动作结果的实现，语义进一步虚化，成为动相补语。D组"着"可以用"了$_1$"替换，只表示动作的完成和性状的实现，已完全虚化为完成体标记。

"V＋着＋N"表层结构的相同，不可避免地造成补语"着"和体标记"着"在语境不足情况下的歧义，为重新分析提供了可能，也是语法化的临界环境。如例(81)既可以理解为"我吃到杨梅了"，也可以理解为"我吃了杨梅了"，但在给足语境时，歧义可以消除。"我食着杨梅罢$_2$，都忖掉好几日罢$_2$。"这里的"着"作补语，而"我吃着杨梅罢$_2$，再弗要别个水果罢$_2$。"这里的"着"相当于"了$_1$"，是完成体标记。

2. 完成体标记＞状态补语标记

吴福祥(2002)[14]指出，"完成体标记(特别是其中的动相补语)的语法化程度并没有达到顶点，于是某些方言的完成体在再语法化规律的诱发和作用下演变成状态补语标记"。杜泽方言里，"着"正表现出向状态补语标记演变的态势。例如：

(85) 打球打着脚骨劲酸。打球打得腿脚酸软。

(86) 屋拿渠拾着蛮清板相。屋子被他收拾得很干净整洁。

"着"功能的过于繁多，在非完整语境中容易造成歧义，这违背语言表达明确性的要求，而"掉"的功能简单，语法化程度更高，在作为完成体标记上具有强有力的竞争优势，这些因素促使着"着"进一步朝状态补语标记方言演变。

(三)"罢$_1$"：动词＞动补短语＞完成体标记

"罢"在近代汉语中发展出体标记和语气词的用法。学界研究较多的是语气词"罢"，对"罢"体貌功能的讨论散见于潘云悟(1996)[15]、曹志耘(1996)[16]、辛永芬(2006)[17]等关于方言体貌的研究中，李宗江(2017)[18]、高景娃(2022)[19]探讨了"罢"的语法化。现行杜泽方言中，"罢"无实词用法，加上方言史料的缺乏，我们很难追溯和还原其语法化的过程，我们仅从"罢"语义演变、句法位置等方面窥探一二。

"罢"在早期典籍里的主要用法为"停止"义，并由"停止"义引申出"停止、完毕"义。"罢"表"完毕"义是其虚化的语义基础。例如：

(87) 及反，市罢。(战国《韩非子·外储说左上》)

（88）言罢流涕。呜呼！（唐《墓志汇编》）

（89）读罢书仍展，棋终局未收（唐·白居易《府西池北新葺水斋即事招宾偶题十六韵》）

“罢”句法位置的变化也是其语法化不可或缺的因素。随着“V罢”的发展演变，“罢”不再是表义的中心，动词性减弱，结果义凸显，最终虚化为完成体标记。例如：

（90）牧童唱罢胡家曲。子规枝上一声声。（南宋《古尊宿语录》）

（91）宇文绶接得书，展开看，读了词，看罢诗。（明·冯梦龙《喻世明言》）

例（90）“罢”为动词“唱”的补语，而例（91）中“看罢诗”与“读了词”对举，显然已经虚化为完成体标记。

现代汉语普通话中，“罢”基本不能产，也不表体意义，但河南浚县、新乡、开封、青海西宁、宁夏固原、中宁、浙江温州等方言中，“罢”仍保留了体标记功能。吴语区，用“罢”表示完成体意义的区域主要集中在浙江中南部，除杜泽方言外，还有温州方言、汤溪方言[20]。

结语

杜泽方言里的完成体标记“掉”“着”“罢”用法上大致互补：句法环境上的互补，“掉”和“着”居于句中，“罢”用于句末；动词搭配上的互补，“掉”与去除义动词搭配，“着”与获取义动词搭配；语用表达上的互补，“掉”和“罢”倾向于客观陈述，“着”兼表主观大量或主观小量，主观色彩强烈。它们这种在竞争中形成的互补关系，体现了共时平面的系统性整合力量。

完成体标记“掉”“着”“罢”分别来源于“失”义动词、“得”义动词和“完成”义动词，它们的虚化都始于补语位置，但语法化程度和演变方向并不相同。“掉”作为完成体标记，虚化程度高，最终能否成为与“了$_1$”完全对应的助词，有待时间检验。“着”功能最多，但作为完成体标记，竞争不过“掉”；作为经历体标记，容易与完成体标记混淆，正被“着过”或“过”所取代，这些因素都促使“着”最终向状态补语标记的方向演变。南部吴语里的完成体标记“罢”具有一些共性：都置于句末；都兼表体标记和语气助词；都可以通过语音变化进行区分[21]，与官话区的“罢”在体标记的用法大不相同。这些现象值得我们深入考察，进一步丰富吴语的研究。

* 本文为教育部人文社会科学重点研究基地重大项目“汉语方言语法的择点考察与比较研究”（22JJD740027）的阶段性成果。

注释：

[1] 刘丹青：《吴语的句法类型特点》，《方言》2001年第4期，第332页。

[2] 钱乃荣：《SOV完成体句和SVO完成体句在吴语中的接触结果》，《中国语文》2011第1期，

第 53～56 页。

[3] 杜泽方言里,“点儿”为“一点儿”的省略式,“交关”“危险”为程度词,可以修饰名词,表多量。如“交关烧酒”指“非常多的酒”。因此,本文将其统称为表量成分。

[4] 钱乃荣:《SOV 完成体句和 SVO 完成体句在吴语中的接触结果》,《中国语文》2011 第 1 期,第 56 页。

[5] 刘丹青:《东南方言的体貌标记》,《动词的体》,香港:香港中文大学中国文化研究所、吴多泰中国语文研究中心,1996 年,第 9～33 页。

[6] 吴福祥:《重谈“动＋了＋宾”格式的来源和完成体助词“了”的产生》,《中国语文》1998 年第 6 期,第 456 页。

[7] 刘焱:《“V 掉”的语义类型与“掉”的虚化》,《中国语文》2007 年第 2 期,第 138 页。

[8] 张国宪:《现代汉语形容词的体及形态化历程》,《中国语文》1998 年第 6 期,第 405 页。

[9] 刘丹青《苏州方言的体范畴系统与半虚化体标记》,《汉语方言体貌论文集》,南京:江苏教育出版社,1996,第 21～46 页。

[10] 陈 瑶、陈泽平:《安徽祁门方言完成体标记“着”“失”“掉”》,《方言》2018 年第 2 期,第 196 页。

[11] 吴福祥:《重谈“动＋了＋宾”格式的来源和完成体助词“了”的产生》,《中国语文》1998 年第 6 期,第 456 页。

[12] 吴福祥:《重谈“动＋了＋宾”格式的来源和完成体助词“了”的产生》,《中国语文》1998 年第 6 期,第 456 页。

[13] 陈 瑶、陈泽平:《安徽祁门方言完成体标记“着”“失”“掉”》,《方言》2018 年第 2 期,第 198 页。

[14] 吴福祥:《南方方言、几个状态补语标记的来源(二)》,《方言》2002 年第 1 期,第 31 页。

[15] 潘云悟:《温州方言的体和貌》,《动词的体》,香港:香港中文大学中国文化研究所、吴多泰中国语文研究中心,1996 年,第 254～284 页。

[16] 曹志耘:《金华汤溪方言的体》,《动词的体》,香港:香港中文大学中国文化研究所、吴多泰中国语文研究中心,1996 年,第 285～301 页。

[17] 辛永芬:《浚县方言语法研究》,北京:中华书局,2006 年,第 322～323 页。

[18] 李宗江:《语法化与汉语实词虚化》,上海:学林出版社,2017 年,第 44～60 页。

[19] 高景娃:《新乡方言的完结体标记“罢”及其语法化路径——兼论完结＞经历的扩展》,《语言研究集刊》,2022 年第 1 辑,第 262～279 页。

[20] 曹志耘先生将汤溪方言里的“罢”归为已然体,指出其有相当于普通话“了”兼有表示动作完成的作用。因此,本文也将汤溪方言里的“罢”视作完成体标记。参见曹志耘:《金华汤溪方言的体》,《动词的体》,香港:香港中文大学中国文化研究所、吴多泰中国语文研究中心,1996 年,第 297 页。

[21] 温州方言里,“罢$_1$”读作[ba^{24}],“罢$_2$”读作[ba^{0}],参见自游汝杰:《温州方言语法纲要》,转引自吴越:《浙江温州方言的时体情态共生系统》,《东方语言学》第二十三辑,2022 年,第 1 页。汤溪方言里,“罢$_1$”读作[ba^{113}],“罢$_2$”读作[pə^{0}],曹志耘先生以“啵”记之。参见曹志耘:《金华汤溪方言的体》,《动词的体》,香港:香港中文大学中国文化研究所、吴多泰中国语文研究中心,1996 年,第 297 页。

【语言学研究】

人民网观点频道的评论话语风格计量研究

王宇波

（武汉大学文学院/中国语情与社会发展研究中心，湖北武汉，430072）

内容摘要：人民网观点频道是全国网站第一个言论频道，在舆论引导和宣传党的思想、路线、方针、政策上具有重要作用。从语言计量角度分析人民网评论文章的话语风格，发现新时期的人民网评论呈现出评论基调“稳中求进”、评论话语“下沉”接地气、议程设置突显引导力的话语特征。观点频道还存在内容塑造、资源整合不足，写作群体较单一等问题，需更好地利用融媒体矩阵提升自身的发展水平。随着媒介影响力矩阵的改变，面对新媒体对主流话语权的冲击，传统党媒亟须重构宣传体系，在新媒体空间建成“新党媒”，使之发挥舆论引导的功能。

关键词：人民网；评论文章；话语风格；语言计量

2016年，习近平总书记在党的新闻舆论工作座谈会讲话中提出“党和政府主办的媒体是党和政府的宣传阵地，必须姓党”[1]，强调党对新闻舆论工作的领导。当前，提高党的新闻舆论传播力、引导力、影响力、公信力是新形势下提升话语权的重要内容，尽管近年来我国国内舆论引导力和国际话语权有了较大程度提升，但新形势下“人人即媒体”的时代给民间舆论场赋予了更多话语权，出现了许多新兴议题，议题更新速度加快，国内民情舆论出现民众情绪化表达和非理性特征显著等特点。在风险全球化与社会媒介化互相叠加的时代背景下，国际舆论风险加大，我国国际舆论议题设置上仍缺乏足够能力。近年来，短视频新闻评论栏目《主播说联播》的爆火，官媒对重大社会民生事件的点评被视为主流媒体“下沉”变革的体现，以上新闻传播实践表明，传统的新闻报道已然不能满足当下的舆论要求，“评论”成为新形势下新闻报道的关键抓手。新形势下的舆论环境要求主流媒体既要增强对国内、国际话语权的掌控，又要在舆论引导中发挥意见表达的功能。

近十年来，党媒新闻评论的研究主要在新闻传播领域，以定性研究为主，定量研究为辅。党媒评论性话语亦是政治语言学研究关注的重点，从语言计量特征的视角展开话语风格研究可以揭示评论性话语实践的特征和话语传播的影响。董天策等

(2013)[2]、强月新和梁湘毅(2021)[3]等就通过统计高频词和字符数考察了相关新闻评论话语的表现方式，王帅等(2021)则从元话语视角，运用计量方法考察了微信评论媒体“侠客岛”与传统媒体的文本特征差异[4]，刘果、汪小伢(2020)通过高频词分析发现传统媒体认证等新闻评论类微信公众号在内容选择上都表现出向大众文化靠拢的倾向[5]。目前的研究忽略了对传统媒体转型后的话语内部研究，对依赖传统平台形式存在的新媒体评论话语关注度并不高。当前新兴的新闻评论类栏目已逐步构建起适应新媒体的话语形态，在吸引受众和提升传播力上较传统媒体具有明显优势。传统媒体的转型依靠外部传播的创新和内部话语的重构，如建立起与适应短视频、微信、微博等传播方式的话语实践。新兴评论类媒体在受众传播上比传统评论媒体具有天然的优势，但一些 PC 端和报刊类媒体在话语实践上有别于新媒体，新媒体环境下这一类评论媒体如何守正创新成为本文的研究重点。话语风格是话语实践的重要内容，对话语风格的研究可以归纳和阐释现有新闻传播话语体系的特点，并在实践中建立起与具有新的历史特点相适应的话语体系，对提升我国话语权的舆论引导力具有重要意义。PC 端的人民网评论频道是传统评论媒体的代表，因此本文以人民网评论性文章为研究对象，基于语言计量方法对其进行话语风格研究。

人民网是我国创办最早的党报网站，在舆论引导、对内对外宣传、沟通民意等方面具有重要作用，作为发声口的人民网观点频道时常处于舆论的前沿。人民网观点频道是全国网站的第一个言论频道，于 2000 年 4 月开设，汇集了“人民网评”“三评”“人民财评”“人民来论”等 20 个栏目，每个栏目侧重不同，各有特色。本文语料选取自人民网 PC 端网站，时间为 2019 年 1 月 1 日—2020 年 5 月 24 日，对观点频道中除“漫评”“人民视评”两个非文本评论专栏外的其余专栏文章进行数据爬取。因各专栏会定期更新一定的文章数量，发文时间段和某时期在页面上保留的文章数量不同，因此在计算机爬取的基础上进行人工复核，确定爬取内容的完整性。所有语料均转化成 txt (Unicode UTF-8 编码)格式，以纯文本形式建立语料库。语料处理上借助 Corpus Word Parser 语料处理软件、Python 中的 jieba 库对字符、词频、关键词等语言指标进行量化分析，使用 SPSS26.0 进行统计学分析。

一、评论基调“稳中求进”

近年来，新闻工作领域进一步加强了新时代中国特色社会主义、党的基本方针政策的宣传，话语宣传突显政治性特点[6]。随着政治语境的变化，具有中国特色的“人民”“民族”“国家”等关键词成为各大党媒、党报、党刊报道的主题词，评论选题仍以政治、经济领域为主，但社会民生类的报道逐渐上升。

关键词是文献计量学、计量语言学中的重要指标之一，因此本文以关键词反映人民网评论文章的热点。在 Python jieba 分词的基础上，运用其中的 TF-IDF(term frequency-inverse document frequency)关键词提取算法，结合自定义的停用词词表对所搜集的评论文本进行分析。“防控”“发展”“国家”“人民”等为核心关键词。同时，党的建设和领导人形象构建等围绕着党的理论、路线、方针、政策的报道展开。“国家”

“人民”“中华民族”“社会主义”等重要关键词一直是党舆论宣传的中心。新时期的人民网评论在核心词上体现了一个“稳”中求“进”的总趋势。

（一）评论总基调保持不变，凸显“稳”重

“稳中求进”是2012年之后我国经济工作的总基调，也是我国治国理政的总原则，亦是新时期党媒新闻话语的特点。“稳”是基础，是新闻工作的大前提，即要保持政治为主，弘扬主旋律。

首先，评论话题突出政治性引领。按照《中文新闻信息分类与代码》(GB/T 20093—2013)[7]新闻分类标准和主流新闻网站的分类，大致可以分为政治、经济、文化娱乐、法律、教育、科技、社会民生、体育、军事九大类。将所有评论文章进行话题分类，统计结果如表1。

表1　人民网评论文章题材占比

	政治	经济	文化娱乐	法律	教育	科技	社会民生	体育	军事	总数	重要题材占比
评论员	349	131	27	23	14	13	33	0	4	594	政治 58.75%
报系言论	204	78	43	12	21	15	127	0	0	500	政治 40.8%
望海楼	136	28	9	0	3	4	19	1	0	200	政治 68.00%
人民论坛	132	39	87	0	9	13	38	1	2	321	政治 41.12%
人民网评	103	19	14	19	2	2	99	2	0	260	政治 39.62%
人民观点	91	13	46	0	0	0	9	0	0	159	政治 57.23%
今日谈	70	14	47	1	11	6	48	1	2	200	政治 35.00%
观点1+1	69	7	54	20	50	5	293	1	0	499	社会民生 58.72%
社论	41	0	3	1	1	0	0	1	0	47	政治 87.23%
人民时评	24	37	34	8	24	20	51	1	1	200	社会民生 25.50%

续表

	政治	经济	文化娱乐	法律	教育	科技	社会民生	体育	军事	总数	重要题材占比
国纪平	16	0	0	0	0	0	0	0	0	16	政治 100%
任仲平	16	2	4	1	1	0	1	0	1	26	政治 61.54%
网友热议	6	2	5	0	4	1	21	0	0	39	社会民生 53.85%
人民财评	5	31	2	4	1	1	20	0	0	64	经济 48.44%
快人快语	5	0	9	1	3	0	18	1	0	37	社会民生 48.65%
人民来论	1	7	0	0	0	0	25	1	0	34	社会民生 73.53%
人民网三评	0	3	12	0	0	0	9	0	0	24	文化 50.00%
总数	1268	411	396	90	144	80	811	10	10	3220	
占总比	39.38%	12.76%	12.30%	2.80%	4.47%	2.48%	25.19%	0.31%	0.31%		

从表 1 可以看到，政治点评是评论的核心话题，在各栏目中占比达 50%左右。高扬新时代党的理论旗帜，不断增强党在意识形态的凝聚力和引领力，突出新闻思想性和理论性是人民网作为党媒的主要特点，宣传阐释好党的理论、政策和习近平新时代中国特色社会主义思想是其主要职责。坚持以人民为中心的思想在党媒报道中体现明显。党媒下沉，贴近民众生活、反映社会时事的特征也逐渐凸显，“观点 1+1”“网友热议”“快人快语”“人民来论”等栏目的社会民生话题达到了栏目总文章数的一半。“人民网三评”特别突出文化娱乐领域的话题，此类话题自带话题性，具有较大社会影响，在自媒体的催化下易发酵成网络舆论。为进一步表现评论题材的“变”与“不变”，本文引用朱风玖(2014)[8]的数据作对比，朱文数据来源于人民网评栏目 2013 年 5 月至 10 月，本文截取了 2020 年 1 月至 5 月人民网评的数据进行对比，对比图如图 1。

从图 1 可见，政治话题是该栏目的主要话题，话题占比增幅最大，提升超 30%。社会民生、文化娱乐、经济领域的话题比重也有明显提升。科技教育的话题比重出现了明显的下降，但该数据并非表明党媒对科技领域的关注程度降低，而是在话题类型划分过程中，为了保证数据更易于对比，没有对多类型的交叉话题进行精细划分，同

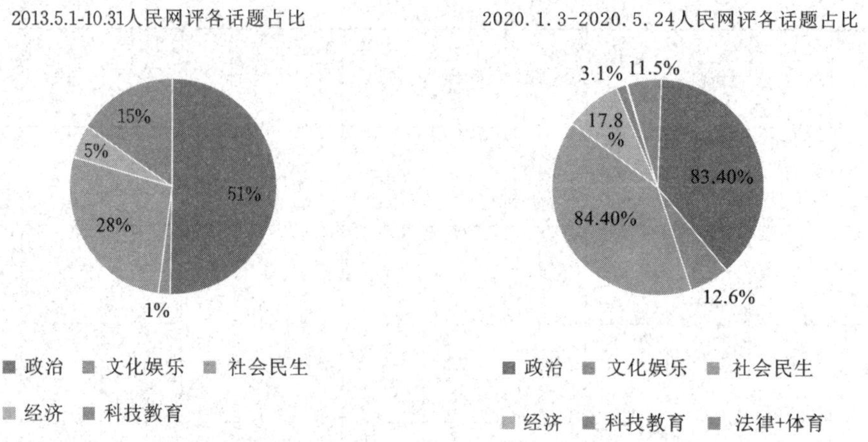

图1　人民网评各话题占比对比图

时朱文和本文的划分方法在细节上可能有所不同。从对比还可以看到，同一时期内的评论数量出现了较大增长，政治话题仍占据主要地位，社会民生话题的关注度明显上升。

其次，内容上突出理论性和思想性。文献计量学领域中，高频词常常作为领域热门研究话题的统计指标。一般认为，在文献中，中频词是包含大量有检索意义的关键词。词频分布假说中的一个重要假说认为，一词使用的次数越多，那么再次使用的可能性就越大[9]，这就意味着出现频次较高的关键词越能够反映文献的重点。因此，本文使用高频关键词作为评论文章重点的评价指标，在jieba分词模块的基础上对词频进行统计，并进行停用词过滤和人工筛选，得到排名前100的高频词。"人民""发展""中华民族""习近平""党"等高频词均出现在九大话题文章中，在政治话题中尤其突出，反映了党媒坚持党对舆论工作领导的原则，侧重于深入宣传党的理论思想，"传播中国声音""讲好中国故事"，切实提升国际传播的水平。在宣传党的理论思想方面，政治上突出坚持党的领导、以人民为中心、中国治理、新时代中华民族伟大复兴、生态文明建设的思想。在人民网评论文章中围绕着政治生态，"干部""制度""基层""体系"等词与之共现，表明党的政治生态体制机制构建逐步完善。"人民"是党的执政核心关键词，"执政为民"是党的宗旨和价值取向，党、人民、社会主义在党的历次报告中属于稳定型的词汇，三者之间有很强的关联度。人民利益、人民服务、人民生活、幸福安康等词汇在人民网政治性评论文章中多次出现，体现了新时代以人民为中心的价值追求。"中华民族""新时代""复兴"是对当下党和国家建设的高度总结。政治类评论文本出现了1613个"新时代"、1299个"中华民族"、968个"复兴"，几个高频词汇勾勒出了当下中国正在实现民族复兴的时代面貌。在国家领导人的形象塑造传播方面，"习近平"出现2748次，与之共现的动词主要包括"批示""要求""告诫""批评""重申""强调""宣誓""指导""调研"，共现的名词主要有"讲话""党中央""国家""人民""三农""政府"，共现的形容词主要为"铿锵有力""重要""深刻""掷地有声""郑重""语重心长”，共现的副词主要为“亲自”，刻画了亲和型、朴素型、民主型、指导型的领导人形象。

再次，人民网评论文章的法律话题，强调宪法和基本法的法律地位，突出公平正义，依法治国和民主法制建设的重要性。同时，重视未成年人案件，加大未成年人的保护是当前社会关注的重点，为2020年10月二次修订的《中华人民共和国未成年人保护法》释放了积极的信号；教育话题，涉及学校、老师、家长、学生多个主体，强调劳动教育和思想教育的重要性。体现了党对青年一代的希望和寄托；经济话题，突出中国和世界经济之间的紧密关系，提出抓住发展和机遇，加强合作，“一带一路”、共享经济、改革开放受到关注，同时要应对风险和挑战，经济依然要保持稳中向好的基调前进；军事话题，依然紧抓军队建设，凸显新时代的强军思想，同时强调实战化的军事训练；科技话题，人工智能、大数据、互联网产业成为科创重点，航天事业历来备受重视，新时期越来越突出“核心技术”“自主创新”“攻关”的要求；体育话题，2022年的北京冬奥会和冰雪运动成为媒体关注的重点；文化话题，继续强调精神文明建设和文化自信的重要作用，“精神”类复合词语有民族精神、时代精神、科学精神、工匠精神、劳模精神、创新精神，这是十三届全国人大第二次会议政府工作报告中关于“丰富人民群众文化生活”的体现。与此同时直播、网络教育、游戏行业进入大众视野，凸显党媒对青少年的成长教育和新闻媒体行业、互联网产业的关注。

（二）评论回应热点，凸显“新”意

随着当下信息的多渠道传播，网民规模的不断扩大，民众越来越热衷于在网络语域场内进行信息参与，因此在众多舆情流变过程中，一些求证性议题得不到回应，情绪性议题又不断上升的情况下导致舆情危机。同时，随着互联网越来越成为官方在国际上舆论较量的关键场所，向世界展示一个友好的中国，向污名化说“不”也是近年来主流媒体“精准外宣”的基本策略。因此，党媒的发声尤为重要，面对舆情对热点要做到该应尽应，及时回应社会关切。新时期的人民网评论在热点事件中积极发声，不断提升传播力和引导力。

2019年中美贸易战引发公众关切，除了新闻联播《国际锐评》栏目的短评外，各大党媒、党报纷纷发力，形成中美博弈的媒体矩阵。人民网评论涉及中美话题的文章共87篇，其发文趋势如下：2019年5月开始，中美贸易争端升级，引发国内的批评浪潮。6月，两国领导人通话同意重启磋商，7月磋商举行，10月再次牵头通话，这一阶段批评文章相应减少。针对该事件，相关文章用词较为缓和，诸如“令人遗憾”“蒙上阴影”。11月，随着美国涉港事件和“2019年维吾尔人权政策法案”愈演愈烈，对其批评开始增多，且用词较为强烈，指责美国言论“颠倒黑白”“混淆是非”“居心叵测”，所作所为“虚伪丑陋”“毫无底线”。2020年3月开始，国内围绕着美国对新冠肺炎的污名化事件进行了批评，连用“甩锅”“碰瓷”等戏谑和讽刺词语。此变化表明，新时期的人民网作为党媒积极回应社会舆论，代表国家立场、人民立场的发声和表态在

一定程度上把握了发声的话语权，在官方舆论场和民间舆论场都产生了重要影响。

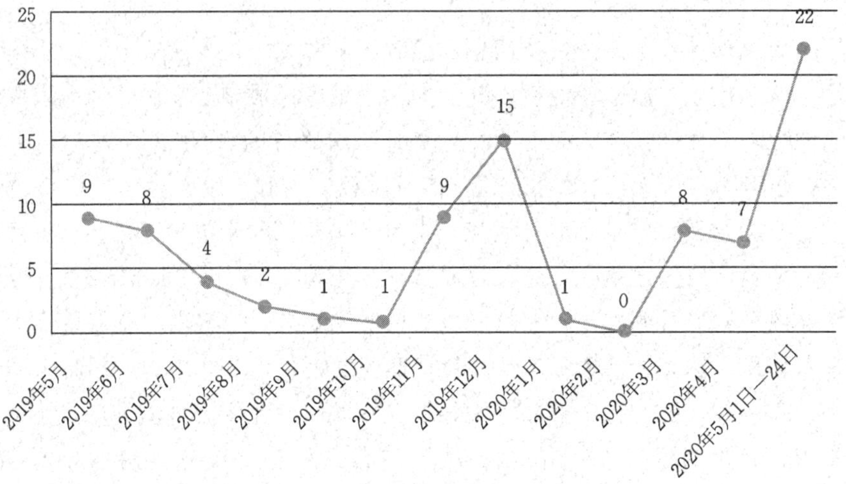

图2 中美话题发文变化趋势图

二、评论话语“下沉”接地气

政治话语与党风、文风关系密切，文风是整个政治生态、社会风气的反映。十八大以来，通俗易懂、平易近人的独特的“习式语言”风格成了一种巨大的助推力。新时期“反对‘长、空、假’的恶劣文风，弘扬‘短、实、新’的清新文风”[10]。因此，党媒“下沉”是新时期政治话语风格转变的一个反映，在新闻话语上突出表现为亲近型话语的不断增多。与此同时，互联网生态中出现了新的特点，“网民结构的最大变化是中间阶层取代‘三低’(低学历、低年龄、低收入)成为网络主力军。中间阶层从网络上‘沉默的少数’变成‘积极发声的多数’，从后台走向前台，成为网络主导性力量”[11]，传播渠道和受众的变化使得政治话语和新闻话语、网络话语相互交织、相互影响，新时期的党媒话语因此呈现出新的样貌。

（一）口语化表达喜闻乐见

话语体系的重大变革是近年来官媒新闻改革的重点，主流媒体有意识地接纳群众性的话语方式，这一显著变化的直接表现是口语化表达的不断增多。评论不同于新闻报道，在忠于事实描述的基础上可议论亦可抒情。口语化表达打破官方话语和民间话语的隔阂，契合当下碎片化阅读的用户心理，进一步拉近与读者之间的距离。人民网观点频道的文本口语化风格明显，见表2。

表2 人民网评论文本常用口语

语素/词/短语	频次	用例
心痒痒	1	不少游客感叹没来之前心痒痒来了以后没啥感觉。

续表

语素/词/短语	频次	用例
爹妈	3	孩子都是父母的心头肉，孩子被拐，对父母犹如灭顶之灾。有的父母从此踏上几十年的漫漫寻子路，有的爹妈因此抑郁成疾甚至英年早逝，更有一些家庭分崩离析。
不要以为	7	不要以为被拉黑没啥大不了。
好商量	10	有事好商量，众人的事情由众人商量，充分发扬民主、集思广益，有利于统一思想、凝聚共识。
打铁还需自身硬	13	5 年前刚刚就任中共中央总书记习近平的一句“打铁还需自身硬”让无数人印象深刻。
撸起袖子加油干	24	撸起袖子加油干才能汇聚同心共筑中国梦的磅礴力量。
咋	58	咋算、咋会、咋样、咋去、咋办
啥	76	啥的、凭啥、有啥买啥、啥也不干、为啥、忙啥

表 2 中的评论具有简约化、朴素化、口语化的语言风格，相较过去严肃、刻板、晦涩的政治话语更加贴近人民群众的日常口语生活，是政治话语风格的一种转变，是新时代政治话语体系重构的一种体现。作为评论型的观点文章，相比于新闻报道本身更有发挥的余地，它们可以用更通俗的语言表达诉求，对于消弭社会舆论中的分歧，凝聚社会共识无疑发挥了重要作用。如《不做饱食终日、无所用心的懒官》一文：

> 无所用心，就是那种心不在焉、得过且过的精神状态。他们把反腐败当成不担当、不作为的借口，把“不贪不占，啥也不干”“宁愿不做事，只求不出事”当为官之道，一副不干事也不犯错其奈我何的样子。他们……在岗不在状态，调研不走心，不察实情、不解难题，心中无数、脑中无事、眼里无活、手里无牌、落实无果……一心想着“软着陆”。[12]

将懒政官员的形象刻画得栩栩如生，“不贪不占，啥也不干”“在岗不在状态，调研不走心，不察实情、不解难题……”以略带情绪化的吐槽表达，隐匿背后的官方话语，彰显民间话语权。这一评论在新时代继续推进党员作风建设常态化具有重要意义。表达方式的转变表明，话语传播从“单向灌输”向“双向对话”转变，这既是新媒体传播环境的必然要求，也是新时期服务型政府发展的内在要求，在舆论多元化中有利于形成信息传播主体和公众的认同与共识[13]。

（二）新媒体语言针砭时弊

随着网络的更新换代，“中间群体”成为网民中的主要组成部分，是以 25－50 岁为主的“对其劳动、工作对象拥有一定的支配权；具有公民、公德意识及相应修养的社会地位分层群体”[14]，他们也是传媒业中的黄金群体。传播受众的年轻化使得党媒话语逐渐“年轻化”。与此同时，传播环境的变化使得新媒体语言无处不在，传统的人民网PC平台具有和微信、微博等微媒体平台信息共享的功能，为满足受众对信息的需求和传播平台的要求，传统的党媒不得不适应这种变化。网络流行语作为一种网络亚文化，常带有自嘲和戏谑的特点，在网络语域中特别适用于批评，情感色彩上偏中性，表达网民对某些事件的不满情绪。表3为人民网评论文章中的网络流行语用例：

表3 常用网络流行语言

语素/词/短语	频次	用例
贵圈	1	贵圈乱，网络主播年龄别“没底线”
C位	2	2018年以来凭借消防硬科普C位出道的@中国消防通过热点事件加戏早已不止一次
心里没数吗	3	六问美国政客自己干了啥心里没数吗
呵呵	3	美国这些人啊，机关算尽太聪明，到最后还是不了解中国人民！呵呵！
坑爹	4	电子产品过保维修坑爹谁来管？
开挂	4	神童被鹰爸开挂你能淡定吗？
拉黑	7	对主播而言，不要以为被拉黑没啥大不了反正能捞一票，必须指出，如果情节严重触犯刑法。
PS	9	PS艳照敲诈干部得逞纪检咋看？
僵尸	11	僵尸官网、僵尸用户、僵尸企业
翻车	12	网红带货频翻车自罚三杯不够
宅	56	宅读、宅经济、宅男宅女
带货	72	电商扶贫不只是带货更是带路
甩锅	94	一段时间以来，美国一些政客为推卸自己在新冠肺炎疫情中救治不力的责任，甩锅中国，极尽污名化之能事。
点赞	121	对富豪陈生的善举，我们必须点赞，人家是拿出真金白银为乡亲做好事，没有任何证据表明其有私心。

表3中的网络词汇大部分具有戏谑化表达的特点，契合微博等社交媒体的表达，并且传播度和知晓度高，易于理解，增强了阅读的趣味性。戏谑式表达的显性特征突出表现为口语化词汇的选择，其隐性特征主要表现为建立新的话语传播秩序和话语意义。官方话语和民间话语的有效衔接适应了网络新媒体传播的特点，破除了传统的先在性框架，网络流行语进入主流话语体系，说明官方话语和民间话语正在加速融合[15]，扩大了官方与受众对话的空间，并消解了对抗性话语的生成。

政治话语的变化是政治风气改变的反映，直接影响到人民群众和国际社会对国家政策、立场的把握，亲近型的话语体系有助于增强官方的对话性，增加上下共识，提升新时代舆论引导力。因此，提升语言表达能力，多恰当地使用一些贴近人心的“暖语”关切百姓，也要能用“冷语”直面社会问题。

三、网络议程设置凸显舆论引导力

网络议程设置是大众传播理论中的重要假设，其主要观点是：大众传播具有一种为公众设置“议事日程”的功能，传媒的信息报道和信息传达活动以赋予各种议题不同程度的显著性方式，影响着人们对周围世界的“大事”及其重要性的判断[16]。人民网作为主流的官方网站，在议程设置上具有权威、先天的优势，但随着微博、微信等平台的崛起，网站的议程设置能力有所减弱，尽管如此人民网在党媒当中仍具有较大影响力。有学者认为，人民网和新华网两大官方主流新闻网站与论坛网民议程设置之间具有较强的相关性，官方网站对主流受众的影响较高[17]。一般情况下，因传播平台不同，同一主体的议程设置效果也有所差异，因此本文选取人民网同一文本内容在不同媒体平台的数据进行统计，考察不同平台的议程设置能力。由于“三微一端”(微博、微信、微视频)中的微信粉丝数据不能由账号主体之外的个人获取，另外短视频平台上人民网评论文章暂未发布，本文对此不做选择。“三微”选取微博作为代表，“一端”则选择今日头条客户端。

基于 SPSS 26.0，本文将媒体平台(微博、今日头条客户端)作为分类变量，将评论和点赞量合并作为“受众影响分数”，得分越高，说明议程设置效果越好。在“人民网”微博截取 2019—2020 年 5 月 24 日的博文并筛除与“人民网评”无关的内容，将数据导入 Excel(2016)后自动编号并利用在线随机数生成器抽取出 50 个数据的博文，随后在今日头条客户端上获取相应文章的评论数和点赞数。由于两个平台的粉丝基数不同，会影响到连续变量，因此本文在点赞和评论数据上做百分比处理，如人民网在今日头条的粉丝数为 1096 万，某一文章评论数为 1872 条，点赞数 1558，录入数据时作处理成评论数(1872/10960000≈0.000170803 小数点后保留 9 位)。以上数据于 2020 年 6 月 19 日获取。

由于“受众影响分数”不符合正态分布，两平台的数据分布基本一致，对于非正态分布数据描述其集中趋势最好的指标是中位数，因此本文进行非参数性的独立样本检验 Mann-Whitney U 检验，Mann-Whitney U 检验假设自变量中两组样本的分布一致。

集中趋势度量显示，微博受众影响分数的中位数为 0.00001417，今日头条为 0.000006706，微博平台受众影响明显高于今日头条。但根据 Mann-Whitney U 检验的结果显示，微博和今日头条的受众影响分数差异无统计学上的意义($U=1042$，$p=0.152>0.05$)。该结果可以从一个方面说明，类似今日头条的推荐类引擎产品在扩大议题影响力上同样有自己独特的优势，尽管粉丝基数没有微博平台的多，但可以借助热搜、推荐和不同平台的转发功能提升自身的影响力。

人民日报也有相应的评论板块且影响力较大，因此为进一步说明人民网评论的影响力，本文考察同一微博平台“人民日报”和“人民网”两个账号在评论文章上的议题设置能力，评估方法和上文相同。语料收集范围为2019年1月1日至2020年5月24日，利用随机数表抽取两个账号各30条数据，其中受众影响分数在评论和点赞的基础上加上转发数，仍然使用Mann-Whitney U检验并且使用中位数描述其集中趋势。

通过统计可知，人民网的中位数为0.00000954855，人民日报的中位数为0.000107，在95%的置信度下p值小于0.001，不能拒绝原假设，二者具有统计学上的显著差异。对比人民日报评论，人民网评在议题设置能力上明显弱于人民日报，这不仅受到账号主体的媒体影响力影响，也和各自的发文频率等因素有关。然而该结果也说明，在党政融媒体矩阵的建设中，各评论媒体在议题设置上存在同质现象，例如出现对同一话题同一角度的评论，媒体角色配置不甚合理，信息资源不能得到较好的优化整合。

四、评论话语的优化策略

人民网观点频道的话语风格呈现出新时代的新气象和新风气，亲近型的话语靠近人民大众，吸引年轻受众，在议题设置和传播上取得了良好的效果。然而也不难看出，作为传统PC端平台的党媒，相比于人民日报多维度的发展，人民网评论频道有待进一步优化。

（一）坚持以人民为中心的内容导向，点评万象民生

党媒要彰显自身强大的舆论引导力必须坚持“内容为王”，转变话语风格是一个有效途径。内容上的深度挖掘要体现在评论话题的选择上，虽然社会民生类的话题比重有所上升，但人民网评论对其中的一些社会热点反应迟缓，往往在热点已经发酵，社会舆论影响较大时才发声。如2020年3月，在互联网上发酵的AO3事件引发全网、多媒体关注，在传播过程中形成突发性群体事件，事件发酵后几天内，仅检察日报、人民日报、解放日报发声评论，在网上收获网友点赞。因此，面对类似社会热点事件，人民网应主动发声，彰显党媒对舆论的引导力。第二，政治话题评论的语言仍有下沉空间。政治评论文章在阐述党的思想路线、方针、政策，解决现实矛盾，褒贬典型事件的重要性可见一斑。尽管政治性话题的评论要求严谨、严肃，但评论不同于一般新闻报道陈述事实，表达观点、令人信服是其主要功能，因此用更易于理解和接受的表达方式才有利于传播观点，引导舆论。如《人民网评：坚持人民当家作主的最生动写照》一文点评全国两会，语言上偏于议论文的风格，文章连用两段排比“这是……生动见证……有力注解”突出我国民主政治的优势，几次引用习近平总书记的话语进行解释，增加了语势的同时也增添了理解的难度。

（二）整合多方资源，注重“多媒体”融合

融媒体重点在于“融”。一是技术上的融合。融合图文、音频、视频等形式，打造沉浸式的体验。人民网观点频道“人民网三评”栏目在独立板块设计上根据评论内容搭配以相应的图片背景，视觉上大气、醒目，“人民视评”和“漫评”栏目则是用一分钟左右的音频、视频、漫画形式作出点评。这些图文、音视频元素大大丰富了网站的页面

效果，吸引读者眼球。除这几大栏目外，“观点 1＋1”栏目为专人专栏写作，页面以作者漫画像和红色说明排版，具有独特性。其他栏目在网站排版上大部分以纯文字为主，简洁干净，符合网站排版设计的一般要求，但插入适当的图片或视频元素未尝不可。例如其他一些新闻媒体对人民网“×问美国政客”系列评论文章转载时进行再编码，文字之外加入了美国政客的表情包，讽刺意味跃于纸上。此外，技术的融合还指技术接入，“包括基于云计算的基础平台和连接各种应用平台与基于用户需求的内容生产和分布，如数字技术、推荐算法等”[18]。融媒体环境下，网络舆情的引导至关重要，单纯依靠人工挖掘热点的方式成本较高。因此，借助舆情分析工具实现对热点、重点事件的抓取和分析，具有专业性和科学性，能进一步提升议程设置的能力，如新华社、中国青年报等主流媒体的运营以清博新媒体指数为评价标准，在数据挖掘和呈现上有较大的优势。二是资源上的融合。目前人民网已形成了以 PC 端为主，融合微博、微信等社交媒体，百家号、今日头条等自媒体的产品群，但各平台在信息资源上没有得到较好的整合。PC 端的一大优势是信息的整合能力较强，能够负载类型更加丰富多元的信息，因此应发挥传统优势，将其他平台优质的评论文章纳入网站中。微博、微信等社交媒体平台的特点要求评论要短而新，因此在发布内容和更新速度上要比 PC 端要求更加严格。

（三）丰富写作群体，表达多元观点

调查发现，人民网供稿资源较为单一，应优化资源配置，注重多元参与。根据所选语料统计，排除“本报评论部”栏目等专业团队写作与“社论”等不便署名的文章外，人民网评论文章供稿数量第一的作者为蒋萌，作为人民网评的专栏评论员，蒋文往往短而精，深受读者喜爱，其他如李斌、沈慎、任平、石羚、秦川都是其他业内享有一定声誉的评论员和资深编辑。尽管专业的写作团队能够保证评论的质量，但在价值多元的媒体时代，单一的写作群体往往不能满足多元化的诉求，互联网上同时出现了一些专业领域的专家评论和草根评论，观点表达的主体越来越多元。群体化写作已经成为社会化网络时代的主要方式，它可以充分采纳网民的观点意见，并且能够保持对热点的敏感度[19]。因此，既要提高评论文章的质量又要回应不同的观点诉求，就要扩大评论写作群体的来源，邀请更多专业评论领域的专人加入其中，吸纳优秀的青年群体进入评论队伍，注重培养中青年评论家中的领军人物，他们不仅可以增加新生力量，而且其深厚的理论功底和话语表达的新锐性，与年轻群体的对话会更直接。

结语

进入新时期，一元传播格局被通信技术的变革彻底颠覆，受众的信息接受方式多元。党媒的话语权被稀释，影响力弱化。但无论媒体形态怎么变革，传播形式怎么变化，技术变革和受众接受方式的改变始终是外在条件，最终起决定作用的还是内因。陈旧的话语体系才是党媒面对新媒体相对式微的根本原因，“有‘言值’的话语表达始终是核心竞争力”[20]。只有构建符合新时代的话语体系，才能在价值多元的社会背景下和纷繁复杂的传媒生态中使党媒不断创新话语表达。党媒评论要善于融通话语，将政治话语、学术话语、大众话语、网络话语等四种话语体系深度融合，坚守政治话语所具有的方向性、凝练学术话语所具有的科学性、放大大众话语所具有的传播性、借力网络话语所具有的兼容性，“以话语体系的创新转化铸就党媒评论的话语传播力、话语穿透力、话语生命力”[21]。

＊本文系国家社科基金项目“基于大数据的网络空间语言生活治理与语言文明建设研究”(20BYY059)的阶段性成果。

注释：

[1] 共产党员网：《习近平在党的新闻舆论工作座谈会上强调 坚持正确方向创新方法手段 提高新闻舆论传播力引导力》。[2016年2月19日] http://news.12371.cn/2016/02/19/ARTI1455884864721881.shtml。

[2] 董天策、梁辰曦、夏侯命波：《试论〈人民日报〉官方微博新闻评论的话语方式》，《国际新闻界》2013年第9期，第81～91页。

[3] 强月新、梁湘毅：《短视频新闻评论话语方式的四种转向——以央视〈主播说联播〉为个案分析》，《现代传播(中国传媒大学学报)》2021年第4期，第61～67页。

[4] 王帅、杨轶博、金沛沛：《元话语视角下的新媒体评论特征研究——以“侠客岛”为例》，《语言文字应用》2021年第1期，第110～120页。

[5] 刘果、汪小伢：《标题特征对数字媒介内容传播效果的影响——基于新闻评论类微信公众号标题的实证研究》，《新闻与传播评论》2020年第6期，第29～39页。

[6] 陈刚、娄永力：《党的十九大以来社区红色宣传的话语体系与路径优化——以武汉市D社区为例》，《学习论坛》2020年第10期，第30～37页。

[7] 中华人民共和国国家质量监督检验检疫总局、中国国家标准化管理委员会：《中文新闻信息分类与代码(2013年修订)》。[2013年11月12日] http://openstd.samr.gov.cn/bzgk/gb/newGbInfo?hcno=F937434E3137093C6ECC33C2E498CCC3。

[8] 朱凤玖：《新媒体时代下网络新闻评论的特色分析——以“人民网评”为例》，《新闻世界》2014年第1期，第131～132页。

[9] 张树忠、黄继东：《信息检索与利用》，南京：东南大学出版社2012年，第264页。

[10] 中国共产党新闻网：《跟习近平总书记学文风》。[2015年12月31日]http://theory.people.com.cn/n1/2015/1231/c49150-27998751.html。

[11] 人民网：《党媒全媒体传播格局的最大变量与增量》。[2019年3月19日]http://media.people.com.cn/n1/2019/0319/c425665-30983824.html。

[12] 人民网：《不做饱食终日、无所用心的懒官》。[2019年7月16日]http://opinion.people.com.cn/n1/2019/0716/c1003-31235652.html。

[13] 费爱华：《新媒介背景下的政府舆论引导——基于政府再造的视角》，《现代传播(中国传媒大学学报)》2012年第1期，第62～65页。

[14] 学习月刊资料室：《谁是中间阶层?》，《学习月刊》2002年第4期，第23、15页。

[15] 吴琼：《创新主流意识形态传播的话语表达方式》，《求知》2017年第10期，第65页。

[16] 庆光：《传播学教程》，北京：中国人民大学出版社，2002年，第215页。

[17] 忠波、邓若伊：《网络议程设置的实证研究：以提升网络舆论引导力为视阈》，《新闻与传播研究》2011年第3期，第100～105、113页。

[18] 谭天:《融媒体建设,传统媒体转型的最后机会》,《媒体融合新观察》2019 年第 4 期,第 9～12 页。

[19] 钱增:《群体化写作:博弈新媒体的利器?》,《中国记者》2013 年第 12 期,第 100～101 页。

[20] 李扬:《构建"颜值"与"言值"兼融的话语表达》,《新闻战线》2020 年第 7 期,第 41～43 页。

[21] 李扬:《构建"颜值"与"言值"兼融的话语表达》,《新闻战线》2020 年第 7 期,第 41～43 页。

澳门中文与通用中文介词短语的差异

雷 曦

（南昌大学客赣方言与语言应用研究中心/南昌大学国际教育学院，江西南昌，330031）

内容摘要：澳门中文的介词短语与通用中文相比存在一些明显差异，这主要包括三个方面：(1)介词短语中介词的缺省。部分框式介词结构中的介词在澳门中文里易发生非常规缺省。(2)介词短语中宾语成分的变异。澳门中文里介词后面不仅可以带名词性成分，还可以带非名词性成分。(3)介词短语"在＋X＋方位词"的特殊性。在澳门中文的"在＋X＋方位词"中，介词"在"和方位词的非常规缺省现象很多，宾语成分X也产生了变异，X的范围与通用中文相比明显扩大。

关键词：澳门中文；介词短语；差异

引言

澳门中文(或称"澳式中文")是指流通于澳门特别行政区，独具澳门特色的中文书面语。由于澳门纷繁复杂的语言环境，澳门中文受到粤方言、闽方言、英语、葡萄牙语等的交互影响，呈现出许多与通用中文(即规范标准中文)不同的特点。

介词短语由两部分构成，前面是介词，后面是跟介词组合在一起的实词(或短语)[1]。例如：

(1) 图书馆凭证件借书。(介词与名词的组合)

(2) 这儿的工作环境比哪儿都强。(介词与代词的组合)

(3) 轮船过了北回归线后就一直朝东驶去。(介词与方位词的组合)

(4) 对于这个人的装疯卖傻，我们早就领教了。(介词与偏正短语的组合)

我们发现，与通用中文的介词短语相比，澳门中文介词短语的组合存在一些独特之处。

一、介词短语中介词的缺省

在通用中文里，介词的省略存在一定的制约条件，并非随心所欲，想省则省。张斌(2010)总结了介词省略的语义制约条件，包括三点[2]。

1. 受介词语义类别的制约

大多数表示比较、与事的介词一般都不能省略。例如：

(5) 弟弟比哥哥胖。

*弟弟哥哥胖。

(6) 我和他商量一件事。

*我他商量一件事。

2. 受介词虚实程度的制约

意义较实的，即有动词用法的介词，构成介词短语后，一般都不能省略。例如：

(7) 通过这一事实，大家都明白了其中的道理。

*这一事实，大家都明白了其中的道理。

(8) 按照他的说法，杯子是那只猫打碎的。

*他的说法，杯子是那只猫打碎的。

3. 受介词前后词语意义的制约

介词短语前面存在表示时间、肯定的词语充当状语时，介词一般都不能省略，例如：

(9) 已经从北京来了一位客人。

*已经北京来了一位客人。

(10) 不在树上挂灯笼。

*不树上挂灯笼。

与通用中文相比，澳门中文的介词短语显得更为自由，一些在通用中文里不允许省略的介词在澳门中文里却可以省略。

"对/对于/就……而言/来说"是一个相对固定的框式介词结构，表示"从某人、某事、某物的角度来看"，其中的介词"对/对于/就"在通用中文里一般是不能省略的。然而，在澳门中文里，介词"对/对于/就"却可以缺省，请看例句：

(11) 首先需要政府的有效领导和依法施政，澳门而言更体现为"行政主导"。(《澳门日报》2014 年 1 月 5 日)

(12) 但实际金额而言，政府公共开支已由二〇〇七年的一百四十七亿多元，暴增至二〇一二年的五百六十七亿多元，增幅三点八倍。(《澳门日报》2014 年 1 月 30 日)

又如"以……为"结构，"以"是介词，在通用中文里不能省略，但在澳门中文里却能够缺省，例如[3]：

(13) 南湾湖C、D区整体规划，必定(以)配合维护本澳世界文化遗产历史城区为前提，完全配合城规法每一项规定。(《澳门日报》2014年1月27日)

(14) 此外，旅游局和民署基本上都有分工，民署的旅游路线设计集中在公民教育，(以)让澳门市民更多地认识本地文化和历史为出发点；旅游局的旅游路线主要针对旅客，尽量避免重置。(《澳门日报》2014年2月23日)

(15) 邮政局明日发行(以)“澳门邮政一百三十周年”为题的新邮品，以志其重要历史里程碑。(《澳门日报》2014年2月28日)

框式介词结构“在/于……中”常在句子中充当状语，“在/于”在通用中文里一般不能省略，在澳门中文里却可以。请看语料：

(16) 若长期生活(在/于)空气污染环境中，会对心肺功能造成影响。(《澳门日报》2013年9月21日)

(17) 据报，在密西西比州，有四人(在/于)因使用加热器引起的火灾中丧生。(《澳门日报》2014年1月30日)

(18) 宁夏游客张小姐透露，已来澳三、四日，住宿(在/于)友人位于皇朝区的家中，在大厦里看到花车经过，于是落楼看汇演。觉得花车很漂亮及精彩，有机会再来观看。(《澳门日报》2014年2月3日)

我们知道，介词短语可以充当补语，形成“V＋介＋NP”的结构。在通用中文里，这类结构中的介词一般不能省略。只有少数例外，例如“把书放在地上”也可以说成“把书放地上”[4]。然而，在澳门中文里，这类介词缺省的现象却十分常见。例如：

(19) 在塔石体育馆展场内适切将两岸四地出版社或机构出版的新书摆放(在/于)相应书摊。(《澳门日报》2013年11月16日)

(20) 报考人数徘徊(在/于)九十至一百七十人不等。(《澳门日报》2014年2月23日)

(21) 占全澳固定空气污染源排放总量的六成，主要分布(在/于)路环和九澳。(《澳门日报》2014年2月25日)

(22) 特首由路环码头起步，行走(在/于)充满历史故事的船人街，途经龙舟博物馆、了解旅游活化项目。(《澳门日报》2014年2月27日)

除了上述例句中介词缺省的现象外，我们还在澳门中文里发现了其他介词的缺省，这些介词的缺省在通用中文里也是不被允许的。例如：

(23) 她相信，这是(与)随着龙年效应，大部分的“龙B”已经长大，需要进

食一岁以上的婴幼儿奶粉增多有关。(《澳门日报》2014 年 2 月 3 日)

(24) 因而不少业者纷纷抢购或抢租老旧旅馆，重新改造，诉求(以)优质、舒适、平价的全新旅店空间概念来抢客。(《澳门日报》2014 年 1 月 27 日)

(25) 只要让色彩规划融入文遗和城市规划中，既可强化自身的色彩品牌和色彩印象，又配合(把)澳门打造成世界旅游休闲中心的大方向。(《澳门日报》2014 年 1 月 27 日)

(26) 未来会继续秉承会务宗旨，一如既往关心和参与澳门社会事务，(为)促进两岸三地经济交流作出贡献。(《澳门日报》2014 年 2 月 25 日)

(27) 如果小业主决定修复善丰花园，将需要(对)整幢大厦作全面修复，并非单独修复爆裂的柱梁，以及在完成修复后作最后检测，需要具备安全居住条件后才能解封。(《澳门日报》2014 年 2 月 27 日)

二、介词短语中宾语成分的变异

在通用中文里，介词短语中介词后面带的宾语成分只能为名词性成分，不能为其他性质的成分。然而在澳门中文里，介词后面不仅仅可以带名词性成分，还可以带非名词性成分，也就是说，介词短语中宾语成分有所扩大。请看语料：

(28) 对于旅游局将研究家庭旅馆合法化，把唐楼等单幢楼宇改建成家庭旅馆，酒店旅业商会会长陈志杰认为家庭旅馆存在市场，预料房价每晚约四百至六百元之间，但随着澳门经济高速发展，房地产价格以倍数增长。(《澳门日报》2014 年 1 月 23 日)

(29) 他指善丰大厦本身具有一定稳固性，只是报告所指的四支梁柱二楼位置坚硬度不足，在建筑技术上是可以修复。但强调工作小组对善丰大厦是否重建或修复不发表任何意见，最终需要由小业主决定，如小业主决定重建，按原有图则更无须再审批，可以马上施工，重建费用以两年前估算约为一亿三千万至一亿四千万元。(《澳门日报》2014 年 4 月 11 日)

(30) 面对澳门未来用水增加，必须改变传统思维，提早做好规划。(《澳门日报》2014 年 2 月 7 日)

(31) 刘仕尧表示感到遗憾，认为是小业主坚持要求行政长官到善丰花园现场面谈，基于为免影响周边交通及居民，会面最终取消。(《澳门日报》2014 年 2 月 25 日)

(32) 就加强外交安全、科学与电子通讯领域合作、扩大双边投资，以及朝鲜半岛和东北亚局势等，深入交换意见。(《澳门日报》2014 年 1 月 10 日)

上述例句中，介词“对于”“对”“面对”“基于”“就”等后面带的都是非名词性成分。在通用中文里，遇到这种情况，句子则有成分残缺之嫌。若要使之合法，我们一般会在这些非名词性成分后面添加一个名词，使这些非名词性成分成为该名词的定语。至于添加什么样的名词，则需要根据上下文来决定。比如例(28)可以说成“对于旅游局将研究家庭旅馆合法化，把唐楼等单幢楼宇改建成家庭旅馆的事”；例(29)可以表述为“对善丰大厦是否重建或修复的问题”；例(30)可以说成“面对澳门未来用水增加的形势”；例(31)可以说成“基于为免影响周边交通及居民的原因”；例(32)可以表述为“就加强外交安全、科学与电资通讯领域合作、扩大双边投资等问题”。

在澳门中文里，介词后面除了可以带非名词性成分，造成介宾结构的宾语成分扩大之外，还存在另一种变异情况：介词后面所带的名词性成分不完整。请看例句：

(33) 吴奇隆昨日以神秘嘉宾出席记招，他表示于北京有电视剧制作公司，现时与 Paco 再合作开全新唱片公司。(《澳门日报》2014 年 1 月 27 日)

(34) 在经济发展、区域战略、基础设施建设、城乡居民生活水平等实现了新的跨越。(《澳门日报》2013 年 9 月 21 日)

(35) 双方同时签署更紧密合作协议，目前正就连接的方式、预留空间等协调，加速推进深化研究工作及具体设计工作，以便尽早确认具体连接方式及技术要求。(《澳门日报》2014 年 1 月 11 日)

(36) 其一要从政策、措施及资源，解决民间社服机构面对人资短缺、场地不足、租金昂贵等问题，在二〇一四年施政方针中应有体现。(《澳门日报》2013 年 11 月 8 日)

按照通用中文的一般语法规则，上述例句加横线部分的介词所带的名词性成分均不完整。在通用中文里，例(33)中的介词短语“以神秘嘉宾”应为“以神秘嘉宾的身份”；例(34)则可以说成“在经济发展、区域战略、基础设施建设、城乡居民生活水平等方面”；例(35)可以表述为“就连接的方式、预留空间等问题”；例(36)可以说成是“从政策、措施及资源方面”。

除了上述两种变异情况外，介词短语“在＋X＋方位词”中 X 代表的成分也发生了变异，我们将在下文中具体讨论。

三、介词短语“在＋X＋方位词”的特殊性

“在＋X＋方位词”在通用中文里是一个十分常见的框式介词短语。它可以用来表示时间或空间，例如“在下班后”“在黑板上”；也可以用来表示某种范围，例如“在这个问题上”；还可以提出某种前提，例如“在这种条件下”。澳门中文里也存在这一格式，只不过与通用中文有所不同。

（一）介词短语“在＋X＋方位词”中介词的缺省

在通用中文里，“在＋X＋方位词”中的介词“在”一般是不允许省略的。只有少数短语中可以省略，例如“在某种程度上”可以说成“某种程度上”。然而，我们却在澳门中文里发现了大量省略介词“在”的句子。请看语料：

(37) 展望新年，(在)欧美经济复兴站稳脚跟的有利环境下，外贸增速有望

超过一三年。(《澳门日报》2014 年 1 月 11 日)

(38)(在)上半场与主队拉成均势下，皇马凭柏比在五十五分钟顶入全场唯一入球，最终以一比〇险胜。(《澳门日报》2014 年 1 月 14 日)

(39) 直言政府(在)未有充分民意下，不论现时推出甚么规划，都不会符合社会的期望，亦不会合理。(《澳门日报》2014 年 1 月 18 日)

(40) 由于元宵节及情人节是同一天，(在)民众大肆燃放鞭炮下，北京十四日晚间空气陷入严重污染。(《澳门日报》2014 年 2 月 17 日)

(41)(在)强劲经济数据影响下，英镑兑美元汇价周三欧洲交易时段升至日内高点 1.6696 水平。(《澳门日报》2014 年 2 月 27 日)

(42) 国米及罗马去年夏天齐齐易帅，(在)两位新入主的教练调教下，罗马战斗力明显在对方之上，暂时领先国米十七分。(《澳门日报》2014 年 3 月 1 日)

上述例句中的“在＋X＋方位词”结构全部缺省了介词“在”。虽然介词“在”的语义有时候较虚，但这些例句中的介词“在”有很多在通用中文里一般都是不能省略的。

(二) 介词短语“在＋X＋方位词”中方位词的缺省

在保持语义基本不变的前提下，介词短语“在＋X＋方位词”中的方位词是可以不出现的。储泽祥(2004)讨论了“在＋NP＋方位词”中方位词的隐现机制[5]。他指出：格式“在＋NP＋方位词”里的方位词若要隐去，必须在句法上满足两个条件：一是“NP＋方位词”可以成立；二是“在＋NP”也可以成立。他进一步总结了满足这两个条件的 NP 类型，主要有四种：“X＋准方位标”式的名词(如“水面”“墙角”“船头”等)、某些“序数＋量词”式的数量短语(如“三栋”“第二行”“第四句”等)、多数“X＋命名标”式的命名性处所词(如“公园”“书院”“公司”等)和“X＋位置”处所词(如“领域”“场合”“边缘”等)。可见，介词短语“在＋X＋方位词”中方位词的省略是受到严格条件限制的。

然而，我们考察澳门中文发现，澳门中文里的“在＋X＋方位词”结构中的方位词常常缺省，而且这种缺省在通用中文里并不允许，是一种仿佛无理据可循的超常缺省。请看例句：

(43) 若再固守“自由市场经济”教条，只会令政府在房屋问题(上)进退失据。(《澳门日报》2014 年 1 月 3 日)

(44) 甲午马年将至，金丽华酒店特备一连串贺岁节目欢度新岁，精彩节目将在大年初一上午十一时的醒狮及武术表演(中)揭开序幕，财神爷更莅临各餐厅大派利市。(《澳门日报》2014 年 1 月 19 日)

(45) 在本地一些合作者及专业音乐家的支持(下)，献奏美妙音乐。(《澳门日报》2014 年 2 月 27 日)

(46) 三字头人生，在历经数载职场的洗礼(后)，已没有了二十岁的青涩。(《澳门日报》2014 年 2 月 25 日)

(47) 浸大体育系副教授雷雄德在节目(里/中)表示，“老板足球”不一定是负

面，只要球队班主与教练及球员好好配合，对球队能够有正面影响。（《澳门日报》2014年1月8日）

(48) 我眼前的蝴蝶兰也是一株闲花，我此刻也是陶醉在“闲花立胆瓶”的意境(里)。（凌棱《白色蝴蝶兰》选自《澳门女作家散文精选》）

上述例句中的“在＋X＋方位词”结构均缺省了方位词，如“上”“中”“下”“后”“里”等等。这种缺省并不满足通用中文里“在＋X＋方位词”结构中方位词省略的条件，使得句子看上去“成分残缺”。澳门中文里的这种现象很可能是受到了英语的影响。我们都知道，英语中表达类似意义可单用“介词(前置词)＋名词短语”来表示，不需要再在名词短语之后添加方位词，比如“on the desk”“from the book”“to my heart”“between the two people”。若翻译成通用中文则必须用“介词(前置词)＋名词(短语)＋方位词(后置词)”的格式来表示，如“在桌子上”“从书里”“到我心中”“在两人之间”，不可以省略方位词。换句话说，在这些例子中，汉语方位词的出现是强制性的。

与通用中文相比，澳门中文里还有一类“在＋X＋方位词”结构也缺省了必需的方位词，并且，其中的X“成分残缺”。请看语料：

(49) 在公屋供应缺乏长远规划和实际时间表(的情况下)，促请政府多管齐下，公、私房屋结合，再次“出招”调控私人楼市。（《澳门日报》2014年1月3日）

(50) 叶扩林强调，过去收到个案，会在力所能及(的范围里)处理，且有不少成功个案。（《澳门日报》2014年2月11日）

(51) 如在现时私人市场极为不健康、私人楼宇供应不足，以及不影响公屋发展(的前提下)，五年内每年至少推出不同户型的“澳人澳地”私人楼宇单位数字，挽回居民对政府房屋政策的信心，逐步解决居住问题。（《澳门日报》2014年2月25日）

由此可见，在通用中文里，能够进入框式介词结构“在＋X＋方位词”中的X是有一定条件限制的。X一般为处所名词或名词性短语，表示处所、条件、范围或过程。上述例句中的X之所以显得“成分残缺”，就是因为进入这一框式介词结构的X没有满足通用中文里的条件要求。例(49)中“公屋供应缺乏长远规划和实际时间表”是个小句，必须添加名词“情况”，将这个小句变成名词“情况”的定语，X才能满足通用中文的条件要求。又如例(50)中的“力所能及”是个成语，也需要添加名词“范围”作中心语，使之成为“范围”的定语，才能让X满足通用中文的条件要求，才能进入这个框式介词结构。

虽然与通用中文相比，澳门中文部分句子中“在＋X＋方位词”结构的X显得“成分残缺”，但换个角度来看，事实上这也是一种变异。说明在澳门中文里，允许进入“在＋X＋方位词”格式的X范围扩大了，不仅仅局限于通用中文对X的条件要求。

（三）介词短语“在＋X＋下”中“X”的变异

我们在前文中讨论了框式介词结构“在＋X＋方位词”中方位词缺省的前提下，X也发生变异的情况。在本小节中我们将承接上文，继续讨论介词短语“在＋X＋下”中X的变异状况。

在通用中文里，可以进入“在＋X＋下”格式的X一般有两类：第一类是处所名词，表示具体的方位。例如“在床下”“在书桌下”“在屋檐下”等。第二类是名词性短语，表示条件或范围。例如“在时机不成熟的情况下”“在恶劣的条件下”“在这种前提下”等。石定栩等(2006)曾详细探讨过第二类作为名词性短语的X[6]。他们发现当X是名词性短语时，“在＋X＋下”格式在使用上受到了诸多句法和语义方面的限制。

首先是句法要求。出现在“在＋X＋下”格式中的X必须是个偏正短语，不能是单个词，否则该格式不能成立。

其次是语义要求。进入该格式的X的中心语仅限于两类：一是少数抽象名词，如“情况”“情形”“条件”“原则”“制度”“前提”“氛围”等。这些名词可与前面的定语组成偏正短语进入“在＋X＋下”格式，如“在某种情形下”“在可能的条件下”“在资本主义的制度下”等。二是部分动词。这些动词必须是双音节及物动词，并且该动作的施事主体和受事主体之间在客观上存在着某种上下、主次的区别。如“请求”“催促”“领导”“统治”“培养”“保护”“支持”“安排”“照耀”等。当这些动词进入“在＋X＋下”格式后，其动词的功能也有所改变，变得像名词一样可以接受定语的修饰。如“在老师的培养下”“在上级的领导下”“在阳光的照耀下”等。

然而，在澳门中文里，我们发现进入“在＋X＋下”格式的X有所变异，它不再局限于上述所说的处所名词和名词性短语，范围有所扩大。请看例句：

(52) 亿万大军曼城四冠王过头关，与新特兰的联赛杯对决，在先失一球下，凭Y杜尼及拿斯尼下半场两分钟内的极速入球，最终反胜三比一，在温布莱球场捧起今季第一项锦标，相隔卅八年后赢得球会史上第三只联赛杯冠军，续向联赛、欧冠杯及足总杯的四冠路迈进。(《澳门日报》2014年3月3日)

(53) 作为女A手球赛的大热，化地玛在首战没让观众失望，在何嘉怡攻入九球及刘翠明三球下，以十六比二大胜全队九成新的凼坊。(《澳门日报》2014年1月6日)

(54) 盘活营商环境，带旺社区旅游，故在充分考虑各方因素，并以法律规范经营活动下，旧城区唐楼等单幢楼宇改成家庭旅馆，会是新出路。(《澳门日报》2014年1月23日)

(55)里昂终在一额汗下通过了考验。(《澳门日报》2014年2月7日)

例(52)中的“先失一球”为动宾短语；例(53)中的“何嘉怡攻入九球及刘翠明三球”是两小句构成的联合结构；例(54)中的“充分考虑各方因素，并以法律规范经营活动”是个句子；例(55)中的“一额汗”虽然是个偏正短语，但“汗”并非抽象名词。因此，按照通用中文的语法规则，这些成分都不能充当X用于“在＋X＋下”格式中。根据通用中文的语法规则，上述例句需要进行适当调整才能合法。例(52)可以说成“在先失一球的情况下”；例(53)可以说成“在何嘉怡攻入九球及刘翠明三球的形势下”；例(54)可以说成“在充分考虑各方因素，并以法律规范经营活动的前提下”；例(55)可以说成“在一额汗的情况下”。

可见，在澳门中文的“在＋X＋下”格式中，X的范围明显扩大，该格式在澳门中文里明显被泛用了。我们认为这背后的原因也许跟语言的经济性原则有关，该格式泛用可以使语言更加简约，方便表述者用更简单的语言形式来传情达意。

结论

本文在大量语言事实的基础上，考察了澳门中文与通用中文介词短语的差异，这些差异主要体现在三方面：(1)介词短语中介词的缺省。部分框式介词结构中的介词常常在澳门中文里发生非常规缺省，例如“对/对于/就……而言/来说”中的介词“对/对于/就”“以……为”中的介词“以”“在/于……中”的介词“在/于”等等。(2)介词短语中宾语成分的变异。澳门中文里介词后面不仅仅可以带名词性成分，还可以带非名词性成分，也就是说，介词短语中宾语成分的范围有所扩大。(3)介词短语“在＋X＋方位词”的特殊性。在澳门中文的“在＋X＋方位词”中，介词“在”缺省现象非常多，其中有些缺省是通用中文所不允许的；受英语的影响，“在＋X＋方位词”结构中方位词常常发生非常规缺省。此外，这一结构中宾语成分X也产生了变异，X的范围与通用中文相比明显扩大。“在＋X＋下”格式在澳门中文里得到了明显泛用，其泛用原因可能与语言的经济性原则有关。

* 本文系江西省高校人文社会科学重点研究基地项目“澳门中文与通用中文的语法差异性研究”(JD22079)的阶段性成果。

注释：

[1] 张斌:《现代汉语描写语法》,北京:商务印书馆,2010年,第343页。

[2] 张斌:《现代汉语描写语法》,北京:商务印书馆,2010年,第345～346页。

[3] 本文澳门中文语料中加“( )”的内容均为笔者按通用中文介词短语的一般规律所添。

[4] 石定栩、邵敬敏、朱志瑜:《港式中文与标准中文的比较》,香港:香港教育图书公司,2006年,第243页。

[5] 储泽祥:《汉语“在＋方位短语”里方位词的隐现机制》,《中国语文》2004年第2期,第112～122页。

[6] 石定栩、邵敬敏、朱志瑜:《港式中文与标准中文的比较》,香港:香港教育图书公司,2006年,第346～348页。

汉语说明语篇中的主位与主位推进模式考察

郭海瑞

（华中师范大学文学院，湖北武汉，430079）

内容提要：主位结构与篇章的信息结构和交际意图密切相关。篇章的主位推进直接体现篇章的话题演变，也直接影响篇章的衔接与连贯。主位推进受制于语篇类型，是衡量语篇属性的重要指标之一。一般来说，同一体裁类型的语篇在主位结构和主位推进模式的使用上通常呈现出“家族相似性”，而不同体裁的语篇对主位推进模式则有不同的选择倾向。本文以系统功能语法的主位推进理论为基础，采用定量统计和定性分析相结合的方法，归纳汉语说明语篇中的主位及主位推进类型，考察不同类型主位及主位推进模式在语篇中的分布情况，并据此分析汉语说明语篇中主位结构及主位推进模式的使用特征，进而探讨主位推进模式与篇章类型的关系。

关键词：汉语说明语篇；主位类型；主位推进模式

引言

主位和述位是篇章分析的两个重要概念。最早提出主位和述位概念的是布拉格学派创始人 Mathesius[1]。他曾从“功能语句观”的角度出发提出了主位、述位信息理论，用以描述句子所传递的信息结构。他认为，主位是指在既定语境中已知或至少是明显的信息，是说话人信息的出发点；述位是话语的核心，是说话人对主位的阐发。后来，Firbas[2] 又从“交际动力”的角度出发对主位和述位概念做了进一步阐释。他指出，主位是已知信息，所承载的交际动力通常较低；述位是新信息，所承载的交际动力通常较高。以 Halliday[3] 为代表的系统功能语言学派认为布拉格学派对主位的界定有些含混，故区分了主位研究的两个层次，即句法层次上的主述位结构和语音层次上的信息结构。根据 Halliday[4]，主位是小句结构中将小句组织成一个信息结构的成分，是信息结构的出发点。从形式上看，主位是占据小句最左位置的成分。张伯江、方梅[5] 曾以北京话为研究对象，将主位结构划分为话题主位、人际主位和篇章主位，并从功能角度出发对北京话口语的主位结构进行了分析。郑贵友[6] 在论述汉语句子的实义切分时则提出：“主位是句子开始的成分，是表述的主题或者表述的起点、基础；而述位则是对于主位的描写或者说明。”

有关主位推进模式，许多语言学家对此有过总结。如 Van Dijk[7] 提出了两种典型的主位推进模式，即链式模式和平行模式；Danes[8]提出了五种常见的主位推进模式，分别为连续性主位发展型、派生主位发展型、简单线性主位发展型、跳跃主位发展型以及分裂述位发展型；朱永生、严世清[9]总结了四种主位推进模式，分别为主位同一型、述位同一型、延续型和交叉型；黄衍[10]归纳了七种模式：交叉型、并列型、平行型、延续型、集中型、派生型和跳跃型；胡壮麟[11]总结了四种模式，分别为放射型、聚合型、阶梯型以及交叉型。

主位推进模式不仅可以用于单个语篇的分析，还可用于同一体裁语篇的分析和不同体裁语篇的对比分析。有关同一体裁语篇的主位推进模式研究，较具代表性的如：史金生[12]以法律法规语篇为语料，考察了规定性语体中的主位推进类型；曹进[13]分析了新闻语篇中的主位选择特征和主位推进模式。而有关不同体裁语篇主位推进模式的对比研究，较具代表性的如：Francis[14]对英文报纸上的新闻报道、社论和读者信件进行了比较研究，发现TP模式的使用与语篇体裁密切相关；Nwogu & Bloor[15]曾对比分析了科技语篇和医药语篇的主位推进模式，发现简单线型主位推进模式和主位重复型推进模式被频繁运用到两种文体中，而派生型主位推进模式仅出现在科技语篇中。

目前国内学界有关汉语说明语篇的研究，主要集中在探讨其时间性质、句法配置、复句运用特点和回指使用特性等方面，而对说明语篇中的主位特征和主位推进模式关注较少。例如，刘林、陈振宇[16]对比分析了操作语体、说明语体和叙事语体的时间性质。陈禹[17]论证了说明语体中事件相对于其他语体在句法结构上的区别性特征；刘云、李晋霞[18]从篇章语法出发，探讨了说明语篇的篇章结构与语篇类型对复句使用的影响；刘云、郭海瑞[19]以说明语篇中与说明对象相关的回指形式为研究对象，考察了各种不同类型回指形式在说明语篇中的篇章分布情况，并归纳了说明语篇中有关说明对象的回指类型。

因此，本文以系统功能语法的主位推进理论为基础，归纳汉语说明语篇中的主位及主位推进类型，分析其主位推进模式的特点，并在此基础上进一步探讨主位推进模式与篇章类型的关系。说明语篇篇幅有长有短，内容复杂度有高有低，从语篇分析的可操作性出发，本文所选取的说明语篇以初中水平为准，主要来自中学语文教材和相当于中学水平的说明文阅读书籍。包括事物说明文和事理说明文两类，每类各9篇，共计27913个字。其中，事理说明文以抽象事理为说明对象，事物说明文则以客观事物为说明对象，根据说明方式的不同，又分为三类：空间顺序事物说明文、时间顺序事物说明文和逻辑顺序事物说明文。

本文在进行语料处理时遵循郑贵友[20]提出的主位结构分析三原则，即篇章学原则、小句对象原则和层级性原则。篇章学原则，即分析主述位结构时不能脱离特定的语境。小句对象原则，即主要以小句为对象进行主位和述位结构分析。这里的小句是指“最小的具有表述性和独立性的语法单位”[21]，且每一个小句都是带有特定语气的三位一体的语言实体。层级性原则，即从整体到局部，从较高层次到较低层次逐步展开分析，重视篇章上下层次、整体和局部的联系。

一、汉语说明语篇的主位类型及分布特征

主位是信息的起点，也是小句关涉的对象。Halliday[22]根据语言的三大元功能，将主位类型划分为三种，分别是概念主位、人际主位和语篇主位。概念主位又称话题主位或主题主位，是指那些在句子的及物性结构中担任角色的成分，且与篇章传达的信息及篇章的话题有关，通常由名词或名词性词组、动词词组或者介词短语构成；人际主位一般传达的是篇章生产者对相关信息的情感、评价、态度、能愿或者语气等与话语交际相关的主观性成分；语篇主位发挥谋篇功能，把小句和篇章的其他成分连接起来，主要是指表示起承转合关系的连接词、表示时间或地点的词语、词组或小句等。有关主位的分类方式，Halliday[23]认为，根据主位结构本身的复杂程度，可将其分为单项主位、复项主位和句项主位；而根据句子的主位是否与句子的主语重合，即根据主位的位置，可将主位分为无标记主位和有标记主位。

（一）单项主位和复项主位

Halliday所说的句项主位，通常只包含概念成分，因而本质上也是单项主位。因此，本文在这里只把主位分为单项主位和复项主位两种。

1. 单项主位

所谓单项主位，是指句子中的主位成分只体现一种元功能。通常只包含概念成分，而不包含人际成分和语篇成分。单项主位没有内部结构，不可以进一步分析。例如：

（1）凡尔赛宫宏伟、壮观，它的内部陈设和装潢富于艺术魅力。（吉祖英《凡尔赛宫》）

（2）人类语言采用声音作为手段，而不采用手势或图画，也不是偶然。（吕叔湘《人类的语言》）

例(1)出自《凡尔赛宫》一文，该文属于空间顺序事物说明文，以“凡尔赛宫”为说明对象；例(1)中画线部分的“凡尔赛宫”在小句中充当主位，由概念成分构成，是单项主位。例(2)出自《人类的语言》一文，该文是事理说明文，以“人类的语言”为说明对象；例(2)中画线部分的“人类语言”在小句中充当主位，且其只包含概念成分，同样属于单项主位。

2. 复项主位

复项主位是由多种语义成分构成的主位。它总是含有一个表示概念意义的成分，另外还可能含有表示语篇意义和人际意义的成分。胡壮麟[24]指出，当这三种成分同时出现在同一个主位中时，它们的排序通常是语篇成分先于人际成分，人际成分先于概念成分。如下例句所示：

（3）欧洲文艺复兴时期，意大利人发明了笔。（王涛《笔》）

（4）然而，令人惊叹的是，人们在这无鱼无草的海水里，竟能自由游弋。（周而复《死海不死》）

例句(3)出自《笔》一文，该文属于时间顺序事物说明文，以“笔”为说明对象。例句(3)中画线部分的“欧洲文艺复兴时期”是表示时间的连接成分，属于语篇主位；而“意大利人”一词则与该句的话题有关，属于概念成分。因而，例句(3)是典型的包含概念成分和语篇成分的复项主位；例句(4)出自《死海不死》一文，该文属于事理说明文，以“死海不死”这一事理为说明对象。例句(4)中画线部分的“然而”一词是表示转折关系的连接词，属于语篇成分；“令人惊叹的是”是表示作者语气和态度的主观性成分，属于人际主位；而“人们”一词则与该句的话题有关，是概念成分。因而，例(4)是典型的包含三种成分的复项主位。

在本文所选的汉语说明语篇语料中，共有1762个小句。在这些小句中，共有2439个主位成分。其中，概念主位的出现频次相对最多，共计1652个，占比高达67.73％；其次为语篇主位，共计677个，占比27.76％；而人际主位的出现频次则相对最少，共计110个，占比仅为4.51％。可见，就本文所考察的样本而言，汉语说明语篇在三种不同小类主位的使用上具有较大的不均衡性，即整体呈现出“概念主位＞语篇主位＞人际主位”的倾向规律。由此可以看出，相比于人际意义的表达，汉语说明语篇更加注重语篇概念意义的表述以及篇章内部逻辑关系的构建，这可能与说明语篇自身对语言表述的客观性、逻辑性与严谨性等语体特点和篇章要求有关。概念主位与篇章主题有关，其使用正好符合说明语篇以说明对象为中心展开说明的篇章要求，因此，其使用频次相对最多；语篇主位的使用能在一定程度上增强语篇叙述的逻辑性和条理性，因而，它也常在说明语篇中大量出现。而人际主位由于传达的多是篇章生产者对相关信息的情感、态度和评价等主观性成分，其大量使用会在一定程度上降低语篇叙述的客观性、严谨性和精确性。因而，人际主位在汉语说明语篇中的出现频次相对较少。

而就单项主位和复项主位的使用而言，在本文所考察的样本中，汉语说明语篇在主位的使用上整体呈现出单项主位多于复项主位的倾向。具体来说，单项主位共计1129个，占比高达64.07％；而复项主位则仅有633个，占比仅为35.93％。汉语说明语篇对主位的这种选用倾向主要与不同类型主位自身的功能特性以及语篇多方面的表达需要有关。一方面，受字数和篇幅限制，汉语说明语篇对信息经济性的要求较高；另一方面，受体裁和语篇的行文目的影响，汉语说明语篇对信息的准确性同样有着较高要求。单项主位形式简洁经济，内容易懂明了，其使用能使读者快速获取关键信息，符合汉语说明语篇对信息的经济性、精简性以及高效性的要求，因而单项主位在汉语说明语篇中的使用数量略微较多；复项主位能使得所表述的内容丰富多样，其使用能更好地传递所说明的事物或阐述的事理的相关细节，从而符合汉语说明语篇对信息的丰富性和准确性的追求。

（二）无标记主位和有标记主位

根据句子的主位是否与句子的主语重合，主位可分为无标记主位和有标记主位。无标记主位表示信息的起点，对命题的有效性负责；而有标记主位则能够预设相关语境，使读者更好地理解小句中的命题。因此，一般来说，如果没有特殊原因，人们通常会选择无标记主位作为话语的起点，以便听者或读者快速获取主要信息；但是，有时为了达到强调某个成分的效果或其他目的，也会选择有标记主位。

1. 无标记主位

刘辰诞[25]指出，在无标记的情况下，陈述句的主位是名词或名词词组，与小句主语一致；疑问句的主位是限定动词因子，即疑问词；而祈使句的主位则是动词的祈使形式。类似这种常规主位，称为无标记主位。以陈述句和疑问句为例：

(5) 眼睛是人和动物的重要感觉器官。(王谷岩《眼睛与仿生学》)

(6) 为什么我国的石拱桥会有这样光辉的成就呢？(茅以升《中国石拱桥》)

例(5)出自《眼睛与仿生学》一文，该文属于事理说明文；例(5)中画线部分的“眼睛”一词是该句的主位，与小句主语一致，是典型的无标记主位；例(6)出自《中国石拱桥》一文，该文属于逻辑顺序事物说明文，以“中国石拱桥”为说明对象；例(6)的疑问句中，主位是画线部分的疑问词“为什么”，是典型的无标记主位。

2. 有标记主位

当句子中出现非常规成分担当主位时，主位显得非常突出，因此，称为有标记主位。以陈述句为例，当主位不是小句的主语时，这样的主位就是有标记主位。有标记主位在语篇中经常用来给小句中的命题提供各种语境信息。而根据 Halliday[26]对环境成分的分类，并结合本文所调查的语料情况，这里将汉语说明语篇中经常出现的有标记主位分为六类，分别表示时间、空间、原因、方式、条件和目的。如下例句所示：

(7) 七月，梧桐的枝丫上开始长出了果实。(谢阳《梧桐》)

(8) 由于没有天敌的制约，斑贝的数量便急剧增加……(梅涛《生物入侵者》)

例(7)出自《梧桐》一文，该文属于时间顺序事物说明文，以“梧桐”这一事物为说明对象。例句(7)中的主位是画线部分的“七月”一词，交代了命题发生的时间信息，它并不是小句的主语，因此，属于典型的表示时间的有标记主位；例句(8)出自《生物入侵者》一文，该文属于事理说明文。例(8)小句中的主位是画线部分的“由于没有天敌的制约”，交代了命题发生的原因。因此，是典型的表示原因的有标记主位。

就无标记主位和有标记主位的使用而言，在本文所考察的说明语篇样本中，无标记主位占绝对优势，其使用频次远多于有标记主位。具体来说，无标记主位共出现1410 次，占比高达 80.02%；而有标记主位则仅有 352 个，占比仅为 19.98%。可见，就本文所考察的样本而言，汉语说明语篇在行文时更倾向于使用无标记主位，以使读者能直接领会语篇大意。这表明，通常情况下，篇章生产者不会轻易选用有标记主位结构，除非意欲表达特殊的意义或者受特定语境的制约。即在一个小句中，结构的标记性越强，话语传递隐含意义的意图的可能性就越大。而在 352 个有标记主位中，六小类标记性主位的分布也呈现出了较大的不均衡性。如表 1 所示。

表 1 汉语说明语篇中有标记主位的分布情况

类型	表时间	表空间	表原因	表方式	表条件	表目的	合计
数量	150	123	32	16	25	6	352
占比	42.61%	34.94%	9.09%	4.55%	7.10%	1.71%	100%

由表 1 可知，就本文所考察的样本而言，汉语说明语篇中表时间和空间的有标记主位的出现频次相对最多，其次为表示原因的有标记主位，表示条件和方式的有标记主位的分布比例相对较低，而表示目的的有标记主位的分布比例则最低。总的来说，汉语说明语篇中的有标记主位整体呈现出“时间＞空间＞原因＞条件＞方式＞目的”的倾向规律。可见，表示时间和空间的有标记主位在汉语说明语篇中的使用相对较为普遍。这可能主要与说明语篇通常以时间、空间和逻辑等顺序对事物和事理展开说明有关。同时，这也表明，为了使得文章所说明的客观事物或阐释的客观事理更加具有说服力，说明语篇在行文时对时间和空间这两个环境成分的需求更为强烈。

二、汉语说明语篇的主位推进类型与特征

（一）汉语说明语篇中的主位推进类型

就本文所考察的样本而言，汉语说明语篇中的主位推进模式主要有以下五种，分别为平行型、延续型、集中型、派生型和跳跃型。

1. 平行型主位推进模式

平行型又称主位同一型。在平行型主位推进模式中，篇章中的各句均以第一小句的主位为主位，分别引出不同的述位，以从不同角度出发对同一个主位加以陈述和阐发，从而使读者对某一主题有较为全面的理解和认识。本文分别用 T 和 R 代表主位和述位，平行型主位推进模式的具体表现形式为：

T1 → R1

T2（＝T1）→ R2

T3（＝T1）→ R3

如下例句所示：

（9）齿鲸（T1）主要吃大鱼和海兽。它们（T2＝T1）遇到大鱼和海兽，（T3＝T1）就凶猛地扑上去，（T4＝T1）用锋利的牙齿咬住，（T5＝T1）很快就能吃掉。（于功《鲸》）

例句(9)出自《鲸》一文，该文属于逻辑顺序事物说明文，以“鲸”为说明对象。例句(9)中第一个小句的主位是“齿鲸”，点明了主题；第二小句中的主位是“它们”，与第一小句的主位“齿鲸”同指，其后各小句的主位都承前省略，均与第一小句主位同指，从而形成了主位一致的五句话，构成了平行型主位推进模式。正如例句(9)所示，就本文所考察的样本而言，在汉语说明语篇中，主位承前缺省的情况较为普遍。

2. 延续型主位推进模式

在延续型主位推进模式中，前一小句的述位是下一小句的主位或是主位的一部分，以此类推，延续下去，从而呈现出主述位接龙的特点，这种连贯相承的形式就是延续型主位推进模式。延续性主位推进模式使整个语篇环环相扣、条理清晰，从而突出了语篇的逻辑性。具体表现形式为：

T1 → R1

T2（=R1）→ R2

T3（=R2）→ R3

如下例句所示：

（10）就到紫禁城的中心——三大殿：太和殿、中和殿、保和殿(R1)。三座大殿(T2=R1)矗立在七米多高的白石台基(R2)上。台基(T3=R2)有三层(R3)，每层(T4=R3)的边缘都用汉白玉栏杆围绕着……(黄传惕《故宫博物院》)

例(10)出自《故宫博物院》一文，该文属于空间顺序事物说明文，以“紫禁城”为说明对象。例(10)中第二小句的主位和第一小句的述位相同，都指“三座大殿”；第三小句的主位与第二小句的述位相同，都指向“台基”；以此类推，从而形成了延续型主位推进模式。这种推进模式能将文章前后打通，使语篇上下连贯、连为一体，从而有助于文章的推动和进行。

3. 集中型主位推进模式

在集中型主位推进模式中，篇章中的小句有不同的主位，但都有相同的述位，即均以第一小句的述位为述位。也就是说，每个小句的信息起点不同，但述位的所指相同。这种推进模式多用于突出多条信息的共同特征，从而进行强调或者比较。具体表现形式为：

T1 → R1

T2 → R2（=R1）

T3 → R3（=R1）

如下例句所示：

（11）我国南海中的西沙群岛、东沙群岛、中沙群岛、南沙群岛等都是珊瑚岛(R1)，台湾省的海域中也有这种岛屿(R2=R1)。世界上其他一些地区也有许多珊瑚岛(R3=R1)……(石工《珊瑚岛》)

例句(11)出自《珊瑚岛》一文，该文属于逻辑顺序事物说明文，以“珊瑚岛”为说明对象。例(11)中的三个小句使用了不同的主位，但述位同指，即都集中在了“珊瑚岛”这个主题上，从而构成了集中型主位推进方式。通过这种推进方式，作者很好地将各个不同方面与“珊瑚岛”有关的信息集中在了一起，进行了对比和分析。

4. 派生型主位推进模式

派生型主位推进模式，即在首句的主位和述位出现后，其后各句的主位都是从首句的述位派生出来的。这种主位推进模式简单明了，条理清晰，使得语篇结构紧凑，便于意义的说明与阐释。具体表现形式如下：

T1→ R1

T2（=R1）→ R2

T3（=R1）→ R3

如下例句所示：

(12) 原来，一切生物都需要食物(R1)。食物(T2=R1)就是一种能够构成躯体和供应能量的物质，例如碳水化合物、蛋白质、脂肪等等，它们(T3=R1)既能构成躯体，(T4=R1)又能在呼吸时被氧化而放出能量。(朱相远《食物从何处来》)

例(12)出自《食物从何处来》一文，该文属于事理说明文。例(12)中第一小句的述位是“食物”，引出了该文的说明对象；其后三个小句的主位均与第一小句的述位同指，即均由第一小句的主位派生而来，从而构成了派生型主位推进模式。

5. 跳跃型主位推进模式

跳跃型主位推进模式，即篇章中几个连续小句各自都有自己的主位和述位，其主位和述位的使用变化较大，没有形成一定的规律，但这种主位推进模式也在一定意义上实现了语篇的连贯性和通顺性。具体表现形式为：

T1 → R1

T2 → R2

T3 → R3

如下例句所示：

(13) 立春过后，大地渐渐从沉睡中苏醒过来。冰雪融化，草木萌发，各种花次第开放。再过两个月，燕子翩然归来。不久，布谷鸟也来了。(竺可桢《大自然的语言》)

例(13)出自《大自然的语言》一文，该文属于事理说明文。例(13)中各个小句的主位和述位没有明显的规律性联系，属于跳跃型主位推进模式。但是，作者通过指称等衔接手段的使用，整段话仍然形成了一个连贯的整体。

(二) 汉语说明语篇中的主位推进特征

主位推进模式与语体特征和篇章类型有很密切的关系，不同的语体和篇章类型通常会采用不同的主位推进模式，因为它们的语篇话题和行文目的不同，因此，语篇构建的方式也存在差异。本文在对所选的 18 篇汉语说明语篇进行逐句的主位述位划分后，又对所有小句的主位推进模式进行了分析，结果如表 2 所示：

表 2　汉语说明语篇中主位推进模式的分布情况

类型	平行型	延续型	集中型	派生型	跳跃型	合计
数量	308	71	17	135	86	617
占比	49.92%	11.51%	2.76%	21.88%	13.93%	100%

如表 2 所示，就本文所考察的样本而言，汉语说明语篇中各个不同小类主位推进模式在使用频次方面呈现出了较大的不均衡性。具体来说，平行型主位推进模式的出现频次相对最多，共计 308 次，占比高达 49.92%；其次为派生型主位推进模式，出现频次为 135 次，占比 21.88%；跳跃型主位推进模式和延续型主位推进模式的出现频次相对较少，且两者的使用频次相差不大；而集中型主位推进模式的出现频次则相对最少，共计出现 17 次，占比仅为 2.76%。且由数据显示，就本文所考察的样本而言，汉语说明语篇在主位推进模式的选择上整体呈现出“平行型＞派生型＞跳跃型＞延续型＞集中型”的倾向规律。

可见，汉语说明语篇倾向使用平行型主位推进模式来建构语篇，这可能主要与说明语篇的篇章特性有关。汉语说明语篇往往都是围绕某个说明对象展开的全方位论述和说明。在行文时，作者常常在小句主位的位置就将说明对象以已知信息的方式引入语篇，从而作为其后所述信息的出发点。因此，语篇中各小句的主位往往是一致或者相关的，即均与语篇的说明对象同指或有关；而述位则通常处于不断的发展和变化中，即以新信息的方式对主位展开描述、说明或阐释。这样的语篇结构往往能给读者提供全方位多角度的信息，也充分体现了说明语篇集概括性和全面性于一体的特点。当然，有时，作者也会将说明对象放在首句的述位位置，以一个新信息的方式引入，其后各小句的主位则均与首句述位的说明对象同指，即均围绕说明对象展开说明。由此，派生型主位推进模式在说明语篇中也会相对较为常见。但作者通常不会将说明对象一直放在小句述位的位置，以新信息的方式呈现在语篇中。因此，集中型主位推进模式在说明语篇中的使用最少。

不同体裁语篇在选用主位推进模式时通常会呈现不同的选择倾向。而这种选择倾向的差异主要是由不同体裁语篇具有各自独特的篇章要求和语篇特性造成的。在规定性语篇中，并列型和派生型主位推进模式的使用频次相对较多，而平行型和延续型主位推进模式则不经常使用。这主要与规定性语篇独特的篇章特点有关。规定性语篇的典型代表是立法语言，表现形式通常是法律条文，这些法律条文大多以分条的形式出现在语篇中。这种条文性的格式特点，一方面便于读者理解和使用；另一方面也表明规定性语篇其实就是一个直接的信息传递过程。因此，行文时，语篇生产者只要在语篇中将“行为主体”和“规定行为”等几个关键要素明确列出即可，不必像其他语篇一样需要围绕某个人物、事物或者事件展开说明和叙述。而并列型和派生型这两种主位推进模式正好最符合规定性语篇的语篇要求。并列型主位推进模式的使用，可以直接明确地展示出法律对不同行为主体有着不同的规定行为。派生型主位推进模式的使用，则使得整个语篇结构紧凑，便于语篇意义的说明与阐释。

这一点正好与叙事语篇的选用倾向截然相反。在小说和电视新闻等叙事语篇中，由于其结构形式通常较为松散，因此，跳跃型和交叉型等复杂的主位推进模式通常大量出现，以增强叙事语篇语言表达的生动性和丰富性。此外，由于叙事语篇往往是以人物和事件为话语中心内容，围绕着人物和事件展开重点描写。所以，平行型主位推进模式在叙事语篇中也会相对较为常见。而并列型和派生型主位推进模式在叙事语篇中则很少出现。此外，在阐述性和论证性语篇中，受体裁影响，篇章中的每一个小句通常都应在逻辑上与上文保持联系。它或者是对上文某个成分的依附，或者是对上文某个部分的拓展。因此，在阐述性和论证性语篇中，作者通常会大量地使用延续型主位推进模式，以实现语篇在逻辑上的有效衔接。

根据 Longacre 和 Hwang[27] 以“事件时间序列”和“施事导向”两个语义指标对语篇的分类和定义，说明语篇是以说明事物或阐述事理为主的语篇类型，它往往以某个说明对象为起点，对其展开全方位阐释和说明。且一般而言，说明语篇与时间性信息以及施事的关系不大，因而，其赋值特征为[-事件时间序列；-施事导向]。而平行型主位推进模式正好是最符合说明语篇的使用要求的，这也就决定了该种推进方式在说明语篇中的大量出现。而集中型主位推进模式由于与说明语篇通常将说明对象置于各句主位的要求不符，因而，这种主位推进方式在汉语说明语篇中的出现频次相对最少。

结论

一般来说，同一体裁类型的语篇在主位结构的使用和主位推进的选择上通常呈现出“家族相似性”，而不同体裁的语篇对主位推进模式则有不同的选择倾向。本文在对汉语说明语篇中的主位结构特征及主位推进模式考察后发现，受语篇类型的影响，汉语说明语篇中的主位结构及主位推进使用具有如下几个特点：

首先，从主位类型及分布特征来看，就本文所考察的样本而言，汉语说明语篇中的主位分布大体呈现出如下特点：就三小类主位而言，整体呈现出“概念主位＞语篇主位＞人际主位”的倾向规律；就单项主位和复项主位的使用而言，单项主位占绝对优势；而就有标记主位和无标记主位的使用对比来看，无标记主位的使用占绝对优势，有标记主位的使用则相对较少。且在这些有标记主位中，整体呈现出“表时间＞表空间＞表原因＞表条件＞表方式＞表目的”的分布倾向。

其次，从主位推进类型及分布特征来看，就本文所考察的样本而言，汉语说明语篇在主位推进的选择上整体呈现出“平行型＞派生型＞跳跃型＞延续型＞集中型”的倾向规律。这与规定性语篇较常使用并列型和派生型主位推进模式、论证语篇较常使用延续型主位推进模式以及小说和电视新闻等叙事语篇中较常使用跳跃型和交叉型等复杂的主位推进模式存在较大差异。而上述各种不同类型语篇在主位推进模式的选择上呈现出的差异主要是由不同类型语篇具有各自独特的篇章要求造成的。

最后，篇章的主位结构与篇章的信息结构和交际意图有关，主位赋予某些语言项为信息出发点，述位赋予某些语言项为信息增长点。主位推进模式则直接体现了篇章信息流的动态组织方式。因此，在连贯的语篇中，通过识别语篇的主位结构和主位推进程序，篇章生产者能够迅速理清篇章的组织方式和逻辑结构，把握篇章的发展脉络，并了解篇章信息的分布情况。

* 本文为教育部人文社会科学研究项目"'前景-背景'视野下的论证语篇语法研究"(24YJA740023)的阶段性成果。

注释：

[1] V. Mathesius, *Functional Sentence Perspective*, Prague: Academia, 1939, pp.1-50.

[2] J. Firbas, *Functional Sentence Perspective in Written and Spoken Communication*, Cambridge: Cambridge University Press, 1992, pp. 85-95.

[3] M.A.K. Halliday, *Introduction to Functional Grammar*, London: Arnold, 1994, pp.10-70.

[4] M.A.K. Halliday, *Language as Social Semiotic: the Social Interpretation of Language and Meaning*, Beijing: Foreign Language Teaching and Research Press, 2000, p. 38.

[5] 张伯江、方梅:《汉语功能语法研究》,南昌:江西教育出版社,1996 年,第 22 页。

[6] 郑贵友:《汉语句子实义切分的宏观原则与主位的确定》,《语言教学与研究》2000 年第 4 期,第 18～24 页。

[7] T. A. Van Dijk, *Text and Context: Explorations in the Semantics and Pragmatics of Discourse*, London: Longman, 1977, pp. 20-50.

[8] F. Danes, "Functional Sentence Perspective and the Organization of the Text", in F. Danes ed., *Papers on Functional Sentence Perspective*, The Hague: Mouton, 1974, pp. 106-128.

[9] 朱永生、严世清:《系统功能语言学多维思考》,上海:上海外语教育出版社,2001 年。

[10] 胡曙中:《英语语篇语言学研究》,上海:上海外语教育出版社,2005 年,第 281 页。

[11] 胡壮麟、朱永生、张德禄,等:《系统功能语言学概论》,北京:北京大学出版社,2008 年,第 168～179 页。

[12] 史金生、娜仁图雅、宋轩:《规定性语体的主位推进研究——兼谈主位推进模式与篇章类型及主题的关系》,《语言文字应用》2018 年第 1 期,第 90～99 页。

[13] 曹进、李苑莞:《网络新闻语篇中的主位与主位推进模式特征研究》,《天津外国语大学学报》2021 年第 3 期,第 106～116 页。

[14] G. Francis, "Theme in the Daily Press", *Occasional Papers in Systemic Linguistics*, 2, 1990, pp. 51-57.

[15] K. Nwogu, T. Bloor, "Thematic Progression in Professional and Popular Medical Texts", in E. Ventola ed., *Functional and Systemic Linguistics: Approaches and Uses*, Berlin: Mouton de Gruyter, 1991.

[16] 刘林、陈振宇:《从"了、着、过"看操作和说明语体问题》,《当代修辞学》2012 年第 6 期,第 71～82 页。

[17] 陈禹:《说明语体中事件的句法配置》,《语言教学与研究》2019 年第 4 期,第 94～103 页。

[18] 刘云、李晋霞:《从篇章语法看"说明语篇"复句运用的特点》,《华中师范大学学报(人文社会科学版)》2020 年第 5 期,第 134～139 页。

[19] 刘云、郭海瑞:《汉语说明语篇中的事物回指研究》,《汉语学习》2024 年第 1 期,第 25～32 页。

[20] 郑贵友:《汉语句子实义切分的宏观原则与主位的确定》,《语言教学与研究》2000 年第 4 期,第 18～24 页。

[21] 邢福义:《汉语语法学》,长春:东北师范大学出版社,1998年,第13页。

[22] M.A.K. Halliday, *Language as Social Semiotic: the Social Interpretation of Language and Meaning*, Beijing: Foreign Language Teaching and Research Press, 2000, pp. 199-244.

[23] M.A.K. Halliday, *Language as Social Semiotic: the Social Interpretation of Language and Meaning*, Beijing: Foreign Language Teaching and Research Press, 2000, pp. 39-41.

[24] 胡壮麟、朱永生、张德禄,等:《系统功能语言学概论》,北京:北京大学出版社,2008年,第163～164页。

[25] 刘辰诞、赵秀凤:《什么是篇章语言学》,上海:上海外语教育出版社,2011年,第133页。

[26] M. A. K. Halliday, *Introduction to Functional Grammar*, London: Arnold, 1994, pp. 149-161.

[27] R. E. Longacre, S. J. J. Hwang, *Holistic Discourse Analysis*, Dallas, Texas: Summer Institute of Linguistics International, 2012, pp. 36-37.

【文化传播学研究】

育人、译书、出版：中华书局与中国近代的新知识生产(1912—1949)

李贝贝

（河南大学新闻与传播学院/河南大学人文社科高等研究院，河南郑州，450000）

内容摘要： 中国近代知识社会的革新与形成，很大程度上得益于大量外来知识的引入。在新知识引入和生产的过程中，出版机构，特别是大型出版机构，发挥了重要作用。仅就中华书局而言，其立足机构的知识性和出版的专业性，对中国近代的新知识生产有着深度参与。首先，以出版英文教科书、教育读物，售卖英文留声机片和创办函授学校等方式，开展外语教育，培养翻译人才；其次，出版大量译著，对新知识进行国别挑选和内容选择，构建全新的新知识生态；最后，以整合译著和非译著的丛书出版，对新知识进行系统梳理，借此培养本土作家进行新知识写作，实现新知识的本土化再生产。

关键词： 中华书局；译书；出版；新知识生产

知识社会的到来，使学术界更为关注人类社会中的知识要素，同时也激发了对历史上知识的重新审视。知识不仅在当下产量惊人的情况下发挥重要作用，在社会动荡和转型时期，同样不容忽视，知识往往是牵引社会重构的主要力量之一。也正因如此，考察一时期的知识生产与传播，就成为透视那一时期历史的有效切面。中国近现代知识社会的形成，很大程度上得益于大量域外知识的涌入，新知识的生产与传播，某种程度上是理解近代社会的一把钥匙。所谓新知识，是相对于中国本土既有知识而言的另类知识，在近代语境下，新知识更多意味着西方的科学知识和先进文化。当我们探寻中国近现代知识社会的发生时，各种各样的知识生产机构成为研究者关注和考察的对象，正如彼得·伯克在《知识社会史》中所梳理的那样，大学、图书馆、档案馆、研究院所等均位列其中。值得注意的是，出版机构却未见身影。随着近年来近现代史料的数字化和数据化，各类数据库不断开发上线，史料资源极大丰富，学者们的研究不断深入，出版的知识生产与传播特性也不断被挖掘和论证。这也正是本文的切入点和着力点，围绕民国第二大书局——中华书局，勾勒出版界参与新知识生产与传播的历史脉络，探查其背后的发生逻辑与产业属性。

一、育人：中华书局的外语教育与人才培育

语言始终是知识跨国传播的主要障碍之一，实现语言中转、打通知识通道极为重要。中国近代对外语教育相当重视，无论是政府的学制、课程设置，还是社会提供的学习资料和补习班，都形成了较为浓厚的外语学习氛围。那么，中华书局在外语教育方面，开展了哪些知识活动？其外语教育开展的具体背景如何？

虽然民国时期的外语教育并不兴盛，但如果当时的人想要学习外语，今日回望，会发现还是有一些书刊资料和学习渠道。第一，学校教育。政府的教育体系中，小学阶段就已开设英语课程，且一直延续到中学、师范、大学等教育阶段。第二，专门的英语学习刊物。如商务印书馆的《英文杂志》、中华书局的《中华英文周刊》等。第三，辅助英语学习的图书。如众多的英语语法书、字词书、英文读本、双语读物等。第四，用于查找的外文工具书、外文字典辞典。如中英、中日、中法、中德等语种的辞书。第五，在政府教育体系之外，还有商业性的外语培训班。如商务印书馆、中华书局、世界书局等都开办了英文函授、补习学校。民国时期的商业出版机构在上述各种外语教育活动中都有参与，且是重要的力量。中华书局的外语人才培养途径有四。

第一，以教科书为载体，将英语学习纳入现代教育活动的必选项。中国近代最早的英文教科书，即出自商业出版机构之手。商务印书馆的《华英初阶》《华英进阶》，是国人自编英语教科书之始，因贴合国人需求，出版后大受欢迎。民国成立后，英文科进入政府的教学改革方案。由于政府教科书编辑力量的不足，英文教科书的供给主要依靠商业性出版机构。开明书店的《开明英文读本》，因质量上乘，营利丰厚，成为立局之作。中华书局的英文教科书覆盖到几乎所有教科书系列，如“中华教科书”的《中华中学英文文法初步》《中华中学英文教科书》《中华英文会话教科书》《中华高等小学英文教科书》、“新制教科书”的《新制英文读本》、“新编教科书”的《新编高等小学英文教科书》、“新式教科书”的《新式小学英文教科书》、“新中学教科书”的《新中学英语读本》《新中学教科书英文作文法》《新中学教科书高级英语读本》《新中学教科书初级英语读本》《新中学教科书初级英文法》《新中学混合英语》等。总体而言，在中华书局的每套教科书中，除职业教育外，都有英语教科书的编辑和出版，足见英语教育在正规教育体系中的重要地位。

第二，编撰外语读物，辅助英语学习。教科书之外，英文读物在中国近代的英语教育和翻译人才培养中，也起到了至关重要的作用。据统计中华书局以丛书形式出版的英语读物就有 11 种之多，如初级英文丛书 15 种、基本英语丛书 4 种、商业英文丛书 4 种、韦氏英文补助/辅助读本 17 种、小本英文说苑 22 种、英汉对照文学丛书 16 种、英文学生丛书 33 种、英文研究小丛书 13 种、直接法口耳训练英语丛书 12 种、中华英文小丛书 9 种、基本英语文库 10 种等。英语读物是对英文教科书的补充，注重读写能力的培养。从内容上看，上述丛书可大致分为两类，一类侧重于英语语言教学，如基本“英语丛书”“英文研究小丛书”等，提供语法知识；一类兼顾英语阅读和文化传播，如“中华英文小丛书”“基本英语文库”等，多是选取西方的童话、故事这类可

读性较强且蕴含异域文化的内容，用英语或英汉双语编辑，既起到了语言教学的作用，同时也传递了西方的知识和文化。

第三，借助留声机等媒介技术，在“读写”之外兼顾“听说”。语言分为书面语和口语，英语亦是如此，故相应的英语教育，便不能只有“读写”，没有“听说”。因列强入侵导致的被迫外交及各处租界的出现，中外交流迫在眉睫，民国时期的英语教学极为注重听说能力的培养。但对于语音来说，静默的书面符号有其天然的劣势和不足，无法准确传达语音、语气、语调等内容。为满足外语教育中的语音教学，留声机和留声机片进入了民国大书局的视野。

留声机和留声机片在晚清即进入中国，作为稀奇的西洋物件，在各种洋货行售卖，留声机片的内容多为戏剧、歌曲等，供上层社会消遣娱乐。留声机在西方最初也是播放唱片、娱乐消遣，后逐步演变为刻录演讲，用于教育活动。将留声机用于语言教学，中华书局是首创。1919 年 3 月，中华书局开始销售柯提拿留声机，“英语留声机一座，片子十五个，均双面，计三十面，并附课本字典尺牍等，每副售洋二百元”[1]，号称“学习外语之唯一利器”。英语之外，中华书局还出售法语、德语、意大利语、西班牙语、俄语、葡萄牙语留声机片，同年 8 月又增加了希伯来语。中华书局在其广告中，将留声机的语言教学优势陈述如下：

> 诸君知学习外国语为急务矣，知必从良教师矣，然时间能随己便乎？反复教授能不厌不倦乎？口音能正确乎？此实最要问题也。
>
> 柯提拿留声机学习外国语，能解决此种种难题。美国语学专家所发之音，蓄入机内，其正确可无待言，开机静听，如同面授，千百遍亦不厌倦，置机室内，有暇开机，悉随己便，无奔走上课之劳，无时间之拘束，无论何人，苟曾读帕拉马(英文)者，均能据以自修也。[2]

留声机和留声机片超越时空限制的声音传播，为语音教学提供了极大便利。中华书局的英语留声机片，其一，美国名师口授，发音标准；其二，可反复听，不厌不倦；其三，可多人同时听，“与用蜡筒套入耳中只能一人听受者、有天渊之别”[3]。

回顾之下，中华书局的外语教科书、外语读物和外语留声机，涵盖了听说读写四个方面，为民国时人的英语学习提供了条件。但上述便利，所面向的群体大体上仍局限于能够接受正规教育的人，如教科书需要进入学校，教辅需要具备一定的语言基础，留声机和留声机片价格昂贵，个人无法购买。那么，那些无法入学的人能否在自学之外，获得英语学习的机会？

第四，开办外语函授学校，既教语言，更教知识。中国近代的外语教学活动，主要由三种力量主导。其一是政府办学中开设外语课程，其二是教会学校中的外语教育，其三是大型书局开办的外语函授学校。函授教育源自西方，旨在为偏远地区无法入学的人提供教育。近代中国由于战乱动荡以及教育资源匮乏等情形，急需函授教育这种形式为民众提供知识。1915 年 3 月，《教育杂志》首次刊登了商务印书馆附设函授学校英文科的广告，宣布“第一家英语函授学校的创立”。“开办之初，仅设英文一科，承各界之信任，学员来学者甚多。”[4]商务之后，上海新中国印书馆附设英文函授学社、中华书局附设函授学校(首开英文科)、世界书局附设英文函授学校[5]。

中华书局的英语函授教育经历了从代理到自办的过程。1919年3月，中华书局开始在《申报》上刊登广告，作为美国函授学校的总代理，招收新生。中华书局代理的美国函授学校，课程开设多达30科[6]，主要提供给无法外出留学但希望接受国外大学教育的知识群体，客观上也培养了语言人才和现代知识人才。

1926年中华书局附设函授学校，首开英文科，采用新式英文函授讲义，分初等英文科和高等英文科。英文科初等和高等各分三级，从教学内容上，“初等第一级注重基本练习，读本、文法、会话之外更有正音、拼法、造句、习字、记字、捷径等。二年以上各级程度逐渐加高，选科分读本、初级文法、高级文法、造句修辞学，及作文、文学、历史、初等尺牍、高等尺牍、会话、翻译、高等翻译等十二科”[7]。1935年3月，私立中华书局函授学校在教育局备案，科目设置逐渐从英文科、国文科，扩展至日文、算术、商业、书法等科目，但英文科始终是办学重心。这种重视，从英语函授教育的师资力量上可见一斑。

校长：吴任之博士

主任：沈问梅先生

讲师：东吴大学文科教授白约瑟；Joseph White side. 学士；东南大学英文科教授李玛利硕士；上海南洋大学教授杜光祖学士；东吴大学英文教授吴献书学士；中华书局英文部编辑员朱恬持学士；湖南大学工科土木系主任俞亨硕士；美国华盛顿大学通儒院马润卿学士；前北京高师农专教授陆费执硕士；江苏省立第一中学校长陆殿扬先生；东吴大学历史科主任张似旭学士；中华书局英文部编辑员刘元龙学士；暨南学校英文教员刘尚一先生；中华书局英文部编辑员戴昌藻硕士；扬州第五师范英文教员樊兆庚先生[8]

私立中华书局函授学校的英文教育，无论从讲义的精心编辑，还是课程结构设计、师资力量配备等方面，都足以说明其函授教育的质量。经过数十年的努力办学，至1936年3月，中华书局函授学校英文科“声誉素著，学员遍及各地”。截至1937年4月，中华书局函授学校的学员已有15000人，其中绝大多数学员都是来自英文科[9]。

综上所述，通过对中华书局的外语教科书、外语读物、外语留声机、外语函授学校的考察，可以看出中国近代的英语教育，是较为兴盛的，从学习资料到学习方式，都提供了诸多选项，相较于晚清时期，如陆费逵等人学习外语，主要是靠自学，或跟随某个老师学习，便利了许多。渠道拓展也促使民国时期的外语学习和翻译人才培养，走向了系统化和规模化的道路。大量翻译人才的出现，直接推动了中国近代译书的繁荣。

二、译书：中华书局的翻译出版与知识挑选

从单个书局的译书数量看，商务印书馆以5000余种位列第一，中华书局居于第

二，在民国38年间共出版1102种译著。这1102种译著，呈现出民国时期翻译出版的整体结构，其生产过程代表了中国近代外来知识引入与再生产的完整流程，其传播与接受较好地反映出外来知识与中国近代知识社会的互动。中华书局的译著出版具体情况如何？

20世纪20年代至30年代，在上海出现了翻译出版的空前繁荣，其突出表现是从古典时期到19世纪末的大部分西方名著，以及20世纪初的部分名著几乎都有了译本。不少在清末有过节译与摘译的书，也在这一时期有了全译本[10]。1934年、1935年更有“翻译年”之称。据钱存训统计，1912年至1940年的译书多达5299种，其中大多数系20年代后的产品。中华书局在1912年至1949年共出版译著1102种，1229册，历年译书出版数量及趋势如图1所示：

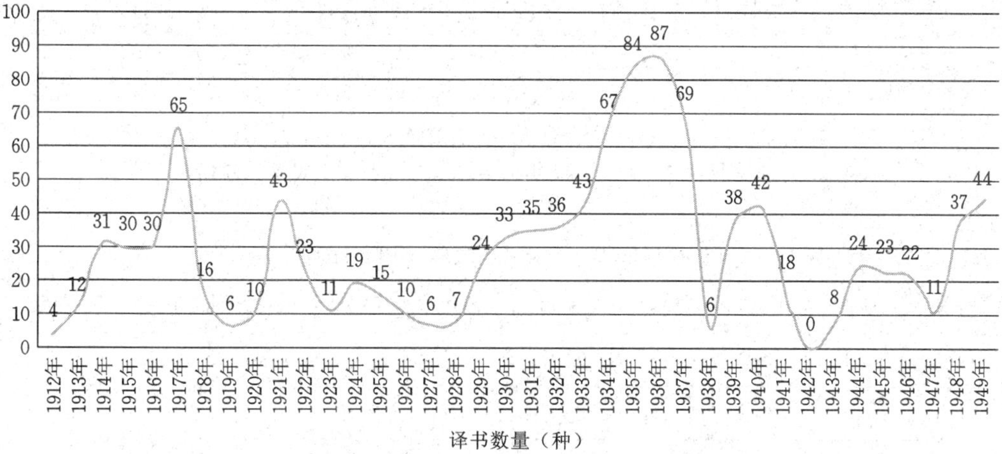

图1　中华书局1912年—1949年译书出版趋势图[11]

从时间脉络上看，中华书局的译书出版有两个高峰，第一个在五四新文化运动之前，第二个在1937年抗日战争全面爆发之前。“五四”前后的翻译出版，带来了中国近代的思想启蒙，20世纪30年代译书出版的繁荣，是中国近代对外来知识全面引入的集中体现。

由以上统计可知，除了1942年，中华书局每年都有译书出版，其间还出现了1917年、1921年、1940年、1946年等接续不断的几个波峰，且每年的译书出版占全年出书量的比例，都在5.3%以上。此外，这37年平均下来，译书出版每年占比20%。这些数据一方面足见中华书局在翻译出版方面的着力；另一方面也暗含了近代译书在两个层面上的选择。

第一是国别挑选。虽然都是外来知识，但在以国家为单位的全球社会中，各国的文化仍存在较大差异。那么近代中国的外来知识引入，面对日、美、英、法、德等国家的知识，进行了怎样的取舍和选择？这既是一种有意识的主动选择，结合中国国情重点引入那些能够挽救民族危亡、实现国家独立富强的知识；也是对全球知识流动的被动接纳，伴随列强军事、政治侵略而来的知识、文化入侵。中华书局出版的1102种译书中，有明确译源国的有695种，各国情况分布如下。

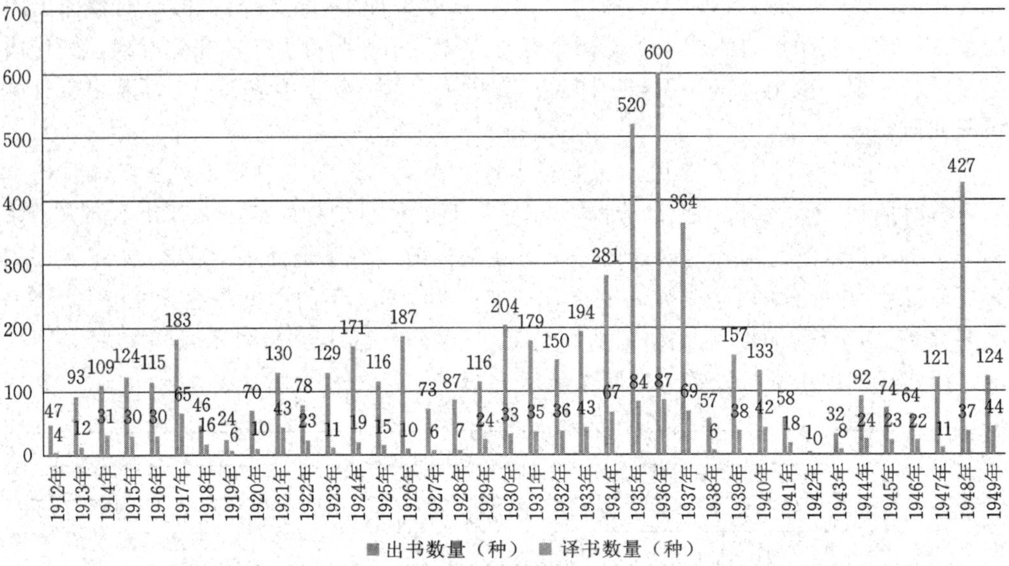

图 2　中华书局 1912 年—1949 年历年出版总量与译书出版量对比图[12]

表 1　中华书局 1912 年—1949 年译书之译源国国别分布统计[13]

国别	种数	国别	种数	国别	种数	国别	种数	国别	种数
英国	171	德国	52	埃及	20	荷兰	25	爱尔兰	1
美国	165	奥地利	11	比利时	21	捷克	2	保加利亚	1
日本	123	加拿大	6	丹麦	22	挪威	2	罗马尼亚	1
法国	67	古希腊	6	瑞典	23	西班牙	2	瑞士	1
苏俄	58	意大利	19	印度	24	阿拉伯	1	泰国	1

数据显示，中华书局译书的译源国分布，与民国时期译书出版的总体态势基本吻合，英、美、日、法、德皆居于前列。此外，诸如加拿大、埃及、丹麦、瑞典、荷兰等国，也进入了中华书局的译书选项。所不同的是苏俄图书的翻译出版。民国 38 年间的整体情况统计显示，译自苏俄的图书居于榜首[14]。苏俄在中华书局译书的译源国中，居于第五，与民国时期的整体态势不符。之所以出现这种情况，原因在于中国共产党在 1940 年代开始大规模、有计划地翻译马列主义的著作，将 1912 至 1949 年苏俄译书的总体比重大大提高，最终超越英美，位列第一。

此外，日本是另一个变动较大的国家。中国近代的译源国选择，经历了从欧美向日本，再回归英美的大致过程。1895 年前主要是欧美西书的中译，日文中译本寥寥无几。据徐维则《东西学书录》(1899 年)的统计，同时期从欧美传入译成中文的西书要比日文译本多 7 倍。以 1896 年左右为分界点，译源国选择开始从欧美转向日本。1896 至 1911 年的 15 年间，日文中译本总计 988 种，平均每年达 66 种[15]。顾燮光《译书经眼录》(1927 年)所统计的 1902 年至 1904 年的 535 种译书中，日本译本猛增到321种，欧美诸国译本总计不过131种[16]。民国前后主要译源国占比可参考表2数据。

表2 1875年—1908年与1912年—1949年中国主要译源国占比情况

	日本	英国	美国	德国	法国	俄国
1875年—1908年[17]	60.2%	10.3%	6%	4.6%	2.8%	0.8%
1912年—1949年[18]	17.7%	24.6%	23.7%	7.5%	9.6%	8.3%

通过上述对中华书局译著出版情况的统计，可以看出民国时期译书的总体情况，又恢复到了英美高于日本的态势。其余如法国、德国、苏俄等，依然是中华书局翻译出版的主要译源国。同时，对各个国家知识引入也逐渐分散、趋于均衡，像1908年之前日本占据60%份额的绝对优势已不复存在。

第二是知识内容挑选。从译著的知识类别看，民国时期译著出版涵盖的知识内容，已经彻底改变了1894年之前的局面，“已译诸书，中国官局所译者，兵政类为最多，盖昔人之论，以为中国一切皆胜西人，所不如兵者而已。西人教会所译者，医学类为最多，由传教多业医也。制造局首重工艺，而工艺必本格致，故格致诸书虽非大备，而崖略可见。惟西政各集，译者寥寥，官制、学制、农政诸门，竟无完帙”[19]。中华书局译著的知识门类，涵盖广泛，无所不包，具体分布情况如表3所示。

表3 中华书局1912年—1949年译书出版的知识类别分布情况[20]

图书类别	种数	占比	图书类别	种数	占比
I 文学	336	30.49%	E 军事	15	1.36%
H 语言、文字	204	18.51%	C 社会科学总论	14	1.27%
G 文化、科学、教育、体育	105	9.53%	T 工业技术	11	1.00%
F 经济	84	7.62%	P 天文学、地理科学	11	1.00%
K 历史、地理	79	7.17%	N 自然科学总论	8	0.73%
D 政治、法律	69	6.26%	A 马克思主义、列宁主义、毛泽东思想	5	0.45%
B 哲学	54	4.90%	S 农业科学	5	0.45%
O 数理科学和文化	35	3.18%	J 艺术	4	0.36%
R 医学、卫生	34	3.09%	Z 综合性图书	2	0.18%
Q 生物科学	25	2.27%	U 交通运输	2	0.18%

从表3可知，在译书中，文学类最多，占比超过30%，其次为语言、文字类，占比不到20%，其他如文化教育、经济、历史地理、政治、法律等类别，均在5%以上。按照中图分类法的统计，就中华书局而言，社会和人文类图书高于自然科学类，

这与晚清时期对域外技术、工艺的追求形成较大差别。

将上述数据与中华书局总书目进行对比，可知中华书局各知识门类的出版中，基本都有译书的存在，这反映出在中国近代的知识生产中，译著是重要的组成部分，外来知识是重要的知识来源。各知识门类的占比情况如表 4。

表 4　中华书局 1912 年—1949 年各门类知识译著占比统计表

图书门类	译著(种)	总量(种)	占比
A 马克思主义、列宁主义、毛泽东思想	5	5	100%
N 自然科学总论	8	16	50%
Q 生物科学	25	58	43.10%
H 语言、文字	204	510	40%
I 文学	336	944	35.60%
O 数理科学和文化	35	112	31.20%
R 医学、卫生	34	140	24.30%
C 社会科学总论	14	59	23.70%
P 天文学、地理科学	11	48	23%
F 经济	84	392	21.60%
E 军事	15	71	21.10%
D 政治、法律	69	354	19.50%
K 历史、地理	79	481	16.40%
B 哲学	54	371	14.50%
U 交通运输	2	15	13.30%
T 工业技术	11	112	9.80%
G 文化、科学、教育、体育	105	1821	5.80%
S 农业科学	5	113	4.40%
J 艺术	4	155	2.60%
Z 综合性图书	2	1676	0.10%
V 航空航天	0	3	0

综合对比、分析表 3 和表 4，文学类、语言文字类图书在译书中居于一二，在全部图书出版中也位于前列，说明中国近代文学、文化的发展，受外国文学影响较大，两者形成了较为紧密的交融关系。而如自然科学总论、社会科学总论类的图书，在译书中占比不高，但在出版总量中占比较高，说明中国近代的自然科学、社会科学等知

识，主要来自知识引入，本土生产较少。至于文化教育类图书，在译书的占比略高于在出版总量中的占比，基本可以推论出中国近代的文化教育事业，特别是教科书的出版，是以中国本土生产为主，借鉴和参考了外来知识。

三、出版：中华书局的丛书编撰与知识再生产

出版通过多种形式为图书进行价值排序，为不同的知识内容匹配不同的出版形式。这种匹配不仅限于对图书装帧设计的选择，如平装本、精装本等，同样也体现在图书出版的类别选取中。仅就外来知识而言，若一种知识进入教科书领域，那么这种知识在社会场域中就处于权威的核心位置，比如当下对马列主义的提倡；若以丛书形式出版，则意味着该种知识是引入方的重要选项，受到格外重视；若在期刊上翻译小文发表，则大体表示该种知识在社会上的关注度和流行度较高，被当时的中国社会广泛讨论；若采用专著的形式引介和出版，则更多体现出对该种知识内容进行较为详细和全面引入、介绍的意图，如关于道尔顿教学法的译著达四五种之多。类型的选择是出版对外来知识的二次价值排序，以下将聚焦丛书翻译，考察中国近代知识社会中外来知识的生产与扩散。

第一，通过丛书编排，对某类知识进行系统整理。丛书是对某种知识的系统编排，与单行本相比，具备更加明确的计划性、目的性和组织性。以丛书形式出版的译著，从译章节到译全书到译丛书，代表着知识引入力度的不断加强。此外，由于知识组织具有系统性，译丛就成了外来知识扩散的重要路径之一。中华书局以丛书形式出版的译书包括："教育小丛书"13 种、"少年中国学会丛书"24 种、"英文文学丛书"14 种、"社会科学丛书"29 种、"国际丛书"27 种、"世界童话丛书"12 种、"世界文学全集"21 种[21]等。以上各套丛书，或全部翻译，或部分翻译，形成了对特定知识类型的生产。

通过对中华书局以丛书形式出版的译著的梳理，可见外来知识引入的几条主线。第一，文学的引入，如世界文学、儿童文学的翻译和出版，文学引入的背后，是对外来文化的探究和引介。第二，教育的引入，先后出版的"教育丛书"和"教育小丛书"，将外国的教育制度、理论、方法等较为全面地引入到中国。第三，科学知识的引入，科学知识是中国近代最缺乏、最渴求的知识类型，故对科学知识的大力引入可想而知。第四，国际局势的系统介绍，了解国际世界是中国近代的主要诉求之一，但对于该问题，碎片化的认知远多于系统的知识掌握，而丛书的形式，将这些知识整合起来，提供了较为完整的图景。

第二，以丛书整合译著与非译著，完成新知识的本土生产。如何断定一种外来知识已经在本土找到了生存土壤，并融入了引入国的固有知识和文化呢？此处需要重申，人始终是实现知识迁移最重要的环节。中国近代的外来知识引入，注重外语教育和翻译人才培养，译者大量翻译域外图书，将其搬运到中国。虽然语言转换某种程度上就是对外来知识的本土化，翻译亦是一种知识再生产，然而原封不动的翻译只是第一步，译者需要对外来知识进行消化吸收，使新知识与既有知识在译者的知识储备和架构中交汇融合，而后再进行知识输出，才算是基本完成了在地化。简言之，外来知

识的在地化，仅有语言的转换和出版或许并不够，而是需要“人”对知识的中转，即中国近代的知识分子如何对外来知识进行消化和吸收，如何进行新知识的自主创造和输出。

考察外来知识的在地化，有两种现象值得关注。一种是丛书编辑中译著与非译著的共存，一种是本土作家的外来知识写作。在以丛书形式出版的译著中，翻译与非翻译共存的现象十分普遍，如“国际丛书”“少年中国学会丛书”“社会科学丛书”等，此处以“新文化丛书”为例，进行剖析。“新文化丛书”的出版时间，从 1920 年持续到 1936 年，前后共出版图书 43 种，其中译著 28 种，占 65%。具体书目如表 5 所示：

表 5　中华书局“新文化丛书”书目统计[22]

译著	《人生之意义与价值》《社会问题概观》《政治理想》《赫克尔一元哲学》《达尔文物种原始》《近代西洋哲学史大纲》《思维术》《农业政策》《社会问题总览（全 2 册）》《遗产之废除》《唯物史观解说》《人的生活》《工业政策》《社会主义初步》《商业政策（全 2 卷）》《现代心理学之趋势》《交通政策》《现代世界经济大势》《收入及恤贫政策》《遗传学》《苏俄的妇女》《经营经济学》《国际小史》《北欧神话》《诗底原理》《苏俄妇女与儿童》
非译著	《欧洲政治思想小史》《女性论》《西洋古代中世哲学史大纲》《科学发达略史》《统计新论》《中国文化小史》《欧洲文化变迁小史》《中西文化之关系》《中国思想小史》《小说原理》《法兰西大革命史》《社会科学家与社会运动家》《社会科学名著题解》《西藏佛教史》《物价指数编制法》

通过对“新文化丛书”书目的审视，可以发现翻译与非翻译在主题上已无明显区分，除了特定的知识内容，如关于中国的历史等，由中国人撰述，源自国外的神话或该国家的国情，由外国人撰写。一般的社会科学、自然科学方面的书籍，如科学发展史、欧洲文化变迁史等，也都由中国人写作。由此可见，中国近代的外来知识引入，翻译与创作同步进行。写作之外，编辑将翻译与非翻译统筹在一套丛书中，也说明中华书局的外来知识引入，始终在有意地努力进行“为我所有、为我所用”的知识转化，使外来形成与本土的黏结，最终纳入中国既有的知识框架。

知识旅行集中在跨越语言的翻译出版，知识引入则涵盖了对外来知识的接受与再生产，后者与本土作家的外来知识写作紧密相关。翻译和编译之外，知识在地化过程中，更为重要的是本土作家通过自己对外来知识的理解、吸收和掌握，直接进行新知识创作。借助对中华书局译者群体的考察，可以看出该时期贯通中西进行知识运输的主要知识分子。中华书局译书出版位列前 10 的作家包括：徐博霖 45 种、许达年 23 种、王光祈 16 种、张梦麟 16 种、钱歌川 15 种、陶菊隐 13 种、吴光杰 11 种、马君武 10 种、常觉 10 种、吴廉铭 10 种。这些作家对域外作品的翻译，要形成一定规模，多数是有计划、有侧重地进行翻译，并多以丛书形式出版，如徐博霖的“世界童话”，许达年的“初中学生文库”“世界童话”，王光祈的“国防丛书”，张梦麟的“基本英语丛书”“中华少年丛书”，钱歌川的“英汉对照文学丛书”“现代文学丛刊”，陶菊隐的“菊隐丛谭”，吴光杰的“国民军事常识丛书”，马君武的“新文化丛书”，常觉的“小说汇刊”，吴廉铭的“少年故事丛刊”“科学丛书”“科学常识丛书”“英汉对照文学丛书”。

译者的翻译领域，多数情况下也影响并塑造着他们的写作方向和体裁。如许年达主要翻译自然科学类儿童读物，在写作方面，也延续了这一方向，他的专著包括《钟》《水里的植物》《爱迪生故事》《水里的动物》《小科学(全2册)》《天空的现象》《地球和月球》《日月星》等。钱歌川主要翻译域外文学，在写作方面，从域外文学扩展到英语教育，其专著包括《英语学习法》《英美言语辨异》《中文英译举例》《英文重音法》《英文类似句辨异》《英文难句详解》《英文发音法》《英文杂话》《英文新辞汇》《英文拼字法》《英文倒装法及省略法》《英文法初步》《英文动词用法》《英文新词汇》《英文主词及其叙述词》《英语发音图解》《英美采风录》《英文作文正误详解》《英文成语探源》等，此外也有《现代文学评论》等专著，该书包括对美国戏剧、英国文坛、俄国作家[23]的关注，是作者对中外文学进行了解、思考和研究后而产生的现代知识，是一种典型的新知识生产活动。

结语

中华书局的新知识生产融于社会和时代。自晚明开始的域外知识来华，历经晚清政局、时局的诸多变动，行至民国，急需新知识、新文化、新观念挽救民族和国家。危局之下，中华书局作为大型出版机构，回应社会和时代的要求，履行自身的文化使命，开展外语教育，培养翻译人才，大量翻译出版各国书籍。其外语教育是民国时期外语教育的一个缩影，提供了丰富的外语学习材料，如外语教科书、外语学习期刊、外语读物、外语辞典等；提供了多样的外语学习途径，创办函授学校，开设英文科。其译书范围广泛，知识门类齐全，将中国近代知识社会有力地推入全球知识场域中。其译者不仅翻译西书，同时独立进行新知识生产，将世界知识纳入中国本土知识架构中。作为民国第二大出版机构，中华书局的育人、译书和出版，也提醒我们重新审视出版，其不只有显在的书刊编印发，也同时作为知识生产机构运转。对出版知识性的发掘，不仅于观察历史上的出版有所裨益，更是思考当下出版功能和地位的重要视角之一。

* 本文系国家社会科学基金青年项目“中国近代平民识字课本史料整理与研究(1901—1949)”(23CTQ041)的阶段性成果。

注释：

[1]《柯提拿英语留声机 学习外国语之唯一利器》,《申报》1919年3月3日。

[2]《柯提拿英语留声机 学习外国语之唯一利器》,《申报》1919年3月3日。

[3]《英语留声机》,《申报》1919年4月11日。

[4]《第一家英语函授学校的创立:商务印书馆附设函授学社英文科广告》,《教育杂志》1915年第5期。

[5] 丁伟:《近代民营出版机构的英语函授教育:以“商务、中华、开明”函授学校为个案(1915—1946)》,北京:商务印书馆,2017年,第1页。

[6] 重要科目:大学预科、工程预科、法政科、商法、商业管理法及会计、簿记及会计、速记打字簿

记、土木工科、电气工程科、水电工科、机械工科、绘图及预算、建筑术、汽车工科等。参考《美国政府认可美国函授学校》，《申报》1919年3月3日。

[7]《中华英文函授讲义共六级》，《申报》1930年11月21日。

[8]《自修英文之好机会 中华书局附设函授学校 英文科六级全开》，《申报》1926年12月25日。

[9] 丁伟：《近代民营出版机构的英语函授教育：以“商务、中华、开明”函授学校为个案（1915—1946）》，北京：商务印书馆，2017年，第4页。

[10] 邹振环：《疏通知译史：中国近代的翻译出版》，上海：上海人民出版社，2012年，第64页。

[11] 此图为笔者统计数据后所绘。

[12] 此图为笔者统计数据后所绘。

[13] 此表为笔者整理、统计所得。

[14] 感谢石慧博士提供数据，她对民国时期译书进行了总体统计，译源国中苏俄居于首位。

[15] 邹振环：《疏通知译史：中国近代的翻译出版》，上海：上海人民出版社，2012年，第43页。

[16] 邹振环：《疏通知译史：中国近代的翻译出版》，上海：上海人民出版社，2012年，第44页。

[17] 杨寿清：《中国出版界简史》，[法]戴仁著，李桐实译：《上海商务印书馆1897—1949》，北京：商务印书馆，2000年，第20页。

[18] 该数据是以中华书局的译书情况为例进行的统计。

[19] 梁启超于1896年在《西学书目表序例》中曾对各类书局的译本有过分析。参考邹振环：《疏通知译史：中国近代的翻译出版》，上海：上海人民出版社，2012年，第98页。

[20] 此表为笔者整理、统计所得。

[21] 以上数据为笔者整理、统计所得。

[22] 此表为笔者整理所得。

[23] 参考钱歌川：《现代文学评论》，上海：中华书局，1935年。

鉴往知来：民国时期漫画知识生产与传播的当代启示

彭　颖

（华中师范大学文学院，湖北武汉，430079）

内容摘要：民国时期的漫画热与其时漫画知识的成功生产、传播密切相关。漫画知识生产经历了画作品评与基本介绍阶段、理论建设与艺术探索阶段、大众化与政治宣传阶段。漫画知识生产后主要通过专业漫画期刊、实地漫画展览、函授教育、社团组织等渠道进行传播。研究民国时期漫画知识的生产、传播对于当下国产漫画的出版传播存在四点启发：一要开发读者市场，破解"读图歧视"；二要善用空间出版，线上线下联动；三要重视艺术探索，培养专业人才；四要学习他国经验，讲好中国故事。

关键词：民国漫画；知识生产；传播渠道；图像出版

近年来，在政策引导和资本助推下，国产动漫产业发展迅速，从亚文化摇身一变，成为大众文化的新宠。当人们在为国漫崛起而欢呼雀跃时，似乎忽略了在动漫之外，依然小众的国产漫画。值得注意的是，在漫画纸媒走低的同时，以中小学生为目标受众的图像类出版物市场走势仍稳中有升。故而不少研究者认为，针对这一窘境，成人图像阅读市场的培育势在必行。然而，长久以来"读图歧视"观念的存在、成人漫画阅读习惯的缺乏、漫画受众群体的窄化等因素，使得这一口号始终难以落地。

事实上，自民国时期漫画这一画种被引入中国以来，也曾经历过鲜花着锦、烈火烹油的繁盛时期。这不仅得益于其自身一定的艺术水准和出版商的推动，也与其时漫画知识的成功生产、传播密切相关。故而对民国时期漫画知识的生产、传播进行深入探究，或许可以为当下国产漫画的创作、出版、传播提供一些有益的启发。

一、民国时期的漫画知识生产图景

漫画这一新兴艺术形式早在第一次鸦片战争后便经香港流入华南地区，至新中国成立前的百余年间，我国的漫画出版经历了从无到有、从萌芽到兴盛的历程。早期的漫画刊物或诞生于港、台，或是由外国人创办的外文杂志，在地域和内容上对内地的影响十分有限，因而本文所讨论的民国漫画的时间范围，大致自民国初期沈泊尘创立国内第一本漫画杂志《上海泼克》(1918 年)始，直至新中国成立前。在这 30 年间，漫画知识的生产与传播与漫画创作的繁荣景象并行不悖，大致走过了三个阶段：画作评介、理论探索和宣传运用。

（一）画作品评与基本介绍

作为一种艺术舶来品，漫画要在文艺界站稳脚跟，必须首先解决“面孔生”的难题。尽管“从1904年3月27日起，上海《警钟日报》上就出现了名为‘时事漫画’的漫画作品专栏”[1]，但漫画这一艺术形式真正为文艺界所注意，还要到1925年《文学周报》上刊载丰子恺作品之时，因画作于幽默中暗含讽喻意味，郑振铎特名其曰“子恺漫画”。

自此，文艺界开始对漫画这一画种展开讨论，除郑振铎外，尚有夏丏尊、俞平伯等人为结集出版的《子恺漫画集》撰写序跋，进行点评与探讨。同年，丰子恺在《小说月报》第16卷第11期上发表了《漫画浅说》一文，对漫画的创作条件、技法及艺术特征进行了简要勾勒，文中不吝溢美之词：“假使不妨以自己的好恶为艺术批评的标准，我定要说漫画是现代艺术的最精彩的产物。”[2]

这一年，鲁迅也将日本批评家厨川白村的专著《出了象牙之塔》译介到国内，其中一章名为《为艺术的漫画》，对漫画这一艺术形式的点评十分精到：“凡漫画的本质，都在于里面含有严肃的‘人生的批评’，而外面却装着笑这一点上。”[3]此外，文中还简要介绍了漫画的发展史和当时国际漫画发展的状况，并对漫画的鉴赏之道做了提示。

得益于这些初期的品评与介绍，漫画这一艺术形式逐渐进入文艺界的视野，尽管当时对于漫画的研究还称不上深入，但它们毕竟开了漫画知识生产的先河，“开辟了漫画研究的基本‘问题域’”[4]。

（二）理论建设与艺术探索

20世纪30年代，漫画的知识生产进入井喷期，对漫画的研究文章不仅在数量上大大增加，在深度和范畴方面也都有所拓展。文艺界涌现出热心关注漫画理论与批评，中外漫画史，漫画类型学，漫画与其他艺术形式如小品、杂文、木刻、电影等艺术形式之关系等话题的单篇文章。此外，不少杂志如《独立漫画》还专门设立专栏展开对漫画的艺术探索。上述成果大幅度延伸了此前漫画研究的“问题域”，但不可否认的是，其也存在着不够系统、莫衷一是的弊病。

有鉴于此，1935年，陈望道主编了《小品文和漫画》，集中收录了鲁迅、许幸之、凌鹤等人关于漫画艺术探索的十余篇文字，以此见证、把握、回应漫画的“流行期”与“转变期”。这本集子的意义和价值，编者在“辑前致语”说得很清楚：“假使通体地读，一定可以得到小品文和漫画的综合的知识。”[5]可见，编者是有意识地将关于漫画的艺术争鸣集结起来，力求呈现出较为系统、明晰的漫画知识。

除此以外，20世纪30年代还出现了一批专业的漫画教材与研究专著。前者如上海新艺漫画函授学校辑行的《漫画作法》，1935年出版，短短半年便于《星华》杂志上刊登《再版启事》，足见这种技术知识型的教材颇受欢迎。后者如刘枕青的《漫画概论》，该专著凡四五万言，1938年由商务印书馆出版，翌年再版。该书共分5章，囊括漫画的意义、起源、种类、功用，漫画在中国的演变，漫画家的基础修养，漫画像、漫画法示例等内容。值得一提的是，作者在书中别具前瞻性地论及了漫画的民族性问题，在这一点上，张光宇在《民间情歌》系列漫画中的艺术探索堪称典范。

从早期的评点与简介到这一阶段的理论建设与教材出版，漫画知识生产不论在系统性上还是研究深度上，都取得了可喜的进展。这一时期也是漫画创作的繁荣期，可以说，创作的繁荣激起了争鸣的热情，而知识生产又反哺着创作，促使漫画创作再攀高峰。

（三）大众化与政治宣传

抗日战争爆发前后，为切合救亡的时代主题，漫画知识生产转向强调漫画的大众化取向与战时漫画宣传的价值和技巧。一方面，漫画不再唯幽默讽刺是从，而以通俗易懂为旨趣；另一方面，漫画的政治宣传价值被捧至极高地位甚或神化，如王敦庆高度评价其为“抗战救亡中最强的一环”[6]。

20世纪20年代后期，“漫画基因中沿自晚清的政治抒情与社会批判的内驱力遭遇到了某种断截”[7]，转向市井日常和时髦都市，陷入了娱乐化与色情化的舆论旋涡，这在相当程度上冲击着漫画作为一种大众艺术的合法性。为了摆脱这一合法性危机，漫画必须选择“和目前的政治形势相配合，和当今的大众紧密地挽着手臂”[8]，从书房和闺阁走向街头和农村，“更进一步地在作风上与大众握手，寒暄，技巧的运用逐渐由深讽而变通俗，由象征变为明快，由理论变为报道”[9]。

漫画的大众化是其宣传效果的基础，这一时期对漫画的批评研究都自觉地把漫画和宣传、救亡、抗战等词联系在一起，如丰子恺的《漫画是笔杆抗战的先锋》一文，分析了漫画的宣传力最广的两个原因，其一是“一望而知，不花时间”，其二是“漫画是一种世界语……文盲也看得懂”，因此，在他看来，“百篇文章不及一幅漫画”[10]。这一时期的漫画研究也往往特别突出漫画的宣传功能，如1943年商务印书馆出版的黄茅的《漫画艺术讲话》一书，不仅在第一章“漫画艺术是什么”探讨漫画本体论问题时强调了宣传漫画这一类型，还专门设第五章来探讨漫画对国际、对敌人、对民众宣传的不同方式和技巧。

这一阶段，漫画知识的生产主要服务于战时宣传，一方面致力于把控漫画家的创作方向，在呐喊冲锋的时代，呼吁“漫画家要利用一切可利用的形式进行抗日救亡的宣传”[11]，防止漫画因耽溺于个人趣味而沉没于战争的洪水之中；另一方面，漫画知识的大众化话语生产也是在培育漫画的大众读者，维护漫画作为大众艺术的合法性。

二、民国时期漫画知识的传播渠道

历经上述三个主要阶段，民国漫画知识的生产结下了累累硕果，而知识被生产出来之后必须进入传播阶段才能保持活性并产生效用。民国漫画知识主要通过以下四种渠道进行传播。

（一）专业漫画期刊

专门化的漫画期刊在刊载作品的同时，也是一个和同人、读者交流的平台，因此成为漫画知识传播的重要场域。以民国时期最重要的漫画期刊之一《时代漫画》为例，该刊既刊载漫画作品，亦不时登载一些国内外讨论漫画的文章，直接向读者传播漫画知识。如1934年第6期，该刊便在同一版刊登了两篇研究性文字，一篇是译自日本学者石滨知行的《漫画的社会性》，另一篇则来自海戈的《漫画的单纯性》，在标题和内容上相互对照，营造出一种讨论的气氛。

除了这种直接传播，《时代漫画》还十分注意通过编读互动来传播知识。该刊于1934年第9期起开设“读者公开信箱”，意在为编者、“读者及一般的热心的投稿者”开垦一片交流的园地，明确指出“特辟此栏，欢迎一切询问”[12]。该栏目第一期就刊载了某读者关于国内漫画理论书籍的咨询，编者在回应中不无遗憾地指出当时尚未寓目，但当期特邀王敦庆撰写《漫画的理论与实际之一：论连续漫画》一文以飨读者。这种立足于交流栏目的漫画专门知识传播既具备人性化的“对话”模式的优长，使知识的传受双方在充满温度的讨论氛围中相遇，实现点对点的精准传达；又在客观上搭建了一种广泛而公开的撒播性知识传播平台，为其他可能具有同样疑惑的读者扫除迷雾。同时，正如彼得斯指出，有时“公开撒播甚至可能是激发对话的基础”[13]，在此情境下，或有读者发现他们在单纯阅读之外的对漫画知识的研究兴趣，从而引发又一轮的友好知识交流。

漫画期刊的知识传播同时具有培育作者的向度。《时代漫画》不仅拥有一批以鲁少飞、张光宇等为代表的稳定漫画家作者群，也常常向全国范围内的漫画爱好者征稿，且对成名作家和无名作者一视同仁，因此各地作者纷纷踊跃投稿，“刊物也就成为他们不断提高自己的课堂”[14]。通过对《时代漫画》编辑—作者交流框架的微观史学考察，有学者指出这种双向互动能够起到培育新人作者的功用[15]，由此构筑了专业漫画家与热心投稿者共同发力的创作繁荣局面，使得漫画成为流行一时的艺术品类。此外，基于特定主题和特色栏目，面向全国漫画爱好者征稿的做法不仅有助于扶持新手画家，也在某种程度上具有促成新型漫画品类如地方报道漫画发展的作用。

（二）实地漫画展览

正值抗日战争全面爆发前夕，1936年由《独立漫画》和《时代漫画》两家期刊联合发起，在上海大新百货公司举办了我国漫画史上的“第一届全国漫画展览会”（以下简称“全漫展”），筹备委员有：叶浅予、张光宇、张正宇等三十多人。参展的漫画作品来自全国十八省，六百幅作品中抗日题材过半。据《新闻报》11月6日报道，漫展开幕两日以来，参观者已达三千余人之多，市长、主席等官方人员亦有到场[16]，可见场面之盛。此外，《朝报》《新京日报》《扶轮日报》《中国日报》等对“全漫展”均有报道。

相较于此前通过纸质出版物进行的漫画知识传播，这种利用实地设展的传播方式“冲击了私人化的阅读经验，将展厅空间变成了流动的新型册页容器与共时性公共阅读场所”[17]，被视为一种“空间出版”[18]新形式。值得注意的是，“全漫展”在上海大获成功后，应观众要求在全国巡展，极大地促进了漫画这一艺术的区域间传播。

一边是媒体造势，一边是流动参观，漫画展览会借助舆论东风巧妙地洗刷了“漫画无用论”的污名。这种直观呈现不仅有助于扩大漫画的受众群体，加深了普通民众对漫画这一文艺形式的认知，亦为后来的“漫画战”埋下了火种。抗战爆发后，漫画强大的宣传力、战时出版印刷条件的匮乏与严厉的文艺检查制度，使得这种空间出版形式延续下来，并进一步深入田间街头，走进普罗大众的日常生活。

（三）漫画函授教育

对于有志于创作的漫画爱好者而言，最无奈的便是缺乏教材与良师。仅从《时代漫画》的“读者公开信箱”中对漫画理论书籍与专门函授学校的咨询，我们便可对这种情绪窥得一二。函授教育是一种目的性明确的知识传播活动，不仅有益于漫画知识、技法的传播，还可为漫画的发展储备人才。

由此可见，鲁少飞、叶浅予和张光宇、张正宇兄弟牵头举办的漫画函授培训班具有重要意义。1931 年，《时代》杂志上整版刊登了一则招生广告，上呈学生习作一览，下署名中国美术刊行社，该社自称“培养漫画人才之唯一机关”，并打出了“不限职业，不论男女，加入练习，必有成就”[19]的口号。当时的“练习生”，后来成为漫画家的宣文杰回忆，“鲁少飞当时负责编写漫画函授讲义。他则管寄发讲义，学员有五六十人，如摄影界老前辈陈嘉生当时就是学员”[20]。

除了直接招生，不久后还出现了一种购买漫画教材赠送函授课程的营销手段。如《漫画作法》这一教材初版时就在启事中声明“由漫画家江毓祺、金剑凡担任指导，凡购该书一部，得可义务函授半年”[21]。教材与函授相辅相成，大大满足了漫画初学者的求知欲，短短半年便宣告再版，可见这种传播渠道颇受欢迎。

（四）漫画社团与组织

民国时期的漫画知识传播既有赖于上述各种媒介平台，但归根结底要看到媒介背后的“人”，如此一来，就不能不对重要漫画社团与组织机构进行查考。

1927 年，以张光宇为中心的青年群体成立了中国第一个民间漫画团体——漫画会，成员还有黄文农、叶浅予、鲁少飞等。一群痴迷漫画的年轻人聚在一起，共研漫艺。据学者毕克官对王敦庆先生的访谈可知，“漫画会集会至少 20 次。多在丁悚家。活动内容是讨论漫画知识。构图、解剖、色彩都涉及。最重要的是讨论漫画的功能”[22]。漫画会的这种沙龙式集会给漫画同好搭建了一个良好的交流园地，极大地促进了漫画知识的内部生产与传播。

第一届全国漫画展览会后，漫画家们感到成立一个全国性的漫画组织是促进漫画运动的迫切需要，于是在 1937 年春，中华全国漫画作家协会宣告成立，总会之下各省再设分会。这一组织定下八条原则，其中“每年举办流动性漫画展览会；每季出版同人杂志《漫画之友》以互通消息，切磋技艺；举办漫画讲习所以‘训练新人材，并随时召集会员举行座谈会，以增新知识’[23]；设计小规模图书馆，以供会员研究”这几条，充分显示了漫画组织的知识传播意识。

漫画团体组织除了内部的知识交流，也致力于推动漫画知识的社会普及。抗战爆发后，漫画家在救亡的旗帜下迅速组织起来，成立了上海漫画界救亡协会，1937 年 8 月底分派漫画宣传队奔赴各地“从事游击的漫画战”[24]，其自编刊物《抗战漫画》通过通俗化的漫画反映日寇暴行，鼓动抗日情绪，使得一般民众接受、认可漫画这一艺术形式。值得一提的是，该刊同时也发表了不少对战时漫画运动看法的文章，并介绍了一些苏联及欧美的反法西斯漫画。

三、新时代国漫知识生产与传播向何处去

文史掌故作家魏绍昌出于对民国漫画的偏爱，曾言“唐诗、宋词、元曲、明清小说以及民国漫画，都是代表一个时代的最富有特色、创造力以及名家荟萃的文艺种类”。虽为一家之言，但不可否认的是，漫画在民国时期确实曾刮起一阵潮流旋风。但令人遗憾的是好景不长，接续其发展的现代漫画重要力量之一的连环漫画于20世纪80年代遇冷，国产漫画出现断层现象。

2008年，《文化部关于扶持我国动漫产业发展的若干意见》发布，对这一问题有所关注，《意见》明确指出，要“高度重视漫画在动漫产业链中的基础性作用。加强对漫画创作的引导，扶持漫画创作与研究的重点刊物，奖励具有突出贡献的漫画创作人员。以美术馆、文化馆、群艺馆、博物馆为依托，展览展示原创漫画精品，推进漫画艺术教育，加强市场推广”[25]。这恰恰与民国漫画的知识生产与传播经验形成了某种跨时代的呼应，鉴往知来，当代国产漫画的崛起或可在对历史经验的追溯中获得一些启示。

（一）开发读者市场，破解“读图歧视”

2010年前后，随着以《革命之路》《切尔诺贝利之春》为代表的欧美漫画输入内地，成人漫画阅读市场开始升温，近年来以后浪出版公司旗下子品牌“后浪漫”为代表，多部优秀漫画和图像小说[26]被引进国内。然而，相较于文学、青少年图像出版物，成人图像类出版物的市场仍然局促。其中除了高定价、书店对图像小说分类误区等因素，还有一个由来已久的“读图歧视”问题阻碍着漫画市场的进一步发展。

所谓“读图歧视”，指的是的国内读者的阅读经验中，通常存在一种图像叙事具有低幼化倾向的偏见。在一般的阅读过程中，普通读者习惯性地通过文字表达获取信息，在理解图文内容时，也往往是以文字为主，以图像为辅，将文字的重要性远置于图像之上。

因此，要开拓成人漫画市场，首先必须致力于培育读者，而培育读者的第一要务就是要破解“读图歧视”这一难题。观念改变不易，但并非无路可循。遥想民国时期漫画进入国内时，也曾遭遇偏见，但面对偏见不能等着读者自觉消除，而应积极主动地进行知识生产与传播。在识字率低下的民国时期，漫画的浅显易懂成为漫画引介者的宣传卖点，而在当下，文字读物往往被视为严肃思想的载体，而图像则更多地充当文字的配角，沦为一种装饰性成分。面对此一困境，可借鉴民国漫画传播者的经验，根据时代特点发掘漫画的当代价值，以图像小说为例，对于这一新型出版物，首先可从媒体舆论入手，对其形式内容、艺术特征、发展历程等进行推介，使读者在认知上初步接受其阅读价值。

（二）善用空间出版，线上线下联动

当读者有机会接触到关于成人漫画的正面信息、知识时，他们对于尝试去阅读这一选择就会少一些抵触。但是，仅仅改变认知并不一定能促使读者（尤指缺乏此类阅读经验的读者）主动产生对当代漫画阅读的兴趣。这时候就可以吸收民国漫画的空间出版经验。

当民国漫画因转向都市娱乐内容而遭遇自身合法性危机时，举办漫画展览会这一举措巧妙地解决了其面临的形象危机，使其有机会重新担当起抗战救亡宣传的主力角色。这一历史经验对于当下的成人漫画市场不无启发，当普通读者对于成人漫画还抱有或刚刚消除偏见时，如果能为他们提供便捷、直观的优秀作品试读渠道，或可进一步在情感体验上扭转他们的观念。

这种试读体验渠道既可以效仿民国漫画展览会设置在实地场馆内，又可以充分利用时代优势，开通线上试读渠道，甚至可以采取线上、线下联动的方式，增加读者接触优质漫画出版物的可能性。当读者拥有了切身的、积极的阅读体验后，他们才有可能去接受、购买甚至向他人推荐漫画作品。

（三）重视艺术探索，培养专业人才

改变读者认知固然重要，但前提是市场能够提供充足的、风格多样化的优质出版物，这样才能吸引、巩固潜在的读者群体。在引进国外精品佳作的同时，还必须从源头上创设宽松正向的创作环境，鼓励国产漫画的艺术探索，依托专业院校培养专门人才。

民国漫画发展史上的重要刊物《时代漫画》之所以具有如此大的影响力，原因之一就是它拥有稳定的、大规模的原创作者群。因此，向外借力引进优秀作品固然重要，但更重要的是培育本土的专业创作者。2010 年以前，国产漫画市场低迷不振，一些优秀的漫画家迫于生存空间的挤压与文化交流的需要，远渡重洋出版作品。而如今，国内漫画市场逐渐回暖，部分优秀的漫画家如吴青松、聂峻、张晓雨等选择将重心放回国内，这无疑是巨大的利好消息。

在为这些已有成就的成熟作者提供良好的艺术探索与出版空间的同时，还应重视挖掘、提携新人创作者，完善培训、支撑体系，使得创作源头活水不断，只有当创作者群体形成气候，大众才更有可能关注到这一新型阅读品类。

（四）借鉴域外经验，讲好中国故事

尽管民国漫画的创作深受国外漫画的影响，但它能风行一时，靠的绝不仅仅是照猫画虎，而是靠基于他国经验与技法来呈现本国现实生活。以漫画家张光宇的创作为例，其风格既受到国外期刊漫画与墨西哥画家珂弗皮罗斯的影响，也熔铸了京剧艺术与民间文化，他终成具有鲜明个人风格的漫画大家。

因此，正视我国当代漫画发展滞后于国外的现实，积极学习他国创作、出版经验固然有其必要性，但更重要的是要立足本土，讲好中国故事。事实上，日本漫画之所以能风靡世界，其鲜明的民族风格与对时代情绪的精准捕捉是重要因素。在这个越是民族的就越是世界的时代，国漫创作者必须从民族文化中吸收养分，在新时代的广阔生活中取材，推出一批符合国情民意的代表作品，唯其如此才能真正走进本国读者的内心，也只有这样的故事才能吸引海外读者的目光。

新时代的国漫创作者们能否在扎根传统的同时放眼当下，创作出具有思想深度、风格辨识度的中国故事，是决定国内成人漫画市场能否实现良性发展的重要前提。如果这一期许能够实现，那么国产漫画极有可能成功走出去，成为在海外传播中国文化

的另一张艺术名片。

结语

漫画这一舶来品之所以能成为民国时期的一朵奇葩，引领艺术风气之先，在很大程度上得益于其知识生产与传播的成功运作。在这个读图时代重新梳理、审视民国漫画的历史发展经验，并借以观照当下国产成人漫画发展的现状，或许能够帮助国漫抓住时代机遇走向成熟。相较于民国时期，如今的国漫所面临的环境堪称优越，资本的涌入、媒体的关注、读者受教育程度的提高、多元包容的文化气氛……或许，在不久的将来，我们可以满怀自豪地见证一个国漫崛起的时代。

注释：

[1] 甘险峰：《中国漫画的几个史实问题——兼与〈漫画出版阶段志〉作者商榷》，《国际新闻界》2010 年第 12 期，第 124～127 页。

[2] 丰子恺：《漫画浅说（附图）》，《小说月报》1925 年第 11 期，第 125～127 页。

[3] 李新宇、周海婴主编：《鲁迅大全集 13 译文编 1924—1927》，武汉：长江文艺出版社，2011 年，第 193 页。

[4] 赵敬鹏：《民国漫画的创作与研究图景》，《中国图书评论》2018 年第 6 期，第 79～88 页。

[5] 陈望道：《辑前致语》，陈望道主编：《小品文和漫画》，上海：生活书店，1935 年。

[6] 王敦庆：《我们的伟大的将来》，《救亡漫画》1937 年第 11 号，第 4 版。

[7] 朱琳：《铁血与合法：抗战时期漫画的空间出版》，《编辑之友》2019 年第 12 期，第 94～99 页。

[8] 狄克：《漫画是图画底武装》，《漫画和生活》1936 年第 4 期，第 12～13 页。

[9] 汪子美：《漫画救亡时代》，《救亡漫画》1937 年第 2 号，第 4 版。

[10] 丰子恺：《漫画是笔杆抗战的先锋》，《建国画报》1939 年第 23 期，第 2 页。

[11] 毕克官：《中国漫画史话》，天津：百花文艺出版社，2005 年，第 282～283 页。

[12]《时代漫画》编者：《读者公开信箱》，《时代漫画》1934 年第 9 期，第 39 页。

[13] [美]约翰·杜翰姆·彼得斯：《对空言说：传播的观念史》，邓建国译，上海：上海译文出版社，2017 年，第 89 页。

[14] 毕克官、黄远林编著：《中国漫画史》，北京：文化艺术出版社，2006 年，第 122 页。

[15] 王琳：《〈时代漫画〉的“编辑—作者”互动探略：从一位无名投稿者说起》，《中国出版史研究》2022 年第 1 期，第 111～122 页。

[16]《林主席昨参观全国漫画展览》，《新闻报》1936 年 11 月 6 日，第 10 版。

[17] 朱琳：《铁血与合法：抗战时期漫画的空间出版》，《编辑之友》2019 年第 12 期，第 94～99 页。

[18] 朱琳：《铁血与合法：抗战时期漫画的空间出版》，《编辑之友》2019 年第 12 期，第 94～99 页。

[19] 陈坤泉、赵任之、译炽等作：《本社漫画函授部学生作品一斑》，《时代》1931 年第 5 期，第 27 页。

[20]《生活月刊》编：《时代漫画 被时光尘封的 1930 年代中国创造力》，桂林：广西师范大学出版社，2015 年，第 104 页。

[21]《漫画作法出版》，《新闻报》1935 年 12 月 11 日，第 12 版。

[22]《生活月刊》编：《时代漫画 被时光尘封的 1930 年代中国创造力》，桂林：广西师范大学出版社，2015 年，第 97 页。

[23] 毕克官、黄远林编著：《中国漫画史》，北京：文化艺术出版社，2006 年，第 144 页。

[24] 王敦庆：《漫画战(代发刊词)》,《救亡漫画》1937 年创刊号,第 1 版。

[25] 文化部：《文化部关于扶持我国动漫产业发展的若干意见》。[2008 年 8 月 19 日]https://www.gov.cn/gzdt/2008-08/19/content_1075077.htm。

[26] 图像小说与漫画既有联系,又有区别,因其目前分类归属尚未取得共识,为叙述方便,本文暂时将其纳入成人漫画阅读范畴。

深描：出版生活史研究的重要方法

段文娥

（华中师范大学文学院，湖北武汉，430079）

内容摘要：深描是研究人员对研究对象进行的长时段田野观察和深度访谈后，对研究对象的文化体系与生活模式以及被它们支配的行为之描写。历经母体借鉴、个别引领和众多出版生活史学者的共同选择后，深描成为出版生活史研究的重要方法，有助于对出版文化现象更全面、深入和富有洞察力的理解。运用深描开展出版生活史研究大体分为两步：一、在聚焦出版生活琐事、捕捉出版人的社会话语、考据出版人的生活之物基础上，还原出版人的本真生活；二、将出版生活嵌入能够理解其意义的地方文化与社会情境之中，深刻阐释出版生活的意义。深描成为出版生活史研究的重要方法，从而拓宽了出版生活史的史料范围，凸显了研究人员的主体地位，开拓了出版生活史的更大可能性。

关键词：深描；出版生活史；研究方法；微观洞察；文化解析

20世纪70年代中期，日常生活史首先出现于德国和意大利[1]。20世纪80年代后，日常生活史研究得到社会史、新文化史、微观史学研究者的积极呼应[2]。史学研究潮流从传统的宏大叙事转向历史变迁中的个体生活，研究对象从精英扩展至普通人，研究内容从宏观的非个人结构转向社会日常的方方面面。现今，受新文化史的影响，日常生活史的研究取向呈现出一种“眼光向下”与“眼光向上”的平衡之势。出版生活史是出版史对史学最新发展态势的呼应。2017年，范军首倡“出版生活史”，并将出版生活史界定为一切与出版生活有关的历史，它的核心是出版人的日常生活史，主要研究他们的经济生活、休闲生活以及交往生活。这里的“出版人”既包括那些著名的出版家、编辑家、发行家，也包括为数众多的普通编辑、校对、发行人员、店员，以及其他从事出版工作的一般职工[3]。自此之后，出版生活史逐渐成为出版史研究的新动向和新增点。于出版生活史而言，研究方法是决定出版生活史研究质量的关键因素。方法是研究者欲达目的地、求得目的物的一个利器或工具[4]。然而，截至目前，鲜有学者聚焦出版生活史的研究方法。笔者通过理论推演和实践归纳，发现深描是出版生活史研究的重要方法，是出版生活史研究的显微镜和透视镜。

一、深描的源起和演进

从词源来看，“深描”一词源于对英文“thick description”的翻译，《辞源》和《辞海》中都没有“深描”一词。作为一种研究方法，深描源于西方某些著名学者的贡献。

（一）深描的滥觞

美国著名人类学家弗兰茨·博厄斯（Franz Boas，1858—1942）被称为深描的先驱。博厄斯对美洲印第安语言进行了史无前例的调查，并着力于其文化的细致描写，研究其语言与文化的关系。博厄斯1911年编辑出版的《美洲印第安语言手册》被当今学界公认为深描的原始范本和理论滥觞[5]。

（二）概念的提出

英国哲学家、日常语言牛津学派创始人之一吉尔伯特·赖尔（Gilbert Ryle，1900—1976）在1966年—1967年发表的《思考与反思》一文中，以击球方法训练为例，指出人类行为可能有明确的目的，也可能纯粹为了行为本身。因此，所谓深描，不仅要描述研究对象的具体行为，还要描述他们自己当时怎么想的，然后具体化行为结果评价标准，再结合评价标准分析其行为的意义[6]。随后，在其1968年发表的《思想之思考》一文中，赖尔以眨眼这一动作的多重表意为例，指出深描就像一个多层三明治，浅描只是其中最底层的那块面包片，深描与浅描之间存在一个分层划等的意义结构，它被用来编织、感知和阐释不同的意义[7]。可见，深描的“深”指的是语意之深，这种“深”体现在它的区分能力上，体现在它能够将生理学范畴的眼皮抽动与社会学范畴的眨眼示意以及不同意图的眨眼示意区分开来[8]。这种“深”必然建立在对意义结构的深层次把握的基础上。

（三）方法的开创

美国文化人类学家克利福德·格尔兹（Clifford Geertz，1926—2006）在1973年出版的《文化的解释》一书中借用了赖尔的“深描”，并为其赋予新的意涵和生命。格尔兹认为民族志即是深描[9]。深描民族志有四个特色：第一，它是阐释性的；第二，它所阐释的对象是社会话语流；第三，这种阐释在努力从一去不复返的场合抢救这种话语的“言说”，并把它固定在阅读形式中；第四，它是微观性的[10]。从事民族志研究就是建立关系、选择调查合作人、作笔录、记录谱系、绘制田野地图、写日记等等。但并不是这些技术和程序规定了这项事业，规定它的是它所属于的那种知识性努力，即经过精心策划的对深描的追寻[11]。

可见，深描不仅是一种观察方法，更是一种解释方法。它是指研究人员对研究对象开展长时段的田野观察和深入访谈后，从发生在特定情境中的地方性事件，以及研究对象日常生活中的言行举止、所作所为、所思所想中描述出一个以研究对象为本位的地方文化体系，再结合地方文化、特定情境解释研究对象的生活意义。

二、深描成为出版生活史研究的重要方法

（一）日常生活史对人类学方法的借鉴

“日常生活”是那些同时使社会再生产成为可能的个体再生产要素的集合[12]，以重复性思维和重复性实践为基本存在方式[13]，主要包括三个方面，即工作、家庭和“私人生活”、闲暇活动，这三个方面共同组成了一个辩证统一体，决定着具体的个

人[14]。日常生活史具有三个方面的特点：首先，日常生活史关注的是下层的历史，侧重历史上的“无名的人”的定性经验；其次，日常生活史将广义的历史演进过程视为普通人的动态实践的成果，而不是抽象的国家或市场强加的非个人结构或力量；第三，从底层视角反思现代社会所谓的进步、合理化和解放的代价[15]。于是，把无名的人“解救”出来，挖掘普通人所经历和体验的生存状况，把握社会底层的日常生活和思想观念，理解他们生活的意义，成为日常生活史学家无可推卸的责任[16]。

既然要研究多数人的日常生活史，就需要寻找新的历史学途径。于是，日常生活史学家开始借鉴人类学研究方法。日常生活史学家首先将目光投向人类学，是因为从本质上看日常生活史和人类学有许多相似之处。首先，日常生活史和人类学一样，都是解释性而非系统性的科学；其次，日常生活史与人类学的研究对象都是“他者”，前者为过去，后者为异邦，过去与异邦就是由于时间或空间的差异而与研究者所处社会形成一定研究距离的他者[17]。在借鉴人类学方法时，日常生活史学家主要借鉴了“深描”这一方法，他们把过去看作是可与之进行对话、可对之加以诠释和解读的活生生的世界，把日常生活史研究看作对过去所作的民族志，通过重新挖掘和整理历史资料，运用大量细节重建起一个个微观的个人、家族或社区的日常生活，并对隐藏于日常生活背后的文化因素进行解释[18]。于是，一批相关研究成果相继出版，比如埃曼纽·拉杜里（Emmanuel Le Roy Ladurie，1929—2023）的《蒙塔尤：1294—1324年奥克西坦尼的一个山村》以一名宗教裁判所的法官的调查、审理记录再现了法国南部一个牧民小山村的生活、思想、习俗；卡洛·金堡兹（Carlo Ginzburg，1939—）的《奶酪与蛆虫：一个16世纪磨坊主的精神世界》利用宗教裁判所的审判档案来研究一位被控持“异端邪说”的磨坊主的世界观及其知识来源；娜塔莉·泽蒙·戴维斯（Natalie Zemon Davis，1928—2023）的《马丁·盖尔归来》利用婚书、遗嘱、交易文书、纠纷与仲裁书等材料讲述了一个离奇的冒名顶替故事。这些研究聚焦此时此地的普通百姓的日常生活及其精神世界，用叙事史学的方式娓娓道来，将读者带入一个个不同的微观世界[19]。

（二）个别研究者的创新引领

罗伯特·达恩顿（Robert Darnton，1939—　）是深描方法的早期采用者和坚定拥护者，也是将深描应用到出版生活史领域的第一人。达恩顿曾与格尔兹连续六年共同开设历史学与人类学跨学科研究课程，因而其研究理念深受格尔兹的影响。达恩顿在1984年出版的《屠猫记：法国文化史钩沉》被称为出版生活史的深描典范。在这本书的第二章《工人暴动：圣塞佛伦街的屠猫记》中，达恩顿以印刷工人尼古拉斯·孔塔（Nicolas Contat，1717－1768）留下的手稿《印刷工趣事》为史料，形象生动地描绘了1730年代末在法国巴黎的圣塞弗伦街上，印刷学徒杰尔姆、雷维耶和一些职工对包括师母的爱猫“小灰”在内的猫进行猎捕、审判、绞杀的全过程，并将这一团体恶作剧嵌入印刷工人阶级与印刷资产阶级开始形成、阶级地位日益悬殊的社会文化脉络中，解释印刷工人屠猫狂欢的缘由，即印刷工人对资产阶级积怨已久，却又无可奈何，只好以这种较为安全的方式宣泄愤懑，嘲弄资产阶级，乃至当时的法律和社会秩序[20]。这一研究为深描在出版生活史领域的应用拉开了序幕。

将深描方法引入出版生活史具有十分重要的意义。首先，极大地扩展了出版生活史的史料范围。格尔兹采用一种广泛的"文本"观念，他认为"文本"不只包括记载文字的媒介，还包括所有能够传递意义的载体。"观点、乐曲、公式、地图和图片均非可供观赏的理想之物，但却是可供解读的文本，仪式、宫殿、技术及社会组合物亦是如此。"[21]在格尔兹"广义文本观"的影响下，出版生活史的史料范围得到空前拓展，文字材料、影像资料、实物资料全都成为出版生活史的史料，比如历史档案、个人日记、信札手稿、法律文书、人文建筑、交通工具、生活用品、文学艺术、民间习俗、印刷器械等等。其次，凸显了研究人员的主体性。将深描引入出版生活史，研究者同史料构成一种新型主客体关系。透过史料，研究者与研究对象实现平等对话，你中有我，我中有你，即所谓主体间性。再者，深描对研究人员自身及其生活的世界给予了极大的关注。研究人员不是作为出版生活的旁观者，而是作为出版生活的参与者，通过对出版生活史的参与，从中寻找出版生活的智慧，并带着这些智慧参与现实的出版生活，从而创造新的出版生活史。最后，将深描方法引入出版生活史，扩大了出版生活史的可能性。戴维斯曾有言："人类学对我的历史反思的影响，不是强化了我对不变的过去的认识，而是强化了我对人类经验多样性的认识。""人类学可以拓宽可能性，帮助我们打开眼界，给我们一个新的视角来审视过去，并从早已熟知的历史文本中发现惊奇。"[22]于出版生活史而言，将深描引入出版生活史，也扩大了出版生活史的可能性。深描不仅为我们提供了一个从出版人内部看待出版生活史的视角，也为我们呈现了出版生活史的多样性。

（三）出版生活史研究共识的形成

1989年，美国传播学及社会学领域的著名研究员诺曼·K. 邓金（Norman K. Denzin，1941—2023）在其出版的《解释性交往行动主义》一书中，将"深描"作为一种人文社会学科质性研究方法予以系统完善。邓金认为深描即那种能够深刻把握某一情境中所发生的经验及其意义的叙述[23]。随后，深描被广泛用于文化史、生活史、教育史等领域。这些研究成果中，相当一部分关涉出版生活，比如鲁湘元著的《稿酬怎样搅动文坛——市场经济与中国近现代文学》、陈明远的《文化人的经济生活》、许纪霖的《近代中国知识分子的公共交往（1895—1949）》等。2010年前后出版生活史逐渐为研究者自觉采用[24]，一批出版生活史研究成果得以产生，比如清秋子著的《张爱玲私人生活史》，刘群的《时局 饭局 书局——新月社研究》，欧阳敏的《中国出版家·舒新城》等。

截至目前，出版生活史方面已有不少研究成果。总体来看，出版生活史已有的研究取径大体可分为两种：一是"生活全息史"研究取径，即以一个地区、一个类别、一个企业、一个群体或者个体为中心，在一定时空范围内整体概览生活实景的方方面面，真实而全面地反映出版人的日常生活，并将其嵌入能够理解其生活意义的文化脉络及生活情境中，解释出版生活背后的文化意涵。就这种取径而言，除少数基础理论构建的研究外，大多采用深描法。比如范军、刘晓嘉于2022年发表的《生活史视域下的左翼文学出版》一文，作者深入挖掘信札、文学出版情况统计分析资料、相关调查报告、统计图表、会议录、回忆录、期刊、专著等史料，从日常消费、日常交往及日常观念三个维度勾勒出左翼文学的作者、出版者、读者的日常生活，并将其置于20世纪30年代的社会文化背景中，阐释其出版生活的意义。消费生活方面，20世纪30年代，上海现代都市的形成和消费文化的兴起，文化消费已经从“阳春白雪”向“下里巴人”延伸，文化消费圈层的扩大，为左翼文学出版提供了滋养的土壤。在文化消费领域，左翼文学是当时最有利可图的文学品类，吸引了为数众多的作者和出版人。这些作者和出版人为左翼文学的发展提供了智力支持和平台支撑。交往生活方面，作者、出版人和读者在各自的日常交往中找到了家园归宿，他们共同进入左翼文学场域，促进了左翼文学的兴盛和出版业的昌盛。日常观念方面，20世纪30年代的中国，民族矛盾和阶级矛盾日益突出。双重矛盾夹击之下，作者、出版人、读者极易产生左翼思想观念，左翼观念又深刻影响其消费、交往，进而影响左翼文学的出版[25]。

二是“生活侧面史”研究取径，即以出版人的日常生活中的某一侧面为问题导向，如经济收入情况、社会交往情况等，详细追踪某一生活侧面在一段时期内的发展变化，然后将其置于能够理解其意义的社会结构或文化情境中，追问变化背后的深层动因。就这一研究取径而言，几乎都是采用深描法。比如日本学者花登正宏撰有《鲁迅的经济生活》一文，对鲁迅在1912年至1936年间购书的种类、数量及费用进行了细致描述，并对鲁迅在北京和上海时的经济收入进行了阶段化分析。相对而言，鲁迅的收入是比较高的，作者将其1929年—1936年间的收入与当时沪上一流明星演员阮玲玉及普通职员相比，阮玲玉那时“年收入一万元”，“拥有小轿车和专职司机，过着上流阶层的生活”，当时上海的四大百货大楼之一的永安公司的男职员的年收入是600元，鲁迅这八年的平均年收入是8500元，略低于阮玲玉，远高于普通工薪阶层。除了购书费用以外，作者也整理了鲁迅的日常开销，例如房租、伙食费、女佣人的工钱以及寄予家人的生活费等。同时，作者还结合社会背景进一步挖掘了鲁迅的家庭收支心理——为了反对民国政府的反动统治，以备不时之需。他从鲁迅的弟子增田涉的记录得知，鲁迅“为了反对政府，是准备好了钱才干的，受到迫害什么都做不了也有饭吃。大部分人不做好准备，一受到压制就败下阵来了”[26]。

总的来看，无论何种取径，就方法层面而言，大多采用深描法。由此可见，深描在事实上已经成为出版生活史研究的重要方法。然而，从实践结果来看，这些成果质量较为参差，一些研究仅停留在对出版人的逸闻趣事的提取之上，亦有一些研究缺乏深层次的思考，其意义解释与文化分析如蜻蜓点水。鉴于此，本文试图从格尔兹的相关论述以及一些优秀的出版生活史深描案例中，提炼深描的具体应用方法，总结深描的具体步骤，归纳各个步骤的操作要领，以期为当前的出版生活史研究提供有益参考。

三、运用深描开展出版生活史研究的步骤

出版生活史的深描是一个层层挖掘、不断逼近、逐渐抵达的过程。从整体上看，深描可以分为两个主要步骤：一是出版生活的微观描述；二是出版生活的意义阐释。

（一）出版生活的微观描述

研究者通过聚焦出版人的生活琐事、追踪出版人的社会话语取向、考证与出版人

日常生活密切相关的人和物，捕捉出版生活的细腻纹理，从最逼真处重建栩栩如生的出版生活史。

1. 聚焦生活琐事

聚焦出版人的日常生活琐事，尤其是那些鸡毛蒜皮和司空见惯的小事。毕竟，日常生活无非是些琐事，这些琐事反复发生，历经多次反复后取得一般性，甚至变成结构。它们侵入社会的各个层次，在世代相传的生存方式和行为方式上刻下印记。有时候，几桩琐事足以使某盏信号灯点亮，为我们展示某些生活方式[27]。正是那些寻常细微的出版生活琐事，比如出版人的饮食起居、服饰姿态、宾客宴请、技艺特长等，在结合限定的社会场景和历史脉络后，有望为传统命题提供另一种阐释角度，给那些困扰当代出版发展的宏大命题提供合理依据和解决思路。比如罗蓉蓉等的《出版生活史视阈中的胡风——以〈七月〉为中心的考察》，以日记、书信、传记、回忆录等为史料，聚焦胡风主编《七月》期间的家书、编读书信，座谈会、茶会、聚餐会，并将其置于重庆大轰炸、印刷困难的历史文化情境中，揭示胡风的社会交往兼具理性与情感，构成了《七月》发展的持续动力，为《七月》的出版赢得了经济资本、文化资本及情感动力[28]。

2. 追踪社会话语

格尔兹表明，深描的目标就是追踪社会话语的取向[29]。因为赋予生活意义的文化形态正是在社会话语中得到表达的[30]。社会话语是以多种腔调表达出来的，不仅以词语言说，还以行动来展示，此外，也在各种思想状态中得到表达。因此，追踪出版生活的话语取向，不仅要关注出版人的言语、行为，更要结合人物的职业身份和思想状态，探寻其话语取向与出版观、出版实践之间的联系。比如贺燕的《陆费逵的出版生活史述论》在日记、书信、文稿、演讲稿、报纸等资料中全面捕捉陆费逵的社会话语，比如“革命必当胜利，预先准备教科书，”“如以诲淫诲盗的书籍，供献于世，则其比提刀杀人，还要厉害……恶书之害，甚于洪水猛兽，不知害多少人”[31]。这些话语在很大程度上彰显了陆费逵的职业身份，表达了陆费逵的出版理念，也形塑了陆费逵的出版实践。

此外，格尔兹还提到，不仅要追踪社会话语的取向，还要将社会话语进行“刻录”，并将其作为文本记录下来，把某个瞬间发生的社会话语变成一种可供日后查询的记载[32]。因而，研究人员不仅要追踪出版人的社会话语，还应从一去不复返的日常中抢救出版人的社会话语，并以可阅读的形式将之进行保存。在“大智云移”时代背景下，研究人员还应充分应用大数据、人工智能、云计算、移动互联网等技术手段，将这些话语数字化、数据化、智能化处理，并予以妥善存储。

3. 人造物考古

在格尔兹看来，文化形态也在各种人造物中得到表达，它们的意义来自它们在日常生活中所扮演的角色[33]。人造物提供了一种比语言更具体、更持久的方式分享价值观、行为和生活方式[34]。出版人的生活方式、生活品位及生活水平都在各种人造物中得到表达。人造物不仅表征了出版人的日常生活，还在出版人的日常生活中扮演了一定角色，并对出版人的日常生活产生了实质影响。因此，洞察出版人的本真生活，需对出版人日常生活中的人造物及其设计、制造过程、使用方式以及在出版生活中扮演的角色进行细致考究。比如胡悦晗在《日常生活与阶层的形成——以民国时期上海知识分子为例(1927—1937)》一文中，以建筑史稿、风土录、回忆录、年谱、书斋漫话、传记、文集、书信、日记、告别录、学位论文等为史料，对1927年—1937年的上海的知识分子的居住空间进行考证。胡悦晗认为1927年—1937年上海的知识分子分别住在亭子间、里弄住宅与花园洋房这三种不同层次的住宅之中，这三种不同层次的住宅分别代表不同的阶层，象征不同的生活方式。他们在居住、饮食、服饰与出行等日常消费层面呈现出巨大的差异[35]。

（二）出版生活的意义阐释

深描不仅为出版生活史研究提供了一种微观而又周到的“知其然”模式，更为重要的是，深描还为出版生活史研究提供了一个深刻而又具体的“知其所以然”机制。研究者结合具体的个案，进一步梳理出版人日常生活的意义结构，还原出版生活情境，解释出版人的生活意义。

1. 梳理出版人的“意义之网”

深描是建立在这样一个前提之上，即人是悬挂在由他们自己编织的意义之网之上的动物。文化就是由这些社会公认的意义之网构成的符号交融体系[36]，可以让各种社会现象在其中得到清晰描述[37]。格尔兹认为，文化的分析是(或应当是)意义的推测，从较好的推测引出解释性的结论，不是去发现意义的大陆，不是绘制它的无形的景观[38]。在解释中我们无法重铸别人的精神世界或经历别人的经历，只能通过别人在构筑世界及阐释现实时所用的概念和符号去理解他们[39]。因而，在出版生活史的意义得到阐释前，必须对当时当地的出版人所编织的意义之网进行系统梳理。

在对出版人的意义之网进行系统梳理时，研究人员面临着双重任务：一是要揭示与出版人的日常生活相关的概念和符号，比如出版人、出版生活、生活意义、出版文化等等，这些概念和符号数量庞大且十分复杂，其中许多彼此纠缠、相互叠压；二是对这些概念和符号进行分层划等，建立一个地方出版文化符号体系，并以此作为一个意义分析框架，让出版人的劳动、工作、消费、休闲娱乐、社会交往等日常活动的本质特点及其意义在其中得以显现。

出版人是出版文化的内部持有者和出版生活的行动者，在对出版文化符号体系进行系统阐述时，必须以出版人为取向。这就意味着，有关出版人的意义之网的描述，研究人员必须依据出版人自身的生活经验，以及他们用以明确说明其经历的方案[40]。随着文化分析的深入，研究人员逐步切入研究对象的内部，对研究对象的所作所为进行阐释，然后加以系统化[41]。

2. 澄清出版人的生活情境

情境指运用某一话语结构表达某种特定意义时所依赖的各种主客观因素的总和[42]，既关涉行为主体和对象，也关涉其所在的环境，是一个既开放又封闭的相对性的场域[43]。出版生活史的情境指的是与出版生活史相关的即时性场域。出版生活史必然发生在一定的情境中并与之关联。情境不只是形塑出版生活史的外在因素，亦是出版生活史的一部分。因此，在阐释出版生活史的意义前，必须澄清出版生活史的情境。比如，傅国涌在《时局·饭局·格局——史量才在九一八之后的公共生活》一文中，以《黄炎培日记》为中心，旁及其他材料，建构起史量才在“九一八”事变之后的公共生活的脉络，并对史量才的公共生活意义进行阐释。在阐释其饭局等公共生活前，作者对史量才开展饭局等公共生活的时局进行了细致描述：“九一八事变后，蒋介石曾邀请史量才等上海各界头面人物去南京谈话。1931 年 11 月 6 日他们乘夜车到南京，8 日与蒋介石在励志社见面。那天上午从 10 点钟起，蒋介石跟他们聊了两个半小时，关于东北问题讨论甚详。会后众人和蒋介石的合影，史量才站在蒋旁边。回到上海以后，这些人 11 日又到史量才家聚餐，商量大局。”[44]

3. 在具体的个案中概括

格尔兹有言：“不是超越个案进行概括，而是在个案中进行概括。”[45]深描的重要性和迷人之处就在于它复杂的特殊性及对差异的精细描述[46]。出版生活史是出版人的生活史，生活是感受的，个人体验乃是生活的本质。对出版生活意义有着最直观、最深切体会的莫过于具体的出版人。因而，在出版生活史的意义阐释时，最应该关心的不是抽象的“出版人”，而是具体的“这个出版人”，从具体的这个“有限理性”的出版企业家、“以写文为生”的作者、“编著一体”的编辑、“为生存而战”的印刷工人、“作为出版掮客”的发行人[47]中进行概括。比如杨卫民在 2015 年出版的《摩登上海的红色革命传播：中共出版人在上海的社会生活实践：1920—1937》中就用了深描法。书中第三章《理想与专业的结合：中共出版人的都市出版生活实践》，作者深入挖掘民国时期的中共出版物或当时与中共出版人有密切关系的出版物，相关档案资料，中共党史、出版史和文化史资料汇编，回忆录和日记，当时出版的图书资料，以及相关文学性作品等史料，从出版理念、出版机构、出版物、出版流程方面重现 1920 年—1937 年中共出版人在上海的出版生活实践及其阶段变化、路径与特色，揭示了中共出版人在出版工作中的抗争与坚持。杨卫民在阐释中共出版人的出版生活实践的意义时，就是从李达、徐白民、毛泽民、钱俊瑞、艾思奇、倪忧天、陈豪千、毛齐华、彭礼、陈独秀、李汉俊、蔡和森、向警予、瞿秋白、邵力子、俞秀松、陈望道、袁振英等具体的个案中进行概括的[48]。

结语

出版生活史就是一个黑箱，研究出版生活史就是想方设法打开黑箱，以观察黑箱内部的各要素，并解释这些要素如何卷入其中。深描恰好是可以打开这一黑箱的钥匙之一。深描为出版生活史研究提供了一个从微观洞察到深刻阐释的研究路径。研究者首先聚焦出版生活琐事、追踪出版生活的社会话语、考证出版生活之物，从细微处还原出版生活的原貌；然后结合具体个案，进一步梳理出版生活的意义结构，还原出版生活情境，解释出版人的生活意义。

深描方法的引入，使得在浩瀚无垠的社会历史文化中定位出版生活史成为可能。当然，出版生活史研究也不必因深描而自限。究其根源，研究方法的选择标准只有一个，即能够合理地解答所要探讨的问题[49]。近年来，数字人文展现出强劲的发展潜力。数字人文为人文学科提供了新的研究视角和知识建构方式[50]。数字人文亦可为出版生活史提供新的研究方法和知识建构方式。或许在一定程度上，数字人文也能助力中国特色出版生活史知识体系的建构。未来，研究人员应充分运用数字人文技术及理念，不断丰富和发展出版生活史的研究。

注释：

[1] 刘新成：《日常生活史与西欧中世纪日常生活》，《史学理论研究》2004年第1期，第35～47、159页。

[2] 范军、欧阳敏：《出版生活史：出版史学研究新视阈》，《现代出版》2017年第2期，第60～73页。

[3] 范军、欧阳敏：《出版生活史：出版史学研究新视阈》，《现代出版》2017年第2期，第60～73页。

[4] 蔡尚思：《中国思想研究法》，长沙：湖南人民出版社，1988年，第1页。

[5] 王海龙：《导读一：对阐释人类学的阐释》，[美]克利福德·格尔兹：《地方性知识：阐释人类学论文集》，王海龙、张家煊译，北京：中央编译出版社，2000年，第11页。

[6] G. Ryle, *Collected Essays1929—1968: Collected Papers Volume2*, London and New York: Routledge, 2009, pp. 488-489.

[7] G. Ryle, *Collected Essays1929—1968: Collected Papers Volume2*, London and New York: Routledge, 2009, p. 497.

[8] [美]林·亨特编：《新文化史》，姜进译，上海：华东师范大学出版社，2011年，第71页。

[9] [美]克利福德·格尔兹：《文化的解释》，纳日碧力戈，等译，上海：上海人民出版社，1999年，第11页。

[10] [美]克利福德·格尔兹：《文化的解释》，纳日碧力戈，等译，上海：上海人民出版社，1999年，第23页。

[11] [美]克利福德·格尔兹：《文化的解释》，纳日碧力戈，等译，上海：上海人民出版社，1999年，第6～7页。

[12] [匈]阿格妮丝·赫勒：《日常生活》，衣俊卿译，重庆：重庆出版社，2010年，第3页。

[13] 衣俊卿：《现代化与日常生活批判——人自身现代化的文化透视》，北京：人民出版社，2005年，第31页。

[14] [法]亨利·列斐伏尔：《日常生活批判（第一卷）》，叶齐茂、倪晓晖译，北京：社会科学文献出版社，2018年，第28页。

[15] B. S. Gregory, "Is Small Beautiful? Microhistory and the History of Everyday Life", History and Theory, 1, 1999.

[16] [美]罗伯特·达恩顿：《导论》，《拉莫莱特之吻：有关文化史的思考》，萧知纬译，上海：华东师范大学出版社，2010年，第6～7页。

[17] 张广智：《西方史学史》，上海：复旦大学出版社，2005年，第353页。

[18] 张广智：《西方史学史》，上海：复旦大学出版社，2005年，第356页。

[19] 姜进：《总序》，[美]罗伯特·达恩顿：《拉莫莱特之吻：有关文化史的思考》，萧知纬译，上海：华东师范大学出版社，2010年，第3页。

[20] [美]罗伯特·达恩顿：《屠猫记：法国文化史钩沉》，吕健忠译，北京：新星出版社，2006年，第77～85页。

[21] [美]克利福德·格尔兹：《尼加拉：十九世纪巴厘剧场国家》，赵丙祥译，上海：上海人民出版

社，1999年，第164页。

[22] N.D. Zemon, "The Possibilities of the Past", *Journal of lnterdisciplinary History*, 1, 1981.

[23] [美]诺曼·K. 邓金：《解释性交往行动主义：个人经历的叙事、倾听与理解》，周勇译，重庆：重庆大学出版社，2004年，第193页。

[24] 欧阳敏、王雅菲：《中国近现代出版生活史研究述评》，《华中师范大学学报(人文社会科学版)》2019年第4期，第155～160页。

[25] 范军、刘晓嘉：《生活史视域下的左翼文学出版》，《现代出版》2022年第6期，第103～112页。

[26] 增田涉：《鲁迅杂记》，花登正宏著，解泽春译：《鲁迅的经济生活》，《鲁迅研究月刊》2006年第5期，第26～37页。

[27] [法]费尔南·布罗代尔：《15至18世纪的物质文明、经济和资本主义（第一卷）日常生活的结构：可能和不可能》，顾良、施康强译，北京：商务印书馆，2017年，第10页。

[28] 罗蓉蓉、范军：《出版生活史视阈中的胡风——以〈七月〉为中心的考察》，《出版科学》2019年第3期，第123～128页。

[29] [美]克利福德·格尔兹：《文化的解释》，纳日碧力戈，等译，上海：上海人民出版社，1999年，第21页。

[30] [美]克利福德·格尔兹：《文化的解释》，纳日碧力戈，等译，上海：上海人民出版社，1999年，第20～21页。

[31] 贺燕：《陆费逵的出版生活史述论》，《出版参考》2019年第2期，第56～59页。

[32] [美]克利福德·格尔兹：《文化的解释》，纳日碧力戈，等译，上海：上海人民出版社，1999年，第22页。

[33] [美]克利福德·格尔兹：《文化的解释》，纳日碧力戈，等译，上海：上海人民出版社，1999年，第20页。

[34] T. Dant, *Material Culture in the Social World: Vales, Activities, Lifestyles*, Buckingham and Philadelphia: Open University Press, 1999, p. 3.

[35] 胡悦晗：《生活的逻辑——城市日常世界中的民国知识人(1927～1937)》，北京：社会科学文献出版社，2018年，第100～110页.

[36] [美]克利福德·格尔兹：《文化的解释》，纳日碧力戈，等译，上海：上海人民出版社，1999年，第5页；第13页。

[37] [美]克利福德·格尔兹：《文化的解释》，纳日碧力戈，等译，上海：上海人民出版社，1999年，第16页。

[38] [美]克利福德·格尔兹：《文化的解释》，纳日碧力戈，等译，上海：上海人民出版社，1999年，第23页。

[39] 陈启能主编：《二战后欧美史学的新发展》，济南：山东大学出版社，2005年，第216页。

[40] [美]克利福德·格尔兹：《文化的解释》，纳日碧力戈，等译，上海：上海人民出版社，1999年，第17页。

[41] [美]克利福德·格尔兹：《文化的解释》，纳日碧力戈，等译，上海：上海人民出版社，1999年，第17页。

[42] 朱春艳、陈凡：《语境论与技术哲学发展的当代特征》，《科学技术哲学研究》2011年第2期，第21～25页。

[43] 李福：《人工物的社会性存在与生成及其四种社会情境》，《科学技术哲学研究》2019年第2

期，第 73～77 页。

[44] 傅国涌：《时局·饭局·格局——史量才在九一八之后的公共生活》，《江淮文史》2015 年第 4 期，第 144～156 页。

[45] [美]克利福德·格尔兹：《文化的解释》，纳日碧力戈，等译，上海：上海人民出版社，1999 年，第 29 页。

[46] [美]克利福德·格尔兹：《文化的解释》，纳日碧力戈，等译，上海：上海人民出版社，1999 年，第 31 页。

[47] 范军、欧阳敏：《论出版生活史研究范式的双重特质》，《编辑之友》2020 年第 7 期，第 26～31 页。

[48] 杨卫民：《摩登上海的红色革命传播：中共出版人在上海的社会生活实践：1920—1937》，上海：上海大学出版社，2015 年，第 123～224 页。

[49] 李漫：《元代传播考：概貌，问题及限度》，北京：北京大学出版社，2013 年，第 7 页。

[50] 陈静：《历史与争论——英美“数字人文”发展综述》，《文化研究》2013 年第 4 期，第 206～221 页。

新时代红色动画“中国故事”的创作与传播

资小玉

（河北民族师范学院文学与传媒学院，河北承德，067000）

内容摘要：在新时代背景下，动画作为一种重要的文化传播媒介，对于传承和弘扬红色文化资源、引导青少年形成正确的世界观、人生观和价值观具有显著的现实意义。本文通过对21世纪特别是近十年来的红色动画作品进行综合分析，涵盖了电视、电影和网络三种传播形态，揭示了红色题材动画在创作数量和质量上的增长趋势及其现实特征。文章还进一步探讨了新时代红色动画的创作与传播策略，并提出了相应的思考与建议，旨在为红色动画的创新发展提供理论支持和实践指导。

关键词：新时代；红色动画；中国故事；红色文化资源

在全球化语境下，对“中国故事”的讲述与传播是新时代动画创作的重要主题。弘扬中华优秀传统文化和红色文化是动画“中国故事”的新主流方向。其中，讲述中国革命历史、光辉党史、社会主义现代化建设、礼赞革命英雄的红色动画，作为“中国故事”表达的重要组成部分，一定程度上激发了全民尤其是新时代青少年的爱国主义热情和对英雄先烈的崇敬之情。例如，红色题材电视系列动画《延安歌谣》（2022）和《林海雪原》（2021）、抗美援朝系列电影中的动画电影《最可爱的人》（2020）以及网络动画《那年那兔那些事儿》（2015—2019）等作品，均在不同程度上展现了红色文化的深刻内涵和时代价值。

尽管红色动画的创作目前尚未完全成熟，存在诸多值得探究和思考的问题，但其发展对于凝聚民族精神、铸牢中华民族共同体意识以及传承红色基因、赓续精神血脉具有不可替代的作用，尤其是在培育青少年儿童核心价值观方面承担着特殊的使命。红色动画作为一种艺术形式，不仅承载着传递历史信息和文化价值的功能，更是在新时代背景下对青少年进行爱国主义教育和革命传统教育的有效途径。通过红色动画的创作与传播，可以进一步激发青少年对国家历史的兴趣，增强他们对国家和民族的认同感，从而在全球化的大潮中坚守文化自信，传承和弘扬中华优秀传统文化和革命文化。

一、红色题材动画创作现状与主要特征分析

近年来，随着爱国主义热情的高涨和民族精神与中华优秀文化的振兴，爱国主义题材的影视剧数量显著增加，并在主流媒体中占据了重要地位，形成了受观众追捧的“新主旋律”发展态势。在此背景下，动画创作亦呈现出与该潮流同向同行的趋势。根据对21世纪以来，尤其是近十年爱国主义题材红色动画的可查数据统计分析，其主要特征可以概括为以下几个方面。

（一）数量增长趋势明显，致敬英雄的献礼作品增多

自21世纪以来，尽管红色题材动画在总体动画产量中所占比例不大，但随着时间的推移，其数量呈现明显增长趋势。特别是在国家重要纪念日，如新中国成立70周年、中国共产党建党90周年和100周年等节点，红色动画作为献礼作品的数量和影响力显著提升，成为文化宣传的新亮点。

红色动画作为一种文化传播媒介，其创作与传播可以从集体记忆和历史叙事理论进行探究。集体记忆理论认为，社会群体通过共享的记忆来构建和维持其身份认同，而历史叙事则是集体记忆构建的重要方式。在红色动画的创作中，通过再现历史事件、塑造英雄人物，可以强化观众对国家历史的记忆，从而增强民族认同感和爱国主义情感。例如，为庆祝新中国成立70周年而制作的动画片《翻开这一页》(第四季，2019)和《可爱的中国》(2019)，以及为纪念建军90周年而推出的《红游记》(2017)，都是通过动画形式重现历史，传承红色基因，弘扬爱国主义精神的典型案例。为纪念建党100周年而制作的《小英雄雨来》(2021)和《延安歌谣》(2021)，以及抗美援朝题材电影《最可爱的人》(2020)，都是通过动画这一载体，将红色故事以更加生动、直观的方式呈现给观众尤其是年轻一代，从而在新时代背景下继续传承和弘扬红色文化。这些作品不仅在国内产生了广泛影响，也在国际上传播了中国的红色文化和历史价值观。

这些红色动画作品不仅作为艺术作品存在，更是红色文化教育和传播的重要工具，通过创新的叙事手法和多媒体技术的运用，使红色故事在现代社会中焕发新的生命力，对增强国民的文化自信和历史责任感发挥了积极作用。

（二）制播形式丰富多元，电视、电影、网络并驾齐驱

自21世纪以来，爱国主义题材的红色动画在制播形式上经历了显著的多样化发展。从传统的电视动画系列片、电影长片到集锦电影，再到网络视频短片等，这些形式共同构成了红色动画的丰富景观。在全媒体视域下，电视、电影和网络形成了三足鼎立的格局，其中网络以其包容性和便捷性，成为与大众生活紧密相连的动画播映平台。各大网络平台根据自身特色，打造了不少原创动画作品，进一步推动了红色动画的创新与发展。

通过统计分析2000至2023年间的数据，可以观察到红色题材电视、电影与网络动画在不同播映平台上呈现出不同的特点。电视作为传统媒体平台，覆盖了较为广泛的观众群体，红色电视动画的发展也相对平稳，但近十年播映的红色题材数量较前十年明显增多。例如，动画系列片《翻开这一页》(2014—2019)和《可爱的中国》(2019)等作品在电视平台上播出，为观众提供了了解和传播红色故事的途径。而红色题材动画

电影常在特定纪念日如建党百年等节点推出，成为献礼作品。例如，《湘江1934·向死而生》(2019首映/2021重映)作为国内首部采用动画形式表现湘江战役重大题材的电影作品，在自治区党委宣传部指导下制作推出，获得了多个奖项和提名，反映了红军将士的革命精神。红色题材网络动画的发展趋势则与电视和电影有所不同，尤其是2015年之后网络动画开始迅速崛起。例如，《那年那兔那些事儿》作为原创红色网络动画的代表，“截至2022年底，全网累计播放量已超30亿，是国内播放量最大的军事历史动画”[1]。其弹幕效应产生了具有一定话题性和网络传播力的名句，如“此生无悔入华夏，来世愿在种花家”(“种花”为“中华”的谐音)，激发了观众的爱国热情。此外，网络动画如《血与火：新中国是这样炼成的》(2021)在各大平台上线半年时间，“全网累计播放量超过10亿，相关微博话题阅读量突破4.1亿”[2]，显示了网络动画在传播红色文化上的广泛影响力。

综上所述，红色动画在电视、电影和网络上均有分布，且各有特点。电视动画覆盖面广，电影动画在特定节点推出具有较高的文化价值和社会影响力，而网络动画则以其互动性和便捷性吸引了大量年轻观众，成为传播红色文化的重要途径。这些数据表明，红色动画在不同平台上都发挥了积极作用，对于弘扬爱国主义精神、传播红色文化具有重要意义。

（三）内容以“红色经典”改编为主，原创内容亦有所增加

在新世纪的背景下，爱国主义题材红色动画在内容创作上亦呈现出丰富多元的态势。这些动画作品主要以“红色经典”改编为主，同时也包括了一定数量的原创内容。“红色经典”这个概念，“在狭义上指新中国成立初期至20世纪70年代中期出品的革命历史小说。之后，这一概念的所指进一步扩大，通常将1942年后体现毛泽东《在延安文艺座谈会上的讲话》精神的典范性文艺作品都纳入其中，涵盖了小说、电影、音乐、舞台剧等艺术样式”[3]。

随着影视行业的不断发展，红色经典作品成为动画改编的重要资源。例如，曲波的长篇小说《林海雪原》被改编成了多种形式的影视作品，包括2011年的动画电影《智取威虎山》和2021年的五十二集系列动画片《林海雪原》。此外，抗美援朝题材的电视动画系列片《最可爱的人》(2016)和动画电影《最可爱的人》(2022)也是基于经典故事的改编作品。这些改编作品在保留原著精神内核的同时，通过加入现代动画元素和创新叙事手法，使得红色故事更加符合当代观众的审美需求和价值观念。

除了对经典作品的改编，原创红色动画作品也不断涌现。如具有河北地域特色的红色动画电影《西柏坡》(2011)，该作品作为建党90周年的献礼动画片，获得了包括第十四届中国电影华表奖优秀动画片奖在内的多个奖项。此外，还有如瑞金赣州地区的建军90周年献礼电视动画系列片《红游记》(2017)和陕西省重大文化精品项目、建党100周年重点动画片项目《延安歌谣》(2021)等原创作品，这些作品不仅展现了地域文化特色，也尝试将地方红色文化资源与旅游产业相结合，推动了相关产业链的发展。

这些红色动画作品，无论是改编还是原创，都在传承红色文化、传播社会主义核心价值观、弘扬爱国主义和民族精神方面发挥了重要作用。

（四）充分利用数字动画技术，与地方红色文旅深度融合

在20世纪50年代至80年代初，上海美术电影制片厂推出了一系列以革命现实主义为题材的动画作品例如《红领巾》(1965)、《草原英雄小姐妹》(1965)、《小号手》(1973)、《小八路》(1973)、《两只小孔雀》(1978)和《小白鸽》(1978)等，这些作品不仅涉及“红色”文化，还反映了新中国社会主义建设时期儿童和青少年的生活状态。这些动画主要采用传统的手工制作技术，包括手绘、木偶、黏土、剪纸和折纸等定格动画形式。当时的动画艺术家们将这些作品定位为艺术创作，而非单纯的商业产品，他们对每部作品都倾注了大量心血，精心雕琢，力求达到艺术上的完美。

到了新世纪，由于计算机技术的发展，利用数字技术的三维动画开始普及，但中国动画的制作和发展经历了从计划经济到市场经济的转型，商业化运作下红色动画数量明显处于低洼，大部分红色题材动画都是在政府的资金支持下才得以诞生。此期间，政府为了扶持国产动画创作，使其在市场化的竞争中能够生存发展，对于国产动画按照制作时间给予了相应补贴，其中又以3D动画的补贴最高。然而这种基于动画制作时间的补贴方式，产生了一些急功近利质量口碑较差的畸形动画，其中也包括一些红色动画，如英雄人物题材动画系列片《雷锋的故事》(2010)，画面3D效果粗糙、动作语言生硬、剧情呆板幼稚，制作水平饱受诟病，以至于被戏称为“本土最差的3D动画”。这样的动画本来题材是很好的，但由于质量不佳而适得其反，一定程度上对爱国主义宣传教育也产生了负面效应。

近些年，这样的局面得到了很大的改善，在红色动画的制作上也更加注重技术的精良。为纪念中国人民志愿军抗美援朝出国作战70周年，动画电影《最可爱的人》(2020)作为抗美援朝系列电影中唯一的动画作品，采用短片集锦的形式，讲述了杨根思、邱少云、黄继光等英雄人物的故事。该电影多角度展现了抗美援朝战争的情景，通过动画技术生动再现了中国人民志愿军在朝鲜战场上的英勇形象，并围绕歌颂英雄、礼赞祖国的主题，弘扬了爱国主义和革命精神。同时，影片也向当代青少年传达了珍惜当下、为国家繁荣昌盛贡献力量的价值观。在细节处理方面，该动画电影突出展现了数字动画技术的发展。影片中，志愿军战士的军装、面部表情的微妙变化和身上的伤痕，以及战争场景中的枪炮效果与音效，均呈现出高度的真实感和立体感。这种视听效果对于重现历史情境、唤起观众对历史事件及英烈形象的敬意和共鸣，发挥了至关重要的作用。

除了充分利用数字动画技术，各地区红色动画发展的另一个重要特征即是充分挖掘和表现地方红色文化资源，与地方红色文旅深度融合，试图形成有效的地方区域文化旅游产业链。如《锡北烽火》(2022)、《延安歌谣》(2021)、《红游记》(2017)等，一定程度上对带动当地动漫产业的发展、游戏和衍生品市场的开发，以及促进文化与相关产业尤其是旅游产业融合起到重要的示范和引导作用。另外在乡村文化振兴的时代背景下，各地利用动画制作宣传地方红色文化资源的同时，亦通过开辟相应的红色研学路线等方式积极开展中小学爱国主义教育活动，有意将红色文旅充分融合寓教于乐。

二、新时代红色题材动画创作与传播的几点思考

自21世纪以来，红色动画的发展动态和主要特征表明，尽管在良好的国产动漫复兴氛围中，爱国主义题材的红色动画数量有所增长，并在网络上占据了一席之地，但在整个动画市场中，其数量比重仍然不高。这一现象既有市场化需求和商业因素的制约，也与红色题材动画的创作难度和艺术水准密切相关。抗美援朝系列动画电影《最可爱的人》(2020)的导演之一何澄老师在谈及爱国主义红色动画时表示，“给孩子们看的这类动画太少了，寓教于乐不好做，需要智慧和创作能力”[4]。针对新时代红色题材动画的创作与传播，笔者以为需从以下几方面进行改进。

（一）转变低幼化创作思维，把握红色题材的历史真实感

在红色动画创作领域，存在一种值得深思的现象，即部分创作者为了追求娱乐效果而采取的低幼化创作思维。这种思维模式往往导致动画作品中动物角色的过度插入，似乎认为没有动物角色的动画就无法吸引儿童观众，这在一定程度上受到了迪士尼动画风格的影响，但更多是创作者对红色题材的误解和主观臆断。

以根据曲波同名红色经典小说改编的动画电影《智取威虎山》(2011)为例，其改编过程中的一个创新是引入了松鼠和乌鸦等动物角色，并让它们作为主要人物的爱宠参与到杨子荣与座山雕的斗争中，形成了与主要人物形象相呼应的隐喻式对立元素。这种设计虽然为电影增添了活泼的夸张感和生动性，但同时也引发了一个问题：动画的娱乐性与革命历史的真实感之间是否存在天然的冲突？这种设计是否容易导致观众对革命英雄事迹的真实性产生怀疑？深入分析不难发现，问题主要出在动画编剧的创作思维上。红色题材动画中可以包含拟人化的动物角色，但不应过度架空设计，更不应让它们参与到革命的关键事件中。红色革命题材的历史性和真实感不应在追求娱乐的过程中被消解。

动画作为一种独特的艺术形式，其想象力和创造力更不应被等同于低幼化思维。动画的特性可以在角色人物形象的情绪表达、内心活动上进行创新，也可以在故事的叙述方法、美术设计等方面进行探索。例如，在红色动画电影《小兵张嘎》(2005)中，张嘎梦见自己的木枪能够发射出追踪敌人的子弹，这一场景既展现了动画的夸张和想象力，又戏剧化地表现了张嘎渴望战胜敌人的心理。

央视动漫推出的电视动画系列片《林海雪原》(2021)，同样改编自红色经典小说，但在创作思维上摒弃了低幼化方式，采用了写实主义和浪漫主义手法，最大限度地保留了红色经典中人物故事的历史年代感和真实性。在动画美术场景设计上，该作品充分发挥动画的特性进行了大胆的处理，特别是在色调、透视和光感上，突显了林海雪原独特的环境和地域特色，并高度还原小说中的地形地貌设计，力图将人物置于特有的自然环境中，展现革命英雄人物的平凡与伟大。该动画画面制作精良，故事节奏紧凑，不仅能够让青少年通过动画感受祖国的壮丽风光，了解中国革命历史，还能让孩子们在红色故事中领悟解放军战士的革命精神，树立正确的人生观和价值观。

（二）突出地域特色，呈现别样动画风格

回顾中国动画发展史，可以发现一些动画作品在风格上模仿痕迹较重，难以体现

中国特有的趣味和地域特色。在处理不同省市地域的革命文化红色故事时，首先应关注其地域性特征。由于自然环境和历史背景的差异，各地形成了独特的民族文化传统。因此，在动画设计中，故事背景、人物服饰、居住环境以及民歌曲调和风土人情等方面，都应体现出鲜明的地域特色，这对故事的叙述方式和制作手法具有重要影响。以红色电视动画片《延安歌谣》(2021)为例，其画面表现手法充分展现了黄土地、窑洞、头巾、羊毛褂等陕西风情和陕北延安革命战争时期的地方特色。此外，该动画还将陕北地区的革命童谣融入其中，使地方特色更加鲜明且紧扣主题。“据主创们介绍，《延安童谣》中的童谣遴选自陕北民间童谣精品，邀请知名音乐家谱曲再创作，形成系列童谣作品，让每一集都有一个民间童谣故事，都有一首耳熟能详的童谣歌曲”[5]。

当前，随着数字动画技术的发展，3D动画的广泛应用令人惊叹于其立体效果和“逼真感”，但同时也应警惕和反思：动画艺术的本质是否仅仅是逼真？逼真是否是观众，尤其是青少年儿童所追求的美感？回顾20世纪美术片时代，动画艺术家们主要采用传统的手工制作技术，包括手绘、木偶、黏土、剪纸和折纸等定格动画形式，这些方式虽然耗时耗力，但其民族特色和创新是一大亮点。曾任美影厂木偶组组长的靳夕认为，美术片不宜采用逼真的表现手法来实现真实感，而应根据其本性，采用符合民族审美习惯且适度夸张的手法来实现艺术的真实性和美感。“美术片和其他文学艺术一样，必须有自己民族的特点。没有鲜明的民族形式和民族风格，就没有独创性。”[6]因此，新时代动画如何在制作技术上赋予民族化个性化的创意表达，在动画风格上别具一格，富有中国地域特色和民族气韵，值得进一步探索和创新。

此外，通过画面视听呈现地域特色不仅直接影响动画风格，还对地方尤其是乡村红色文化资源的对外传播具有重要作用，甚至能够牵引和带动整个地方文化和旅游产业的同向发展。例如继动画《红游记》(2017)之后，52集动画系列片《少年家国梦》(2024)在多个电视媒体和新媒体平台播出，再次吸引了众多青少年和亲子家庭关注“打卡”瑞金，“该动画中不仅展现革命斗争的艰辛，还融入了瑞金当地客家文化、古色文化、美食文化、非遗文化等代表性文化”[7]。其线下精心打造的《少年家国梦》红色基因传承超级IP体验馆在“庆祝中华人民共和国成立75周年，红色文化传播全媒体接力直播”中也获得了国家广电总局的特别推荐，这些举措不仅提升了瑞金红色旅游的吸引力，也为传承红色基因和弘扬爱国主义精神提供了新的路径。

（三）拓宽传播途径，将红色动画融入青少年爱国主义教育

在新时代背景下，全面贯彻立德树人的根本任务，引导青少年树立正确的价值观，培养能够承担民族复兴大任的时代新人，是教育工作者肩负的重要责任。动画作为一种深受青少年喜爱的艺术形式，若能合理运用，将在青少年的爱国主义教育中发挥积极作用。

红色动画以其直观生动和强烈的感染力，能够吸引学生的兴趣，使其更乐于接受教育内容。这类动画可以适时融入中小学的教育教学之中。例如，最新统编版中小学语文教材收录了《小英雄雨来》《黄继光》《狼牙山五壮士》等革命故事，若能以动画形式呈现，将丰富教学手段并拓展教学内容。2020年7月，国家广播电视总局推荐的爱国主义题材动画片《翻开这一页》(2014)采用了当地知名主持人扮演教师的角色，结合

真人与动漫的表现手法，再现教科书中的题材。该动画精选了中小学语文教材中的二十六个近现代党史和伟人故事，分为伟人故事和重大事件两大主题系列，以生动的手法重新诠释了这些语文课程中的经典篇章。此外，将红色动画纳入课外第二课堂，并与爱国主义主题教育活动及当地红色旅游研学相结合，也是一种有效的教育方式。例如，党史动漫专题片《血与火：新中国是这样炼成的》(2021)在线上获得广泛关注和热议后，随即推出了线下同名动漫主题展。该展览不仅展示了动画片的内容，还通过应用增强现实(AR)技术等互动手段，提升了展览的互动性和沉浸式体验，这种结合传统教育与现代科技的展览形式，受到了青少年和广大观众的广泛好评。

在全媒体和智能时代的背景下，应进一步加强红色动画的宣传和公益播放。研究显示，红色动画的数量本就不多，传播力有限，且传播时长受到多种因素的制约，导致许多已播映的红色动画难以再次被观众找到。随着数字化技术的发展，资源共享已成为趋势，红色动画的传播平台越丰富、越开放，就越有利于红色文化的弘扬与传播。因此，有必要利用多元化的媒体渠道，如网络视频平台、社交媒体、公共电视台等，扩大红色动画的覆盖面和影响力，使之成为青少年爱国主义教育的重要载体。“2021 年为了庆祝中国共产党成立 100 周年，上海美术电影制片厂在学习强国 App、腾讯视频等各大平台线上展映了 20 世纪六七十年代一批珍贵的红色经典动画，其中包括剪纸动画《红军桥》(1964)、《红领巾》(1965)、《山伢仔》(1978)，手绘动画《草原英雄小姐妹》(1965)《小号手》、(1973)《两只小孔雀》(1978)和《小白鸽》(1978)，木偶片《小八路》(1973)等。这些珍贵的红色影像从内容到形式都具有鲜明的时代特点和民族特色，对新时代红色动画的创作具有重要的影响和启示意义。”[8]

结语

习近平总书记在地方考察时曾强调“革命传统教育要从娃娃抓起，既注重知识灌输，又加强情感培育，使红色基因渗进血液、浸入心扉，引导广大青少年树立正确的世界观、人生观、价值观”，“要讲好党的故事、革命的故事、根据地的故事、英雄和烈士的故事，加强革命传统教育、爱国主义教育、青少年思想道德教育，把红色基因传承好，确保红色江山永不变色”[9]。

中国地域广阔，红色文化资源遍及全国，尤其是在乡村地区，这些资源不仅丰富，而且往往具有鲜明的地域特色，成为乡村振兴中的独特优势资源。通过动画讲述红色经典、传递红色精神，是传播乡村红色文化资源的可行性路径和方法。同时，乡村红色文化资源也为动画创作提供了生动的素材，并注入了具有教育引导价值的红色精神内涵。在新时代背景下，我们要针对红色动画创作的现状及其面临的问题，从创作思维、制作风格和有效传播上进行适当调整和完善，力争产出艺术性和思想性都具有较高价值水准的精品红色动画，在寓教于乐中实现红色精神与爱国主义教育有机融合，引导青少年树立正确的价值观和人生观，为实现中华民族的伟大复兴贡献力量。

＊本文系国家社科基金艺术学一般项目“主旋律电影建构主流意识形态认同机制研究”(21BB053)的阶段性成果。

注释：

[1] 林霜：《秦雷：带着"那兔"落户成都，是因为这里能给我们更多助力》。[2023 年 02 月 07 日] https://sichuan.scol.com.cn/ggxw/202302/58809135.html。

[2] 李依环、秦华：《〈血与火：新中国是这样炼成的〉：让正能量传播找到"流量密码"》。[2021 年 12 月 07 日]http://dangshi.people.com.cn/n1/2021/1207/c436975-32301968.html。

[3] 陈犀禾、赵彬：《红色经典电影及其国家叙事》，《电影艺术》2021 年第 4 期，第 36 页。

[4] 此处为笔者在做红色动画调研时对何澄老师采访中所谈论的相关内容。

[5] 高婷：《动画〈延安童谣〉："延安娃"讲述红色故事》。[2021 年 11 月 11 日]https://www.xuexi.cn/lgpage/detail/index.html? id=9222629977704180573&item_id=9222629977704180573。

[6] 特伟：《创造民族的美术电影》，《美术》1960 年第 Z3 期，第 51 页。

[7] 漫看 IP：《瑞金动画〈少年家国梦〉国庆节卡酷少儿全国首播》。[2024 年 10 月 08 日] https://www.163.com/dy/article/JDVLGPLJ05569HHV.html。

[8] 资小玉、舒柯人：《论"美术片"时代红色动画的特征及启示》，《黄冈师范学院学报》2023 年第 2 期，第 115 页。

[9] 习近平：《用好红色资源，传承好红色基因 把红色江山世世代代传下去》，《求是》2021 年第 10 期，第 6～9 页。

“日常”与“事件”：论新时代中国非虚构文艺的人文精神

李梦雅

（苏州城市学院，江苏苏州，215000）

内容摘要： 新时代中国非虚构文艺观照“日常”，聚焦“事件”，深入探讨人的尊严、价值和命运等问题，呈现出具有温情底色与人本关怀的人文精神。非虚构文艺书写“日常”，是贴近现实、反映现实的叙事选择，蕴含着“以人民为中心”的价值理念；同时，又以塑造群像的方式在“事件”中提炼国家精神，使主题与立意得以升华。“日常”与“事件”相互交融，将个体价值与社会价值、个人理想与“中国梦”、历史意义与时代精神整合于非虚构文艺作品之中，使其人文精神摆脱狭隘得以升华。

关键词： 非虚构文艺；人文精神；日常；事件；新时代

包罗万象的“日常”进入新时代非虚构文艺的创作视野，是贴近大众、观照现实的必然选择。“日常”作为一个“不规则、可隐匿、难以预测的领域”[1]，其所展现的各类表象都映射着当下感受，无差别覆盖的所及之处包含着现实本质和人性本真，因而散发出无法遮掩的人文精神。同时，非虚构文艺没有囿于“日常”，还聚焦凝结意义的“事件”。相对于“日常”，“事件”是被放置于社会结构且其变迁产生影响的事情。因此，非虚构文艺通过“事件”“聚焦火热的社会生活场域”[2]，使人文精神得到提炼与彰显。可见，“日常”与“事件”的双重视角，不仅是新时代非虚构文艺的呈现内容，也能据此透视其人文精神表达的方式与过程。

一、书写“日常”：人文精神的出场

非虚构文艺呈现日常生活，与生俱来地伴随着人文关怀，因为日常生活接近本体论意义上的本真状态。日常生活是与每个人的生存息息相关的领域，包含着“基本不变的部分，这是人类存在不可或缺的基础，其总体或某一要素的消失会‘导致混沌状态、世界末日和人类生活的终结’”[3]。

新时代以来，“日常”不可避免地被卷入社会现代化进程当中。作为现代化进程下的一种新的生存空间与生活场景，城市生活是非虚构文艺作品所关注的重要对象。作品对城市本质的展现，同样也是对其中鲜活个体本质的揭示和解剖。“城市已同其居民们的各种重要活动密切地联系在一起，它是自然的产物，而尤其是人类属性的产物。”[4]

城市不仅是人类的生活场景，而且承载了生活意义的创造，凝结了城市人的精神风貌和思想品质。非虚构文艺对中国城市发展的描写，折射出现代社会中人们生存状态的现实与变化。纪录片《城市24小时》通过城市这一物质空间，展现了不同城市人群的精神气质与精神风貌。徐前进的“日常生活与档案系列”以颇具先锋性的视角将日常生活场景视为精神空间，着眼于剖析现代人的生存境地与情感状况。如他所言：“如果更多的人去记录当下的日常景观，也就是我们每个人所生活和工作的城市，一个阐释时代精神的叙事类型就会出现。”[5]非虚构文艺作品通过现代城市的“日常”透视人们的精神家园，在这样一个物理空间中带来“诗意地栖居”的慰藉。

在非虚构文艺的书写中，城市与时代精神相互交织。众多非虚构文艺作品聚焦城市中的个体与集体，在宏大的时代变迁背景下对社会现实进行审视与描摹。张雅文的报告文学《百年钟声》，以重大历史节点为坐标，将时代精神与民族精神内化至香港人的生活细节之中。董晨鹏的《共和国平民简史》以主观视角进入日常百姓生活，力图以家庭为叙事角度透视社会变迁与国家发展。现代化时代洪流袭来，个人的生存境地与命运不可避免地被裹挟其中，每个人的生存状况都与经济发展、社会改革以及转型的阵痛紧密联系在一起，如白描的《三代人的采煤故事》中祖孙三代的人生命运连接着煤矿、时代与国运；张晓惠的《北上海，这片飞地上的爱恨情愁》中守望土地60余年的老人见证了“北上海”人在社会变迁中饱经沧桑、脱胎换骨的过程与代价。

“日常生活是现代性的一个表征，它揭示了现代生活的种种复杂和局限。”[6]新时代以来，在现代社会工业化、信息化、智能化速度的助推下，城市“日常”逐渐迷失本真主体性。新时代非虚构文艺关注到这一表象背后隐藏的危机与困境，如长江的《直面北京大城市病》、杨黎光的《家园》将目光聚焦北京和深圳两座特大城市，剖析其“城市病”的形成原因。徐剑的《白山黑水》中所描述的东北老工业基地虽已从衰败教训中吸取经验，但改革升级之路道阻且长。工业化不仅给城市带来诸多问题，身处其中的人也在面临基本的生存问题，如王敬东的《职业病》中的“新工人”群体因劳动环境和生产方式问题而罹患职业病，救助难的问题暴露出医疗、法律、政策等方面的源头性难题。

愈加复杂严峻的城市病及城市危机背后，本质是人的生存危机与精神危机。一些中国非虚构文艺作品以人本观念关注这一群体的物质生活和精神世界。其中，有两类人群受到更多关注，一是在城市化进程中，游离在城市与农村的务工群体；二是因劳动力流向城市形成的农村被忽略甚至遗忘的群体。

日常生活的现代性客观上改变了传统社会中亲密化、私人化的人际关系纽带，人与人的互动方式也因此发生变化。在现代社会活动中，日常生活时刻存在那种不经意的彼此相遇（encounter）[7]，这种不经意看似微不足道，但却是在复杂的城市环境中对自我管理和人际交往熟练能力的高要求。然而从乡土社会走向现代城市社会的群体，因环境、认知等诸多差异导致其无法融入现代城市社会，很难适应其运转规则。他们在城市与农村的夹缝中艰难生存，迷茫与不知所措成为他们的精神枷锁，如丁燕的“工厂三部曲”中孤独又敏感的工厂男孩女孩们；杨豪的《城乡大裂变》中挣扎生存的农民工群体。现代化进程的不断深入，社会的流动速度加快，打破了这一群体以地域为基础的传统型社会生存模式。完全不同的社会运转模式给这些在乡土社会中长大却在现代城市中生存的群体，带来思维与精神世界的隔膜与不适。非虚构文艺作品中对这一群体的关注无疑正是一种深入灵魂的人文观照。

在城市化进程中的留守群体几乎被排除在社会发展进程之外，他们在现实的挤压下成为缺场的存在。城市之外的生活场景在一些文艺作品中常常被隐去，成为一种虚化的空间，从一个侧面印证了这一群体存在价值被弱化、精神状态被漠视的现状。留守群体就是重要的缺场存在。不少新时代非虚构文艺作品以朴质的文字或细腻的镜头语言，给近乎冷酷的现实世界注入一丝温情色彩。《北京文学》的“农村留守系列”、杨豪的《农村留守妇女生存报告》、彭晓玲的《空巢》等纪实文学都对留守群体予以关注，揭示了农村传统稳定的生活模式与文化结构在经济化、现代化的大潮冲击下土崩瓦解，农村妇孺和老人群体的情感问题已日益演化为严峻的社会现实问题。还有如王海霞的《疼痛的农村——“越南媳妇”出逃背后调查》通过描写花钱买“越南媳妇”的现象，揭开农村光棍危机与婚姻贫困的残酷现实。非虚构文艺作者通过冷峻的笔触让我们听到了来自社会最寂寥角落的呼唤，看到了一个又一个艰难挣扎生存着的活生生的人。这种立场与视角展现出非虚构文艺肩负社会责任、敢于担当的品质。

新时代中国非虚构文艺对“日常”的书写并不等同于直接展现日常生活本身，因为其“作为自在的类本质对象化，日常生活的基本活动图式不仅是日常生活自身特征的写照，也在很大程度上折射出非日常的社会活动领域的重要特征”[8]。这里书写的“日常”是时代与社会的缩影，就如同具有修辞功能的符号体系，能指形态各异，但所指统一，都共同指向中国现代社会的思想观念和价值理念。

二、聚焦事件：人文精神的群像书写

新时代中国非虚构文艺在“日常”中聚焦“事件”，包括国家图景中的历史事件、社会发展中的重要经济事件、超出“阈限状态”的突发性事件等。“事件”与人及其活动相互关联。“生成于‘事’的世界，具体表现为属人的世界或人化的存在，其内在特点在于既涉及事实界，也关乎价值界。”[9]非虚构文艺对“事件”的聚焦，不仅展现现实世界的本源意义，而且更反映人的精神世界的价值意义。

中国非虚构文艺从“事件”中个体与社会的关系出发，以“类”的整体性概念入手进行群像式书写。这一书写方式可以较为全景式地描述人类在社会变迁、时代浪潮中的生存状态与命运，折射出整个社会、国家的发展状况和前途未来。特定群体在相对的历史事件内呈现出不同层面的国家精神，包括国家历史事件中战斗群体的爱国主义精神；社会经济活动事件中行业群体的时代奋斗精神；灾难事件里中华民族秉持命运共同体理念，团结一致。

（一）国家历史事件中的战斗群体与爱国主义精神

国家图景中的历史事件是一个国家发展的鲜明历史印记。在中国反侵略与建立新政权的特殊动荡时期，战斗群体的战斗生活成为他们的“日常”。在这些“日常”中，非虚构文艺作品选取中国近现代革命事件中的典型群体，集中反映以爱国主义为主的民族精神，同时也是对帝国主义、殖民主义、西方中心主义等意识形态的揭露和批判。

从鸦片战争到抗日战争，非虚构文艺以特有的笔触深入“反侵略”事件的历史细节，以尽可能的客观叙述，在悲壮底色下凸显战斗群体永不磨灭的爱国精神。多部展现鸦片战争时期的作品刻画了爱国志士群体，他们在晚清帝国无法逆转颓势中，面对帝国主义侵略依然恪守“苟利国家生死以，岂因祸福避趋之”的精神品质，如陈启文的《海祭——从虎门销烟到鸦片战争》中的救世能臣、抗英战士；纪录片《甲午》中视死如归的北洋水师等。讲述抗日“事件”的非虚构文艺更是塑造了多阶层战斗群像，如王树增的《抗日战争》、彭荆风的《旌旗万里》等纪实文学描绘的全民族抗日图景；李延国的《根据地》、程雪莉的《寻找平山团》、铁流的《一个村庄的抗战血书》等纪实文学刻画的农民武装力量；电影《八佰》、徐锦庚的《台儿庄涅槃》等描摹的国民革命军。这些性格各异、身份多样的抗日群体在统一战线中为共同的历史目标，以凛然的民族大义和巨大的牺牲呈现出中华民族独有的精神面貌。这些作品中爱国志士的斗争精神都深藏着一个民族自救的深层动机，支撑它的是一个救国梦、强国梦。此外，一些非虚构文艺将参与“反侵略”事件的对象扩展至国际层面的反法西斯群体。如丁晓平的《另一半二战史：1945·大国博弈》聚焦于二战期间波茨坦会议上大国首脑间的较量；张雅文的《与魔鬼博弈：留给未来的思考》、陈正荣的《紫金山下二月兰》等纪实文学将视角转至普通民众，讲述了来自中、德、日、丹麦等国的反法西斯斗士，如何在压迫与危险中伸张正义、维护世界和平。

因此，非虚构文艺所塑造的国家历史事件中的战斗群体拥有多层人文精神，一是他们为个人而战，显示出英勇顽强、舍生忘死的英雄主义精神；二是他们为民族和国家而战，展现出“天下兴亡、匹夫有责”的爱国精神；三是他们为和平而战，展现出追求和平、反对霸权的国际主义精神。在社会思潮纷繁复杂、价值取向多元化的当下，非虚构文艺通过对国家历史事件的书写，对能人志士内在精神的追溯，对历史事件本质意义的发掘，无疑具有正本清源的作用，同时也是对人文精神的维护和倡导。

（二）社会经济活动事件中的新行业群体与时代奋斗精神

现代经济社会发展催生了新的社会阶层，在不同属性的群体中，有一类劳动群体因现代技术的不断革新而处于新的劳动关系与生产模式之中，即新技术劳动者群体。这中间有实现行业技术突破的技术人员，如王成章的《国家责任》中打破碳纤维产业化国际垄断的纺织团队；王鸿鹏的《中国机器人》中实现中国制造行业全面智能化的中国科学家；吴晓波的《腾讯传1998—2016：中国互联网公司进化论》、宁肯的《中关村笔记》中推动中国信息技术创新与发展的科技精英。作为支撑中国制造、中国创造的重要力量，新技术劳动者群体的故事是中国现代化产业发展之路、科技创新之路的缩影；他们的精神是民族奋斗的时代旋律，是“中国梦”的时代唱响。

此外，伴随互联网技术应用和数字经济的发展，新就业形态劳动群体也成为非虚构文艺关注的对象，如孙侃的《中国快递桐庐帮》、朱晓军的《快递中国》等报告文学中打下中国快递业半壁江山的“桐庐帮”；孙侃的《吴斌：中国最美司机》中用生命诠释职业道德的司机吴斌；纪录片《我在祖国送外卖》《子夜外卖》中用“脚踏实地”的双腿跑出生活希望的外卖员。在这些非虚构文艺作品里，他们的忙碌身影见证了中国低空经济、物流、新零售、视频直播等行业发展的生机蓬勃；他们的职业精神蕴含了中国新劳动群体参与社会建设的不懈动力。

在以上作品中可以看到，社会市场经济所催生的行业群体正在相对独立地展现自己，正在弱化传统尊卑秩序的伦理关系。这类非虚构文艺作品在群体书写中重视个体在群体中的地位和价值，既描摹了整个行业景象，又展示了一个个鲜活的个体，传递他们诚实劳动、乐观进取的人生态度与价值观。在享乐主义、虚无主义盛行的消费主义时代，新时代非虚构文艺作品通过展现这些行业群体的精神面貌，以积极向上的价值理念匡正社会价值，从而提升大众的自我认同感和社会责任感。

（三）突发性事件中的中华民族与命运共同体理念

突发性灾难事件属于日常生活的前沿状态。当人为或自然灾害威胁个人时，个人与社会、国家的关系问题能够映射出不同的价值取向。取新自由主义下牺牲公共利益的个人原子化倾向，还是取“天下大同”理念下“以人为本”的生命优先原则？在诸如公共卫生事件、自然灾害、事故灾难等事件发生时，中华民族认同的价值取向无疑是后者。新时代的非虚构文艺以第一手资料聚焦现场，以鲜活的故事与人物展现中华文明“以民为本”的仁政思想和“以人为本”的“命运共同体”理念。

突发性的公共卫生事件，尤其是大规模的传染病，会在短时间内打破大众日常生活的“平均状态”，形成特有的、即时的、非正常的特殊时刻。人类在特殊时刻会面临前所未有的人性难题与挑战。面对突发公共卫生事件，一批非虚构文艺作品从政府决策与人民行动两个层面对中华民族齐心抗疫展开实录。在纪录片《中国抗疫志》《武汉战疫纪》、何建明的《第一时间》《上海表情》、纪红建的《大战“疫”》等报告文学中可以看到，面对突如其来的传染病暴发，中国政府举全国之力共克时艰，展现出以“人民为先”的担当精神。在曾散的《青春脊梁》、李朝全的《一位叫“大连”的志愿者》、电影《最美逆行者》《在一起》《见证》、电视剧《人间世抗疫特别节目》《同心战“疫”》《生死金银潭》等作品中可以感受到，中国人民面对疫情，团结一致、互帮互助、推己及人的同胞之情。在现代城市陌生化的大背景下，非虚构文艺作品中的这些普通民众打破人际隔阂，同心同力、相互帮助。这种自古有之的仁爱之情放在当下社会形成了属于“陌生人的亲密”的情感关系。这是“人类卫生健康共同体”价值理念的具象化，也是“人类命运共同体”的生动实践。

天灾人祸在一定程度上会对社会、经济、政治等方面产生潜在性危机。然古语有言：多难而兴邦。和谐与斗争正是中华民族“多难兴邦”的不竭动力。杜文娟的《岩兰花开——汶川大地震伤残人员生存状况调查》、李鸣生的《发现龙门山》《后地震时代》等纪实文学对灾区人民精神与物质重建的跟踪性观察，淋漓尽致地体现出这一源源不断的精神动力。相较于对天灾中人性至美的渲染，非虚构文艺作品对“人祸”的反思性更增添一层警醒性意味。如果说，电影《烈火英雄》逼真的视觉特效能够通过凸显爆炸现场熊熊烈火的恐怖性来警示观众。那么，何建明的《爆炸现场》则更进一步对爆炸事故进行客观的全面考量，以冷静的追问控诉残害生命的源头，以理性的思考追问悲剧的由来，以此达到警醒世人的目的。

无论是天灾还是人祸，这些非虚构文艺作品都在传递同一个理念：面对突发性事件，中华民族始终以“人民至上”“生命至上”为行动准则，以万众一心、同舟共济的民族精神汇聚成强大的“命运共同体”。

三、“日常”与“事件”的结合：人文精神的落地与升华

非虚构文艺对日常生活的书写，以丰满的细节和微观化的观察角度，呈现出更鲜活的生活体验和更具有人本性的情感体验。这是新时代非虚构文艺“关注人”的人文精神追求。非虚构文艺作品在描摹“日常”的同时聚焦“事件”，以小见大透视社会意义、洞见深邃人性。人文精神在非虚构文艺的“日常”叙述中落地，又在“事件”凝结的意义中升华。“日常”与“事件”的结合是中国非虚构文艺葆有人文精神的必然之路。

（一）在“事件”中贴近“日常”——日常性叙述立场

在凝结意义的“事件”中贴近“日常”，是新时代非虚构文艺“回到事物本身”的选择。这一日常性叙述立场对“人的存在纬度”的书写，不是将生存抽象为一种纯粹的精神实体而描摹一个形而上的绝对价值理念，从而给人以精神上的希冀；不限于将人看作个体生命，通过展现个体性生存，在自我世界中寻找内在感受的精神归宿；而是在马克思哲学思想指导下，关注人的社会性存在。这种存在是一种由人的感性对象性活动——实践所创设并为人所直接感受着的实际生活过程。

新时代非虚构文艺将人的社会性存在具象化为展现人与社会的关系问题。在由关系相连的日常世界里，人从出生至死亡过程中，与社会的无数次交汇都蕴藏隐秘而丰满的人生褶皱。也正因如此，非虚构文艺中的“事件”因“日常”而丰满。

生与死是人生无法回避的问题。一些新时代非虚构文艺作品以医院为观察空间，通过展现人们面临生死考验时的选择透视人生百态。纪录片《人间世》《生门》、胡启明的纪实文学《一个异国护士的中国梦》《生命的礼物》等作品记录了病人及家属在面临生与死时的精神状态，有恐惧，有漠视，也有乐观与豁然。非虚构文艺的记录铺陈真实的世间百态，以超脱的生死观传递朴素的人文关怀。正如《人间世》的命名由来——《庄子》对于生死的观念：顺遂自然造化，直面死亡。

“一老一小”作为社会和谐稳定的基本民生问题，他们的日常生活事项关系到千家万户的民生福祉。新时代非虚构文艺聚焦这两类人群在成长、教育、养老、生存等方面面临的问题与挑战。纪录片《成长的秘密之小学时代》《零零后》以跟踪记录的形式拍摄下中国新一代青年的成长过程。池立的《立》通过母女相处的切身体会，传递亲密、知心、自由平等且相互尊重的亲子关系。《高三(16)班》《木兰山下的教育实验》《他乡的童年》等作品围绕中国教育话题，探讨了关于教育的多样性、自由性、平等性等问题。纪实文学《妈妈，快拉我一把》的作者走进高墙，倾听多位未成年失足者陷入迷途的心路历程。在这些复杂而隐秘的青少年内心世界之下是发人深思的教育问题。非虚构文艺作品从青少年的日常生活入手，从细微处勾勒出中国新时代教育现状，由此引发人们对中国教育的深切忧虑。

因人口老龄化加速，养老问题已进入社会主流话语。新时代，养老的核心问题已从物质匮乏问题，转向如何满足老年人的精神需求。因此，一些非虚构文艺作品聚焦

展现老年群体所面临的精神困境与情感需求。彭晓玲的《空巢》、普玄的《五十四种孤单：中国孤宿人群口述实录》在真实呈现空巢老人群体的生存现状同时，挖掘背后丰富却无人问津的精神诉求，有对亲情的渴望、对尊严的维护、对生存的眷念等。长江的《"养老"革命》提出"养老前置"概念，进一步探讨养老问题背后的"生命教育"话题。

新时代非虚构文艺在"事件"中贴近"日常"，蕴含着非虚构的创作立场——遵循日常逻辑判断，也隐藏着反宏大叙事的动力。新时代，中国社会关系发生显著变化，以"解放叙事""思辨叙事"[10]为基调的宏大叙事正在失去可信度，并逐渐受到质疑。因此，非虚构文艺的日常性叙事应运而生，作为一种重新建构话语合理性的叙事立场而诞生。但新时代非虚构文艺对宏大叙事的解体并不意味摒弃国家叙述。如，何建明的报告文学虽然以国家叙述为主要风格，但其通过日常性叙述展现生活细节、释放个人情感、传达个体思想，从而传达百姓心声。因此，非虚构文艺的日常性叙述是一种叙述立场，将国家、民族等宏观概念以融入的方式进入这一场域，与更为具体的微观"日常"融为一体。得益于此，抽象的人文精神在"日常"的叙述中"落地开花"，给予受众以精神慰藉与现实关怀。

（二）于"日常"中升华"事件"意义——国家精神的凝结

非虚构文艺作品贴近"日常"，不仅要揭示"日常"本质，还要具备超越"日常"的指向，在"无我"的状态中寻找与实现人生价值与社会价值。中国非虚构文艺在"日常"中聚焦"事件"，展现国家发展历史领域中某个时段特殊性的同时，又透视时代中历史时段蕴含的普遍性。因而，意象性的历史意识在非虚构文艺对"事件"的聚焦中，凝结成独一无二的国家精神，人文精神也得以"升华"。

新时代非虚构文艺在凝结国家精神的"事件"中寻找标志性人物，关注他们在"创造美好生活"的劳动领域所取得的价值所在。"工作(劳动)处于日常生活与非日常生活的交叉之中，它既是日常生活，又是超越日常的直接的类本质活动。"[11]在非虚构文艺的书写下，劳动对于他们而言，不再是"不得不从事之事"，也不是"为了存活而从事之事"，而是能"提供全面发展和表现自己的全部能力即体能和智能的机会"[12]，是实现人生价值、创造社会价值的途径。

创造美好生活的物质前提是社会主义现代化建设。非虚构文艺的笔触真实记录了中国基层现代化进程中的诸多事件，描绘出上下一心、共同奋斗的新时代景象。李朝全的《最好的时代》、何建明的《江边中国》报告文学聚焦于一个县城的四十年发展历程，再现改革开放历史背景下的现代化进程。梅洁的《汉水大移民》中奉献自我的数万名移民工作者；王国平的《一枚铺路的石子——记兰辉同志》中一心为民的兰辉县长；蔡永祥的《大地追梦》里科技助农的科学家赵亚夫；一合的《中国葫芦峪》里造田植树的农村企业家，这些人物身上所展现的"长兴精神""永联精神""兰辉精神""移民精神"等都是中国基层干部及民众的精神缩影。

创建美好生活的基础是社会稳定与国家安定。在事关社会稳定、国家安定的事件中，涌现了一批尽职尽责、舍己为人的军人群体、警察群体。何建明的《国家》、电影《红海行动》分别所讲述的利比亚撤侨和也门撤侨行动，在一定程度上见证了大国崛起的实力，也显现出中国军人团结协作、不畏强敌的英雄气概。电视剧《湄公河大案》、电影《湄公河行动》中走出国门的中国公安与他国形成执法的国际合作，为打击跨国犯罪贡献“中国智慧”，也为全球安全治理贡献“中国力量”。相较而言，在讲述有关社会治安的事件时，非虚构文艺更是扎根民警现实生活，通过描写警民相处细节刻画出真实立体的警察形象，如电视剧《营盘镇警事》中平易近人、深受爱戴的基层所长；电影《警察日记》中尽职尽责、疾恶如仇的公安局局长；电影《冰雪11天》中临危不乱、尽职尽责的数万名公安干警等。

创建美好生活的背景底色是绿色。“绿色是永续发展的必要条件和人民对美好生活追求的重要体现。”[13]不管是郑雄的《中国红旗渠》中的红旗渠修建，还是陈启文的《命脉：中国水利调查》中的水利建设，都传递出人与自然和谐发展的伦理观。其中离不开一批走在前线的环保卫士，如《一个人的滇池保卫战》中的张正祥、《淮河赤子情》中的霍岱珊，他们都展现出普通公民的社会担当精神和造福人类的环保精神。

文化领域的创新与发展也给新时代美好生活赋予了意义，提供了人文价值引领。其中，中国传统手工业作为一种文化遗产，承载着国家和民族的历史与传统，但在工业化浪潮中日渐式微。非虚构文艺创作者花费心血与汗水，前往民间各地搜寻与记录手艺人的故事。这一精神与作品中手艺人的工匠精神如出一辙，他们都在为中国传统文化的保护与传承尽自己的绵薄之力。如纪录片《我在故宫修文物》中坚守本心的文物修复师；纪录片《寻找手艺》、南翔的《手上春秋：中国手艺人》中全力守护濒临失传中国传统技艺的民间手艺人；纪录片《中国设计》中通过服装设计塑造国家形象的五位中国设计师等。

中国非虚构文艺所讲述的真实故事生动反映了新时代以“劳动最光荣、劳动最崇高、劳动最伟大、劳动最美丽”为核心的劳动观，其充分认可新时代中国人民在劳动领域所取得的价值存在。这一价值是对“日常”的超越，其内在超越性如康德所言是一种“应当”，是一种理想状态下的精神体系，是人文精神的理想模式。新时代非虚构文艺对这一“应当”的书写，在创造美好生活事件的聚焦下，成为一种新的价值追求的标杆和典范。因此，非虚构文艺的“事件”书写，不仅是中国社会发展的记录与呈现，还是人文精神的宣扬与国家精神的引领。

结语

中国非虚构文艺以一种见证、记录、在场的立场，通过“日常”的叙述使大众关注现实；又在对“事件”的讲述中，以积极的情感色彩观照价值存在与人文追求。它“真实地描述现实，但又不拘泥于对现实的表现，而是有所超越和提升，在由无数个日常生活细节、事件以及人物所组构的‘小历史’的‘以小见大’中，实现对人类过去、现实和未来命运的思考”[14]。由此，新时代中国非虚构文艺的人文精神，因“日常”而丰满，由“事件”赋予意义。

* 本文系国家社科基金项目“新时代中国非虚构文艺创作研究”(20BZW042)的阶段性成果。

注释：

[1] 徐前进：《构建日常生活的叙事》，《读书》2022 年第 5 期，第 43～51 页。

[2] 王晖：《新时代中国非虚构文艺创作的基本面向》，《中国社会科学报》2022 年 9 月 14 日第 9 版。

[3] [匈]阿格尼丝·赫勒：《日常生活》，衣俊卿译，重庆：重庆出版社，2010 年，第 3～4 页。

[4] [美]R. E. 帕克：《城市社会学》，宋俊岭，等译，北京：华夏出版社，1987 年，第 1 页。

[5] 徐前进：《现代精神之花——一个东北工业城市的具体与抽象》，上海：上海书店出版社，2023 年，第 357 页。

[6] 周宪：《审美现代性批判》，北京：商务印书馆，2005 年，第 385 页。

[7] [英]安东尼·吉登斯：《现代性的后果》，田禾译，南京：译林出版社，2011 年。戈夫曼称之为"世俗的不经意"。(E. Goffman, *Behavior in Public Places*, New York: Free Press, 1963。)

[8] [匈]阿格尼丝·赫勒：《日常生活》，衣俊卿译，重庆：重庆出版社，2010 年，第 8 页。

[9] 杨国荣：《基于"事"的世界》，《哲学研究》2016 年第 11 期，第 76～84 页。

[10] 法国思想家让-弗朗索瓦·利奥塔在《后现代状况：关于知识的报告》中认为宏大叙事统合了科学知识和叙事之间的矛盾。知识的合理性表现为两种叙事：一种是政治的解放叙事；另一种是哲学的思辨叙事。

[11] [匈]阿格尼丝·赫勒：《日常生活》，衣俊卿译，重庆：重庆出版社，2010 年，第 7 页。

[12] 中共中央马克思恩格斯列宁斯大林著作编译局编译：《马克思恩格斯文集》(第 9 卷)，北京：人民出版社，2009 年，第 311 页。

[13] 中共中央文献研究室编：《中共中央关于制定国民经济和社会发展第十三个五年规划的建议》，《十八大以来重要文献选编》(中)，北京：中央文献出版社，2014 年，第 792 页。

[14] 王晖：《现实与历史：非虚构文学的独特叙述》，《当代作家评论》2017 年第 1 期，第 13～18 页。

论新媒体电影宣发中女性形象的再建构

樊　颖

（华中师范大学文学院，湖北武汉，430079）

内容摘要： 随着媒介技术和电影产业的不断发展，电影宣发策略在适应市场和观众需求的同时，在女性形象的再建构中存在对其形象的“象征性歼灭”，包括“象征性阵亡”和“象征性伤残”。前者指女性媒介形象作为“人”的身份消失；后者指女性媒介形象虽然是“人”，但却以客体、第二性的身份存在。不同于传统媒体的权力话语对女性形象的刻板建构，新媒体环境下，权力以更隐蔽的方式在运作。电影宣发所采取的策略迎合着受众的视觉快感，也潜在地规训着女性对美的认知。媒体向男权文化和资本的双重妥协，是造成上述现象的根源，由此而来的在女性形象建构上的负面效应值得反思和批判。媒介在电影宣发中理应呈现真实、多元、丰富的女性形象，正视女性的主体价值，接纳女性的自我发展。

关键词： 新媒体；电影宣发；女性形象；“象征性歼灭”；审美规训

在人类历史长河中，媒介始终伴随着人类的信息需求而不断发展。在科技推动下，媒介从单一到多元，从简单到复杂，历经了语言传播、书写印刷传播、电子传播、数字传播等发展阶段。无论处于哪一阶段，媒介与女性形象的塑造总是息息相关。进入新媒体时代，互联网和移动客户端凭借广泛的传播、高度的互动性、信息的实时性，以及多样化传播方式等优势，成为受众获取电影资讯、参与电影讨论和线下活动不可或缺的途径。因此，国内越来越多的电影制作、发行方选择通过新媒体平台发布独家新闻、海报、剧照，以及宣传片等第一手资讯，新媒体已经成为电影宣传的重要手段。较之传统媒体，新媒体还增加了话题炒作、制造营销事件等电影传播策略，以便于短视频精准投放及热度保持；还可以终端为依托，借助大数据分析和个性化推荐等技术手段，通过“算法”找到用户，并根据用户的习惯为用户量身打造产品，这也推动了电影产业的发展。随着时代的发展和社会的进步，媒体中女性主体意识匮乏的状态逐步改善，电影中的女性主体性逐渐确立，女性形象也得以多元展现。然而，自女性主义电影理论家劳拉·穆尔维运用女性主义电影理论分析批判电影始，至今已近五十年，但在电影宣发中，女性形象再建构存在的性别问题仍很突出。

一、“象征性歼灭”与审美规训

电影不仅要满足人们对精神文化产品的需求，同时还要考虑自身的经济效益，所以需要借助其他媒介瞄准社会热点进行议程设置，开展宣发活动，以获取更多的利润。然而，虽然女性社会地位和生存状况得到很大的改善，但是传播媒介至今仍受男权话语主导，女性形象在传媒中要么缺席，要么以刻板化形象呈现，她们的真实生活与现实形象并未得到全方位展现。近年来，关于“女性”的话题频频冲上热搜，各种围绕“女性题材”“女性主义”“女性形象”的电影也快速占领了市场，如2021年殷若昕执导的《我的姐姐》，2023年崔睿执导的《消失的她》，2024年贾玲执导的《热辣滚烫》等。尽管如此，传播媒介在电影宣发中对女性形象的再建构及其模式基本相同，几乎都是按照社会传统文化观念的刻板印象与男权文化给定的模板进行。为了吸引受众，提升票房，电影宣发选取影片中的女性形象，采取变形、切割、夸张，甚至重塑等手法进行二次建构，以迎合受众的视觉快感。

2023年暑期上映的、由崔睿导演的影片《消失的她》，在宣发过程中，并不是将电影中女性形象的多样性呈现给受众，而是以“消失的她·畸形秀”这一话题，在抖音平台批量营销和大肆炒作，已然将女性的身体沦为满足受众猎奇心理的消费品，以致女性形象在媒介中被“象征性歼灭”。“象征性歼灭”这一概念由盖伊·塔奇曼在《炉边与家庭：媒介中的女性形象》(1978)一书中提出。他认为，“在大众传播媒介中，女性注定要遭受‘象征性歼灭’，也就是被责难、被琐碎化，甚至不被媒介呈现”[1]。我们可将此概念内涵分解为“象征性阵亡”和“象征性伤残”两部分，前者是指女性媒介形象作为“人”的身份消失，即被遮蔽或异化；后者是指女性媒介形象虽然是“人”，但却以“客体”“第二性”身份存在。电影和电影宣发中的女性形象被象征性歼灭的手法基本相同。不同的是电影中女性形象塑造，必须符合电影故事情节发展对人物形象塑造的需要，而电影宣发则只是择取影片中的片段，对其进行诘问：是否符合男权规训标准提供的样式、是否能够满足受众“凝视”的需求、是否吸引眼球利于票房的提升，然后再按照“三个是否”中的“是”，对女性形象进行再次设计，再次建构，以致在电影宣发中对女性形象的象征性歼灭比之电影，有过之而无不及，且宣发的受众面更广，影响更大。如由贾玲执导的《热辣滚烫》(2024)，其主题并非“减肥”，也不是“拳击”，而是通过一位普通女性的故事，宣扬一种女性意识的觉醒，即从“客我”到“主我”的过程。电影探讨了现代社会中人们的生存困境和焦虑的成因，并传递一种积极向上的信念，即无论生活中遇到多大的挫折和困难，只要不放弃、不气馁，总能在其中找到属于自己的价值和意义。电影最触动人心的地方，在于它细腻地描绘了普通女性在探索与表达自我的征途中的艰辛与顿悟：尊重自我意愿，构建自我主体。然而，新媒体平台为《热辣滚烫》宣传的主题却定位在女性的“减肥100斤”，以此表征男权社会文化“以瘦为美”的审美观，在贩卖焦虑的同时，隐含的是对女性的压迫和剥削。用女主角杜乐莹的生命旅程及其困境，被人利用和歧视的故事情节，作为看点提供给受众，力求用视觉形象控制着女性对于身体的理解，从而完成对女性身体的异化和商品化，女性形象由此被“象征性阵亡”。即使女性在电影中扮演主要角色，但在宣发中，也常被边缘化。又如陈小明、章攀执导的电影《一闪一闪亮星星》(2023)，电影讲述了男女主角在平行时空相互救赎、相互治愈的故事。然而在电影宣发环节却局限在“保护林北星的永远是张万森”这一话题，林北星被遮蔽。再如陈凯歌执导的《搜索》(2012)，女主角叶蓝秋、陈若兮被作为男主角杨守诚的陪衬，似乎她们的形象和故事都是在围绕着男性展开。刘伟强执导的《中国机长》(2019)、《中国医生》(2021)在新媒体平台的宣发模式，基本仿此。“在中国乃至世界的历史与文明中都充满了女性的表象和关于女性的话语，但女性的真身与话语却成为一个永远的‘在场的缺席者’。”[2]似乎“男拯救女”的叙事模式早已被男权文化所固化，不能被打破。张林子执导的《月半爱丽丝》(2020)中的主题与寓意是：鼓励每一位女孩，不论胖瘦，要勇敢自信，大胆追求所爱。然而，在宣发中展现的同样是“以瘦为美”的审美观、价值观。一方面，女孩胖则催生焦虑、自惭形秽，瘦则从容镇定、自信阳光；另一方面，对胖瘦的好恶针对的只是女性——男瘦女胖，女的焦虑，不敢面对；女瘦男胖，女的从容，表达爱意。在彰显“消费女性、贩卖焦虑”商机的同时，女性形象亦被“象征性伤残”。当前媒介环境下，女性形象的建构大多从男性视角出发，这种视角的局限性限制了女性形象的多样性和丰富性。女性形象在电影宣发中，屡屡被“象征性歼灭”，以至成为常态。贩卖焦虑，已然挤入现今媒体获取流量的主要策略之列。

千百年来的男权统治，使男性处于主动的审视者地位，而女性则始终是被动的被凝视对象。女性身体成为被操纵的客体、被观赏的景观。由此，为了得到男性赞赏的目光，女性会投入大量的时间、精力与钱财来进行自我修饰，无形中确立了男权社会对女性的审美标准。女性形象的“身体越是接近于年轻、健康、适度、美丽的理想化形象，它的交换价值就越高”[3]。为此，媒体在宣发中，不惜对电影中的女性形象进行切割、扭曲、夸张、重塑，打造成高吸引力景观，完成二次建构。如崔睿、刘翔执导的电影《消失的她》(2023)，新媒体宣发从假李木子的外貌着手，对其角色本身所表达的精神内核则予以忽略。申奥执导的《孤注一掷》(2023)，女主角形象足够丰富、立体，但在宣发中凭借“露肩红裙”登顶微博热搜榜首。徐伟执导的电影《灿烂的她》(2024)，刘浩存饰演的徐嘉怡/李斯然，从小母爱缺失，父亲却把她当成赚钱的工具，经历了生活的种种苦难和打磨，成长为一个内心强大，最终走出阴影，迈向阳光的女孩。然而“刘浩存时尚的完成靠脸”也能登顶微博热搜榜首。电影宣发中对女性形象进行象征性歼灭，颜值化、商品化、消费化趋势，引人关注。“从孩提时代开始，她就被教导和劝诫应该不时观察自己……她必须观察自己的角色和行为，因为她给别人的印象，特别是给男性的印象，将会成为别人评判她一生成败的关键。别人对她的印象，取代了她原有的自我感觉……因此，她把自己变作对象——而且是一个极特殊的视觉对象：景观。”[4]除却异性目光之外，女性群体内部的规训也不容忽视。以对抗男性审美规训的名义，“女为己容”的声音越来越响亮，强调女性要对自己好一点，要舍得对自己投资。出自女性群体内部的审美规训甚至比男性更加苛刻，诸如“好女不过百”“胖是原罪”“没有丑女人，只有懒女人”等口号的发起者，正是女性自身。这种规训裹着甜蜜糖衣，实质上不过是内化了男性标准的审美观。在这样的语境中，女性困于双重规训，达不到审美标准就意味着群体身份的失去，并由此催生了对身体的负面情感。正如福柯在《规训与惩罚》中指出：“‘规训’是指用一系列操作，使得身体成为被驯服的肉身。”[5]即使进入新媒体时代，受众不再是单向的信息接收者，也可以作为信息的发布者。通过微信、微博、抖音等平台，女性获得了发表自己观点、表达自己情绪，以及展现自身个性的渠道和机会，打破了男性对话语权的绝对掌控。然而事实是女性主体意识并未得到明显提高，仍有众多女性自觉或不自觉地向男性审美及社会固有的刻板印象靠拢，以寻求认可。如“反手摸肚脐”“锁骨养金鱼”“萝莉文化”“夹子音”等视频接力，都是在寻求一种大众认同。在被观看的过程中，女性也在不自觉地接受着他人意见，陷入盲从状态。

不同于传统媒体的权力话语对女性形象的刻板建构，在新媒体环境下，权力以更隐蔽的方式在运作。电影宣发所采取的策略迎合着受众的视觉快感，也规训着女性对美的认知。难以对标则焦虑，焦虑则恐惧，恐惧则身心俱疲。媒介成了充当消费女性、贩卖焦虑的商业伙伴。相貌焦虑、身材焦虑、职场焦虑、婚姻焦虑、产后焦虑、育儿焦虑、年龄焦虑等，基本乃女性专属。接下来的是焦虑导致内卷，整容竞争开始。商家瞄准商机，开始制造焦虑、刺激消费、激发购买需求，从而促进生产、推动社会发展。媒体以精准推送的方式参与其中，改变着人们的生活。

二、媒体的妥协与助推

电影宣发产品的生产，运用的是符合审美规训的手法，按照规训要求的话语体系和逻辑框架，结合接受规训时所产生的生理和心理的联想，以电影中女性人物为其原材料，经过精心设计：苗条抑或丰满，沉默抑或嚣张，丑陋抑或美丽，边缘抑或中央……如此对电影中的女性形象进行再建构，生产出一个个“鲜活”的“艺术”产品，即被“象征性歼灭”的、符合男权社会文化审美标准的、有利于提升票房的、供受众消费的女性形象。最终，成果归功于男权文化，利润留给宣发方、制片方。

探究女性形象在电影宣发中被再建构的原因，其中隐含着媒体的两个必需的妥协：一是向男权文化妥协，因为男权文化是主流社会文化，“父系社会用迷思将女性摆置成沉默、缺席及边缘位置”[6]，故而媒体认同“看与被看”的模式。“父权观念根深蒂固地植入了社会文化中，持有话语权的媒介生产者大多不可能脱离其生长的文化背景。因此，在男性话语霸权社会，整个媒介话语是男性中心的话语”[7]，这一判断在新媒体语境中依然有效。进入新媒体时代，传者中心向受众中心过渡，信息传递的方式呈现双向传播、交互性强。运用新媒体进行电影宣发，技术更先进，手法更娴熟。在媒体助推下，“通过‘男权中心’思想渗透，更加突出了女性的可视性与观赏性，将女性对象化和商品化”[8]。二是向资本妥协，以取得经费的支持。媒体为了追逐利益，在电影宣发中，势必会有意无意地忽视乃至漠视女性的权益，甘愿成为资本的代理人。其主要原因，按照特里·伊格尔顿的说法，是“商业利润的驱使”[9]。尤其在电影日益产业化、商业化的今天，从制作、宣发到传播、接受，都在按照商业化经营模式运作。媒体总是寄望于有关女性气质的表达和诉说，倾情于“美女经济”“封面模特”“主妇广告”的展现，而女性作为劳动者参与社会发展的成就和贡献常被忽略。加之有的女性以逐利为目的，主动迎合男性审美，不惜扭曲自己的形象而刷存在感，以致电影宣发中再建构的女性媒体形象，并非现实中女性形象自然、真实的反映，而是社会文化塑造的、男权文化期望的、受众喜好的女性形象。

电影宣发的目的是让更多的受众了解电影并产生观影欲望，从而提高票房。媒体进行宣发时，在受众分析基础上，为了激起受众的观影欲望，需要挖掘、提炼甚至重新制造热点、看点：在迎合受众需求的基础上，尚需要创造需求，以吸引更多的媒体受众成为电影观众。“生产企业控制着市场行为，引导并培育着社会态度和需求。”[10]为此，在宣发策略中，对电影中女性形象的利用在所难免。女性的“被看”“景观化”设计成为主打策略，屡见奇效。因此，宣发中呈现在受众面前的女性形象，并不一定是对电影镜头中女性形象的复制，更不一定是对现实中女性形象多元化、丰富性的反映。例如，近年来在王小帅执导的《左右》(2008)、赵天宇执导的《万有引力》(2011)、王光利执导的《制服》(2013)、雷献禾执导的《老阿姨》(2016)、崔睿执导的《消失的她》(2023)等宣发中，即采用重塑、变形、夸张、切割、遮蔽等手法，对影片中的女性形象进行再建构。尽管随着社会的进步、女性意识的觉醒，相较于传统媒体，新媒体在宣发中建构的女性形象从扁平走向多元，呈现出性别边界模糊的趋势，但对女性的偏见、贬损、边缘化等现象仍然存在，在微博、抖音等新媒体平台甚至呈现出一种全民娱乐消费的“盛况”。女性的身体不仅是自然意义上生命的承载物，似乎还是一种理所当然的娱乐消费品。特别是在电影行业以私营企业为主的当下，宣发中对女性形象再建构，总以有利于提高票房为导向。鉴于当下性别平等呼声的分贝越来越高，公然遮蔽必然受阻，而策略上的调整，不过是将“阵亡”更多地换成“伤残”；“看与被看”的二元结构没有解构，商业资本的压迫没有解除，反而愈演愈烈。不仅影片中的女性形象，甚至在媒介眼中受众也变成了商品。“大众媒介把受众当作商品来生产，并将之贩卖给了广告商。”[11]而其中凸显的负面效应却常被漠视。

传媒是现代人获取客观世界知识的主要来源，影响着人们的生活、思维方式，改变着人们的认知。在社会性别、女性形象、女性媒介形象的建构过程中，媒介所发挥的作用不能忽视，它“兼有技术与社会双重意涵，通过技术层面的产品影响社会层面的人类行为”[12]。由此可见，媒介不仅参与了女性形象的建构，而且在其中提供技术支撑，发挥着较大的推动作用。形象是文化的载体，媒介是文化的生产者；没有媒介的参与，女性形象的建构是无法完成的。新媒体时代，在传播渠道拓宽的同时，电影行业在宣发方式上也有了更多选择和突破，并取得了一定的效果。在新媒体电影宣发中，媒介的助推谋略很多，如“意见领袖”“议程设置功能”等。“意见领袖”借助微博、微信、抖音等社交平台，以分享所思所感而介入，引导、指点、感染着受众，形成传播动力，加快了传播速度，扩大了传播影响，收到良好的电影宣发效果。如《热辣滚烫》的成功，就与贾玲作为“意见领袖”在新媒体平台的大力宣传有着密切关系。电影上映后，电影的官方视频号与主演们在新媒体平台积极宣传并与受众互动，知名制片人与导演也都发微博为影片宣传。不仅如此，出品方与发行方还与一些热门影评人，以及营销号合作、互动，加大影片的宣传力度和影响力。美国著名传播学家麦库姆斯和肖认为：“大众传播具有为公众设置‘议事日程’的功能，媒体在信息传达和新闻报道中，会根据自己的立场和需要有选择地给予不同的‘议题’不一样的突出程度，从而影响人们对周围世界的‘大事’及其重要性的判断。”[13]电影宣发凭借“议程设置功能”方略，构造事件，吸引眼球，引导舆论走向，引发受众的关注和讨论。尤其在新媒体时代，可以融合多种传播平台共同制造“议题”，主体多元化、媒介多样化，通过“引爆”，扩散传播，让影片快速并大范围地进入公众视野。在《热辣滚烫》的宣发策略中同样利用了“议程设置功能”，将“一年减肥 100 斤”作为话题放置微博、抖音等新媒体平台进行批量营销。而公众也是通过“与名人的认同建构自己的身份，从媒体文化中获得自己的性别和社会角色模型、言行举止的模仿对象以及奋斗目标”[14]。以至于当今在电影宣发中，女性形象的“象征性歼灭”，在媒体的妥协与助推下，得以频繁呈现。

三、守望性别平等　彰显女性价值

电影宣发中再建构的女性形象，具有引导观众审美观念、加固性别刻板印象的作用。因此，揭示其背后的文化内涵，给予女性主义批判，以减少其再现、表征功能对受众性别观念的影响，帮助人们消除富有才能独立、美丽才能独立、有知识有能力即独立、单身即独立、有身份即独立等不正确的认知，树立正确的审美观、价值观，具有重大现实意义。

社会性别的建构，是社会文化提供标准并加以规训，由媒介传播助推并加以强化。媒介在社会性别建构中扮演主要角色，发挥着重要作用。媒介不仅建构着性别，而且建构着世界。媒介的建构功能及其强大的建构力量，不断影响和改变着人们的生活。当今社会，性别在政治、法律层面基本实现平等，但男权文化依然盛行。一方面，“从就业歧视到家庭暴力再到性犯罪事件，网络所揭示出女性的生存处境越发危险且逐步升级”[15]；另一方面，妇女在“离开了家庭暴力的环境，取得了自由进入城市大胆‘走出去’的自由，不意味着就已经没有困难。女性觉醒之后面对的重重困难，女性独立之后真正获得自己想要的生活，这条路依旧十分漫长”[16]。因此，如何进一步在社会文化层面上达成性别的平等和谐，值得思考。在商业文化和消费文化盛行的语境中，在前现代、现代、后现代思潮杂糅的背景下，电影中女性形象付诸新媒体用于宣发时，被象征性歼灭的现象仍然频繁出现。媒介的引导、示范、教育等社会功能影响着人们的审美观、价值观。媒介在性别文化中的错误引导，只会贩卖焦虑，催生抑郁，强化男权。因此，在电影宣发中应把正确的舆论导向放在突出位置，坚持真善美的统一，在杜绝“烂梗化”的同时，也要警惕对性别文化的误导。

受众是社会性别建构的权力者，但在媒体操控下，权力被媒介窃取，受众成为女性形象的消费者，性别权力关系发生倒置和错位。这就需要对现有的社会、文化和政治制度中存在的性别歧视和不平等现象进行反思，需要对媒体女性形象的建构样式进行审视，需要守望性别平等，彰显女性价值，以期实现一个更加公正和包容的社会性别环境。性别平等是国际人权法的一部分，也是我国的基本国策之一。性别平等就意味着所有人都不受固化的性别规范、性别刻板印象所限制，不遭遇性别歧视和偏见，而有相同的机会获取社会资源，享受文化教育，占有知识技术，体现自身价值。传统女性的价值限于家庭，其社会价值则需从男性身上借光，这是几千年来中国社会对女性定位造成的。随着社会进步和文明程度的提升，女性的社会地位和自主意识得到了相当程度的提高，亦出现了对女性形象予以赞美的电影宣发。如 2022 年陈国辉执导的《平凡英雄》，抖音平台于 2022 年 9 月 29 日推出宣传特辑：《“温柔以待”，向平凡的她们致敬》。视频里的“她们”，是普通的乘务人员、骑警、机场急救中心工作人员、护士……那一刻，“她们”站出来守护生命，在各自岗位上为“新疆和田断臂男孩”的希望之路保驾护航，展现出女性的温柔与力量，彰显出女性在社会中不平凡的价值。在获得较高票房和好评的电影《第二十条》中，家庭主妇李茂娟，将传统与现代兼具一身，在影片中传递着一种真挚而温暖的情感，善良之光不仅改变了自己，更点亮着她周围的人。职场女性如吕玲玲，将感性与理性完美融合，维护公平正义，敢于担当；同情弱势群体，温柔细腻，感性与理性在她身上得以完美融合。底层女性郝秀萍，柔弱与刚烈并济，面对邪恶，坚毅无畏，绝境之中，以死抗争。她们在不同场域，彰显女性价值，守望性别平等。电影能做到，新媒体电影宣发也能做到。

鉴于新媒体覆盖面广，影响力大，发展速度快，相关部门不断加大监管整治规范力度，严密防范资本操纵舆论的风险。第四次世界妇女大会《行动纲领》也对媒体提出：要以均衡的方式描绘妇女在不断变化的世界中不同的生活和对社会的贡献……消除制作具有性别偏见的节目等要求，但因为有“‘透明的极限’——也就是任何法律命令都无法打破的无形障碍”[17]的存在，所以需要受众保持独立的思考能力，不断提升自己的认知能力、判断能力、鉴别能力。作为新时代的女性，不要因为政治法律层面的性别平等，而忽视了文化观念中普遍存在的性别偏见。按照库利的“镜中我”理论，“她形象”的形成有自我的参与，在电影宣发中，各种“议程设置功能”也都是为了迎合受众心理。作为新时代的女性，要主动遏制对电影宣发中商品化女性形象的追捧现象，削减迎合男性审美的趣味。新时代的女性形象不是女性“男性化”“中性风”，而是需要女性忽略“外部凝视”，拒绝模仿，追求个性，成为自我。作为新时代女性，必须克服传统性别观念中的依赖性，树立自尊、自立、自强的人生观、价值观，不断提升自我，彰显女性价值。

为了更好地对电影进行宣发，对女性形象进行再建构是需要的，也是可以理解的。但媒体应该注意其宣发导向，不能忽视媒介的能量及其副作用。“在市场和票房价值之上，电影产业的价值更在于对人的灵魂的净化，对人类精神世界的美丽升华。”[18]在电影宣发中，不能因为利润而失去客观、理性、负责、守法的传播原则，不能与社会主义制度的主流意识形态相背离，应有正确的价值取向，明辨是非，维护尊严，守住职业道德底线。尤其需要警惕的是，绝不能使之成为导致女性焦虑的成因、拓展男权文化话语场域的动力、滋生性别歧视的土壤。同时，媒介还通过学术、文化、娱乐、艺术等形式，成为向外传播输出思想的渠道，发挥着导向、辩护、凝聚、动员、约束等意识形态功能，这也必须予以重视和强调。电影是一门艺术，不应沦为资本赢利的工具。“媒介如果不树立社会性别平等意识，就必然落入社会性别不平等的传统文化和唯商业至上的文化窠臼当中。”[19]公共舆论和文化观念是实现性别平等的重要因素。新媒体在电影宣发中对女性媒介形象的再建构，应该注重的是什么样的女性形象有利于提升女性的主体意识，促进女性意识的觉醒，彰显女性的社会价值，而不是增加女性的焦虑，成为男权文化的帮凶。人们期待未来的媒介能够充分发挥促进性别文化健康发展的功能，正视女性的主体价值，接纳女性的自我发展，在电影宣发中呈现真实、多元、丰富的女性形象，使电影宣发成为维护妇女权益，促进性别平等的有力且有效的手段。

注释：

[1] 张敬婕：《论美国性别传播研究争取话语资源的历史路径》，《现代传播（中国传媒大学学报）》2022年第11期，第46～56页。

[2] 戴锦华：《电影批评》，北京：北京大学出版社，2004年，第228页。

[3] [英]索菲亚·孚卡：《后女权主义》，王丽译，北京：文化艺术出版社，2003年，第72页。

[4] [英]约翰·伯格：《观看之道》，戴行钺译，桂林：广西师范大学出版社，2015年，第64页。

[5] [法]米歇尔·福柯：《规训与惩罚》，刘北成、杨远婴译，北京：生活·读书·新知三联书店，2016年，第24页。

[6] 田卉群：《拒绝边缘的女性——2010年女导演创作研究》，《当代电影》2010年第10期，第62～65页。

[7] 王蕾：《女性主义视角下的网络媒介传播——以网络女红人为例论女性表达》，《河南大学学报（社会科学版）》2011年第2期，第110～116页。

[8] 周平：《浅析大众传媒下被异化的女性形象及成因》，《华中人文论丛》2013年第2期，第190～192页。

[9] [英]特里·伊格尔顿：《马克思为什么是对的》，李杨、任文科、郑义译，重庆：重庆出版社，2023年，第43页。

[10] [法]让·鲍德里亚：《消费社会》，刘成富、全志钢译，南京：南京大学出版社，2008年，第52～53页。

[11] 戴雪红：《媒介形态变迁与女性受众研究范式演进的历史与逻辑——基于女性主义媒介研究的视角》，《新闻界》2018年第1期，第60～66页。

[12] 刘燕南：《从"受众"到"后受众"：媒介演进与受众变迁》，《新闻与写作》2019年第3期，第5～11页。

[13] 郭庆光：《传播学教程》，北京：中国人民大学出版社，2011年，第194页。

[14] [美]道格拉斯·凯尔纳：《媒体奇观》，史安斌译，北京：清华大学出版社，2003年，第121页。

[15] 宋珮暄：《女性影像创作与媒介传播的互动语法及视觉景观建构》，《文艺评论》2022年第3期，第117～124页。

[16] 吕优：《由〈梦华录〉看中国当代影视作品中的女性形象转型》，《文艺评论》2023年第1期，第121～128页。

[17] [英]苏珊·爱莉丝·瓦特金斯：《女性主义》，朱侃如译，广州：广州出版社，1998年，第165页。

[18] 鸿钧：《中国电影也要争取话语权》，《人民日报》（海外版）2016年4月19日，第11版。

[19] 刘利群：《社会性别与媒介传播》，北京：中国传媒大学出版社，2004年，第162页。

【经学与文学研究】

清华简《参不韦》中的礼制研究

郑　静

（浙江大学马一浮书院，浙江杭州，310058）

内容摘要： 新近整理出版的清华简《参不韦》对礼制进行了较为系统的想象与设计，既补充了传世礼学文献又可与其互相参证。在礼制起源方面，简文中的礼制肇始于天帝所作五刑则，故而具有终极依据的意义。在设官分职方面，简文对职官的安排与传世礼书的职官描述有着极为深厚的联系，由此呈现出早期官制的发展演变特点及礼书中的职官编撰轨迹。在刑罚制度与丧葬祭祀方面，简文补足传世文献所缺失的"鲧殛羽山"之后的丧祭问题，体现了时人对大禹这一圣人形象的维护及对孝道伦理的重构。

关键词： 清华简；参不韦；礼制

新近出土的清华简第十二册《参不韦》，为礼学制度的研究提供了新的契机与视角，整理者指出，《参不韦》"涉及上古制度史、思想史等内容，是一篇重要的先秦佚籍"[1]。关于简文呈现的礼制，马楠、贾连翔等学者已从职官与祷祭等不同角度进行过一定讨论[2]，但其仍有可拓展的空间。譬如简文所载礼制的起源与传世文献之异同尚未得到比较分析，简文设官分职的原理及其与传世礼书存在的联系还值得继续深入挖掘，等等。因此，本文将《参不韦》与传世文献相结合，进一步探索简文所述礼制，揭示先秦时期有关礼学制度的想象及其建构的路径、方法与大致面貌，冀对礼学研究有所裨益。

一、帝作五刑则：礼制起源的终极依据

《参不韦》篇首叙述了帝作五刑则并让参不韦授予夏启礼法制度的神话，这则神话反映的是战国时人对于礼制起源的想象与设计。为便说明，现将整理后的简文誊录于下：

> 参不韦曰："启，唯昔方有洪，不用五则，不行五行，不听五音，不章五色，食五味，以泆戏自欢自乱，用作无刑。"……帝乃自称自位，乃作五刑则，五刑则唯天之明德。帝乃用五则唯称，行五行唯顺，听五音唯均，显五色唯文，食五味

唯和，以抑有洪。(简 1 至简 6)[3]

简文篇首与清华简《五纪》及《尚书·洪范》的行文存在联系，石小力指出，“《参不韦》简文开篇以洪荒为背景，与《洪范》《五纪》类似”[4]。马楠也主张这一观点，其文云：“《参不韦》全篇结构与《尚书·洪范》‘天乃锡禹洪范九畴’颇为类似。”[5]尽管同以洪水作为叙述起点，简文与《五纪》及《洪范》却有一定差异。《五纪》将礼作为一个整体的概念并入“德”的内容，如其文曰：“礼、义、爱、仁、忠、信……三德以敷天下。”[6]故《五纪》中的礼没有建构起一个较为完善的体系。同样，《洪范》所记天赐禹之九畴为治国大法，其中明确提及礼的内容仅有“卜筮”一项，亦无成熟的系统。相较于《五纪》与《洪范》中的洪荒描述，《参不韦》将为礼制起源提供新的线索。

简文表明，礼乃是由帝亲自制作，整理者将“帝”释为“天帝”[7]，天帝也就是天，属于至上神，这一点学者已有论断[8]。那么礼便源于神授，这一礼学起源的观点可与传世文献互参。关于礼学起源的问题，李佳喜认为礼除了周公制作外，还由圣王制作，而圣王包括黄帝、颛顼、尧、舜等有德有位之人[9]。张海英、胡文雯指出儒家将礼的起源归于尧舜时期，而《礼记》将之往前追溯至神农时代[10]。几位学者较为全面地梳理了儒家关于礼制起源的问题，也就是说从制礼本身来看，儒家关于礼学起源的观点大致分圣人与先王两种。就圣人制礼而言，周公被后世奉为圣人，圣人所制之礼就带有一定的神圣性，如《礼记·明堂位》叙述周公“制礼作乐，颁度量而天下大服”[11]，周公所制之礼可以使天下一统，足见其价值与地位。相较于周公制礼，儒家眼中的先王如神农氏与黄帝、颛顼、尧、舜等，具有“氏族部落神的性质”[12]，尽管其蕴含神性，但与天帝还存在较大差异。而清华简《参不韦》则直接将礼的起源设置为天帝，礼来源于至上神，那么毫无疑问，礼已经具有绝对的神性。由此可以将先秦时期的几种制礼之说进行整合：周公～先王～天帝，从圣人制礼到五帝制礼再到天帝制礼之说的转换过程，表明先秦时人逐渐赋予礼以神性，有意识地将礼神圣化。

《参不韦》中天帝制礼的观点深受战国时期思想的影响，同时也可以反过来佐证并补充战国礼书中的相关记载。第一，战国时期的礼书认为礼之成文乃法象天地，简文中的帝可以看作是对这一思想观念的深层加工，也就是把天地变为天帝。譬如《礼记·礼运》云：“是故夫礼必本于天，淆于地。”[13]礼本于天地与礼起于天帝是同一个道理的两种说法，天帝本身就代表道和掌管天地，那么天帝制礼当然就与“礼本天地”相类，属于礼的终极依据的来源。第二，《参不韦》中的天帝授礼是对战国时人关于夏代之礼描述的补充。简文显示帝命参不韦将所制之礼授予夏启，让夏启以之治理国家，贾连翔指出这一论述意味着夏启乃是“膺受天命”[14]，也就是说参不韦向启传达的是天命。天命启以有洪之乱为鉴，天命启遵循帝所制作的五刑则，这一浓厚的“天命”思想与《礼记》可以互相发明。《礼记·表记》曰：“夏道尊命，事鬼敬神而远之。”孔颖达疏曰：“夏道尊命，尊重四时政教之命。”[15]孔颖达释“命”字特意强调了四时，这一说法得到学者的进一步阐发，桓占伟指出：“‘夏道尊命’，首先表现为夏人对‘时令’的尊崇与认同。”[16]而时令出于天，故时令为天令，天令即天命[17]。桓说可从，那么夏人所尊之“命”应当包含天命。按照《礼记》所言，夏人尊政教而远鬼神，即是说夏代以王命为导向而注重人事。由于《礼记》并未明言天命的存在，那么简文就可作为这一隐匿的天命思想之补充。据此可知，《参不韦》中礼制起源的指导思想遵循战国时期对夏代所作的总结，那么《礼记·表记》对于夏人的描述也就可以找到新的文献支撑。

孔子谈及三代礼制因革时有云："殷因于夏礼，所损益，可知也；周因于殷礼，所损益，可知也。"[18]殷周之礼的因革与损益都有迹可循，但夏礼的因革是什么，孔子却并未交代。若按孔子的逻辑与《尚书》对时代的划分而言，夏代之前为唐虞之时，那么夏礼便当因于虞礼，但先秦文献对此问题并无明言。清华简《参不韦》为夏礼起源问题的说法提供了另一种视角，即夏礼起源于神授，具有终极依据的意味，这对先秦礼学起源问题的讨论而言，确有补足文献之益与扩宽视野之功。

二、设官分职：配置方式及与传世礼书之联系

《参不韦》所见职官制度的记载与传世礼书存在极为深厚的渊源，使先秦职官制度研究的推进获得新的可能。《参不韦》设官分职的方式是以"五刑则"为纲目统摄具体职官类别，五刑则中的五个板块对应不同的职官，这一点马楠与石小力皆列表进行了说明，现综合二位学者所作五刑则与职官的对应表列于下方[19]。

表1　五刑则与五职官对应表

五刑则	五则	五行	五音	五色	五味
职官	后、士、司寇	司空、司马、征徒	祝、史、师	宰、工、贾	民

从表1可以看出，五刑则用数字"五"来建构职官系统，其与《五纪》之"五"可能源出为一。程浩认为《参不韦》与《五纪》关联甚大，二者或属"互为因应的'姊妹篇'"[20]，而《五纪》之"五"这一数字"当受到了先秦时期'五行'观念的影响"[21]，那么与《五纪》联系紧密的《参不韦》之"五"也应当与五行思想有关，体现了战国时期浓厚的五行思想[22]，也就是说《参不韦》的职官配置原理为五行观念。从五刑则五种纲目的排列顺序来看，其与《礼记·礼运》的行文最为贴近，《礼运》载："五行、四时、十二月，还相为本也。五声、六律、十二管，还相为宫也。五味、六和、十二食，还相为质也。五色、六章、十二衣，还相为质也。"[23]概而言之，《礼运》给出的顺序是五行、五声、五味、五色，与简文五则之后的五行、五音、五色、五味四种纲目基本重合，由此可见，二者在文本书写上应当存在较大的联系。

简文"五则"下属职官"士"之职责可与《礼记》及《周礼》对读。简文曰："士修邦之寇盗，相乱不周，妖用诬言，妖乱之禁。"[24]士不仅要缉寇盗，还要禁诬言暴乱。《礼记·曲礼》虽有"五官"之属"司士"的记载，但其所司之职却并不明确。其中禁诬言一项，《礼记·王制》曰："司寇正刑明辟……言伪而辨，学非而博，顺非而泽，以疑众，杀。"[25]言伪惑众者将被诛杀，负责这项职能的是司寇，与简文不同。而《周礼》则将言语刑罚的职掌安排给大司徒，其文曰："以乡八刑纠万民……七曰造言之刑。"郑玄注曰："造言，讹言惑众。"[26]不仅大司徒要负责处理妖言惑众者的刑罚，司寇之属官亦有此职，《周礼·秋官司寇》"士师"一职，经文曰："掌士之八成……八曰邦诬。"郑玄注曰："罔诬君臣，使事失实。"[27]此处士师掌禁诬言，其与简文之士或存在文献上

的关联，因简文的职官组合为“士、司寇”而《周礼》的职官组合为“大司寇、小司寇、士师”，二者具有极高的相似度。那么据此可以作出推测，《曲礼》所见司士之职或与简文及《周礼》相同。

简文对“五音”之下几种职官的顺序进行了先后排列，其文曰：“乃以立祝、史、师。”[28]此处的记载为祝在史前，而《礼记·曲礼》则将史排在祝前，经文曰：“天子建天官……大史、大祝、大士、大卜。”[29]两种职官的排列顺序虽然只有细微差异，却反映了先秦时期祝与史地位高低的变化，简文中的祝官地位高于史官，而《礼记·曲礼》中的史官地位高于祝官。简文对祝的具体职事描述为：“祝乃修宗庙彝器，典祭祀牺牲，及百执事之敬。”[30]祝官职能侧重于礼器、祭牲等方面，显示出祝官职责广泛的特点。而礼器与祭牲又是祭祀的核心内容，譬如《礼记·礼器》曰：“君亲牵牲。”[31]又如《礼记·曲礼》曰：“凡家造，祭器为先，牺赋为次。”[32]君主在祭祀仪节中亲自牵牲，立家制器以祭器为首，足见祝官所司之职的重要性。祭祀属于国事之大者，而祝官又总领祭祀要务，其地位自然更高，因此简文中的祝官排在史官之前。这与《周礼》所载存在较大差异，《周礼》中的祝官主要负责祝辞、辨祭号、辨九拜等事[33]，并不涉及对“宗庙彝器”与“祭祀牺牲”的管理，对于二者的职掌，《周礼》另设专职官员宗伯。如大宗伯于大型祭祀前“视涤濯，莅玉鬯，省牲镬，奉玉齍”[34]。小宗伯于祭祀前要负责“毛六牲，辨其名物……辨六彝之名物，以待果将。辨六尊之名物，以待祭祀、宾客”[35]等等，宗伯作为祝官之长，大、小宗伯于祭祀前分别视察祭器与牺牲的情况，可知《周礼》将简文中祝的重要职能分给了宗，表明宗的地位比祝更高，同时显示《周礼》对祭祀职能与职官的安排更加细化与专门化。

值得注意的是，除彝器与牺牲，简文中的祝官还要监督“百执事之敬”，“百执事”就是百官，《国语·吴语》云：“王总其百执事，以奉其社稷之祭。”韦昭注引贾逵曰：“百执事，百官。”[36]那么祝官所要监督的就是百官在祭祀中是否以“敬”事之，因为敬是祭祀礼仪非常重要的内容，如郭店简《性自命出》云：“祭祀之礼，必有夫齐齐之敬。”[37]而敬与不敬的判断标准倘若仅从外化的显现区分，则当以祭仪与祭容为主。《礼记·少仪》曰：“祭祀之美，齐齐皇皇。”[38]即是祭祀之时，百官心怀敬畏，容饰庄重，进退揖让等仪节皆合乎礼数。简文中祝官的这一职能与《国语·楚语》所载祝官职能极为相似，《楚语》云：“齐敬之勤、礼节之宜、威仪之则、容貌之崇……而恭敬神明者，以为祝。”[39]可见楚国祝官负有监管祭祀之敬的职责，由此也可知晓，简文中的职官带有楚地职官文化的特点，同时又将楚国祝、宗职能糅合，使祝、宗合而为祝。应当引起重视的是，《周礼·春官》宗伯的职能与《楚语》所载宗的职能十分相似，《楚语》曰：“能知四时之生、牺牲之物、玉帛之类、采服之仪、彝器之量……为之宗。”[40]楚国之宗职掌牺牲彝器，与《周礼》宗伯职能相当，由此可以推测，《周礼》的职官编撰或受到楚国等诸侯国礼制的影响，其书之形成可能更为复杂。当然，若有不敬祭祀者则当进行惩罚，如《礼记·王制》云：“山川神祇有不举者为不敬，不敬者君削以地；宗庙有不顺者为不孝，不孝者君绌以爵。”[41]由经文知祭祀不敬便会受罚，那么自然有监督不敬者的职官，但经文并未提及。简文将祭祀之敬纳入祝官督察的职责范围，显示出王朝对于祭祀态度与祭容的关注，可作为早期祭礼仪节的重要补充。

关于“五音”所统摄的职官“师”之职掌，简文曰：“师表则定后之德，典尚音古律，毋淫。”[42]简文首先强调师要“定后德”，马楠指出，《荀子·王制》对“师”的职责有类似的描述，其曰“修宪命”也就是“定德命”[43]。那么大师如何能够“定后德”与“修宪命”呢？这或许与大师规劝君主的职能有关。《国语·周语上》云：“故天子听政，使公卿至于列士献诗，瞽献曲，史献书，师箴，蒙诵……瞽史教诲，耆艾修之，而后王斟酌焉，是以事行不悖。”[44]由此段记载可知，乐官具有规劝天子的职责，且拥有这项权利的乐官包含瞽、师、蒙，数量亦为可观。简文与《荀子》都将这一项职能集中地赋予了大师，似乎有意突显乐官在政治领域的重要性。而在《周礼·春官》的记载中，不仅大师要担任德教之职，大司乐亦然。如“大司乐”一职，经文曰：“以乐德教国子：中、和、祗、庸、孝、友”。[45]又如“大师”一职，经文曰：“以六德为之本。”[46]由经文可知，不论是大司乐还是大师，他们在授乐的同时必须以德教之，且以德为乐之本。与简文及《荀子》稍有不同的是，《周礼》进一步赋予德以“中”“和”“孝”等具体内涵，使德之义项更为饱满。很明显，《周礼》对乐类职官的描述十分注重德化。

由上可知，《参不韦》设官分职是基于五行的思想观念，其职官的职能与传世礼书有着极大的关联，由此可以寻踪《周礼》职官编撰成书的轨迹。同时，简文对于传世礼书所载职官未曾言明的职责也作出了补充，二者正可互相发明，足见出土文献与传世文献完成对接的意义。

三、刑罚与丧祭：一条伦理的裂隙及重构

《参不韦》所载伯鲧的事迹反映了早期刑罚制度下的丧葬、祭祀与伦理等问题，通过与《尚书》《礼记》等传世文献的比较，可以看出古人对此问题不同的回应与思考。

简文曰：“启，而不闻而先祖伯鲧不已帝命，而不瘗。启，而视而考父伯禹象帝命，而圝(缄)在𩌦商。”[47]整理者将瘗释为“葬”，“不瘗”即“不葬”，其说可从。因简文举出禹的例子用以对比两者截然不同的命运，禹最终得以“在𩌦商”，也就是说“伯禹生能效法帝命，死则依古法丧葬”[48]，那么伯鲧不听帝命，便会遭到“不葬”处罚的说法是合乎逻辑的。简文认为鲧在治水失败后不得葬，既不得葬，表明简文遵从鲧被杀死的观点。而这一有关鲧的描述与《尚书》的记载并不相同，《尚书·舜典》载：“流共工于幽州，放驩兜于崇山，窜三苗于三危，殛鲧于羽山，四罪而天下咸服。”孔安国传曰：“殛、窜、放、流，皆诛也。”[49]孔颖达疏云：“传称流四凶族者，皆是流，而谓之‘殛窜、放、流，皆诛’者，流者，移其居处，若水流然，罪之正名，故先言也。放者，使之自活。窜者，投弃之名。殛者，诛责之称，俱是流徙，异其文。”[50]孔颖达在继承孔安国观点的基础上进一步发挥，强调四凶受到的处罚皆是流放，虽以“诛”言鲧，只是词异而已，其“流放”之义则同。《洪范》所记与《舜典》同，《洪范》载：“鲧则殛死，禹乃嗣兴。”孔安国传曰：“放鲧，至死不赦。”[51]可以看到，孔安国与孔颖达等经学家都认定张鲧被流放而非被杀。

简文对鲧被殛死的记载与《山海经》及《韩非子》一致。《山海经·海内经》载：“洪水滔天，鲧窃帝之息壤以堙洪水，不待帝命。帝令祝融杀鲧于羽郊。”[52]根据《山海经》的描述可知，鲧是窃取息壤而被祝融杀死于羽郊。《韩非子·外储说》云：“尧欲传

天下于舜，鲧谏曰：‘不祥哉！孰以天下而传之于匹夫乎？’尧不听，举兵而诛杀鲧于羽山之郊。”[53]在《韩非子》一书中，鲧被杀死的原因是出于谏言，与《山海经》又不相同。尽管这三部典籍对于鲧被杀死的原因记载各异，但鲧最终被杀死的结果是一样的。由此透露出一个重要讯息，即在先秦时期，关于鲧殛羽山的阐释分为“流放”与“诛杀”两个不同的文本系统。简文与《山海经》及《韩非子》对于伯鲧丧葬问题的记载又有所不同，《山海经》及《韩非子》只言鲧被杀死，并未对其丧葬问题进行描述，简文则将鲧死以后的场景补充出来，指出其“不葬”。“不葬”反映出鲧的罪行深重，连死也不得其所。

古代丧礼以埋葬为王朝之正宗，如《礼记·祭义》云：“众生必死，死必归土。”[54]表明人死以后必须入土才可使亡者得以安宁，而“归土”必须经由丧葬之礼，《礼记·檀弓》记有国子高对于葬礼的论述，其曰：“葬也者，藏也。藏也者，欲人之弗得见也。是故衣足以饰身，棺周于衣，椁周于棺。”[55]葬为藏，所藏者当属亡者尸身及其归于土中之魄。既然鲧不得葬，那么其灵魂是否可以得到妥善的安顿？根据《仪礼·士虞礼》的记载，在完成葬礼仪节时，子女需将亡亲的灵魂迎回，郑玄曰：“虞，安也，士既葬父母，迎精而返，日中祭之于殡宫以安之。”[56]从丧礼仪节来看，葬礼是必不可少的环节，倘若没有葬礼，亡亲之身将不得安息，子女也无法将父母的灵魂迎回家中予以安抚。人类学家亦有类似的看法，如范热内普指出：“未经过葬礼的人被判处于可怜的境地，永远也不能进入亡者世界，或被聚合入那里的社会，这是最危险的死亡。”[57]又如列维·布留尔引非洲西海岸的例子为证：“如果告诉犯人，把他处死后，将不给他的尸体举行葬礼，这对他来说比死还要可怕……而剥夺葬礼则会使他想到各种各样无名的恐惧。”[58]两位人类学家不约而同强调葬礼对于死者而言举足轻重，可见古今中外学者都认为，葬礼是关乎亡者能否得到安顿的重要礼仪。既然伯鲧“不葬”，那么其死后也将无法安宁，而这又将涉及鲧禹之间父子关系的讨论，以及禹作为圣王与孝子却不葬其父的道德悖论及伦理审判。

由于鲧殛羽山的结果存在流放与诛杀两个版本，因此先秦时期的典籍已经试图对这一问题进行补救，补救办法值得关注的当属重新设计鲧死以后在神灵世界的身份与待遇。《礼记·祭法》云：“夏后氏亦禘黄帝而郊鲧，祖颛顼而宗禹。”[59]《祭法》将鲧纳入祖先神灵的祭祀谱系中，使其在神灵世界享有子孙后代的祭祀，那么鲧之灵魂便可得到供奉与安顿。《祭法》又云：“夫圣王之制祭祀也，法施于民则祀之，以死勤事则祀之，以劳定国则祀之，能御大灾则祀之，能捍大患则祀之。……鲧障洪水而殛死，禹能修鲧之功。”[60]郑玄注曰：“殛死，谓不能成其功也。”孔颖达正义曰：“鲧障洪水而殛死者，鲧塞洪水无功，而被尧殛死于羽山，亦是有微功于人，故得祀之。若无微功，焉能治水九载？”[61]《祭法》指出先王所制祭祀之礼注重有功之人的贡献，凡于民于国有功有劳者，皆可列于祀典接受祀享。鲧虽被殛死，却也有治水之劳，其功只是未成而非无功，因此禹“修鲧之功”是修鲧未竟之功。《祭法》承认鲧治洪水作出的贡献，肯定他对治水的付出与功劳，郑玄与孔颖达也认为鲧并非完全无功，只是功有大小，鲧因此而被殛死，根据《祭法》之义当列入祀典。《参不韦》或亦受到这一时期思想的影响，对鲧在神灵世界的设计与《祭法》极为相似。

尽管简文描述鲧的最终结局是“不葬”，但其对鲧死后的身份与待遇重新进行了安排，使鲧被舜殛死这一事件看上去符合儒家的理念。简文曰：“乃上唯天，司几监乂民盈而省其性，司中视中罚，司命受罚命，乃而先祖、王父、父执其成。”[62]简文显示启之先祖死后皆获得任职，辅佐司命等神官执行任务。值得注意的是，简文对启之祖先的描述中出现了鲧，也就是“王父”，《尔雅·释亲》云：“父之考为王父。”[63]则鲧也在神灵世界中获得了相关职位，并与其家族成员共同效力于神祇。当然，根据简文的设定，鲧不仅在神灵世界获得了一份官职，也可以享受来自其后代的祭祀。简文云：“启，如有妖祥凶灾，各称乃位乃告。七承乃告于上司几、下尸竈，及而先高祖、王父、父、百有司。”[64]这里是参不韦告启祷祀之事，祷祀的对象除了部分天神，还有启的祖先。那么鲧死后依然受到子孙的祭祀与供奉，尽管他被处以“不葬”的刑罚，但这并没有影响他在死后享受被子孙祭祀的权利。既然鲧“不葬”，表明他的身体没有得到很好的安顿，在古人的观念中，身体的安顿关乎亡者在亡灵世界中的生存。简文对鲧的描述是前后矛盾的，鲧虽未得到很好的安葬，却能在神灵世界中安然无恙，很明显简文有意识地忽略了这一矛盾，其如此设计鲧的身后之事，与先秦时期对鲧禹孝道及伦理的讨论有关。

鲧的故事将先秦时期的伦理体系击打出一条破裂的缝隙，而文献对鲧的重新改写则是对这一裂隙的弥合及对孝道伦理的重构。按照《尚书》与简文的记载，鲧既身死不葬，不葬则其灵魂应当不得安宁。那么鲧之子也就是禹作为继舜之后的又一圣人，其若不葬鲧就意味着子不葬父，这与儒家提倡的孝道伦理完全背道而驰，譬如《论语·为政》篇载樊迟问孝之事，孔子曰：“生，事之以礼；死，葬之以礼，祭之以礼。”[65]可见丧葬关乎孝道，鲧若不得葬，虽合于刑罚而全于君臣之义，却终究使父子之亲与孝道伦理悖于纲常。而禹本身有着孝子之心与孝子之行，《孟子·滕文公上》载大禹治水之事，言其“八年于外，三过其门而不入”[66]。此文虽言大禹治水劳苦功高，却也表明大禹绍继父志而不敢有一日之懈怠，而这正是孝道的表现，《论语·学而》篇记孔子论孝之言曰：“父在，观其志；父没，观其行。三年无改于父之道，可谓孝矣。”[67]按照孔子的说法，大禹数年不改父之志，已足证其孝。但孝子若不能葬父，又如何能称孝，如何称圣人？因此，简文为鲧在神灵世界设计了新的身份与职位，使鲧享受后代的祭祀，使鲧在神灵世界中护佑后世子孙，这正是先秦时期孝道伦理的深刻体现。

程浩认为，《参不韦》记载的内容乃是“夏代史事”[68]，那么将其中的礼制书写定为“夏礼”也就合乎情理。孔子曾言：“夏礼，吾能言之，杞不足征也。”[69]孔子虽知夏礼[70]，却因文献不足而难以窥其全貌。先秦时期的礼书也录有不少夏礼，但多零散而不成系统。而清华简《参不韦》所建构的“夏礼”包含官制、祷祀等诸多内容，具有一定的系统性，是对先秦时期夏礼文献的重要补充。先秦文献所描述的夏礼往往与殷周二代之礼并列，构成另一个礼学系统即“三代之礼”。如《仪礼·士冠礼》记文云：“委貌，周道也；章甫，殷道也；毋追，夏后氏之道也。周弁、殷冔、夏收。三王共皮弁素积。”[71]又如《礼记·檀弓》载：“仲宪言于曾子曰：夏后氏用明器，示民无知也。殷人用祭器，示民有知也。周人兼用之，示民疑也。”[72]无论是冠礼加冠追以三代还是丧礼随葬寄之明器与祭器，先秦礼书在提及夏礼时鲜有单独论述，而是将夏礼作为建构三代之礼的要素。由此也可看出，先秦时人将文化的源头上溯至虞夏两代，并认为夏代一定是真实的存在，如同程浩所言："这一类作品宣扬的是战国人的思想，讲述的是战国人认识中的古史。"[73]《参不韦》集中描述夏代史事，记录夏代礼制，这样的书写方式实与先秦时期建构"三代之礼"的现象同频，呈现出时人的文化信仰与认同。

注释：

[1] 黄德宽主编：《清华大学藏战国竹简(十二)》，上海：中西书局，2022年，第109页。

[2] 马楠：《清华简〈参不韦〉所见早期官制初探》，《文物》2022年第9期，第56～58页。贾连翔：《清华简〈参不韦〉的祷祀及有关思想问题》，《文物》2022年第9期，第59～63页。

[3] 黄德宽主编：《清华大学藏战国竹简(十二)》，上海：中西书局，2022年，第110页。

[4] 石小力：《清华简〈参不韦〉概述》，《文物》2022年第9期，第52～55页。

[5] 马楠：《清华简〈参不韦〉所见早期官制初探》，《文物》2022年第9期，第56～58页。

[6] 黄德宽主编：《清华大学藏战国竹简(十一)》，上海：中西书局，2021年，第130页。

[7] 黄德宽主编：《清华大学藏战国竹简(十二)》，上海：中西书局，2022年，第110页。

[8] 王晖：《商周文化比较研究》，北京：人民出版社，2000年，第47～48页。

[9] 李家喜：《大小戴礼记关于礼的起源论述》，《成都大学学报》2023年第1期，第77～88页。

[10] 张海英，胡文雯：《先秦道家论礼之起源》，《湖南大学学报》2019年第4期，第97～101页。

[11] (清)孙希旦撰，沈啸寰、王星贤点校：《礼记集解》，北京：中华书局，1989年，第842页。

[12] 王晖：《商周文化比较研究》，北京：人民出版社，2000年，第52页。

[13] (清)孙希旦撰，沈啸寰、王星贤点校：《礼记集解》，北京：中华书局，1989年，第616页。

[14] 贾连翔：《清华简〈参不韦〉的祷祀及有关思想问题》，《文物》2022年第9期，第59～63页。

[15] (清)孙希旦撰，沈啸寰、王星贤点校：《礼记集解》，北京：中华书局，1989年，第1309页。

[16] 桓占伟：《"夏道尊命"：儒学视野中的夏代宗教政治认同》，《世界宗教研究》2021年第5期，第14～24页。

[17] 桓占伟：《"夏道尊命"：儒学视野中的夏代宗教政治认同》，《世界宗教研究》2021年第5期，第14～24页。

[18](魏)何晏集解，(梁)皇侃义疏：《论语集解义疏》，《影印文渊阁四库全书》第195册，台北：商务印书馆，1986年，第354页。

[19]参马楠：《清华简〈参不韦〉所见早期官制初探》，《文物》2022年第9期，第56～58页。石小力：《清华简〈参不韦〉概述》，《文物》2022年第9期，第52～55页。

[20] 程浩：《清华简〈参不韦〉中的夏代史事》，《文物》2022年第9期，第64～67页。

[21] 袁青：《清华简〈五纪〉思想探微》，《江淮论坛》2022年第3期，第27～33页。

[22] 贾连翔：《清华简〈参不韦〉的祷祀及有关思想问题》，《文物》2022年第9期，第59～63页。

[23] (清)孙希旦撰，沈啸寰、王星贤点校：《礼记集解》，北京：中华书局，1989年，第610～611页。

[24] 黄德宽主编：《清华大学藏战国竹简(十二)》，上海：中西书局，2022年，第112页。

[25] (清)孙希旦撰，沈啸寰、王星贤点校：《礼记集解》，北京：中华书局，1989年，第370～374页。

[26] (汉)郑玄注，(唐)贾公彦疏，彭林整理：《周礼注疏》，上海：上海古籍出版社，2010年，第371～372页。

[27](汉)郑玄注，(唐)贾公彦疏，彭林整理：《周礼注疏》，上海：上海古籍出版社，2010年，第1350～1351页。

[28] 黄德宽主编：《清华大学藏战国竹简(十二)》，上海：中西书局，2022年，第112页。

[29]（清）孙希旦撰，沈啸寰、王星贤点校：《礼记集解》，北京：中华书局，1989 年，第 132 页。

[30] 黄德宽主编：《清华大学藏战国竹简（十二）》，上海：中西书局，2022 年，第 112 页。

[31]（清）孙希旦撰，沈啸寰、王星贤点校：《礼记集解》，北京：中华书局，1989 年，第 663 页。

[32]（清）孙希旦撰，沈啸寰、王星贤点校：《礼记集解》，北京：中华书局，1989 年，第 116 页。

[33]（汉）郑玄注，（唐）贾公彦疏，彭林整理：《周礼注疏》，上海：上海古籍出版社，2010 年，第 953～975 页。

[34]（汉）郑玄注，（唐）贾公彦疏，彭林整理：《周礼注疏》，上海：上海古籍出版社，2010 年，第 692 页。

[35]（汉）郑玄注，（唐）贾公彦疏，彭林整理：《周礼注疏》，上海：上海古籍出版社，2010 年，第 702～703 页。

[36] 徐元诰撰，王树民、沈长云点校：《国语集解》，北京：中华书局，2002 年，第 553 页。

[37] 李零：《郭店楚简校读记》，北京：中国人民大学出版社，2007 年，第 139 页。

[38]（清）孙希旦撰，沈啸寰、王星贤点校：《礼记集解》，北京：中华书局，1989 年，第 934 页。

[39] 徐元诰撰，王树民、沈长云点校：《国语集解》，北京：中华书局，2002 年，第 513 页。

[40] 徐元诰撰，王树民、沈长云点校：《国语集解》，北京：中华书局，2002 年，第 513～514 页。

[41]（清）孙希旦撰，沈啸寰、王星贤点校：《礼记集解》，北京：中华书局，1989 年，第 328 页。

[42] 黄德宽主编：《清华大学藏战国竹简（十二）》，上海：中西书局，2022 年，第 112 页。

[43] 马楠：《清华简〈参不韦〉所见早期官制初探》，《文物》2022 年第 9 期，第 56～58 页。

[44] 徐元诰撰，王树民、沈长云点校：《国语集解》，北京：中华书局，2002 年，第 11～12 页。

[45]（汉）郑玄注，（唐）贾公彦疏，彭林整理：《周礼注疏》，上海：上海古籍出版社，2010 年，第 833 页。

[46]（汉）郑玄注，（唐）贾公彦疏，彭林整理：《周礼注疏》，上海：上海古籍出版社，2010 年，第 880～881 页。

[47] 黄德宽主编：《清华大学藏战国竹简（十二）》，上海：中西书局，2022 年，第 120 页。

[48] 黄德宽主编：《清华大学藏战国竹简（十二）》，上海：中西书局，2022 年，第 121 页。

[49]（汉）孔安国传，（唐）孔颖达正义，黄怀信整理：《尚书正义》，上海：上海古籍出版社，2007 年，第 88～89 页。

[50]（汉）孔安国传，（唐）孔颖达正义，黄怀信整理：《尚书正义》，上海：上海古籍出版社，2007 年，第 93 页。

[51]（汉）孔安国传，（唐）孔颖达正义，黄怀信整理：《尚书正义》，上海：上海古籍出版社，2007 年，第 448 页。

[52] 袁珂校注：《山海经校注》，上海：上海古籍出版社，1980 年，第 472 页。

[53]（清）王先慎撰，钟哲点校：《韩非子集解》，北京：中华书局，2003 年，第 324 页。

[54]（清）孙希旦撰，沈啸寰、王星贤点校：《礼记集解》，北京：中华书局，1989 年，第 1219 页。

[55]（清）孙希旦撰，沈啸寰、王星贤点校：《礼记集解》，北京：中华书局，1989 年，第 227 页。

[56]（汉）郑玄注，（唐）贾公彦疏，贾海生点校：《仪礼注疏》，《中华礼藏·礼经卷·仪礼之属》第 2 册，杭州：浙江大学出版社，2016 年，第 1067 页。

[57][法]阿诺尔德·范热内普：《过渡礼仪》，张举文译，北京：商务印书馆，2012 年，第 160 页。

[58][法]列维·布留尔著：《原始思维》，丁由译，北京：商务印书馆，2017 年，第 353 页。

[59]（清）孙希旦撰，沈啸寰、王星贤点校：《礼记集解》，北京：中华书局，1989 年，第 1192 页。

[60]（清）孙希旦撰，沈啸寰、王星贤点校：《礼记集解》，北京：中华书局，1989 年，第 1204 页。

[61]（汉）郑玄注，（唐）孔颖达正义，吕友仁整理：《礼记正义》，上海：上海古籍出版社，2008 年，

1802～1804 页。

[62] 黄德宽主编:《清华大学藏战国竹简(十二)》,上海:中西书局,2022 年,第 122 页。

[63] (清)郝懿行撰,王其和、吴庆峰、张金霞点校:《尔雅义疏》,北京:中华书局,2017 年,第 453 页。

[64] 黄德宽主编:《清华大学藏战国竹简(十二)》,上海:中西书局,2022 年,第 133 页。

[65] (魏)何晏集解,(梁)皇侃义疏:《论语集解义疏》,《影印文渊阁四库全书》第 195 册,台北:商务印书馆,1986 年,第 349 页。

[66] (汉)赵岐注,(宋)孙奭疏:《孟子注疏》,《影印文渊阁四库全书》第 195 册,台北:商务印书馆,1986 年,第 127 页。

[67] (魏)何晏集解,(梁)皇侃义疏:《论语集解义疏》,《影印文渊阁四库全书》第 195 册,台北:商务印书馆,1986 年,第 345 页。

[68] 程浩:《清华简〈参不韦〉中的夏代史事》,《文物》2022 年第 9 期,第 64～67 页。

[69] (魏)何晏集解,(梁)皇侃义疏:《论语集解义疏》,《影印文渊阁四库全书》第 195 册,台北:商务印书馆,1986 年,第 360 页。

[70] 本文所言"夏礼"乃是基于先秦文献对夏礼的相关记载与构建。

[71] (汉)郑玄注,(唐)贾公彦疏,张焕君、贾海生点校:《仪礼注疏》,《中华礼藏・礼经卷・仪礼之属》第 1 册,杭州:浙江大学出版社,2016 年,第 290～291 页。

[72] (清)孙希旦撰,沈啸寰、王星贤点校:《礼记集解》,北京:中华书局,1989 年,第 219 页。

[73] 程浩:《清华简〈参不韦〉中的夏代史事》,《文物》2022 年第 9 期,第 64～67 页。

政治目的与文学实践：《文选》编纂宗旨论

袁咏心

（长江大学人文与新媒体学院，湖北荆州，434023）

内容摘要：《文选》编纂是梁武与昭明政治目的指引下的文学实践，以承载梁武以礼制邦治、昭明依违圣意以固太子之位政治目的为使命；而在本质上，梁武政治目的与太子政治目的是合二为一的。这既确立了《文选》编纂的宗经、礼治、张明礼义等根本原则，也决定了《文选》选文裁择的思想依据。政治目的指引下《文选》的编纂宗旨，由此体现为以宗经为依归、以礼义为本底、以翰藻为翼卫。这一编纂宗旨，既明见于萧统《文选序》所言选文宗旨与选文条例中，也一以贯之于《文选》编次与选文裁择始终。

关键词：《文选》；编纂宗旨；宗经；礼义；翰藻

有关《文选》编纂宗旨，学界至今尚未达成一致认识。阮元曰："昭明《文选序》后三段，特明其不选之故，必沈思翰藻，始名之为文，始以入选也。"[1]这是以"沈思""翰藻"为《文选》编纂宗旨。自阮说出，学界争论不断，有人认为当以"事出于沈思，义归乎翰藻"为《文选》编纂宗旨[2]。有人认为当在"事出于沈思，义归乎翰藻"基础上，再加上"综辑辞采""错比文华"[3]。有人认为"事出于沈思，义归乎翰藻"是萧统对文学特征的认识，而《文选》则是按"丽而不浮，典而不野"这一宗旨编选而成的[4]。然上述结论大抵囿于选文章采，未及选文思想，于《文选》之根实未涉及。

《文选》衡文，实以思想统章采。黄侃先生指出："读《文选》者，必须于《文心雕龙》所说能信受奉行，持观此书，乃有真解。"[5]而"文心之作也，本乎道"[6]，是故"文章以代言语，惟圣人为能尽文之妙，所谓道者，如此而已"[7]，"文章之用，隆之至于能载政教学艺而止"[8]。由是而言，由宗经而来的章采，才是《文选》的真实面目。有研究者注意到了这一点，认为儒学元典是《文选》之根[9]。此诚为的论，然犹失之过泛。儒学元典于后世之滋养，自不言而喻，然时移世易，不同时代于儒学精神取舍有别，以六朝言，其时士大夫与汉代一尊儒教的情形就大不相同[10]，故未可一概而论。窃以为，欲明了《文选》编纂宗旨，当在《文选》编纂特定背景下，探讨梁武、昭明编纂《文选》之政治目的，以及其在选文实践中的具体呈现。笔者拟就此抒一孔之见，以就正于方家。

一、梁武政治目的与《文选》编纂

有关《文选》编纂，俞绍初先生认为："昭明之选文与《华林遍录》之撰集实为一时之盛事。东宫专取其文，华林直书其事，事文并举，盖秉承梁武旨意而为焉。"[11]《文选》编纂既为梁代文化盛举，与《华林遍录》为表里，又"秉承梁武旨意而为"，这就说明，《文选》编纂首先是一项贯彻"梁武旨意"的政治工程，承载梁武政治目的是《文选》编纂的首要使命。

要明了梁武政治目的，就需在了解梁代文化背景基础上，审视梁武所作所为。礼学昌明，是梁代文化的突出特点，其显著标志，则是梁武开国之初，集群儒之力，续修齐于永明二年开撰，历时十余年未成的《五礼仪注》。"齐武帝永明二年，诏尚书令王俭制定五礼。至梁武帝，命群儒又裁成焉。"[12]梁武于天监元年受齐禅，即皇帝位于南郊，因"郊祀天地，礼乐制度，皆用齐典"[13]，故续修《五礼仪注》刻不容缓；而何佟之于"天监二年，卒官"[14]，可知《五礼仪注》的修撰，是与梁武即位同步展开的。梁武既是续修《五礼仪注》的发起者，更是《五礼仪注》的实际撰修者。《五礼仪注》的修撰又汇集了当时所有的礼学名家，且从天监元年到普通五年，历时 23 年之久，才最终撰成一千一百七十六卷的《五礼仪注》。其历时之久，卷帙之繁，在古代礼书修撰史上均极为罕见。这足以说明梁武对《五礼仪注》修撰的高度重视，而梁武之所以如此重视《五礼仪注》的修撰，既出于对新的典章制度的现实需求，更有制邦治的政治考量。"夫礼者，所以法天地之经，建上下之纪，教训正俗，防邪窒欲，序人伦，而制邦治者也。"[15]故"帝王之至务，莫重于礼学"[16]。以礼制邦治，是帝王共同的政治追求，梁武自不例外；而与其他帝王有所不同的是，梁武不仅明于礼学，著述不辍，且笃行礼义。

梁武礼学修养深厚，著述繁富。其礼学修养，可从《南齐书》《南史》所载二事中略窥一斑。其一，齐永明二年，群儒议郊与明堂是否共日，"司徒西阁祭酒梁王议：'《孝经》郑玄注云"上帝亦天别名"。如郑旨，帝与天亦言不殊。近代同辰，良亦有据。魏太和元年正月丁未，郊祀武皇帝以配天，宗祀文皇帝于明堂以配上帝，此则已行之前准。'"[17]其二，天监七年，安成国太妃陈氏薨，梁武敕礼官议皇子慈母之服，针对司马筠所说的"宜从小功之制"，梁武不仅引经据典，剖析入微，而且能揭"前儒所不释，后学所未闻"[18]。梁武所论后，"于是筠等请依制改定嫡妻之子，母没为父妾所养，服之五月，贵贱并同，以为永制"[19]。既以为永制，则修撰《凶礼仪注》时自会以此厘定慈母之服，这正是梁武参与《五礼仪注》修撰的明证。至于其相关礼乐著述，则史有明载。《梁书·武帝纪下》称其撰有《制旨孝经义》《乐社义》《春秋答问》《中庸讲疏》《孔子正言》等，凡二百余卷[20]。《隋书·经籍志》载其撰有《礼记大义》十卷、《制旨革牲大义》三卷、《乐论》三卷、《乐义》十一卷(武帝集朝臣撰，亡)、《钟律纬》六卷(亡)等[21]。《南朝梁会要·文学》称其撰有《孝经义疏》十八卷、《昭明仪注》[22]。万机之暇，而有如此著述，历代帝王，无出其右，故王世贞云："自三代而后，人主……著作之盛，则无如萧梁父子。"[23]梁武不仅礼学修养深厚，撰述不辍，且天性醇孝，笃行礼义。《梁书·武帝纪下》云：

高祖生知醇孝。年六岁，献皇太后崩，水浆不入口三日，哭泣哀苦，有过成人……及丁文皇帝忧……不复寝食……高祖形容本壮，及还至京都，销毁骨立，亲表士友，不复识焉。[24]

由自身政治需求出发，在齐修《五礼仪注》基础上，梁武与群儒历23年之久纂成《五礼仪注》；与此同时，梁武礼乐著述不辍，笃行礼义，这无不说明，梁武正是以躬履礼义倡导礼学，以礼制邦治为政治目的的。“于是穆穆恂恂，家知礼节”[25]，便是这一政治目的达成后的真实写照。

由梁武政治需求而来的《五礼仪注》的修纂是梁代巨大的文化工程，同为梁代文化盛举的《文选》虽为文学选集，但其既“秉承梁武旨意而为”，而梁武以礼乐著述张明礼学，以笃行礼义践履礼学使“家知礼节”，且“编辑诗歌文选……必定有其理论作为撰录的目的和标准，而且这种理论决（绝）对不超越编者生活的时代背景而存在，而是始终处于其时代背景的强烈影响下”[26]，因此，《文选》一定是在梁代礼学昌明的时代背景下，与《五礼仪注》共同承载梁武以礼制邦治这一政治目的的。一言以蔽之，承载梁武以礼制邦治这一政治目的，是《文选》编纂的首要使命。

梁武这一政治目的在《文选》编纂中的具体体现，主要集中在三个层面。其一，确立了《文选》编纂的宗经原则，此即昭明《文选序》表明其选文宗旨时首称经。其二，确立了《文选》编纂的礼治原则。“礼，经国家，定社稷，序民人，利后嗣者也。”[27]《文选》编次先后所展现的正是这一礼治秩序。其三，确立了《文选》编纂的张明礼义原则。《文选》选文以张明礼义为目的，与此有悖者皆不得入选。凡此均为梁武政治目的之明示与贯彻，后文于此另有详论，此不展开。

二、太子政治目的与《文选》编纂

萧统既以太子身份“秉承梁武旨意”编纂《文选》，则《文选》之编纂，在承载梁武以礼制邦治这一政治目的的同时，当有昭明自身的政治考量。换句话说，承载昭明政治目的，是《文选》编纂的次要使命。

昭明一生言行举止中，有两点最值得关注。其一，步武梁武躬行礼义。普通三年（522年）十一月，萧统叔父萧憺去世。由于对旧礼心有所疑，萧统、刘孝绰等就傍绝之义，有一次集中议礼之举。萧统驳刘孝绰举乐之议，明见刘孝绰之议破绽所在，以及陆襄所言理据之不足，可见其不仅深明礼学，且有查漏补缺，使其臻于至善，以便后人遵循的修礼意识。“于是令付典书遵用，以为永准”[28]云云，就是明证。此时《凶礼仪注》虽已上尚书，但缮写校定尚未完成，因此所谓“付典书遵用”，应是将萧统之论移录其中。从这一层面而言，萧统也是《五礼仪注》的实际撰修者。如果将此年的傍绝礼议，与天监七年的慈母服礼议相较，便不难发现，萧统的傍绝礼议，几乎就是梁武慈母服礼议的翻版。又，《梁书》本传云，萧统“性仁孝”，丁母忧时“水浆不入口”，“体素壮，腰带十围，至是减削过半”[29]。其与梁武“生知醇孝”，丁忧时“水浆不入口三日”“销毁骨立”，毫无二致。从表面看，萧统议礼与丁母忧之举同于梁武，似乎只是因笃行礼义与天性仁孝而来的偶合，但实则并非如此简单。《梁书》本传载其病笃情形云："（中大通）三年三月，寝疾。恐贻高祖忧，敕参问，辄自力手书启。及稍笃，左右欲启闻，犹不许，曰，'云何令至尊知我如此恶'，因便呜咽。四月乙巳薨，时年三十一。"[30]其"自力手书启"，不欲令梁武知其不起，固有仁孝的一面，但更多的恐怕还是战栗。其恐惧之由，可于《南史·梁武帝诸子·昭明太子统》中见之：

> 初，丁贵嫔薨，太子遣人求得善墓地，将斩草，有卖地者因阉人俞三副求市，若得三百万，许以百万与之。三副密启武帝，言太子所得地不如今所得地于帝吉，帝末年多忌，便命市之。葬毕，有道士善图墓，云"地不利长子，若厌伏或可申延"。乃为蜡鹅及诸物埋墓侧长子位。有宫监鲍邈之、魏雅者，二人初并为太子所爱，邈之晚见疏于雅，密启武帝云："雅为太子厌祷。"帝密遣检掘，果得鹅等物。大惊，将穷其事。徐勉固谏得止，于是唯诛道士，由是太子迄终以此惭慨。[31]

萧统因蜡鹅厌祷招致梁武猜忌，如若不是"徐勉固谏得止"，巫蛊之祸恐将再现，"由是太子迄终以此惭慨"。临终之际，尚且戒惧如此，何况平素。由此审视萧统躬行礼义之举同于梁武，当可得出这样的结论：其表面虽自然之举，但实则刻意为之。这一点，也可从萧纲《昭明太子集序》中得到证明："问安寝门之外，视膳东厢之侧，三朝有则，一日弗亏，恭承宸扆，陪赞颜色。化阙梓于商廷，既欣拜梦；望直城而接轨，有悦皇心。"[32]"有悦皇心"是萧纲对萧统一生行止所下的断语，而梁武又笃行礼义大倡礼学，因此，萧统躬行礼义之举同于梁武，自然就是本乎"有悦皇心"的刻意而为。其二，看重太子之位。蜡鹅厌祷事件起因是有道士认为"地不利长子"。萧统不可能不知道巫蛊之祸，但仍愿意冒巨大风险"为蜡鹅及诸物埋墓侧长子位"，可见其对太子之位的极度重视。因看重太子之位，萧统刻意步武梁武躬行礼义以悦皇心；因刻意步武梁武躬行礼义"有悦皇心"，萧统的太子之位又得以稳固，二者于是在稳固太子之位这一层面合二为一。

有关《文选》编纂的起止时间，虽史无明文，但学界普遍认为当在普通七年前后，而蜡鹅厌祷事件正发生在这一关键节点上。当此之时，对萧统来说，"秉承梁武旨意"编纂《文选》，无疑是悦皇心以固太子之位的重要契机。萧统不可能不明白这一点，更不可能不把握住这一良机，因此于萧统言，《文选》编纂也不单是一次文学活动，更是一次带有自身政治考量的政治活动，其政治活动的目的则是依违圣意以固太子之位。这是昭明一生目标，也是其编纂《文选》时切实的政治目的。

既是依违圣意，则《文选》编纂必以承载梁武以礼制邦治政治目的为首要使命；既是以此固太子之位，则《文选》编纂必明示梁武这一政治目的，且将其贯彻《文选》编纂始终。萧统《文选序》正以章首为揭橥："《易》曰：'观乎天文，以察时变；观乎人文，以化成天下。'文之时义远矣哉！……若夫姬公之籍，孔父之书，与日月俱悬，鬼神争奥，孝敬之准式，人伦之师友。"[33]其选文是为彰明文义，而文义则端在以孝敬、人伦为准式化成天下。这正是梁武以礼制邦治政治目的的明确表述。与此相互发明的，是萧纲《昭明太子集序》中所说的一段话："窃以文之为义，大哉远矣。故孔称'性道'，尧曰‘钦明’，武有来商之功，虞有格苗之德。故《易》曰：‘观乎天文，以察时变，观乎人文，以化成天下。’”[34]二人所言，如出一辙。这就足以说明：以礼制邦治，是萧梁父子共同的政治目的。这并不奇怪，“萧统是封建统治阶级的一员，他所选的作品必然是维护封建统治阶级利益、符合封建统治阶级需要的”[35]。梁武政治目的本就是萧统政治目的。也可以这样说，萧统依违圣意以固太子之位的最终目的正指向以礼制邦治，于是，萧统编纂《文选》的政治目的就与梁武政治目的合二为一了。由此，在《文选》编纂中，太子政治目的既体现为宗经却不选经的具体考量，这是恐以己意裁择经文而致触忤圣意的避祸之举；又体现为对宗经、礼治、张明礼义原则的强化，这是以礼制邦治政治目的之明示。后文于此别有申论，此不展开。

三、《文选》编次与选文裁择

以选文承载思想，是“秉承梁武旨意而为”的《文选》的必然使命，而礼以五经为根，以义为理，文则以翰藻为饰，因此梁武、昭明政治目的引领下的《文选》编纂，必然是以礼义统翰藻。就《文选》编纂实践层面而言，其可具体表述为以宗经为依归、以礼义为本底、以翰藻为翼卫。这一编纂宗旨，既明见于萧统《文选序》所言选文宗旨与选文条例中，也一以贯之于《文选》编次与选文裁择始终。

萧统《文选序》明确表明其选文宗旨与选文条例的，是“若夫姬公之籍”一段。这一段文字，前面所言为《文选》之三不选：

> 若夫姬公之籍，孔父之书，与日月俱悬，鬼神争奥，孝敬之准式，人伦之师友，岂可重以芟夷，加之剪截？老庄之作，管孟之流，盖以立意为宗，不以能文为本，今之所撰，又以略诸。若贤人之美辞，忠臣之抗直，谋夫之话，辨士之端，冰释泉涌，金相玉振。所谓坐狙丘，议稷下，仲连之却秦军，食其之下齐国，留侯之发八难，曲逆之吐六奇，盖乃事美一时，语流千载。概见坟籍，旁出子史，若斯之流，又亦繁博，虽传之简牍，而事异篇章，今之所集，亦所不取。至于记事之史，系年之书，所以褒贬是非，纪别异同，方之篇翰，亦已不同。[36]

萧统虽然明确说《文选》不选经，但其不选的理由，显然不同于后面二不选。《文选》不选经，是因为他不敢选不能选，这就是他所说的“岂可重以芟夷，加之剪截”；而《文选》不选子、史之作，则是因为他不愿选不宜选，这就是他所说的“今之所撰，又以略诸”，“今之所集，亦所不取”。其中的差别是非常大的。为什么不敢选不愿选，萧统没有明说，而对于不愿选不宜选，则明确说明是因为其“不以能文为本”，不同于“篇翰”，也就是萧统认为的非文。于是，一方面，《文选》不选经、子、史，使其独立于文之外；但另一方面，萧统又并没有说六经非文——这似乎是彼此矛盾的。只是简单地将上述文分别解释为体裁与艺术性，显然无法解决这一问题，比如说，在近12卷篇幅的诗歌选中，《文选》并没有选录《诗经》作品，而《诗经》的文体属性与艺术性则是毋庸置疑的。这一问题不解决，就无法探知《文选》具体的选文宗旨；而要解决这一问题，就必须明了萧统对文的具体认识。

萧统集中论文之作，除此序外，还有《答晋安王书》《答湘东王求文集及诗苑英华书》《陶渊明集序》。为便于考察萧统对文的具体认识，兹将其相关论文片段依次移录于下。

况(《四部备要》本作泛)观六籍，杂玩文史，见孝友忠贞之迹，睹治乱骄奢之事，足以自慰，足以自言。[37]

夫文典则累野，丽亦伤浮，能丽而不浮，典而不野，文质彬彬，有君子之致。……至于此书，弥见其美。远兼邃古，傍概典坟，学以聚益，居焉可赏。[38]

其文章不群，辞彩精拔，跌宕昭彰，独超众类，抑扬爽朗，莫之与京。……此亦有助于风教也。[39]

第一段文字是论自己的读书之乐，大可看作萧统有关文心的论述，即以“泛观六籍”为依归，以“见孝友忠贞之迹，睹治乱骄奢之事”为宗旨，而涵养文心；第二段文字是论文辞之美，可以看作萧统对文字表达的要求，即应在“傍概典坟”的基础上，做到“丽而不浮，典而不野”；第三段文字是对陶渊明文章的评价，可以看作萧统对文章功用的要求，即应在“文章不群，辞彩精拔”的同时，“有助于风教”。以上三段文字，从文章写作的先期准备，到文章的具体写作，再到文章写成后所应产生的影响，涵盖了为文的全过程。在萧统看来，文章的外在固然是翰藻，但翰藻应以“泛观六籍”为依归，以“见孝友忠贞之迹，睹治乱骄奢之事”为宗旨，以“有助于风教”为目的。一言以蔽之，文应以宗经为依归、以礼义为本底、以翰藻为翼卫。萧统《文选序》对文的具体认识，正与此同。

萧统《文选序》明其选文宗旨时，首赞六经“与日月俱悬，鬼神争奥”之义，又以“孝敬之准式，人伦之师友”为揭橥。他不敢选不能选的原因，即由此而来。萧统既“秉承梁武旨意”编纂《文选》，且又以此固太子之位，所以他不敢以己意裁择经文，唯恐因此触犯梁武之忌，而致妄揣圣意之祸。这从前引萧统临终戒惧中已可分明见出。而萧统又是躬行礼义之人，裁择经文势必会割裂经义，致有亵渎礼义之恨，这显然也是他不愿看到的，因此他不能选。经虽不敢选不能选，但经义不可不存，于是萧统《文选序》此段，首称经以明宗经之意，次言“孝敬之准式，人伦之师友”为经义所在，复言赞论、序述、篇什之“沈思”“翰藻”，由此确立了以宗经为依归、以礼义为本底、以翰藻为翼卫的编纂宗旨。这一结论，还可从《文镜秘府论》所言中得到印证：“梁昭明太子萧统与刘孝绰等，撰集《文选》，自谓毕乎天地，悬诸日月。”[40]周孔之书“与日月俱悬”，萧统自称其《文选》“悬诸日月”，这显然是对其法周孔之书，能为“孝敬之准式，人伦之师友”之自赏；而“遍照金刚是于唐代西渡中国的日僧，其《文镜秘府论》记述的事项起自六朝诗论，有许多是足以可信的”[41]，这就更加说明，《文选》以宗经为依归、以礼义为本底、以翰藻为翼卫，是遍照金刚及梁陈时人的共识。

《文选》编次及选文裁择所始终遵循的，也正是这一编纂宗旨。

“首句标其目，卒章显其志，《诗》三百之义也。”[42]这一编纂宗旨于《文选》编次及选文裁择的集中体现，就是由此而来的首立其意、卒彰其旨。

《文选》首选京都赋，其依次为班固《两都赋》、张衡《二京赋》《南都赋》，以及左思《三都赋》。这一编次及选文裁择，是大有深意的。《晋书·孙绰传》云：孙绰“绝重张衡、左思之赋，每云：‘《三都》《二京》，五经之鼓吹也。’”[43]《世说新语·文学》也有同样的记载：“孙兴公云：‘《三都》《二京》，五经鼓吹。’”其下刘孝标注云：“言此五赋，是经典之羽翼。”[44]这就说明，在晋宋人以及刘孝标心中，《二京》《三都》“是经典之羽翼”。因此，萧统当与刘孝标等人一样，认为《二京》《三都》“是经典之羽翼”。而《二京》是“拟班固《两都》”[45]，《三都》是“思摹《二京》而赋”[46]，因此，《文选》这一编次，无疑就首先明示了其宗经意图。至于其由宗经而来的以礼义为本底、以翰藻为翼卫的编纂原则，则由《两都赋》开出。班固之所以创作《两都赋》，是因为“感前世相如、寿王、东方之徒，造构文辞，终以讽劝，乃上《两都赋》，盛称洛邑制度之美，以折西宾淫侈之论”[47]。盛称制度之美，以见“风谕之义”[48]，是班固创作《两都赋》的目的。这里的制度当然就是礼义。对此，赵逵夫先生有着精到的论述：“从主导思想上说，他不在规模和繁华的程度上贬西都而褒东都，而从礼法的角度，从制度上衡量此前赞美西都者所述西都的壮丽繁华实为奢侈过度，无益于天下。《西都赋》……不是写得越奢华便越体现着作者对它的赞扬，而是折之以法度，衡之以王制。《东都赋》……从礼法制度出发，宣扬‘宫室光明，阙庭神丽，奢不可逾，俭不能侈’，‘顺时节而蒐狩，简车徒以讲武，则必临之以王制，考之以风雅’。”[49]既然《两都赋》是以法度、王制为衡准，《文选》又将其置于篇首，则《文选》以其确立以礼义为本底、以翰藻为翼卫的编纂宗旨的意图，也就昭然若揭了。这一编纂意图，又在其后的《二京赋》《三都赋》中得到了一再强化。李庾所谓“班固、张衡皆赋都邑，盛称汉隆”[50]，皇甫谧所谓《三都赋》“将以纽之王教”[51]，都明确指明其归乎礼义；且《文选》赋之分类沿袭《文心雕龙》之法，其京都、郊祀、田猎等这一编次本身，也是对礼治——由宗经而来的以王制为中心的礼义的不断强化。

《文选》以三篇祭文收结，则是卒彰其旨。送终如礼，彝伦攸叙，《文选》以祭文收结，显著礼义，也就有了曲终奏雅的意味。三篇祭文的选取，也颇具匠心。第一篇谢惠连的《祭古冢文》，泛祭无名氏以存周礼，以示祭义，开后世祭古冢之先河，无论从文体还是文质而言，都富有提纲挈领的作用。第二篇颜延之的《祭屈原文》，颂屈原之才德，以屈原自况，隐括古今才士。第三篇王僧达的《祭颜光禄文》，赞颜延之才性，以明“德以道树，礼以仁清”[52]之义。三篇祭文入于宗经，出以翰藻，归乎礼义，鱼贯而行，全书编纂宗旨由是得以综括，得以昭彰。而此三篇祭文之前，《文选》另录有哀祭文26篇，其内容或为颂赞，或为述德，大体不离对王制的尊崇，所建立的同样是由王制而来的礼治秩序。这就从内容与编次两方面，强化了以宗经为依归、以礼义为本底、以章采为藻饰的编纂宗旨。整部《文选》，正是以此为纲领编次裁文的。再举一例以明之。因萧统认为“《闲情》一赋，扬雄所谓劝百而讽一者，卒无讽谏”[53]，《文选》没有收录陶渊明《闲情赋》，但却收录了《高唐赋》《神女赋》。虽有不少研究者就此发表了意见，但由于其只抓住了萧统所说的“卒无讽谏”，并未将其与《文选》编纂宗旨结合考察，故未能得出令人信服的结论。如果将“卒无讽谏”一语，与《文选》编纂宗旨合而观之，就能探知《文选》如此裁择的原因所在。《闲情赋》是一己之思，未免有纵欲之嫌；而《高唐赋》《神女赋》则是承王问对，故能节之以法度。萧统所谓“卒无讽谏”，实则言其与礼义无干。这才是《文选》不录《闲情赋》的真正原因，而这又从旁佐证了以宗经为依归、以礼义为本底、以翰藻为翼卫，正是《文选》的编纂宗旨。

要之，《文选》编纂是“秉承梁武旨意而为”，本以承载梁武礼制邦治政治目的为使命；《文选》编纂前后适会蜡鹅事发，戒惧之际，昭明唯有依违圣意以求“有悦皇心”，因此《文选》编纂又指向昭明固太子之位这一政治目的。昭明政治目的与梁武政治目的在统治者利益、需求层面的合一，使《文选》编纂成为梁武、昭明政治目的引领下特定的文学活动。政治目的与文学实践的合流，决定了《文选》的编纂宗旨，即以宗经为依归、以礼义为本底、以翰藻为翼卫。这一编纂宗旨，既明见于《文选序》所言选文宗旨与选文条例中，也一以贯之于《文选》编次与选文裁择始终。以此审视《文选》，方能明了《文选》编次、衡文之准的，亦可对《文选》性质有更为全面的了解。

注释：

[1]（清）阮元：《书梁昭明太子文选序后》，《四部丛刊初编·集部·揅经室集十》卷二，上海：上海商务印书馆，1919 年。

[2] 骆鸿凯认为：“‘事出于沈思，义归乎翰藻。’此昭明自明入选之准的，亦即其自定文辞之封域也。”参见骆鸿凯：《文选学》，北京：中华书局，2015 年，第 11 页。

[3] 周奇文认为：“对于萧统的选文标准的正确圆满表述应为：作家们所独创的、具有‘综辑辞采’、‘错比文华’‘事出于沈思，义归乎翰藻’的单篇文章。”参见赵福海：《文选学论集(选学国际学术研讨会论文集)》，长春：时代文艺出版社，1992 年，第 271 页。

[4] 陈宏天、赵福海、陈复兴：《文选序》题解，《昭明文选译注》，长春：吉林文史出版社，1988 年，第 1 页。

[5]（清）黄侃：《文选平点》卷一，上海：上海古籍出版社，1985 年，第 1 页。

[6] 周振甫：《文心雕龙注释》，北京：人民文学出版社，1981 年，第 535 页。

[7]（清）黄侃《文心雕龙札记》，上海：上海古籍出版社，2000 年，第 1 页。

[8]（清）黄侃：《文心雕龙札记》，上海：上海古籍出版社，2000 年，第 1 页。

[9] 陈延嘉：《选学 文学 儒学——三论〈文选〉之根是儒学元典》，《厦大中文学报》2017 年第四辑，第 106 页。

[10]［日］清水凯夫：《六朝文学论文集》，韩基国译，重庆：重庆出版社，1989 年，第 68 页。

[11] 俞绍初：《昭明太子萧统年谱》，《郑州大学学报(哲学社会科学版)》2000 年第 2 期，第 70 页。

[12]（唐）杜佑：《通典》卷四十一，北京：中华书局，1988 年，第 1121 页。

[13]（清）朱铭盘：《南朝梁会要》，上海：上海古籍出版社，1984 年，第 29 页。

[14]（唐）姚思廉：《梁书》卷四十八，北京：中华书局，1973 年，第 664 页。

[15]（宋）王钦若等：《册府元龟》卷五六三，北京：中华书局，1960 年，第 6758 页。

[16]（唐）房玄龄等：《晋书》卷六十九，北京：中华书局，1974 年，第 1848 页。

[17]（梁）萧子显：《南齐书》卷九，北京：中华书局，1972 年，第 124 页。

[18]（唐）姚思廉：《梁书》卷二十五，北京：中华书局，1973 年，第 381 页。

[19]（唐）李延寿：《南史》卷七十一，北京：中华书局，1975 年，第 1738 页。

[20]（唐）姚思廉：《梁书》卷三，北京：中华书局，1973 年，第 96 页。

[21]（唐）魏征、令狐德棻：《隋书》卷三十二，北京：中华书局，1973 年，第 922～927 页。

[22]（清）朱铭盘:《南朝梁会要》,上海:上海古籍出版社,1984年,第224、228页。
[23] 罗仲鼎:《艺苑卮言校注》卷八,济南:齐鲁书社,1992年,第365页。
[24]（唐）姚思廉:《梁书》卷三,北京:中华书局,1973年,第95~96页。
[25]（唐）姚思廉:《梁书》卷三,北京:中华书局,1973年,第96页。
[26][日]清水凯夫:《六朝文学论文集》,韩基国译,重庆:重庆出版社,1989年,第67页。
[27] 杨伯峻:《春秋左传注·隐公·十一年》,北京:中华书局,1981年,第76页。
[28]（唐）姚思廉:《梁书》卷八,北京:中华书局,1973年,第167页。
[29]（唐）姚思廉:《梁书》卷八,北京:中华书局,1973年,第165~167页。
[30]（唐）姚思廉:《梁书》卷八,北京:中华书局,1973年,第169页。
[31]（唐）李延寿:《南史》卷五十三,北京:中华书局,1975年,第1312~1313页。
[32] 肖占鹏、董志广:《梁简文帝集校注(三)》卷十一,天津:南开大学出版社,2015年,第800页。
[33]（梁）萧统:《文选序》,《文选》,上海:上海古籍出版社,1986年,第1~2页。
[34] 肖占鹏、董志广:《梁简文帝集校注(三)》卷十一,天津:南开大学出版社,2015年,第799页。
[35] 中华书局:《出版说明》,《文选》,北京:中华书局,1977年,第2页。
[36]（梁）萧统:《文选序》,《文选》,上海:上海古籍出版社,1986年,第2~3页。
[37] 严可均:《全上古三代秦汉三国六朝文》卷二十,北京:中华书局,1958年,第3064页。
[38] 严可均:《全上古三代秦汉三国六朝文》卷二十,北京:中华书局,1958年,第3064页。
[39] 严可均:《全上古三代秦汉三国六朝文》卷二十,北京:中华书局,1958年,第3067页。
[40][日]遍照金刚:《文镜秘府论》南卷,北京:人民文学出版社,1975年,第163页。
[41][日]清水凯夫:《六朝文学论文集》,韩基国译,重庆:重庆出版社,1989年,第34页。
[42]（唐）白居易:《白居易集》卷三,北京:中华书局,1979年,第52页。
[43]（唐）房玄龄等:《晋书》卷五十六,北京:中华书局,1974年,第1544页。
[44] 徐震堮:《世说新语校笺》卷上,北京:中华书局,1984年,第142页。
[45]（南朝宋）范晔:《后汉书》卷五十九,北京:中华书局,1965年,第1897页。
[46]（梁）萧统:《文选》卷四,上海:上海古籍出版社,1986年,第174页。
[47]（南朝宋）范晔:《后汉书》卷四十上,北京:中华书局,1965年,第1335页。
[48]（汉）班固:《汉书》卷三十,北京:中华书局,1962年,第1756页。
[49] 赵逵夫:《〈两都赋〉的创作背景、体制及影响》,《文学评论》2003年第1期,第76页。
[50]（宋）李昉等:《文苑英华》卷四十四,北京:中华书局,1966年,第195页。
[51]（梁）萧统:《文选》卷四十五,上海:上海古籍出版社,1986年,第2038页。
[52]（梁）萧统:《文选》卷四十六,上海:上海古籍出版社,1986年,第2608页。
[53]（梁）萧统:《陶渊明集序》,《陶渊明集》,北京:中华书局,1979年,第10页。

论“五经”次序及其思想意义

李 明

（湖北经济学院新闻与传播学院，湖北武汉，430205）

内容摘要：“五经”序列是有意识的组合形式。“五经”有“诗书礼易春秋”和“易书诗礼春秋”两种主要排序，“五经”次序的历史演变，不仅是中国经学逐渐官方化、系统化的缩影，更是儒家思想不断适应社会发展、强化伦理秩序的体现。五经的重新排序，从名实关系来看，是重新为五经的逻辑建构正名。五经的排序问题体现的是如何“用经”的问题，两种排序体现的是一个问题的两个方面。“诗书礼易春秋”体现的是道德教化成长过程，“易书诗礼春秋”体现的是政治文明建构过程，五经次序的逻辑组合、伦理教化、经世致用、名实关系等对今天的文化建构有重要启示意义。

关键词：“五经”；次序；思想意义；

序列是一种有序排列的对象或事件集合，它在不同学科中具有独特的意义。在生物学领域，DNA序列的分子链，携带着独特的生命遗传信息。在文学领域，序列往往指一系列相互关联的故事或元素，它们共同构建一个完整、连贯的叙事体系，提供给读者过程性的阅读体验。在经学领域，各种经典的排序也并非随意为之，而是反映了学者们对它的认知过程。虽然具体的排序可能因时代和学派的不同而有所差异，但一般来说，公认的排序能体现出内在的逻辑建构，不仅能反映出人们对经典重要性的认知，还能体现他们的思想从初创到成熟、从具体到抽象的演进过程。

影响中国传统文化的重要典籍“四书五经”，在排序上就有先后的讲究，一般是“四书”在前“五经”在后。人们称“四书”的顺序也一般为《大学》《中庸》《论语》《孟子》，这似乎没有什么争议。但对于“五经”的排序却有多种排法，《史记》与《汉书》采用的排序方式截然不同，司马迁的《史记》将《诗经》置于“五经”之首，而《汉书》却采用以《易经》为先的顺序。对于两种序列形成的原因及内涵，人们进行过广泛的讨论，形成五经次序理论。本文不揣浅陋，进一步探讨五经的次序及其思想意义，请教于方家。

一、“五经”次序

“五经”，是儒家经学的典籍，是《诗》《书》《礼》《易》《春秋》的合称。“五经”之名，汉以来皆有之；“五经”之实，指向则不尽相同。“五经”是经孔子和他的后学不断整理、补充而流传下来的。孔子对古代保存下来的文献进行整理、修订，到晚年，又把鲁国的国史《春秋》作了删订，并把当时占卜的《周易》加以整理和阐述，先后编定了《诗》《书》《礼》《乐》《易》《春秋》六种教材。之后，《乐》书失传，故现存只有五经(学术界关于“乐经”的争论意见悬殊，故本文只论五经；为使并称行文方便，大多采用以引号代替书名号的方式)。

第一个称“诗书礼易春秋”为经的儒家学者是荀子。荀子《劝学》：“学恶乎始？恶乎终？曰：其数则始乎诵经，终乎读礼。”[1]不过，荀子所说的“经”，不同于汉代人的“经”。荀子称之为“经”，指的是定本、典籍之意，没有后世的神圣、不变的意义。荀子的“经”大约包括以下四层意思：一是经孔子整理的六种著作，有了广为流传的定本；二是这种定本有了多种多样的传授系统；三是“六经”之名，表明了已有定本的“经”已构成同当时无定本的“传”的区别；四是强调了“六经”对培养人的作用和读经的意义。西汉人把孔子编定的文本称为“经”，认为它是万古不变的真理。后学不仅将“经”视为不可动摇的真理源泉，并且不断地完善对它的解读和阐发，持续赋予经典新的生命和意义。本来只称“五经”为经，后来则有了“九经”“十经”“十三经”。到“十三经”，“经”的意义又重现了“书籍”“文本”的意义。例如，十三经的“易书诗三礼三传孝论尔孟”，其中的“经”，具有典籍、定本之意，与汉人的“经”，宋人的“四书五经”的“经”，意义是有差别的。这种对经典的尊崇和传承，深刻影响着中华民族的思想和文化。

起初，五经的排序是多元的，除了孔子的排序之外，尚有多种其他序列，如《礼记・经解》中出现“诗书易礼春秋”序列，《荀子・劝学》中则有“礼乐诗书春秋”序列，贾谊《新书・六术》排序为“书诗易春秋礼乐”等。同一个人在不同的场合，排序也不尽相同，如《荀子・劝学》的顺序是“礼乐诗书春秋”，《荀子・儒效》的顺序则变成“诗书礼乐春秋”。但出现频率最多的也最被人们接受的，主要有两种次序。一是“易书诗礼春秋”，一是“诗书礼易春秋”。

先看以“易”为首的排序。《易》的成书时间最早。《史记・太史公自序》：“伏羲至纯厚，作《易》八卦。尧舜之盛，《尚书》载之，礼乐作焉。汤武之隆，诗人歌之。《春秋》采善贬恶，推三代之德，褒周室，非独刺讥而已也。”[2]伏羲画八卦的年代是原始社会早期，从时间上来看，《易》是最早的。众多丛书，都把《易》列在“五经”之首。例如，唐孔颖达《五经正义》、唐张参《五经文字》、明陈深《十三经解诂》等。大型丛书阮元刻《十三经注疏》、叶绍钧主编的《十三经索引》也是以《易》排在首位的。当代辞书也是这样排序的。如《现代汉语词典》：“五经，指易、书、诗、礼、春秋五种儒家经书。”[3]

“五经”以“易书诗礼春秋”为序，沿用于后世，来自刘歆的倡导：刘歆在其父刘向《别录》的基础之上，修订《七略》，重排“六艺”的次序。自孔子以来，“六艺”的次序是“诗书礼乐易春秋”，刘歆认为，“六艺之文……《易》为之原”[4]。从此以后，历代志书和目录学关于“六艺”的次序以刘歆的说法为准。他上《移让太常博士书》，列古文经于学官，请立古文经学博士，亦是以《易》为首。

再看以“诗”为首的序列。“诗书礼乐易春秋”是孔子删定、整理的六种文献，也是他教弟子的六种教材。“诗”易读易诵，是读书人在启蒙之后开始诵读的蓝本，将“诗”

放在首位，这是合乎阅读教学规律的。作为教师的“教本”如此，作为学生的“学本”当然也如此。

梁启超《要籍解题及其读法》：“现存先秦古籍，真赝杂糅，几乎无一书无问题，其精经美玉，字字可信可宝者，《诗经》其首也。”[5]《诗经》和《尚书》是同时代的典籍，二者都历经秦火，《尚书》损伤很大，而《诗经》却依靠记诵而得以完整地保存下来，因为《诗经》的 305 篇原本是乐歌。孔子将《诗经》视为“五经”之首，是合情合理的。

从《诗经》的成书过程看，它具有排在首位的理由。三代之初，以乐教民。乐教包括声诗歌舞等内容，当时只有乐教，而无礼教和诗教。古代教民，口耳相传，故重声教，而以声感人，莫善于乐。到周公制礼作乐，以礼乐来规范人们的日常生活，礼便成为节制人心和安排人事的世俗生活的仪制。从乐教到礼教，体现了社会文化从重神明向重世俗的发展进步。西周的“礼乐射御书数”六艺，把“礼”放在“六艺”的首位，就是证明。到孔子时，把诗教纳入社会知识结构和价值体系中，开拓了以人文知识为基础以人格修养为目标的中国文化教育的新局面。《论语・泰伯》：“兴于诗，立于礼，成于乐。”[6]故孔子把“诗”列为六经之首，把“礼乐”放在“诗书”之后，既说明了社会政治从重神明到重宗法血缘，再到重社会世俗生活的政治观念转变，又说明了社会教育从乐教到礼教再到德教的文化意识形态的转变。

二、五经次序的功能意义

五经次序的发展演变过程说明人们对其阐释和运用始终以现实为导向，从最初的文本视域逐渐转向生活视域，在传承中凸显为国为民实用的自觉性，推进了经学文本与现实文化的深度融合，具有很强的现实功能。

1、推重伦理教化

孔子作为至圣先师，从众多的杂乱的甚至缺失的古代文献中审定出经典文本，并且组成“诗书礼易春秋”序列，这是前无古人的开创性工作。这种序列的意义在于他组建了一个道德生长系统，侧重的是伦理教化功能。

正如《庄子・天下》所说：“《诗》以道志，《书》以道事，《礼》以道行，《乐》以道和，《易》以道阴阳，《春秋》以道名分。”[7]这说明了五经有着丰富的认知教化功能。孔子也说：“《礼》以节人，《乐》以发和，《书》以道事，《诗》以达意，《易》以神化，《春秋》以义。”[8]五经为世人提供的是一种道德教化的范本。《礼记・经解》对五经教化的解释体现得最充分：“入其国，其教可知也。其为人也，温柔敦厚，《诗》教也；疏通知远，《书》教也；广博易良，《乐》教也；洁净精微，《易》教也；恭俭庄敬，《礼》教也；属辞比事，《春秋》教也。”[9]这些都说明，“五经”组建是以教化为基础。

道德教化是维系社会和谐发展的价值纽带，它长期支撑着中国人的文化建设。这种句子随处可见：“不学诗，无以言……不学礼，无以立”[10]“多识于鸟兽草木之名”[11]“其身正，不令而行；其身不正，虽令不从。”[12]皮锡瑞也说：“读孔子所作之经，当知孔子作《六经》之旨。孔子有帝王之德而无帝王之位，晚年知道不行，退而删定‘六经’，以教万世。其微言大义实可为万世之准则。后之为人君者，必尊孔子之教，乃足以治一国，所谓‘循之则治，违之则乱’。后之为士大夫者，亦必遵孔子之教，乃足以治一身，所渭‘君子修之吉，小人悖之凶’。此万世之公言，非一人之私论也。孔子之教何在？即在所作《六经》之内。故孔子为万世师表，《六经》即为万世教科书。”[13]在这个教化体系中，《诗》提供各地风土人情，《书》提供帝王政治，《礼》提供礼仪制度，《易》提供宇宙规律，《春秋》提供鲁国治国理政的范例。

五经作为一个序列，其组合目的，我们可以借助孔子自己的话来作进一步理解："吾十有五而志于学，三十而立，四十而不惑，五十而知天命，六十而耳顺，七十而从心所欲，不逾矩。”[14]这段话不仅描述了孔子年龄的增长过程，更表达了他从事道德教化的成长过程。十五学德，三十立德，四十对道德有不惑之认识，五十在道德中感受到天命，六十懂得顺应道德，七十到达道德自由阶段。换而言之，五经序列是道德养成哲学，它是一个道德教化的学习生长历程，是一个“兴于诗，立于礼，成于乐”的过程，其比较可行的顺序是“诗－书－礼－易－春秋”。

从孔子的论述中，我们完全可以将“诗书礼易春秋”的排序理解为一个觉性为主的教化系统，这个觉性为主的教化系统，通过教育、引导、启发等方式帮助人们觉醒内在的德性主体。它具有可塑性和超越性，通过循序渐进的学习来塑造健全人格，超越平凡，成仁成圣。这样，五经就是一个统一而又多元的教育形式，五部经书是统一的，五经修习的序列则可以是多元的，从“诗”开始认知的学习教化是最科学的，但并不是说必须如此，所以先秦时期，除了“诗书礼易春秋”的排序之外，尚存在一些略微有差异的其他序列。

在“诗书礼易春秋”序列中，五种文本都是单一元素，它的序列属于原始序列，是一种形象的组合体。其构成是点状排列、横向排列，突出的是团队格局。这种顺序有助于人们从具体到抽象、从感性到理性逐步深入儒家思想的核心。认知学习从“诗”开始，有很多优势，先学知识认知和读写技能，形成语言能力，从“读”中学，从“看”中做，这是做人做事形成认识的普通途径，在具备初等知识以后，再进一步学习“书”及其他三经。

也可以看出，孔子修订五经的目的主要出于文化传承和弟子教化的需要，他关注的是经典内容的传授和教育意义，而不是外在的排列形式。所以，“诗书礼易春秋”侧重于外在体系的构建，他把五经作为文化传续与道德培育的核心媒介。各部经书并未被赋予特定的优先等级顺序，他强调的是各经书共同承载的道德教化功能。正是由于五经的道德教化内核，在中国几千年的历史长河中，尽管经历了多次王朝更迭、社会变迁及外族入侵，多民族特征的中国社会却始终保持了惊人的稳定性和凝聚力，其根源之一在于五经的道德教化影响。

2、服务皇权致用

孔子作为至圣先师，整理“诗书礼易春秋”序列的原初目的用于道德养成。但经学本身并非一成不变的教条，而是充满灵活性和创新性，能够根据时代需求和社会变迁进行自我调整与革新。

当齐景公问政于孔子时，孔子的答案是“君君，臣臣，父父，子子”[15]。说明孔子特别强调等级秩序，孔子在政事上提出的序列是从君到臣到父到子——一种明显的尊卑等级观念，而且是一种自上而下的逻辑序列，相对于“诗书礼易春秋”这种自下而上的道德养成序列，“易书诗礼春秋”序列更能体现“君君臣臣父父子子”的架构，它与巩固政权的需求高度契合。以此看出，“易书诗礼春秋”序列服务于皇权的目的性更明确，我们不妨称它为五经皇权序列，它属于逻辑建构序列。

汉武帝时期，为了响应国家大一统的政治需求，各路人马纷纷建言献策，五经的新序列在此背景下应运而生。董仲舒的天人三策回答的就是如何巩固统治的问题，其第一策便是关于君权神授的理论，他认为皇帝是天子，代表上天的意志，而天道运行是永恒不变的，五经中的“易”讲的正是天道运行的规律，所以把“易”排在五经之首，是正合时宜的。按照这样的次序逻辑，讲完天道之后，接下来是治国的具体方略，而先王的治国之道，都体现在《尚书》中，故“书”应列为第二位，提供历史借鉴。“诗”体现的是风土人情和民情民意，具有温、良、恭、俭、让的性质，有助于教化民众，排在第三。接下来是人们如何遵守礼法的制度，“礼”正好提供了这方面的内容，用于维护社会秩序，所以“礼”排在第四。“春秋”仅仅是鲁国的历史，并不能代表三代的历史，其作用是通过一孔而窥全豹，加上它文字简略却寓意深远，故排在最后。所以，“易书诗礼春秋”的序列在于构建一个为皇权服务的体系。序列中的各部经书被赋予了明确的次序和内在联系，既强调逻辑关联，又突出体系化特征和理论深度，这对稳固皇权思想的正统地位是严谨而科学的。班固曾在《汉书·儒林传》中提到：“六艺者，王教之典籍，先圣所以明天道，正人伦，致至治之成法也。”[16]这也充分说明了五经服务于王教的功能。为了确保政治权力的合法性，皇家不仅认可五经的排序，还通过一系列行政手段将其强加于社会之上，其中最具标志性的便是“独尊儒术”政策的实施。

由此我们可以看出，“易书诗礼春秋”序列专注于经学的内部结构与逻辑建构，它构建了一个条理清晰、逻辑缜密的经学框架。序列中的五经作为线状排列、纵向排列呈现出因果格局，是理论思维的体现，它从大道之源出发，从认识世界开始，以鲁国历史结束。这种序列对于五经的重组重构，有利于形成系统理论，是一种有建构意义的排序。从以“诗”为首的五经文本到以“易”为首的五经文本，原本固化的文本意义因重新阐释而得到了放大，实现了古今文本意义、体例的质的飞跃。

当然，“易书诗礼春秋”序列的皇权经世之能，不仅体现在对五经文本的重新排序上，更体现在其对皇权统治的深远影响和对儒家思想正统地位的稳固上。为了充分使五经达到经世致用的目的，刘邦开创了帝王祭祀孔子的先例，汉成帝下诏封孔子后裔为“殷绍嘉公”的举措，都表明统治者采用政治手段来提升孔子的政治地位和影响力，从而使经学政治化、特权化，巩固了儒学的正统地位。孔子被尊为“素王”之后，五经便拥有了神圣性构造，成为圣人、圣贤思想的代名词，这一切都是为建构经学秩序所作的努力。在皇权的作用下，当时的人们“引经据典”成为一种普遍现象，皇帝诏书、群臣奏议等正式文书无不援引经义作为依据。这都是五经服务皇权，经世致用的表现。

三、“五经”次序的文化意义

作为有思想的序列，五经也逐渐体现出理论逻辑与文化建构的创造性，五经序列在发展过程中，注重“体”“用”结合、“守”“创”结合，体现出服务于实践的建构智慧，谱写了经学发展的文化新篇章。

1. 首创经学序列

五经的两种排序都属于伟大的创举。应当承认，我们的祖先在二千五百多年前，就懂得了系统论和方法论，这比现代西方系统论早了二千多年，只不过他们没有以系统论命名。“诗书礼易春秋”本是独立的五本书，属于不同作者、不同领域、不同年代的作品，都是文质兼美的典范文籍，它们各自有独特的作用，当我们的祖先把它们捆在一起合刊、合读，这就是一种创举；把它们按不同的顺序排列组合，让其产生意想不到的效果，这更是一个伟大的创举，这在当时的世界书刊史、学术史上，也是绝无仅有的事情。现代系统论包括三原理：要素优质、排序科学、适应环境。五经的两种排序完全符合这三条原理。要素优质：“易书诗礼春秋”五本书都质优品高，都是先秦社会各个领域的知识典范。排序科学：以“易”为首的排序是以时间先后为依据，这是自然界和人类社会最基本的序列；以“诗”为首的序列，是从性质、难易程度，由浅入深的排列，完全符合人类认知发展的规律。适应环境：两种序列，都适应中国封建社会的发展环境。因此完全有理由说，我们的祖先在二千五百多年前，就懂得系统论的方法，而且创造出了运用系统思维的典范。所以，五经的两种排序是一个伟大的创举。

任何事物都有发生发展消亡的过程。如果说先秦时期出于某种需要，以“诗”为首的五经序列使用者较多，只是出于一种习惯，而刘歆把“易”列为五经之首并逐渐定型化，体现的则是一项了不起的超越。可以把它理解为经学进入“自觉”时代的探索，是对经学规律的总结和认识。因此，我们需要正视这两种五经排序，因为它是曾经普遍流行的一种客观存在，是千年经学发展的历史沉淀。五经的两种排序，是中国经学的精髓之一，是中国文化的精髓之一，体现了人类对经典著作的认识和阐发过程。

从无序的“诗”“书”“礼”“易”“春秋”发展到“诗书礼易春秋”序列，再发展到“易书诗礼春秋”序列，标志着五经从先王的治国理政的政典，逐渐过渡到孔门之学的宝典，最终成为封建帝王推崇的经典的过程，这是儒学体系不断发展创新的意义。

2. 追求名实相符

五经的两种排序，体现了两种形式、两种作用、两种适用范围。

以“诗”为首的五经呈现了五经文本的一种形式。应该说，“诗书礼易春秋”这五本书都有资格排在首位，但为什么先选择的是以“诗”为首呢？这主要得益于孔子本人以及后世尊孔的缘故。孔子先删定的是“诗”，只保留305篇，“诗”就自然有了第一的地位。孔子也是第一个使“诗书礼易春秋”有文字记录、成定本的人，又是第一个开办私学的人，是第一个有弟子三千的人，这些条件促使孔子的思想得以广泛传播，这就有了“第一”的广泛基础。以“诗”为首的序列，是从内容、性质的角度认识、记录先秦文化，这是人类学、文化学的排列，这种排列为后世大多数儒者接受。儒者都是读书人，都是崇尚孔孟学说的人，是正己和教人的人，他们先以“诗书”、再以“礼乐”、最后以“易、春秋”教学生，这是从易到难循序渐进的过程。因此，以“诗”为首的五经，乃设教之书也。

以“易”为首的五经，呈现了五经文本的另一种形式。古时的人们，对天地间的自然现象不理解，只好问天请神，占卦卜象，留下了许多这方面的资料。孔子晚年整理“易”，他最称赞的也是“易”，他说：“加我数年，五十以学易，可以无大过矣”[17]。司马迁也说：“孔子晚而喜易……读《易》，韦编三绝。”[18]并且，秦焚书时，因“易”的占卜性质而免于焚毁，它的传承脉络清楚。正因为“易”的内容最早，也因为孔子的赞赏，将其排在五经之首，理由也非常充足。以“易”为首的五经，是从时间、过程的角度认识、记录社会文化的，是社会学、历史学范畴，是史学、文献学的排序。

所以，五经的两种排序实际上体现的是如何“用经”的问题。如何用经，方式方法可能多种多样，“易书诗礼春秋”五种典籍分别代表了不同领域的最高成就，也是各个领域的最好教科书。当后人把五经按一定的顺序排列，让其产生不同的组合效果，就产生了“五经次序理论”。也就是说，五经的两种排序，属于“运用五种经学典籍”这个问题的两种形式，是一个问题的两个方面，他们并不矛盾，也不冲突，而是互相补充，这样做能产生比单部经书更大更好的效果。因而我们研究五经次序，不能割裂地进行研究，而应该综合研究，整体把握。

这样看来，五经排序呈现出两种名实关系。以“易”为首和以“诗”为首的排列，是呈现在世人面前的文本，是形式，是名。它所指向的内容是用经，是“用经”问题的具体表现，是实。名实关系，指的就是名称与实际事物之间的对应关系。在儒家思想中，名实相符被视为一种理想状态，即名称应当准确地反映实际事物的本质和特征，当发现名不符实时，就需要重新正名。五经排序之名，指以各部经典的历史地位和影响力为依据体现出的名次和顺序。五经排序之实，指各部经典的实际内容、成书年代、历史背景等，是这种排序方式的实际依据。五经的重新排序是出于对名实关系的确认，实际上是对各部经典在儒家思想体系中地位和作用的确认，体现出名与实之间的对应关系。五经的两种排序方式体现的是名与实之间的内在联系和互动。通过历史序位的排列，我们可以清晰地看到儒家思想的发展脉络和演变过程，它有助于我们更好地理解和传承中华优秀传统文化。所以，五经的两种排序方式实际上是对名实关系的深刻体现和诠释，为后人提供了儒学科学合理的构建思路。

五经的两种排序实质是讲在什么时间、什么地点、什么语言环境下运用哪一种排序形式的问题。这样既能做到名实相符，指向准确，又能达到易于理解的效果。至此，我们可以说，五经的次序问题不仅是现实社会的文化问题，也是哲学上的名实理论问题的一个实证，是五经次序理论的内容之一。

结语

五经作为儒家文化中的五个核心要件，不同的排序代表的是不同的偏爱方式和运用手段。但无论哪种方式，其核心目标是以道德修养为本位，将提高个体道德水平作为实现理想社会的根本途径，而提高道德修养可以有自上而下(易书诗礼春秋)和自下而上(诗书礼易春秋)等途径。无论是哪种途径，都以教化修养、服务社会为前提。以“诗”为首的序列将修习看作个体人格养成的基础，以“易”为首的序列提倡的是政治教化文明。因此，五经序列不仅仅只是伦理学智慧，还体现了政治学智慧。“自天子以至于庶人，壹是皆以修身为本。”[19] 五经两种序列构筑起两种修身途径，一个自下而上，围绕德性修身这个根本点，一个由上而下构建政治文明，两种途径“殊途同归”。

五经的次序问题简单而又深刻。它是中国古代文化遗产的一个极小子目，子目虽小，肝胆俱全。我们研究“五经”，既要清楚地认识五经两种排序的不同，又要整体地评价两种排序的综合价值，还要服务于今天的社会及文化建设。我们今天的文化建构，可以参照五经序列，注重主体性、系统性、连贯性、延展性；不仅注重理论阐述，更强调实践应用；逻辑建构要能揭示名与实之间的内在联系；围绕实存的差序格局构建“有思想的序列”。

“五经”天生具有“先王政典”的属性，加之汉代儒家集权式社会形成后对其“神圣”光环的凸显，使它们成为儒家挖掘“天人关系”、宣讲儒学知识的基础文本。无论是孔子、司马迁还是班固、刘歆，对五经文本的不同排序都是站在自身立场上对基础文本进行的二次挖掘，这种挖掘守正创新，适时、准确、深刻地揭示出了五经序列体现的功能意义和文化意义。

注释：

[1]（清）王先谦:《荀子集解》,北京:中华书局,1988年,第11页。
[2]（汉）司马迁:《史记》,北京:中华书局,1982年,第3299页。
[3] 社科院词典编辑室:《现代汉语词典》,北京:商务印书馆,2002年,第1334页。
[4]（汉）班固:《汉书》,北京:中华书局,1962年,第1723页。
[5] 梁启超:《饮冰室合集》,北京:中华书局,1989年,第69页。
[6] 杨伯峻:《论语译注》,北京:中华书局,1980年,第86页。
[7]（清）郭庆藩:《庄子集释》,北京:中华书局,1961年,第1067页。
[8]（汉）司马迁:《史记》,北京:中华书局,1982年,第3197页。
[9] 杨天宇:《礼记译注》,上海:上海古籍出版社,2004年,第650页。
[10] 杨伯峻:《论语译注》,北京:中华书局,1980年,第178页。
[11] 杨伯峻:《论语译注》,北京:中华书局,1980年,第185页。
[12] 杨伯峻:《论语译注》,北京:中华书局,1980年,第136页。
[13] 皮锡瑞:《经学历史》,北京:中华书局,2004年,第6页。
[14] 杨伯峻:《论语译注》,北京:中华书局,1980年,第12页。
[15] 杨伯峻:《论语译注》,北京:中华书局,1980年,第128页。
[16]（汉）班固:《汉书》,北京:中华书局,1962年,第3589页。
[17] 杨伯峻:《论语译注》,北京:中华书局,1980年,第71页。
[18]（汉）司马迁:《史记》,北京:中华书局,1982年,第1938页。
[19] 杨天宇:《礼记译注》,上海:上海古籍出版社,2004年,第801页。

《华中学术》来稿注意事项

《华中学术》为华中师范大学文学院发表学术论文的园地以及开展学科建设和学术交流的平台，由文学研究所主持，欢迎学界同仁赐稿。有关事项说明如下：

一、所有来稿请遵守学术规范和学术道德，请勿一稿两投。因编辑人员全为兼职，人手有限，所有来稿均不退稿，请自留底稿。来稿若两个月内未接到用稿通知，可自行处理。

二、一般稿件篇幅以一万五千字以内为宜，特别约稿可在两万字左右。请将稿件直接发至本刊投稿邮箱：huazhongxueshu@163.com，不必再另寄纸质文本。如果有特殊字符（古文字、国际音标等），请同时附上 PDF 格式文件。

三、稿件首页包括题目、作者、作者单位、论文摘要、关键词；结尾处写明作者通讯处（包括邮编、作者地址、电话号码、电子邮箱等）。

四、来稿采用尾注，具体引文注释格式举例如下：

甲、中文非连续出版物

（一）普通图书

（1）专著

标注顺序：责任者/书名/出版地/出版者/出版年/页码（连续页码之间用波浪线连接）。注意：注释中的中文字体一般使用宋体，下同，例如：

[1] 张舜徽：《中国古代史籍校读法》，武汉：华中师范大学出版社，2004 年，第 52 页。

[2] 张三夕主编：《中国古典文献学》，武汉：华中师范大学出版社，2003 年，第 25～26 页。

外国人的中译本著作标注顺序：[国籍] /责任者/书名/译者/出版地/出版者/出版年/页码，例如：

[3] [德] 黑格尔：《逻辑学》上卷，杨一之译，北京：商务印书馆，1976 年，第 30～35 页。

[4] 参见 [德] 恩格斯：《自然辩证法》，北京：人民出版社，1971 年，第 21 页。

（2）专著中析出文献

标注顺序：析出责任者/析出文献题名（或篇名）/原文献责任者（与析出责任者同为一人的，可不写）/原文献题名/出版地/出版者/出版年/页码，例如：

[1] [荷] 杜威·佛克马：《走向新世界主义》，王宁、薛晓源编：《全球化与后殖民批评》，北京：中央编译出版社，1998 年，第 247～266 页。

[2] 范文澜：《论中国封建社会长期延续的原因》，《范文澜历史论文选集》，北京：中国社会科学出版社，1979 年，第 41 页。

［3］章太炎：《俱分进化论》，《章太炎全集》四，上海：上海人民出版社，1985年，第391页。

（二）古籍

（1）古代出版的古籍

一般应标注朝代名/责任者/书名/卷次/版本，或责任者/篇名/书名/卷次/版本，例如：

［1］（晋）慧远：《沙门不敬王者论》，《弘明集》卷五，碛砂藏本。

［2］（宋）杨时：《陆少卿墓志铭》，《龟山集》卷三十四，《四库全书》本。

［3］（宋）王应麟：《考史》，《困学纪闻》卷十一，清嘉庆十八年扫叶山房刊本。

（2）现代出版的标点本或校注本古籍

应标注责任者/篇名/书名/全集名/卷次/出版地/出版者/出版年/页码，例如：

［1］（清）钱大昕：《汉书王子侯误字》，《十驾斋养新余录》卷中，《钱大昕全集》第7册，南京：江苏古籍出版社，1997年，第574页。

［2］（清）张廷玉，等：《明史·艺文志序》，《明史》卷九十六，北京：中华书局，1974年，第2344页。

（3）地方志

地方志前一般应标明编修或刊刻年代，例如：

［1］（明）正德《建昌府志》卷十五，上海：上海古籍书店，据天一阁明正德刻本影印，1964年。

乙、中文连续出版物

（一）期刊

标注顺序：责任者/篇名/期刊名/年期/页码，例如：

［1］李炳海：《〈离骚〉抒情主人公的配饰意象》，《华中师范大学学报》2008年第5期，第94～99页。

（二）报纸

标注顺序：责任者/篇名/报纸名/出版年月日/版面数，例如：

［1］邢宇浩：《文津阁〈四库全书〉刊行》，《光明日报》2005年12月23日，第1版。

［2］孙钦善：《魏建功先生与古典文献学专业》，《中华读书报》2001年6月20日，第11版。

丙、外文文献

（一）专著

标注顺序：责任者/书名（斜体，实词首字母大写）/出版地/出版者/出版年/页码（单页码标注如：p. 6；连续页码标注如：pp. 123-126）。注意：注释中的外文一般使用Times New Roman字体，下同，例如：

［1］J. J. Phillips，*Handbook of Training Evaluation and Measurement Methods*，Houston，TX：Gulf Publishing，1991，p. 10.

［2］R. J. Montgomery，*Examinations：An Account of Their Evolution as Administrative Devices in England*，London：Longmans Press，1965，pp. 17-43.

（二）期刊

标注顺序：责任者/篇名（加引号，正体，实词首字母大写）/期刊名（斜体，实词首字母大写）/年期（期在前，年在后），例如：

[1] J. H. Greehaus， "Sources of Conflict between Work and Family Roles"，*Academy of Management Review*，10，1985.

（三）专著中析出文献

标注顺序：析出责任者/析出文献题名（或篇名，加引号，正体，实词首字母大写）/in/原文献责任者/原文献题名（斜体，实词首字母大写）/出版地/出版者/出版年/页码，例如：

[1] L. Weinstein，M. N. Swertz，"Pathogenic Properties of Invading Microorganism"，in W. A. Sodeman，Jr. W. A. Sodeman，*Pathologic Physiology：Mechanisms of Disease*，Philadelphia：Saunders，1974，pp. 745-772.

丁、参考文献及带有说明意思的注释体例

例如：

[1] 参见《上海总商会概况》，上海总商会 1928 年编印本。

[2] 参见陈晋：《文人毛泽东》，上海：上海人民出版社，2005 年。这些"读报诗"主要是有感而发的政论，如："遍找全球侵略者，仅余此地一孤家。""人人尽说西方好，独惜神州出蠢虫。""新闻多多寻常出，独有今年出得殊。"主题与同时期写作且公开发表的《七律・和郭沫若同志》《卜算子・咏梅》《七律・冬云》等一致，但情露意粗，毛本人不愿正式公开发表。

戊、电子文献

除注明上述要求的各项内容外，还应加引用日期、获取和访问路径，例如：

[1] 聂震宁：《文化软实力与文化硬实力》。[2008 年 10 月 14 日] http://www. sinobook. com. cn/press/newsdetail. cfm?iCntno＝6967。

己、专利文献

有通过纸质文本获取和通过其他路径获取两种。应写明专利申请者或所有者、专利题名、专利号、公告日期或公开日期、引用日期、获取和访问路径，例如：

[1] 姜锡洲：《一种温热外敷药制备方案》，中国，88105607.3，1989 年 7 月 26 日。

[2] 西安电子科技大学：《光折变自适应光外差探测方法》，中国，01128777.2，2002 年 3 月 6 日。[2002 年 5 月 28 日]http://211.152.9.47/sipoasp/zljs/hyjs-ys-new. asp?recid＝01128777.2&leixin＝0。

庚、转引文献及其他注意事项

凡引文不是出自原文献，或找不到原文献而是通过他人论著转引，均须注明转引出处，不能把转引文献当作原始文献来引用，例如：

[1]《中国古籍善本书总目》收录善本标准，转引自程千帆、徐有富：《校雠广义》（版本编）第 2 版，济南：齐鲁书社，1998 年，第 289～290 页。

凡只通过中文译文来引用的外文文献，须注明中文译文的出处，不得直接注明引自外文文献。

［2］丁韪良：《古代中国的外交》，转引自汪晖：《现代中国思想的兴起》上卷第二部《帝国与国家》，北京：生活·读书·新知三联书店，2015年，第711～712页。

凡同一文献在一篇文章中不同地方引用，不采用合注，例如：

［1］、［5］张舜徽：《中国古代史籍校读法》，武汉：华中师范大学出版社，2004年，第52页；第43页。

应采用分注，以便校对，例如：

［1］张舜徽：《中国古代史籍校读法》，武汉：华中师范大学出版社，2004年，第52页。

…………

［5］张舜徽：《中国古代史籍校读法》，武汉：华中师范大学出版社，2004年，第43页。

《华中学术》编辑部

2025年3月